W0072805

STANLEY KUBRICK
Spartacus
2001: Odyssee im Weltraum
Uhrwerk Orange
Shining

von THOMAS ALLEN NELSON

Deutsche Erstveröffentlichung

WILHELM HEYNE VERLAG
MÜNCHEN

HEYNE-BUCH Nr. 32/64
im Wilhelm Heyne Verlag, München

Titel der amerikanischen Originalausgabe: KUBRICK

Deutsche Übersetzung: Thomas Piltz und Uschi Gnade

Redaktion: Thomas Piltz

Copyright © 1982 by Thomas Allen Nelson
Copyright © der deutschen Übersetzung
1984 by Wilhelm Heyne Verlag GmbH & Co. KG, München
Umschlag- und Rückseitenfoto: Archiv Dr. Karkosch, Gilching
Umschlaggestaltung: Atelier Ingrid Schütz, München
Printed in Germany 1984
Satz: Fotosatz Völkl, Germering
Druck und Verarbeitung: Ebner Ulm

ISBN 3-453-86064-0

Inhalt

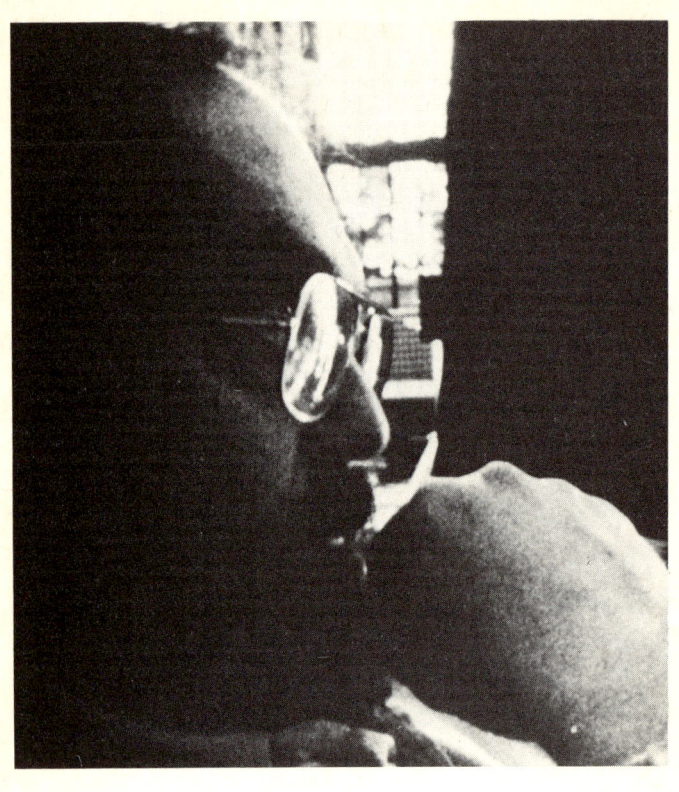

Der Palast ist nicht unendlich.

*Die Bibliothek ist grenzenlos
und periodisch.*

BORGES

*In dankbarer Anerkennung
widme ich dieses Buch*

K. N. CAIBRSBHUAK

DANKSAGUNG

Der Autor dankt Stanley Kubrick und dessen juristischen Beratern für die freundliche Genehmigung zur Veröffentlichung der in diesem Band verwendeten Fotos. Dank gilt auch vielen anderen – in Los Angeles, New York und London –, die mich bei der Auswahl der Aufnahmen unterstützten.

1. Kubrick und die Ästhetik des Möglichen

Stanley Kubricks Reputation als Filmautor und Autorenfilmer ist bis heute ebenso unbestreitbar wie kontrovers geblieben. Seine inzwischen elf Spielfilme stellen einen fast vollständigen kinematographischen Musterkatalog für Kritiker und Theoretiker dar, die von den Strukturen der Filmsprache und dem rätselhaften Zauber der Vermittlung komplexer Inhalte durch Licht und Ton in einem dunklen Raum fasziniert sind. Ob die kritischen Reaktionen interpretierend oder beschreibend, betroffen oder distanziert, formal-kritisch oder ethisch-wertend waren – immer haben sich Kubricks Filme als reich und dicht genug erwiesen, um selbst den voreingenommensten oder provinziellsten Kritiker zu stimulieren. Eine modernisierte Neufassung von Pudowkins *Filmtechnik* (1928), dem Buch, das wahrscheinlich den größten Einfluß auf Kubricks persönliche Ästhetik ausgeübt hat, könnte theoretisch so geschrieben werden, daß darin ausschließlich auf Kubricks Werk Bezug genommen wird. Welcher Filmemacher liefert uns in den letzten Jahrzehnten bessere Beispiele für die Möglichkeiten filmischer Adaption – vom Roman über das Drehbuch auf die Leinwand – als *Lolita, A Clockwork Orange, Barry Lyndon* und *The Shining;* für die Manipulierbarkeit filmischer Zeit als die uhrwerkhafte Präzision der Montage in *The Killing* und *Dr. Strangelove* oder den identifizierenden Schnitt vom Knochen auf den Satelliten in *2001;* für die Dynamisierung des Raums als die Kamerafahrten in *Paths of Glory* und *The Shining* oder für den innovativen Einsatz von Sonderobjektiven und Farbdramaturgie als in *A Clockwork Orange* und *Barry Lyndon;* für die Variabilität der filmischen Erzählperspektive – subjektiv, allwissend, »innere Leinwand«[1] – als in jenen Filmen, die wie *Lolita, A Clockwork Orange* und *Barry Lyndon* von Romanen adaptiert sind, die die Konvention des irreführenden Ich-Erzählers verwenden; für die expressive Nutzung filmischen Raums – was Lew Kuleschow die »schöpferische Geographie« nannte – als die drei Schauplätze von *Dr. Strangelove,* die räumliche Poesie von *2001,* die Mise en

9

scène von *A Clockwork Orange* und *Barry Lyndon* oder die vielfältigen Labyrinthe von *The Shining;* für den phantasievollen Einsatz asynchroner Tonsequenzen oder die dramaturgische Nutzbarmachung der Musik als fast alle seine Filme? Die Kritik ist sich einig, daß dies alles glänzende, großenteils beispiellose handwerkliche Errungenschaften seien. Aber ... Und mit diesem Aber beginnt eine Kontroverse, die uns zu einer nachdenklichen Pause zu zwingen scheint.

Schalten wir, zur Überbrückung, die bio/filmographische Litanei ein, die mittlerweile auch jenen vertraut klingen muß, die sich aus der Politik und der Polemik der internationalen Filmkritik heraushalten. Sie geht etwa so: Stanley Kubrick wurde am 26. Juli 1928 als Sohn amerikanisch-jüdischer Eltern von austroungarischer Herkunft in New York geboren. Er wuchs in der Bronx auf und war ein mittelmäßiger Schüler, der jedoch früh ein besonderes Interesse an Physik, Schachspiel, Fotografie, Jazzmusik und dem Kino zeigte. Nach einem bescheidenen Erfolg als Fotojournalist für das Magazin *Look* begann Kubrick in den Jahren 1950/51 seine Filmlaufbahn mit zwei kurzen Dokumentarfilmen über einen Boxer *(Day of the Fight)* und einen fliegenden Priester *(Flying Padre)* und hatte bis 1955 einen weiteren, halbstündigen Dokumentarfilm (*The Seafarers,* 1953) und zwei selbstfinanzierte Spielfilme vorgelegt: die angestrengt existentialistische Dschungel-Allegorie *Fear and Desire* (1953) und den visuell vielversprechenden, aber schlecht geschriebenen *Noir*-Film *Killer's Kiss* (Der Tiger von New York, 1955). Durch diesen wurde der unabhängige Produzent James B. Harris auf ihn aufmerksam, mit dem zusammen Kubrick in den folgenden sechs Jahren *The Killing* (Die Rechnung ging nicht auf, 1956), *Paths of Glory* (Wege zum Ruhm, 1957) und *Lolita* (Lolita, 1962) herausbrachte. Zwischen den beiden letztgenannten Filmen wurde Kubrick von Kirk Douglas als Regisseur für *Spartacus* (Spartacus, 1960) verpflichtet, was eine letztlich unbefriedigende Auftragsarbeit mit unzureichenden Einflußmöglichkeiten auf das Drehbuch blieb. Spätestens mit dieser Großproduktion konnte sich das filmische »Wunderkind der Eisenhower-Ära« als endgültig etabliert betrachten. Mit *Dr. Strangelove, or How I Learned to Stop Worrying and Love the Bomb* (Dr. Seltsam, oder Wie ich lernte, die Bombe zu lieben, 1964) gelang dem 35jährigen Regisseur dann ein so außerordentlicher künstlerischer und kommerzieller Erfolg, daß seine wirtschaftliche

Unabhängigkeit und damit auch die künstlerische Gestaltungs-freiheit für seine zukünftigen Produktionen gesichert war. Zu diesem Zeitpunkt spaltete sich auch die kritische Meinung über Kubrick in jene zwei Lager auf, deren Zustimmung oder Ablehnung ihn bei den vier bemerkenswerten Filmen, die bis heute gefolgt sind, begleitet hat: *2001: A Space Odyssey* (2001: Odyssee im Weltraum, 1968), *A Clockwork Orange* (Uhrwerk Orange, 1971), *Barry Lyndon* (Barry Lyndon, 1975) und *The Shining* (Shining, 1980).

Seit Anfang der 60er Jahre lebt Kubrick in der Nähe von London, arbeitet ausschließlich in Londoner Studios (vorzugsweise in einem kleinen Atelierkomplex in der Nähe seines Landhauses in Boreham Wood) und hat sich damit von den meinungsbildenden Zentren der amerikanischen Filmkritik isoliert. Das öffentliche Bild, das der Kulturbetrieb – oft mehr auf Spekulationen als auf Fakten sich berufend – von ihm gezeichnet hat, ist das eines öffentlichkeitsscheuen Autodidakten, Intellektuellen und Misanthropen, der so von Furcht vor den Unwägbarkeiten der Existenz besessen ist, daß er ein außerordentliches Maß an Kontrolle über jede Einzelheit seiner Kunst und seines Lebens angestrebt und auch erreicht hat. Wir haben Geschichten über seine angebliche Angst vor dem Fliegen gelesen (obwohl er selbst eine Pilotenlizenz besitzt und mindestens 150 Flugstunden absolviert hat) und über seine Weigerung, sich im Auto mit mehr als 50 Stundenkilometern chauffieren zu lassen; wir wissen von der peinlichen Sorgfalt, mit der er sämtliche Einzelheiten bei der Vorbereitung, der Herstellung und der Auswertung seiner Filme überwacht, vom Skript bis zur Publicity, zur Auswahl der Erstaufführungskinos oder zur Veröffentlichung eines seiner Drehbücher *(A Clockwork Orange)*.[2] Besonders seit der zwiespältigen Aufnahme, die *2001* zumal in New York von der Kritik erfahren hat, überläßt es Kubrick lieber anderen, auf den Marktplätzen des Filmgewerbes sein Banner zu tragen. Im Gegensatz zu Francis Ford Coppola oder François Truffaut präsentiert er seine Filme nicht in Cannes und pflegt keinen schöpferischen Gedankenaustausch mit seinen Zeitgenossen. Er war noch nie Gegenstand eines Themenheftes einer der großen Filmzeitschriften, während die historisch/theoretisch orientierte Filmwissenschaft den filmsprachlichen Errungenschaften seines Werkes in ihren Fachpublikationen eine ständig wachsende Aufmerksamkeit schenkt. Im Bewußtsein der breiteren Öffentlichkeit ist sein Status jedoch heute so kontrovers wie vor fast zwei Jahrzehnten: Stanley Kubrick, der zweifellos zu den profiliertesten Regisseuren der Generation nach Kurosawa, Antonioni, Welles, Bergman und Fellini zählt (alle zwischen 1910 und 1920 geboren), bleibt ein Rätsel für jenes populäre Kritiker-Establishment, das von seinen Auserwählten nicht nur konsequent durchdachte und handwerklich perfekte Filme, sondern eine aus ihrem Gesamtwerk ablesbare komplexe und zugleich vereinheitlichte Vision unserer Welt erwartet.* Und genau hier setzt das eigentliche Thema der vorliegenden Untersuchung ein.

Jene, die ihrer Bewunderung für Kubricks Filme Ausdruck verliehen haben – überwiegend universitäre Filmwissenschaftler und ein junges Studentenpublikum –, berufen sich dabei auf das, was Gerald Mast eine »tiefreichende thematische Grundüberzeugung« genannt hat.[3] Sie verweisen damit auf zwei wesentliche Merkmale von Kubricks Werk, die anderen Betrachtern das Verständnis eher zu verbauen scheinen, nämlich eine auffällig breit gestreute, keine Selbstwiederholung zulassende Stoffwahl einerseits, der jedoch andererseits eine ebenso auffällige Übereinstimmung in den Grundmotiven, im Tenor der Aussage und in der allgemeinen Stimmung gegenübersteht.

Kubrick selbst hat demonstriert, daß er bei der Vorbereitung eines Films nicht in kategoriellen oder Gattungsbegriffen, sondern in möglichst breit angelegten begrifflichen Rastern denkt:

> Ich bin nicht darauf festgelegt, Filme in bestimmten Genres drehen zu wollen – Western, Kriegsfilme usw. Ich weiß zum Beispiel, daß ich gerne eine zeitgenössische Story machen würde, die wirklich ein Gefühl für die Epoche vermittelt, psychologisch, sexuell, politisch und persönlich … So ein Film wäre der schwierigste von allen.[4]

Bemerkungen wie diese aus dem Jahr 1960 legen die Vermutung nahe, daß sich Kubrick bei seiner Arbeit simultan auf mehreren Ebenen des Fühlens und Denkens, der Intuition und des Intellekts bewegt. Sie belegen auch, wie unsinnig es ist, wenn ein Kritiker versucht, Kubricks Filme in die kategorielle Zwangsjacke

---

* Vgl. die *Anmerkungen,* wo sich eine Auflistung von Sekundärquellen und weitere Kommentare zu Kubricks kritischer Reputation finden. Ich bediene mich in diesem Buch der *Anmerkungen* nicht nur für bibliographische Nachweise, sondern auch zur Ausweitung meiner Analyse auf relevante, aber nicht unmittelbar in den Argumentationsgang gehörende Bereiche.

des *film noir* zu zwängen.[5] Eine weniger einengende und mehr aussagende Klassifizierung könnte etwa folgendermaßen aussehen: (1) Die »schwarzen« Filme *(Killer's Kiss, The Killing);* (2) die historisch/philosophischen Filme *(Paths of Glory, Barry Lyndon);* (3) die spekulativen/Science-fiction-Filme *(Fear and Desire, 2001);* (4) die zeitkritischen oder satirischen Filme *(Dr. Strangelove, A Clockwork Orange);* und (5) die psychologischen Filme *(Lolita, The Shining).* Eine solche Fingerübung in kritischer Klassifizierung zeigt, wie schwer es ist, präzise zu definieren, worauf die thematische Einheit im Werk eines Regisseurs beruht, dessen konzeptionelle Absichten so breit gefächert und komplex sind wie Stanley Kubricks. Alexander Walker, der als der Begründer der wissenschaftlichen Kubrick-Kritik gelten darf, hat diese Schwierigkeit in seiner einleitenden Beschreibung dessen, was er als Kubricks *modus operandi* sieht, am besten ausgedrückt:

> Nur wenige Regisseure besitzen ein konzeptionelles Talent, das heißt, ein Talent, für jede ihrer Arbeiten ein originäres filmsprachliches Konzept zu entwickeln. Diese Fähigkeit geht weit über das bloße Ab-

Spiele mit dem Glück und mit der Liebe in der kerzenerhellten Förmlichkeit von ›Barry Lyndon‹

fotografieren eines Drehbuchs hinaus, wie »filmisch« dieses Drehbuch auch sein mag. Sie geht über die Notwendigkeit hinaus, ein gutes Thema, eine packende Story oder einen ungewöhnlichen und tragfähigen Ausgangspunkt für den Film zu finden. Im wesentlichen besteht dieses Talent darin, eine Form zu finden, die die Vision des Filmemachers auf kinematographisch überraschende Weise zum Ausdruck bringt – oft genug auf eine Weise, die sich rückblickend, sobald der Film fertig ist, als die einzig mögliche erweist. Es ist dieses konzeptionelle Talent, das Stanley Kubrick vor allem auszeichnet.

Ganz allgemein sehen die vorwiegend thematisch orientierten Kritiker, ob aus dem populären oder dem akademischen Lager, in Kubricks Filmen die Arbeit eines distanzierten, ironischen Künstlers, der nach der menschlichen Natur und nicht nach dem Individuum fragt und in erster Linie an spekulativen Anwendungen natur- und sozialwissenschaftlicher Erkenntnisse interessiert scheint. Seine Einschätzung der näheren Zukunft wird als bestenfalls skeptisch beurteilt, woran natürlich auch die magische Evolution am Ende von *2001* nichts zu ändern vermag. Ungleich differenzierter ist demgegenüber Hans Feldmann, für den Kubricks wesentliches Interesse darin besteht, wie der Mensch seine seelischen und triebökonomischen Bedürfnisse in komplexe technische, ästhetische und kulturelle Formen übersetzt.[6] Feldmann beschreibt beispielsweise *A Clockwork Orange* und *Barry Lyndon* als Filme, die »die Beziehungen zwischen dem Individuum und den kulturellen Formen untersuchen, durch die sich das Individuum ausdrücken muß«. Was Feldmanns ausgezeichneter Essay anklingen läßt, aber nicht ausformuliert, ist die Erkenntnis, daß Kubricks Gedankenwelt mehr enthält als nur den einfältigen Glauben an die Verderbtheit des Menschen oder, wie ein Kritiker es einmal bissig ausgedrückt hat, die »Botschaft, daß die Menschen widerwärtig sind, aber die Dinge schön«.[7] Die Polarität zwischen Kritikern, die zwar Kubricks technisches Können bewundern, seine Thematik jedoch ablehnen oder mißverstehen und jenen, die wie Norman Kagan große Filmkunst mit einem eindrucksvollen Themenkatalog gleichzusetzen scheinen, beleuchtet ein Dilemma, das besonders für die amerikanische Filmkritik bezeichnend ist.[8] Beide Lager, so sehr sie sich befehden mögen, erliegen derselben Gefahr, filmisch objektivierte intuitive Erkenntnisse mit einem systematisierten, sprachlich-diskursiven Gedankengebäude zu verwechseln, und keines von beiden wird der fundamentalen

Tatsache gerecht, daß Kubricks Filme zuallererst eindringliche Kinoerfahrungen sind, die ein ganzes Netzwerk von emotionalen und intellektuellen Reaktionen auszulösen vermögen. Wir wollen dementsprechend versuchen, so brennende Fragen wie die nach Kubricks »Pessimismus« den einschlägig ausgewiesenen Spekulanten zu überlassen und den Gehalt seiner Filme eher ästhetisch als thematisch zu entwickeln.

Wenn es um seine persönliche Ästhetik geht, scheint Stanley Kubrick sein eigener ärgster Feind zu sein. In allen Statements, die er im Verlauf seiner Karriere dazu abgegeben hat, versucht er, die Bedeutung von Stil und Form herunterzuspielen und insistiert immer wieder auf den emotionalen und unterschwelligen Wirkungen des Films auf die Zuschauer. Er glaubt beispielsweise, daß ein literarisches Werk mit der »Besessenheit des Schreibenden von seinem Gegenstand, einer Besessenheit vom Thema, dem Konzept, einer Lebensanschauung und dem Verständnis für die Charaktere beginnt. Stil ist das, was der Künstler einsetzt, um den Betrachter zu faszinieren, um ihm seine Gefühle, Empfindungen und Gedanken zu vermitteln«. In einer Diskussion der Problematik von Literaturverfilmungen beweist Kubrick eine bemerkenswerte Unabhängigkeit, wenn er den idealen Roman nicht, wie man erwarten könnte, als ein Werk beschreibt, das vor allem von der Handlung getragen wird, sondern als

das Gegenteil, einen Roman, der sich in erster Linie mit dem Innenleben seiner Figuren befaßt. Ein solches Werk gibt dem Bearbeiter jederzeit eine zuverlässige Orientierung über das, was die Figuren an irgendeinem Punkt der Handlung denken oder fühlen. Und aufgrund dieses Wissens kann er Aktionen erfinden, die eine objektive Entsprechung zum psychologischen Gehalt des Buches darstellen ... ohne dabei zu bedeutungsschwangeren verbalen Äußerungen der Schauspieler Zuflucht nehmen zu müssen.[9]

Diese Äußerung ist ein Wegweiser – aufschlußreich und zugleich subtil irreführend –, der die Richtung angibt, in der eine kritische Definition von Kubricks Arbeitsästhetik zu suchen ist. Sie läßt erkennen, wie sehr Kubrick von der Bedeutung des Films als *erzählerischer* Kunstgattung überzeugt ist. Nicht selten sind solche künstlerischen Absichtserklärungen freilich für allzu bare Münze genommen und als Rechtfertigung für die einseitig thematische Betrachtung der Filme mißbraucht worden. Besonders unheilvoll hat sich in dieser Hinsicht Kubricks Bemerkung ausgewirkt, daß »eine übermäßige Beschäftigung mit der Originalität der Form eine mehr oder minder fruchtlose Angelegenheit ist« und daß er, wenn er zwischen den Antipoden Eisenstein (»nur Stil, kein Gehalt«) und Chaplin (»nur Gehalt, kein Stil«) zu wählen hätte, sich für Chaplin entscheiden würde. Daß sich Kubrick so insistierend zu seiner Bevorzugung des Inhalts vor der Gestaltung der äußeren Form bekannt hat, dürfte paradoxerweise die Ursache für sein Image als virtuoser Handwerker und Technokrat des Films sein, das ihm bei solchen Kritikern anhaftet, die auf den Inhalt starren wie das Kaninchen auf die Schlange und daher die stilistischen Raffinessen nur als technische Brillanz wahrnehmen. Sie übersehen dabei die Fortsetzung des obigen Zitats, die unmißverständlich klarmacht, daß Kubricks formale Raffinessen keineswegs nur dazu dienen können, »den Betrachter zu faszinieren«, während ihm unterschwellig Emotionen injiziert werden: »Wenn es gelingt, Stil und Gehalt zu kombinieren, hat man offensichtlich den besten aller möglichen Filme.«

Will man dieser Schwierigkeiten Herr werden und einen tragfähigen kritischen Ansatz entwickeln, so muß man Kubricks Selbstkommentare differenzierter betrachten und sich des Unterschieds bewußt bleiben, der zwischen der Reaktion des Zuschauers im Kino und der Reaktion des Kritikers besteht, der es sowohl mit seiner Zuschauererfahrung als auch mit dem Werk zu tun hat, das diese Erfahrung ausgelöst hat. Viele von Kubricks Äußerungen legen den Gedanken an eine wirkungsästhetische Theorie des Filmemachens nahe (wie sollen Filme von ihrem Publikum rezipiert werden?); andere beziehen sich offensichtlich auf eine persönliche, generative Ästhetik (wie kommen *seine* Filme in einem individuellen Prozeß der wechselseitigen Durchdringung von Kunst und Realität zustande?). Wenn Kubrick, wie er es immer wieder getan hat, seinem Publikum rät, auf einen Film »emotional und nicht mit einer bewußten Analyse des Gesehenen« zu reagieren, dann spricht er als Künstler, der in einem öffentlichen und vor allem: kommerziellen Medium arbeitet und optimale Bedingungen für den Erfolg seiner Filme zu schaffen sucht. Wenn er dagegen von der ständigen Selbstreflektion des künstlerischen Produktionsprozesses spricht, durch den »die ursprüngliche Absicht im Prozeß ihrer objektiven Umsetzung einer ständigen Veränderung ausgesetzt ist«, so nimmt er tatsächlich zu einer Grundfrage des Filmemachens und der filmischen Form Stellung.[10] Wiederholt hat Kubrick darauf bestanden, daß ein Film nur dann die Vieldeutigkeit und die »unterschwellige Kommunikationsweise eines Kunstwerkes« haben könne, wenn er überwiegend nichtverbal, durch Bild und Musik zu wirken versuche. Es ist in der Tat schwer verständlich, daß auch solche Aussagen die Kritik nicht von ihrem thematischen Schubladendenken abbringen und zu der Beschäftigung mit der Frage anstiften konnten, wie Kubrick diese »unterschwellige Kommunikationsweise« filmsprachlich realisiert. Erst wenn wir das Wie seiner Kunst – das, was er »Stil« nennt – zu würdigen verstehen, können wir auch dem Was – dem »Inhalt« – gerecht werden, und frühestens dann werden wir eine Antwort auf jene leidige Wertungsfrage finden, die sich die Tageskritik stets als erstes stellt.

Eine allgemein bekannte, aber bislang nicht ausgeschöpfte Quelle zum Verständnis von Kubricks Ästhetik ist Wsewolod Pudowkins theoretisches und praktisches Handbuch über die Kunst des Filmemachens.[11] Kubrick selbst hat *Über die Filmtechnik* als das »lehrreichste Buch über Filmästhetik, auf das ich jemals gestoßen bin«, bezeichnet. Für Pudowkin waren es zwei wesentliche Faktoren, die den Film vom fotografischen Vorgang zur kinematographischen Kunst erheben: die künstlerische Vision des Filmemachers und die Montage, die »schöpferische Kraft der filmischen Realität«. Pudowkins bekannteste These besagt, daß ein Film »gebaut«, nicht »gedreht« werden muß und daß der Regisseur durch diesen Konstruktionsprozeß »die Gedanken und die Assoziationen des Zuschauers zu führen und zu beeinflussen« versucht. Kubrick hält den »Autor-Regisseur für das perfekte dramatische Instrument« und sagt, daß die Personalunion dieser beiden Funktionen »die besten Arbeiten auf gleichbleibend hohem Niveau hervorgebracht« habe. So wie er mit seinem Bekenntnis zum Autorenfilm auf der Grundlage von Pudowkins Theorie steht, aber über sie hinausgeht, so erfüllen auch seine Filme Pudowkins Forderung nach einer Architektonik des Kinos auf umfassendere Weise, als es sich der Theoretiker des sowjetischen Montagefilms der 20er Jahre vorstellen konnte. In den sorgfältig orchestrierten, klassischen Architekturen von *2001, A Clockwork Orange* und *Barry Lyndon* regiert die Montage über ein filmsprachliches Vokabular, das reicher kaum zu denken ist und doch so präzise und ökonomisch beherrscht wird wie die dramaturgische Feinarbeit in *The Killing, Paths of Glory* oder *Dr. Strangelove.* Alle diese Filme lassen keinen Zweifel daran, daß die Zusammenfügung einzelner Einstellungen zu Szenen, einzelner Szenen zu Sequenzen und einzelner Sequenzen zu einem filmischen Ganzen für Kubrick einen organischen Arbeitsvorgang darstellt, der mit den ersten Vorbereitungen zum Drehbuch beginnt und erst mit dem letzten Schnitt, oft genug – etwa bei *2001* – noch nach der Uraufführung, beendet ist. Mit seiner universellen Kompetenz innerhalb dieses Spektrums wird Kubrick den Forderungen Pudowkins ebenso gerecht wie mit der zentralen Bedeutung, die er gerade der ersten und der letzten Phase der Arbeit zumißt. Bezeichnenderweise hat Kubrick als Regisseur mit eigenständigen Drehbuchautoren begonnen, ist später zur Zusammenarbeit mit Skriptschreibern übergegangen und hat schließlich zu zweien seiner drei letzten Filme das Drehbuch ohne Mitarbeiter allein geschrieben. Und was die von Pudowkin vor allem anderen herausgestellte Wichtigkeit der Montage angeht, so hat Kubrick immer wieder geäußert, daß diese Arbeitsphase für ihn »das vernünftigste Umfeld für schöpferische Arbeit« darstelle.

Daß Kubrick, wie Pudowkin in seinen eigenen Filmen, ein Maximum an Kontrolle über alle Facetten der Produktion auszuüben trachtet und sich selbst, ganz seinem Lehrmeister folgend, als eine Art inspirierter und wohlmeinender Despot versteht, beschreibt die Arbeitsweise, genügt aber noch nicht, um deren Ergebnisse von den Filmen zahlreicher anderer Regisseure zu unterscheiden. Was Kubricks Filme vor den meisten anderen, auch denen Pudowkins, auszeichnet, ist die Verwandlung filmischer Form in komplexe filmische Bedeutung. Pudowkin arbeitete innerhalb der thematischen und psychologischen Raster einer vereinfachten marxistischen Ästhetik, was ihm als notwendige Strategie im Umgang mit einem Medium erschien, das seiner Ansicht nach noch nicht weit genug entwickelt war, um es mit großen und komplexen Themen aufzunehmen. Kubricks Feststellung, daß Eisensteins (und wir können ergänzen: Pudowkins) Filme stilistisch fortgeschrittener waren als inhaltlich, erscheint in diesem Kontext plausibel genug. Das didaktische Temperament, das aus Pudwokins methodischer Arbeitsweise und vor allem aus seiner erklärten Absicht spricht, das Publikum »zu führen und zu beeinflussen«, ist sicher ebenso aus der historischen Situation des sowjetischen Revolutionsfilms zu ver-

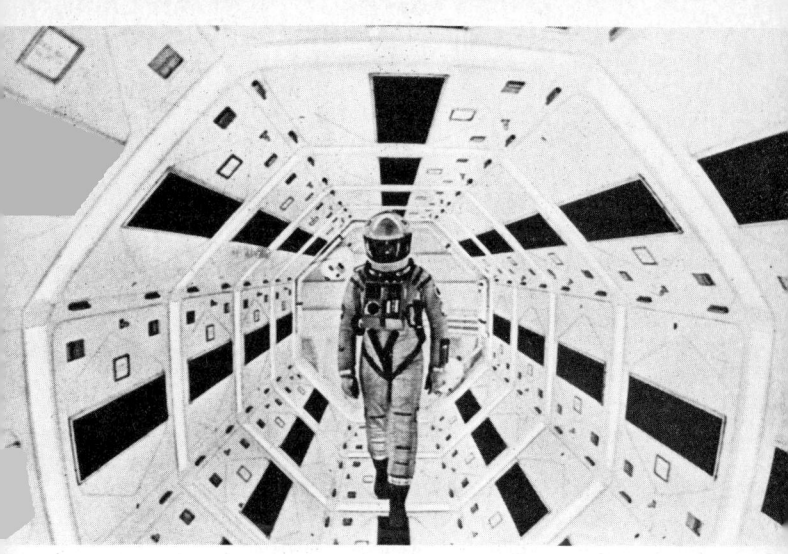

David Bowman (Keir Dullea) in ›2001‹ auf dem Weg durch einen Kubrickschen Korridor zur Auseinandersetzung mit seinem Double HAL

stehen wie das spezifische Pathos seiner expressiven Montage. Kubrick folgt Pudowkin in der konstruktiven Exaktheit der Arbeit und der damit angestrebten Kontrolle über die Gefühle des Zuschauers, zielt dabei jedoch nicht auf Reduzierung, sondern auf Bewußtmachung der Komplexität und latenten Vieldeutigkeit seiner Inhalte ab. Seine eigenen Kommentare zur Frage der Zuschauermanipulation zeigen eine Einstellung, die eher an die Tradition der Welles'schen Ambiguität anknüpft als an die »analytischen« und »undemokratischen« – um André Bazin zu paraphrasieren – Tendenzen des sowjetischen Expressionismus.[12] Für Kubrick sind »die gültigen, der Wahrheit nahekommenden Ideen so facettenreich, daß man sie nicht frontal angehen kann. Das Publikum muß von selbst auf diese Ideen kommen, und der Nervenkitzel, den es dabei empfindet, macht sie nur umso wirkungsvoller.«[13] Nach seiner Ansicht soll ein Film seinen Gehalt als Subtext transportieren, »unauffällig und indirekt, ohne fertige Schlußfolgerungen und hübsch verpackte Ideen«.[14] Seine Äußerungen zum Plot und zur Figurenzeichnung lassen von Anbeginn seiner Karriere den Wunsch verspüren, die Aufmerksamkeit des Betrachters durch verdeckte Mittel *auf den Film* zu konzentrieren und nicht auf außerhalb liegende didaktische Ziele:

> Ich lasse es gerne langsam losgehen, ein Anfang, der dem Publikum unter die Haut kriecht und es einbezieht, so daß es versteckte Hinweise und leise Töne auf sich wirken lassen kann und man ihm nicht ständig Handlung oder Spannung um die Ohren schlagen muß ...
> ... man läßt die Figur sich langsam vor dem Publikum entfalten. Man hält so lange als möglich damit zurück, sie so zu zeigen, wie sie wirklich ist. Jemand tritt als netter Bursche auf, und wenn die Zuschauer ihn durchschaut haben, sitzen sie schon in der Falle. Man läßt eine Figur das Gegenteil ihrer wirklichen Absichten andeuten, damit das Publikum sie erst später entdeckt.[15]

Auch Kubricks bekannte Vorliebe für das Schachspiel, dessen Strategie ähnliche Verstellung erfordert, und sein Interesse an phantastischer, surrealer Literatur bestätigen seine Intention, das Publikum mehr zur Fähigkeit des Wahrnehmens als zur Wahrnehmung einer bestimmten These zu erziehen. Nichts könnte weiter von Pudowkins didaktischer Zielgerichtetheit entfernt sein als Kubricks Überzeugung, daß »es in der menschlichen Psyche etwas gibt, das Dinge ablehnt, die eindeutig sind, und daß umgekehrt etwas existiert, das von Rätseln, Mysterien und Allegorien angezogen wird«.[16]

Zwischen Pudowkins und Kubricks Zeit klafft ein tiefer Abgrund, sowohl in erkenntnistheoretischer als auch in ästhetischer Hinsicht. Pudowkin und seine Zeitgenossen lebten in einer intellektuellen und künstlerischen Umgebung, die noch an die Fähigkeit des Menschen glaubte, die Welt in kleine rationale Einheiten zu zerlegen und dadurch zu verstehen. Die Praxis und die Theorie des Films hatten sich bis zum Jahr 1930 in zwei übersichtliche stilistische und erkenntnistheoretische Lager gespalten: (1) die realistische Tradition der Lumière-Griffith-Flaherty-Stroheim-Linie, die erzählerische und dokumentaristische Stile entwickelte, die sich mit dem Glauben des 19. Jahrhunderts an die Existenz einer organischen, autonomen Wirklichkeit in Geschichte und Natur im Einklang befanden; und (2) die expressionistische Tradition von Meliès, dem deutschen Expressionismus und dem sowjetischen Montagefilm, hinter der die Auffassung stand, »Realität« werde am besten in den verborgenen Bereichen der poetischen Imagination, des Unbewußten oder der Dialektik der Geschichte dargestellt. Stilistisch äußerte sich diese Polarisierung in der Bevorzugung von Kontinuität und Illusionismus auf der einen Seite (unsichtbarer Schnitt, Synchronisierung von Bild- und Kamerabewegungen, realistische Inszenierung) und von expressiver, unübersehbarer Manipulation der zeitlich/räumlichen Strukturen des Aufgenommenen auf der anderen Seite (Dekor, Licht, Bildwinkel, Montage). Bis in die 50er Jahre hatten Rudolph Arnheim und Béla Balász (für den Expressionismus) und André Bazin (für den Realismus) ihre theoretischen Überbauten über den beiden Stilen errichtet, und mit Kracauers 1960 veröffentlichter *Theory of Film* kann die kritische Konsolidierung dieses Begriffspaars als abgeschlossen gelten.

Im selben Zeitraum waren jedoch die philosophischen Voraussetzungen beider Stile einer weiteren Aushöhlung durch neue Entdeckungen und Theorien in einer Reihe wissenschaftlicher Disziplinen unterworfen. Die Quantenphysik bestätigt heute die Einsteinsche Relativierung von Raum und Zeit und die nach-freudsche Psychologie scheint sich immer grundsätzlicher vom humanistischen Konzept der ganzheitlich organisierten Psyche abzuwenden und »Identität« als unfesten, nur als Summe verschiedener Rollen und Masken definierbaren Zustand zu begreifen. Insbesondere R. D. Laing hat die Anschauung populär gemacht, daß die herkömmlichen Vorstellungen von geistiger »Gesundheit« oder »Krankheit« den psychischen Gegebenheiten unserer Existenz nicht mehr gerecht werden und gewisse schizophrene Tendenzen sogar eher als Indiz für ein funktionierendes Seelenleben als für eine Fehlfunktion zu verstehen sind. In der Literatur ist die Reaktion der Frühmoderne auf die metaphysische Krise des Jahrhunderts – nämlich die Erschaffung privater Mythologien bei Autoren wie Yeats, Pound, Eliot, Joyce und Lawrence – durch »postmoderne« Schriftsteller wie John Barth oder die vorsilbenreiche Schar der Trans-, Meta-, Para- und Surfiktionalisten als »Mythotherapie« verhöhnt worden. In der Tat ist heute der Deutungs- und Gültigkeitsanspruch jeder Disziplin oder Aktivität, die wie Pudowkin von ganzheitlichen Denkgebäuden innerhalb der abendländischen Rationalität ausgeht, so entwertet worden, daß eine erschreckend große Zahl von Menschen mit Hochschulbildung die »Wahrheit« von pseudowissenschaftlichem und paranormalem Chichi wie

Astrologie, Präkognition, Tarot oder Astralprojektion vorzieht. Während filmischer Expressionismus und Realismus getrennte stilistische Identitäten entwickelten – und darin besteht ja gewöhnlich unsere Unterscheidung zwischen Filmemachern wie Eisenstein und Stroheim –, bezogen sie ihren »Gehalt« im Sinne Kubricks aus einer Reihe von gleichen Grundanschauungen. Beide Lager gingen unausgesprochen vom Fortbestand der erkenntnistheoretischen Prämissen des 19. Jahrhunderts aus, die ein System rationaler Entsprechungen zwischen der Struktur der Phänomene und der Struktur des menschlichen Geistes, zwischen subjektiver Erfahrung und der Realität der Zeit, zwischen dem Selbst und der Welt, zwischen Tiefe und Oberfläche postulierten.[17] Eisensteins und Pudowkins expressive Gestaltungen von filmischem Raum und filmischer Zeit zeigen unter diesem Aspekt eine unerwartete Verwandtschaft sowohl mit den teutonischen Stilisierungen eines Murnau oder Sternberg als auch mit der naturalistischen Strenge von Flaherty und Stroheim. Obwohl sich die Stile, die angewandten Mittel der Filmsprache, unterscheiden, haben die traditionellen realistischen und expressionistischen Filme eines gemein: sie setzen die Existenz »totaler«, umfassender Antworten auf die scheinbaren Widersprüche des Lebens voraus. Buster Keatons *The Navigator* (Der Seefahrer, 1924) und *The General* (Der General, 1927), zwei Meisterwerke des amerikanischen Stummfilmrealismus, sind auf ihre Art ebenso »wissenschaftlich« und logisch wie Stroheims *Greed* (Gier nach Geld, 1924), obwohl Keaton das sentimentale Gefühl zum Sinnstifter proklamiert und Stroheim die deterministische Milieutheorie des »wissenschaftlichen Naturalismus«. Beide Filmemacher gehen von der Überzeugung aus, daß die Oberfläche der Realität mit einem verborgenen, »tieferen« Sinn korrespondiert und daß die *Gesamtheit* der räumlichen und zeitlichen Strukturen ihrer Filme ein getreues Abbild der Welt darstellt. Und eben diese Überzeugung liegt auch Pudowkins *Matj* (Die Mutter, 1926) oder *Konjez Sankt-Petersburga* (Das Ende von St. Petersburg, 1927) zugrunde, so verschieden die stilistischen Mittel hier auch sein mögen. Die Montage exemplifiziert im sowjetischen Revolutionsfilm nicht ein anderes Verhältnis zur Wirklichkeit, sondern wird nur als Mittel eingesetzt, tiefer unter die Oberfläche der fotografierten Realität einzudringen. Auch die subjektiven Welten des deutschen Expressionismus mit ihren verzerrenden Perspektiven und unheimlichen Schattenräumen müssen dem heutigen Betrachter ausgesprochen tröstlich und komfortabel erscheinen, bleiben in ihnen doch die klaren Abgrenzungen zwischen Wahn und Normalität in Kraft (abzulesen an den psychologischen Dualismen von Wiene/Mayers *Das Kabinett des Dr. Caligari*, 1920; F. W. Murnaus *Nosferatu*, 1922, oder *Sunrise*, 1927; und Sternbergs *Der Blaue Engel*, 1929). Alle diese Filme erheben einen mahnenden deutschen Zeigefinger vor den Exzessen der Libido, die eingedämmt werden müssen, wenn die psychische und die soziale Ordnung erhalten bleiben sollen. Die pure Existenz solcher Ordnungskonzepte aber ist es, die die stilistisch differierenden und in unterschiedlichen politisch/psychologischen Wertsystemen verankerten Filme der beiden Schulen vereint und ihnen jenen didaktischen Impuls gibt, der das heutige Publikum weniger ihre Substanz als ihre filmsprachlichen und schauspielerischen Errungenschaften schätzen läßt. In diesem Zusammenhang könnte Kubricks Einschätzung von Eisenstein (»nur Stil«) und Chaplin (»nur Gehalt«) als Hinweis darauf verstanden werden, daß er nicht nur die Programmatik des Sowjetfilms ablehnt, sondern auch in der schauspielerischen Darstellung (in diesem Falle Chaplins) einen unmittelbaren Ausdruck der Substanz sieht. Doch davon mehr in den Kapiteln über *Lolita* und *A Clockwork Orange*.

André Bazins berühmter Essay über »Die Entwicklung der kinematografischen Sprache« mit seiner zentralen These, daß durch die Nutzung der Tiefenschärfe bei Welles und Wyler und die Abkehr von der Montage im italienischen Neorealismus »die Vieldeutigkeit in der Bildstruktur wieder eingeführt« wurde, weist die Richtung, in der ein Verständnis von Kubricks Ästhetik als dem Ausdruck einer mehr »zuständlichen« als dialektischen Weltsicht zu suchen ist. Bazin hat immer wieder auf die Gefahren in jenen Filmen – fast ausschließlich aus dem expressionistischen Lager – hingewiesen, die jedem dramatischen Ereignis einen eindeutigen Sinnbezug unterlegten und damit die potentielle Vieldeutigkeit der Realität ausschlossen. Gleichwohl bleibt Bazins humanistische Ästhetik, wie ich in einem Aufsatz in der Zeitschrift *Film Criticism* dargelegt habe, immer noch der Vorstellung eine organischen, die unleugbaren Ambivalenzen und Komplexitäten übergreifenden Ganzheit der Realität verpflichtet und sieht den Filmschöpfer in der Rolle eines

Moses, der zwischen dem Medium und seinem Gegenstand vermittelt.[18] Bazin war der Überzeugung, daß für jedes filmische Thema, von Flahertys Erkundung primitiver Gesellschaftsformen bis zu Welles' Charles Foster Kane, von der Komplexität des dramatischen Raums bei Murnau bis zu Renoirs theatralischer Vieldeutigkeit, ein Spektrum angemessener stilistischer Mittel entweder a priori existierte oder neu entwickelt werden konnte. Dudley Andrew zeigt in seiner vorzüglichen biographischen Studie, wie sich in Bazins Vorliebe für bestimmte Filme und filmische Stilrichtungen eine in sich geschlossene metaphysische Orientierung widerspiegelt:

> Hinter Vorstellungen wie der von der Begrenztheit der Wahrnehmung und der Ganzheit des Raums steht ein Glaube an die sinngebende Macht der Natur. Wenn ein Regisseur eine Situation dem Druck seiner filmischen Neugier aussetzt, so zwingt er sie, »ihre strukturelle Tiefe zu offenbaren und die präexistenten Beziehungen zwischen den Dingen preiszugeben«.[19]

Bazins mehrfach formuliertes Credo, ein Film solle die Ordnung der Natur »offenbaren«, statt ihr etwas »hinzuzufügen«, macht als ästhetische Prämisse nur in einem Kontext Sinn, der so vom Dualismus zwischen dem Tatsächlichen und dem Imaginierten bestimmt wird, wie es, paradoxerweise, sowohl in den filmischen Meisterwerken des Realismus wie in jenen des Expressionismus der Fall ist. Und obwohl Kubrick potentielle Vieldeutigkeit für eine ebenso zwangsläufige wie begrüßenswerte Eigenschaft des visuellen Mediums Film hält, würde er doch nicht Bazins mystischen Glauben teilen, die besten Filmemacher seien jene, die ihre persönliche Handschrift den »flüchtigen Kristallisierungen einer uns ständig umgebenden Wirklichkeit« zu opfern bereit sind. Für Kubrick sind die inzwischen ad acta gelegten, ihrer untergründigen Identität entlarvten Kategorien »Realismus« und »Expressionismus« lediglich stilistische Optionen für die visuelle Umsetzung weitreichender Spekulationen über das Dasein, wie es heutzutage von den Menschen erfahren wird:

> Es hat mir immer Vergnügen gemacht, eine leicht surreale Situation auf eine realistische Weise darzustellen. Ich hatte von jeher eine Vorliebe für Märchen, Mythen und Zaubergeschichten. Sie scheinen mir unserer heutigen Erfahrung der Wirklichkeit wesentlich näher zu kommen als die »realistischen« Geschichten, die im Grunde ebenso

stilisiert sind und einen komplizierten Prozeß der Auswahl und des Weglassens voraussetzen, um überhaupt »realistisch« zu erscheinen.[20]

Kubricks Verständnis des Realismusbegriffs ist durch die Erfahrung unserer modernen Mediengesellschaft gegangen, als deren Kenner und faszinierter Beobachter er sich oft genug erwiesen hat. Hier vor allem: in der Informationsüberflutung, die alle intersubjektiv verbindlichen Konzeptionen von Wirklichkeit unterspült hat, ist die historische Distanz zu suchen, die uns ein Vierteljahrhundert nach Bazins Tod (1958) von seinen Theorien trennt. Tatsächlich nehmen sich Kubricks Filme wie Illustrationen zu den Worten des Schriftstellers Seymour Krim aus, der die moderne Welt als »so verschwenderisch in ihren Widersprüchen und Absurditäten, in ihrer Gewalttätigkeit, in der Rasanz ihres Wandels, ihrer Science-fiction-Technologie, ihrem Wahnwitz und ihrer allumfassenden Unvertrautheit« beschrieben hat, daß die traditionellen Unterscheidungen zwischen den Phänomenen der Realität und denen der Einbildungskraft nicht mehr durchführbar und auch nicht mehr relevant sind.[21] Dieselben Worte ließen sich auch zur Beschreibung der sinnlichen, emotionalen und intellektuellen Erfahrungen verwenden, die ein Kinogeher unserer Tage in zeitgenössischen Filmen macht: Er wird einem Wechselbad der divergierendsten Techniken und Stile unterzogen und vor die Aufgabe gestellt, einem filmischen Gehalt gerecht zu werden, der in wachsendem Maß in die Mittel der Filmsprache selbst eingeschrieben ist und nicht mehr in der Relation dieser Mittel zur Tiefe einer dargestellten Wirklichkeit besteht. Die Evolution der technischen Möglichkeiten (extreme Brennweiten mit ungewohnten Perspektiven, die Ästhetik des Zooms, impressionistische Farbmanipulationen, ungeahnte Beweglichkeit der Kamera, vielkanalig zusammengemixte, hochkomplexe Klang- und Geräuschkulissen) hat die ästhetische Oberfläche des Films nicht nur unmittelbarer, sondern in der Tat »realer« werden lassen als das, was mit den überkommenen Konventionen des Erzählkinos als herkömmlicher »Sinn« mittransportiert wird. Das Kino von heute konfrontiert uns mit einer Welt der Kontingenz, in der der Zufall zu regieren scheint und alles möglich ist, in der die Bilder und die Töne sowohl nichts wie auch alles bedeuten können – eine Welt totaler Wahrscheinlichkeit ohne erkennbaren Sinnbezug. Dieses Kino des Möglichen findet in den Filmen von Stanley Kubrick statt.

Kann Kubricks Werk nicht unter die Kategorien des filmischen Realismus oder Expressionismus subsumiert oder als Beispiel einer Bazinschen Séance zwischen einem anthropomorphen Universum und der menschlichen Wahrnehmungsfähigkeit verstanden werden, so bietet sich Jean Mitrys enzyklopädisch/pluralistisches Modell einer Filmästhetik als – zugegebenermaßen synthetische – Arbeitshypothese zur Bewältigung des vielversprechend sperrigen Gegenstandes an. In seiner *Esthétique et psychologie du cinéma* schreibt Mitry unter anderem:

> Der filmische Prozeß entspricht einer tiefreichenden psychologischen Realität und befriedigt unsere Sehnsucht nach einem schlagartigen, wenn auch notwendigerweise bruchstückhaften Verstehen der Welt und unserer Mitmenschen. Die Ästhetik des Films basiert auf diesem Bedürfnis und auf dieser psychologischen Wahrheit. Und so ist der Film die großartigste aller Kunstformen: weil er dieses Bedürfnis befriedigt, indem er uns die Welt im *Prozeß* ihrer Verwandlung zeigt. Alle anderen Künste können uns nur das Endresultat einer solchen Verwandlung vorführen, eine vermenschlichte Welt der Kunst. Durch den Film teilen sich Menschen gegenseitig mit, was die Wirklichkeit für sie bedeutet, doch sie tun dies durch die Wirklichkeit selbst, die ihr Werk umgibt wie ein Ozean.[22]

Wenn ich Mitry richtig verstanden habe, so glaubt er daran, daß alle erzählenden Filme die Realität sowohl abbilden (die humanistische Sichtweise) als auch mit Sinn ausstatten (die modernistische Sichtweise); daß – um ein durch Louis Giannetti und Leo Braudy popularisiertes wichtiges Begriffspaar einzuführen – der Film im Kern seines Wesens zugleich »offen« (das Fenster des Realismus zur Welt) und »geschlossen« ist (als der expressionistische Ausschnitt der Welt).[23] Mitry besteht darauf, daß der Filmemacher sein Werk ebensowenig von der Realität freihalten wie auf deren Manipulation verzichten kann. Die Wirklichkeit hat keinen Totalitätsanspruch, dem sich der Film durch ihre Abbildung unterwerfen müßte. Statt eine vorgegebene Hierarchie von Oberflächen- und Tiefenstrukturen aufzuweisen – wie es Pudowkin und Bazin voraussetzten –, bleibt die Realität für Mitry in einem a priori ungeordneten Bereitschaftszustand für den bereichernden Eingriff des Menschen. Als Folge kann sich der Film weder den ästhetischen Konsequenzen der konkreten Existenz der Realität – ihres Da-Seins – entziehen, noch kann er das menschliche Elementarbedürfnis nach Sinnstiftung verleugnen. Mitrys Kombination aus humanistischen *(psychologie)* und modernistischen *(esthétique)* Traditionen liefert uns jenes eklektisch-synthetische Interpretationsraster, das uns das Verständnis der Filmkunst einer Periode des stilistischen Übergangs und insbesondere das Verständnis eines Filmemachers von Kubricks ästhetischer Komplexität erlaubt.

Ein Bewußtsein der Kontingenz stellt sich immer dann ein, wenn der Glaube an teleologische Welterklärungen, an die überlieferte oder im eigenen Leben erfahrene Gültigkeit von Ideen, an die rationalen Strukturen der Natur oder die sinngebende Kraft des Geistes und der Sprache zu schwinden beginnt. Sobald Sinn und Bedeutung nicht mehr durch die Vorstellung eines zielgerichteten, in sich geordneten Weltlaufs abgesichert (und festgeschrieben) sind, beginnen wir zu erkennen, auf welch vielfältige, die Beliebigkeit streifende Weise unsere sprachlich/formalen Fähigkeiten solchen »Sinn« künstlich (und künstlerisch) zu fabrizieren vermögen. Doch während uns die Subjektivität der Wahrnehmung und der fiktive Charakter der Sprache bewußt werden, fahren unsere Sinne unbeirrt fort, uns die empirische Realität eines in ständiger Veränderung begriffenen Universums zu signalisieren. Wenn wir der Allianz aus moderner Wissenschaft und Technologie trauen können (einer Allianz, die sich auf die Fähigkeit der Maschinen verläßt, den Zustand des Universums auf eine Weise zu objektivieren, die dem menschlichen Gehirn allein unzugänglich bliebe), so bewohnen wir eine Welt, die unvorstellbar komplex und riesig in ihren Dimensionen ist. Grundfragen der wissenschaftlichen Erkenntnis verlieren in der Weite des Alls oder der Winzigkeit des Atomkerns jede nachvollziehbare Verbindung zu unserer persönlichen Existenz: Ob wir das Universum als expandierend, kollabierend oder in alle Ewigkeit oszillierend denken – in jedem Fall bleibt uns nur das Bewußtsein, daß unsere menschliche Existenz als Individuum und als Spezies im Vergleich zu solchen zeitlichen und räumlichen Dimensionen ohne jeden Belang ist.[24] Erst im Licht dieser Erkenntnis kann die volle Bedeutung der Kontingenz – der Herrschaft des Zufälligen mit dem Potential des Möglichen – erfaßt werden: nicht als eine Bürde, die zum Rückzug auf ein als bedeutungslos erkanntes Ich verführt, sondern als Herausforderung an die Phantasie und ihre Fähigkeit, das Potential zu nutzen und aus dem Möglichen ihre eigene

Wirklichkeit zu schaffen. Seit mindestens vier Millionen Jahren hat unsere Gattung ihre bewußten und unbewußten Sehnsüchte und Ängste auf die Natur projiziert und durch Formen und Artefakte, durch die Erfindung von Identitäten, Kulturen und Künsten versucht, an deren Konkretheit und Unendlichkeit teilzuhaben. Unsere Geschichte als eine von vielen möglichen Geschichten ist nur die vorläufige und in ihrer Auswahl zufällige Summe solcher Artefakte, die, wie die Intelligenz hinter dem Monolithen aus Kubricks *2001,* inmitten eines schweigenden Universums von uns berichten und uns überleben.

Hieraus die Formulierung abzuleiten, daß sich in Stanley Kubricks Filmen eine Auseinandersetzung mit diesem kosmischen psycho/ästhetischen Drama widerspiegelt, wäre ebensosehr ein Gemeinplatz wie ein Understatement. Immer wieder haben seine Filme die menschlichen und ästhetischen Konsequenzen unserer Existenz in einem kontingenten Universum erforscht – von Johnny Clays Versuch in *The Killing,* Zeit und Raum im Plan eines Raubüberfalls zu organisieren, über Barry Lyndons verhängnisvolle Verstrickung in die psychologisch und historisch vorbestimmten Formen seines gesellschaftlichen Ehrgeizes bis zu Jack Torrances Reise durch die Labyrinthe eines kollektiven Unbewußten in *The Shining.* Sie befragen die Manifestationen der menschlichen Vorstellungskraft – unsere Geschichte und unsere Gefühle, unsere Kunst- und Verhaltensformen und Fiktionen, unsere Großartigkeit und Trivialität – nach dem, was sie über eine Existenz ohne erkennbaren Sinn inmitten einer Myriade von Sternen und Welteninseln sowohl verraten als auch verbergen.

Zum Thema unserer an kosmischen Maßstäben gemessen bedeutungslosen Existenz hat Kubrick – in einem Interview über *2001* – folgendes geäußert:

> Wenn sich der Mensch nur zurücklehnen und über sein bevorstehendes Ende oder seine erschreckende Bedeutungslosigkeit und Einsamkeit im Kosmos nachgrübeln würde, so würde er mit Sicherheit den Verstand verlieren oder dem lähmenden Gefühl seiner Nichtigkeit erliegen. Wozu, so könnte er sich fragen, wozu soll er sich abmühen, eine große Symphonie zu komponieren oder auch nur seinen Lebensunterhalt zu verdienen oder auch, einen anderen Menschen zu lieben, wenn er doch nur für einen Augenblick das Leben einer Mikrobe auf einem Staubkorn fristen darf, das durch die unvorstellbaren Weiten des Raums wirbelt?[25]

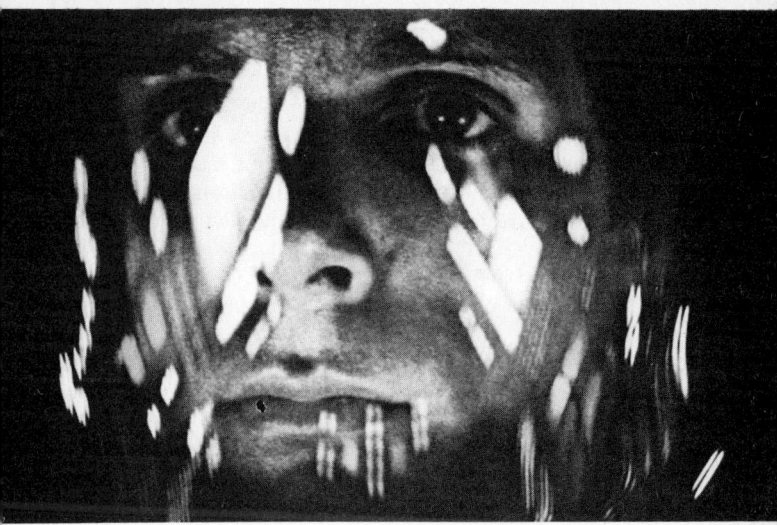

In ›2001‹ erlebt Bowman ein traumatisches »Erwachen« im All

Für Kubrick wird das Bewußtsein der Kontingenz zum Anreiz filmischer Gestaltung und gleichzeitig zur Perspektive auf ein weites Potential von filmischem »Gehalt«, das in der Geschichte und der Gedankenwelt der Menschheit in einer Vielzahl von Formalismen und rituellen Aktivitäten, visuellen und abstrakten Strukturen, Gesellschaftsordnungen und historischen Abläufen, individuellen Auseinandersetzungen mit dem »Schicksal« und künstlerischen Artikulationen dieses Kampfes verborgen liegt. Seine Filme illustrieren auf vielfältige Weise, daß er »die Herausforderungen des Lebens innerhalb der Grenzen des Todes« akzeptiert und in der Tat überzeugt ist, daß »unsere Existenz als Gattung einen Sinn haben und sich erfüllen kann«.

Um zu verstehen, auf welche Weise Kubrick Erkenntnistheorie in Ästhetik umsetzt – ein Problem, das in den späteren Kapiteln eher von praktischer als von theoretischer Bedeutung sein wird –, möchte ich abschließend ein Konzept auf seine Filme anzuwenden versuchen, das Lesern von Science-fiction-Literatur als »Konventionalisierung« bekannt sein dürfte. Von Kubrick wird die Formulierung zitiert, daß er die narrativen Elemente seiner

29

Filme (den äußerlichen Verlauf des Plots) nur als Vehikel zur Erzeugung eines »objektiven Korrelats« für die eigentlich gemeinten psychologischen und emotionalen Inhalte begreift. In unserem Zusammenhang bedeutet dies, daß die offensichtlichste (und innerhalb eines dezidierten Erzählkinos auch: grundlegendste) zeitlich/räumliche Struktur des Films dem Publikum die vertrauten Konventionen aristotelischer Dramenkategorien liefert, während unterschwellig die didaktische Autorität der Handlung unterwandert und das Prinzip der Kontingenz als das innerste Wesen eines Kunstwerks behauptet wird. Die Beziehung, die das Kinopublikum zu einem Kubrick-Film knüpft, ähnelt – beginnend mit *Paths of Glory* – der Konfrontation, die Bowman in der Schlußszene von *2001* mit einer unsichtbar bleibenden außerirdischen Intelligenz erlebt. Bowman wandert in einem im Louis-seize-Stil des späten 18. Jahrhunderts möblierten Appartement ohne Türen und Fenster herum (eine zeitlich/ räumliche »Konventionalisierung«) und wird dabei unmerklich einer Erfahrung ausgesetzt, die schließlich zu seiner Verwandlung vom Homo sapiens in das »Sternenkind« führt. In ästhetischer Hinsicht folgen Kubricks Filme einem analogen Prinzip: Sie versetzen uns in eine vertraute Umgebung zeitlicher und räumlicher Kohärenz, die durch die schon erwähnte handwerkliche und organisatorische Präzision und Detailbesessenheit – die offensichtlichen Mittel der Filmsprache – mit geradezu blendender Authentizität ausgestattet wird; gleichzeitig impliziert sie jedoch, genau wie der Louis-seize-Raum für Bowman, daß die filmische Körperhaftigkeit dieses Environments aus einer anderen, durch versteckte filmsprachliche Mittel entwickelten Perspektive nur eine vordergründige Illusion darstellt, die dazu dient, »den Betrachter zu faszinieren«, während sein Bewußtsein auf subtile Weise verändert wird. Erinnern wir uns, daß der Knochen, den Mond-Schauer, der Hominide aus *2001*, in einem Augenblick des evolutionären Triumphs in die Luft schleuderte, nicht nur pragmatische Funktionen in einem gegebenen Moment filmischer Zeit erfüllte, sondern daß er ein Artefakt, ein Urbild des Computers HAL war, das in seiner Doppelgesichtigkeit als Werkzeug und als Waffe ein fundamentales Paradox der menschlichen Natur symbolisierte. Für Kubrick hat das ästhetische Vokabular seines Mediums eine analoge Funktion als Werkzeug künstlerischen Ausdrucks, mit dessen Hilfe er die innere Komplexität seiner Vision in filmische Form verwandelt.

Die Anfänge

2. Von ›Fear and Desire‹ zu ›Paths of Glory‹

Mit der Fertigstellung seines vierten Spielfilms, *Paths of Glory,* im Jahre 1957 endete für den 29jährigen Stanley Kubrick eine Phase der autodidaktischen Aneignung des Handwerks und der ersten Erkundung der ästhetischen Möglichkeiten seines Mediums. Die beachtlichen Erfolge, die er schon in diesen frühen Jahren seiner Laufbahn verbuchen konnte, waren in einem Prozeß von Versuch und Irrtum erarbeitet worden: Er lernte sein Metier, indem er eine Kamera nahm und zu drehen begann. Was für andere die Ochsentour durch die Studios oder die Ausbildung an einer Filmakademie war, brachte sich der junge Kubrick selbst bei, und seine einzige formale Unterweisung scheint bei einem Kameraverleiher stattgefunden zu haben, der ihm kurz vor Drehbeginn von *Fear and Desire* zeigen mußte, wie man mit einer Mitchell umgeht. Parallelen zu solcher demonstrativer Eigenständigkeit finden sich weniger bei seinen amerikanischen Kollegen – John Cassavetes wäre eine der wenigen Ausnahmen – als bei den Cinéasten der französischen Nouvelle Vague. Wie Kubrick kamen sie über das Betrachten und Diskutieren zum Drehen von Filmen, und wie er begannen Truffaut und Resnais mit kurzen Dokumentarfilmen, ehe sie sich den größeren technischen und thematischen Herausforderungen des Spielfilms stellten. Doch als Godard in den Straßen von Paris *A bout de souffle* (Außer Atem, 1960) drehte, lag Kubricks in den Straßen von New York gefilmter *Killer's Kiss* bereits ein halbes Jahrzehnt zurück, und *Paths of Glory* als sein erstes künstlerisch gültiges Werk geht den ersten Meisterwerken von Truffaut und Resnais, *Les quatre cent coups* (Sie küßten und sie schlugen ihn, 1959) und *Hiroshima mon amour* (ebenfalls 1959), immer noch um zwei Jahre voraus. Allerdings war Kubricks Auftreten auf der Szene nicht von einem ähnlichen Paukenschlag begleitet wie in den Jahren 59/60 die Geburt des neuen europäischen Autorenfilms. Seine Erstlinge, *Fear and Desire* (1953) und *Killer's Kiss* (1955) (die er selbst heute als »prätentiös« und »amateurhaft« bezeichnet), lassen nur in der visuellen Gestaltung einiger Szenen den späteren Meister erkennen und deuten Kubricks Plot- und Charakterkonzeption erst in rudimentärer Form an. Deutlich erkennbar zeigt sie sich in *The Killing* (1956) und künstlerisch ausgereift schließlich in *Paths of Glory* (1957), worin sich natürlich nicht nur Kubricks wachsende Metierbeherrschung, sondern auch die mit dem künstlerischen Erfolg einhergehende Verbesserung der Produktionsbedingungen widerspiegelt. *The Killing* demonstriert Kubricks Geschick in der Entfaltung einer komplizierten zeitlichen Struktur, während die Dramaturgie der Schauplätze und die räumliche Organisation von *Paths of Glory* einen jungen Regisseur im Vollbesitz der Mittel zeigen, die ihn ein Jahrzehnt später zur komplexen Raumkomposition von *2001* und damit zu einem der Hauptwerke der Filmgeschichte befähigen werden.[1]

Charakteristischerweise sind *Fear and Desire* und *Killer's Kiss* die beiden einzigen Filme Kubricks, die auf Originalskripts beruhen. Drehbuchautor war – bei *Killer's Kiss* bereits unter Mitwirkung des Regisseurs – Kubricks Schulfreund Howard O. Sackler, ein Lyriker und Stückeschreiber, der später mit *The Great White Hope* und einem surrealen Einakter über das Elend von Suburbia mit dem Titel *The Nine O'Clock Mail* bekannt werden sollte. Beide Filme zeigen ein einigermaßen abstraktes Interesse an der Darstellung von »Furcht und Begierde« innerhalb lose geknüpfter allegorischer Zusammenhänge, von denen man wenig mehr Positives sagen kann, als daß sie Kubrick die Freiheit zu fotografischen und inszenatorischen Experimenten gaben, die in realistischeren Kontexten nicht möglich gewesen wären. Verliehen wurde *Fear and Desire* von Joseph Burstyn, der die amerikanischen Programmkinos belieferte und der erste war, der die Filme von Rossellini und anderen Neorealisten in den USA vertrieb. *Fear and Desire* beginnt mit einer im Off gesprochenen lyrischen Introduktion, die an Joseph Conrad erinnert und das Thema des Films sofort im Allgemeinmenschlichen lokalisiert (»Es herrscht Krieg in diesem Wald, kein Krieg, der einmal war, und kein Krieg, der einmal sein wird, sondern jeder Krieg ...«). Die Handlung zeigt vier versprengte Soldaten im existentiellen Dschungel, die durch das Herz der Dunkelheit hindurch an die Schwelle eines neuen Verständnisses geführt werden: Lieutenant Corby (Kenneth Harp), der Intellektuelle, entdeckt den fiktiven Charakter der Rationalität, als er seinen (ebenfalls von Kenneth Harp gespielten) Doppelgänger in Ge-

Im Wald von ›Fear and Desire‹ (Virginia Leith, Paul Mazursky)

stalt eines feindlichen Generals (dessen Uniform vage an die der Nazis erinnert) tötet und dabei symbolisch der dunklen Hälfte seines Selbst gegenübertritt, während die »primitive« Kontrastfigur Mac (Frank Silvera) ihre Aggressionen und Ängste auf einer dunstverhangenen Floßfahrt flußabwärts ausleben muß (eine Conradsche Flußreise durch den Dschungel der Seele, die hier ebenso bedeutungsschwanger und unpräzise wirkt wie später in Coppolas *Apocalypse Now*). Der Themenkatalog des Films stammt aus der Wühlkiste eines bohèmehaften Negativismus der frühen 50er Jahre und läßt in seinem von existentialistischer Selbstfeier kontrapunktierten Rundumschlag gegen den Krieg und sonstige gesellschaftliche Institutionen, gegen das

Versagen der Vernunft und die Gefährdung durch das unterdrückte Unbewußte an die philosophische Unerschrockenheit manches amerikanischen Underground-Films der Zeit denken. (Wenn James Mason als Humbert Humbert in *Lolita* erzählt, er würde nach Hollywood gehen, um einen Film über den Existentialismus zu machen, weil das im Augenblick eine »heiße Sache« sei, scheint Kubrick in der Ironie seiner Filmfigur einen selbstironischen Kommentar zu seinen frühen Filmen zu geben.) Optisch zeigt *Fear and Desire* Kubricks Talent für die Visualisierung von Seelenlandschaften, die zwischen groteskem Schrekken und surrealer Schönheit oszillieren: Jagdmesser blitzen vor der Kamera auf, unmittelbar bevor sie einen Haufen ineinander verschlungener Leichen erfaßt, über den die Reste einer Mahlzeit gekippt sind – ein Bild, das später mit einigen ähnlichen Motiven als Doppelbelichtung über die panikartige Flucht der vier Männer gelegt wird; das Mädchen (Virginia Leith), an dem sich die Begierde der vier entzünden und das Sidney (gespielt von Paul Mazursky, dem späteren Regisseur) bei einem Vergewaltigungsversuch erschießen wird, erscheint in seiner ersten Einstellung als Wäscherin am Flußufer wie ein Traumbild aus einem alten Märchen; und das Floß scheint schließlich zwischen Dunst- und Nebelschwaden auf dem Strom zu schweben wie zwischen Himmel und Erde. *Fear and Desire* wurde privat – mit Unterstützung aus Kubricks Verwandtschaft – finanziert und für nur 9000 Dollar in den San-Gabriel-Bergen bei Los Angeles gedreht. (Allerdings verschlang die Nachsynchronisation, nach Kubricks eigener Aussage wegen seiner technischen Unerfahrenheit, noch einmal das Dreifache dieser Summe.) Wie auch bei dem folgenden *Killer's Kiss* zeichnete Kubrick im Alleingang für Produktion, Regie, Kamera und Schnitt verantwortlich und lernte so aus erster Hand fast alle Probleme kennen, die sich bei seinen späteren Produktionen in immer größeren Maßstäben stellen sollten.

Auch in *Killer's Kiss* (Der Tiger von New York, 1955) bleibt Kubrick der Erkundung alptraumhafter Seelenzustände treu – diesmal jedoch in einem Genre und einer Erzählform von deutlich kommerziellerem Zuschnitt. Die Story und der visuelle Stil des Films beschwören sowohl die düster-romantische Atmosphäre des *film noir* als auch den melodramatischen Realismus populärer »Straßenfilme« wie Jules Dassins *The Naked City* (Stadt ohne Maske, 1948) oder Elia Kazans *Panic in the Streets*

(Unter Geheimbefehl, 1950). Als Ich-Erzählung des geschlagenen und verfolgten Boxers Davy Gordon (Jamie Smith) angelegt, zeigt der Film einerseits Kubricks fortdauerndes Interesse
an einem psychologischen Stoff, bei dem es um in visuelle Surrealität übersetzbare emotionale Grundzustände (Furcht und
Begierde, Einsamkeit, widerstreitende Gefühle) geht, während
andererseits ein neorealistisches Straßenambiente und die Aufmerksamkeit der Kamera für zufällige und sprechende Details
(Gesichter und Gegenstände in der U-Bahn, auf den Straßen, in
den Schaufenstern am Times Square) einen chaotischen All-
tagshintergrund schaffen, der in spannungsreichem Gegensatz
zu den inneren Welten steht.

Killer's Kiss enthält etliche Handlungsideen und Rollen, die
oberflächlich an eine rührseligere Version eines Noir-Films wie
Billy Wilders Double Indemnity (Frau ohne Gewissen, 1944)
erinnern. Davy Gordons als Rückblende erzählte Geschichte
hat nicht den Biß und die Ironie des Berichts über sexuelle
Attraktion und Mord, den Walter Neff (Fred MacMurray) in
Double Indemnity gibt, und schon die Eröffnung in der New
Yorker Pennsylvania Station macht dem mit der Konvention
von Rückblenden vertrauten Publikum hinlänglich klar, daß
Davy und seine Freundin Gloria (Irene Kane) am Ende des
Films dem Pfiff der Lokomotive Folge leisten und in die archetypische Freiheit des Westens entkommen werden. Doch ehe es
zu diesem wenig überzeugenden und möglicherweise von kommerziellen Rücksichten diktierten Happy End kommt, zeigt uns
der Film eine Welt, die nicht weniger »schwarz« und bedrohlich
wirkt als Billy Wilders Klassiker. Wieder fiel Kubricks Wahl auf
Frank Silvera, als es darum ging, die Rolle der menschlichen Bestie zu besetzen: Er spielt Vincent Rapallo, einen alternden
Gangster, der seine Einsamkeit und Versagensangst dadurch zu
kompensieren versucht, daß er andere unterdrückt und quält.
Rapallo kontrolliert die schäbige Tanzdielenwelt des Pleasureland, die uns Kubricks Kamera in zwei Parallelfahrten als trä-
ges, betäubtes Hin und Her von Umrissen und Schatten, als
Pandämonium gesichtsloser Menschen zeigt, die sich wie
Schlafwandler durch einen bedrückenden Traum bewegen.
Eine verhüllte Entsprechung zu diesen Bildern ist Davys Alp-
traum von einer rasenden Fahrt durch den engen, als Negativ
kopierten Korridor einer Slumstraße, der nicht nur die spätere
Verfolgungsjagd zwischen Davy und Rapallo vorwegnimmt,

sondern bereits andeutet, daß der Film seine beiden männlichen Hauptfiguren als Doppelgänger inszeniert, die sich in die gleiche Sehnsucht (personifiziert in Gloria) und die gleichen Geheimnisse teilen: Davys Tunneltraum geht abrupt und ironisch in die Realität über, als er von den Hilfeschreien Glorias unterbrochen wird, die sich in ihrem Zimmer auf der anderen Seite des Hinterhofs der sexuellen Attacken ihres Chefs Rapallo zu erwehren versucht. Als Davy ihr über die Dächer zu Hilfe eilt und so durch den Vergewaltigungsversuch der dunklen Hälfte des Doppelwesens Davy/Rapallo der Kontakt zwischen den beiden hergestellt wird (sie wohnen in zwei Flügeln derselben Mietskaserne und kennen sich nur durch das »Fenster zum Hof«), impliziert Kubrick eine psychologische Nuance, die um einiges raffinierter ist als das, was in einem populären Durchschnittsfilm der Schwarzen Serie oder auch in der Art von sentimentalem Melodrama geboten wird, die *Killer's Kiss* zu imitieren vorgibt.

Vieles von der psychologischen und visuellen Logik von *Killer's Kiss* nimmt jenes Spiel mit den Erwartungshaltungen des Publikums vorweg, das spätere und gelungenere Filme wie Orson Welles' *Touch of Evil* (Im Zeichen des Bösen, 1958) oder Hitchcocks *Psycho* (Psycho, 1960) betreiben.[2] In beiden Filmen wird zunächst die konventionelle Geschichte zweier junger Liebender entwickelt, die in die Konfrontation mit einem Bösen hineinschlittern, dessen Komplexität und Abgründigkeit ihr Verständnis übersteigen. Hat sich das Publikum jedoch erst einmal mit den beiden potentiellen Opfern identifiziert, so wird dieser Anteilnahme auf abgefeimte und irritierende Weise die Grundlage entzogen. Bei Welles verlieren sich Vargas und Suzie (Charlton Heston und Janet Leigh) selbst so unrettbar im Grenzgebiet zwischen Gut und Böse, Licht und Dunkelheit, daß sich das Publikum unversehens in ein heimliches Einverständnis mit den Obsessionen des fanatischen Hank Quinlan (Orson Welles) gedrängt sieht. Und in *Psycho* macht sich Hitchcock nicht nur ein Vergnügen daraus, die Zuschauer in Marion Cranes Angst vor der Entdeckung ihres Gelddiebstahls hineinzulocken (der sich rückblickend als völlig irrelevant erweisen wird), sondern läßt zumindest den männlichen Teil des Publikums zum unfreiwilligen Komplizen von Norman Bates (Anthony Perkins) werden, wenn er ihm in der berühmten Badezimmerszene einen voyeuristischen Blick auf den einladenden (und uns von Hollywood so lange vorenthaltenen) Körper von Janet Leigh zu versprechen scheint, nur um statt dessen auf die entlarvende Vergewaltigungs-Brutalität der durch den Duschvorhang dringenden Messerstiche umzuschneiden. Beide Filme bedienen sich – mit größerem Geschick als *Killer's Kiss* – scheinbar populärer Konventionen eines amerikanischen Genres, während sie insgeheim eben die Werte in Frage stellen und verhöhnen, die dem Publikum anhand solcher Konventionen eingeimpft worden sind.

In seinen besten Momenten verbindet *Killer's Kiss* voyeuristisch/narzißtische Charakterzeichnung mit einem surrealen Vergnügen an der Unterwanderung eines sentimentalen Publikumsgeschmacks. In einer frühen Szene beobachten wir Davy, der sich in seinem Zimmer auf einen Boxkampf vorbereitet und sein Gesicht im Spiegel mustert (ein Detail, das an *Day of the Fight* erinnert); die folgende Einstellung zeigt sein Gesicht verzerrt durch die Rundung eines Goldfischglases gesehen; und in der nächsten Szene wechselt die Kamera in Glorias Zimmer über, von wo aus wir Davy, quer über den Hof, bei der Fortsetzung seiner Toilette erkennen können, während sich Gloria ebenfalls auf eine neue Runde im täglichen Einerlei ihrer Existenz vorzubereiten beginnt. Die ganze Sequenz dient nicht nur als geschickt eingefädelte räumliche Exposition und zeigt als solche eine Fähigkeit des visuellen Erzählens, die in *Fear and Desire* noch nicht anzutreffen war, sondern stimmt auch auf die späteren Szenen mit ähnlich voyeuristischem Gehalt ein. Während Davy wenig später in einem kahlen Umkleideraum auf den Beginn seines Kampfes wartet, zeigt uns Kubrick Gloria im schwarzen BH vor einem Spiegel in der Garderobe des Pleasureland, wo sie sich für ihren allabendlichen Job als Taxi-Girl fertigmacht. Die Parallelmontage deutet eine Analogie zwischen dem Boxkampf und dem Geschlechterkampf, zwischen Ring und Tanzhalle an, die in den folgenden Einstellungen detailliert wird: Während Davy gegen Kid Rodriguez boxt (und unterliegt), verfolgt Rapallo den Kampf in seinem Büro auf dem Fernsehschirm und versucht gleichzeitig, Gloria zu verführen (was ihm mißlingt). In dem Maß, in dem die Bewegungen und raschen Zooms der Handkamera im Ring hektischer werden, nimmt auf dem Parallelschauplatz Rapallos schwitzende Geilheit zu, die sich visuell unmittelbar im flackernden Widerschein der Fernsehbilder des Boxkampfs auf seinem Gesicht zu objektivieren scheint. Was sich in dieser Parallelführung der Handlungen angebahnt hat, kommt nun in der Fortsetzung ironisch zum Tragen: Einsam und deprimiert in seine Wohnung heimgekehrt, telefoniert Davy mit seinem Onkel in Seattle, der ihn über den verlorenen Kampf zu trösten sucht, und sieht währenddessen im Spiegel, wie sich die ebenso einsam und deprimiert heimgekehrte Gloria in der Wohnung gegenüber auszuziehen beginnt. Mit seinem spontan erwachenden voyeuristischen Interesse, das ihn in einen komischen Kampf mit der Telefonschnur verwickelt, als er einen direkten Blick aus dem Fenster zu erhaschen sucht, tritt Davy in Rapallos Fußstapfen und macht seine zukünftige Geliebte ebenso zum Objekt, wie es sein düsteres Alter ego soeben versucht hat und noch in derselben Nacht ein weiteres Mal versuchen wird. Und auch das Publikum wird schließlich in diesen Voyeurismus – der der der Kinomaschine selbst ist – hineingezogen: Kubrick zwingt es zur Entscheidung, wohin es blicken will – auf die äußerste rechte Seite der Leinwand, wo Davy telefoniert, oder auf die äußerste linke, wo Glorias Spiegelbild zu Bett geht. Es gibt keine Mitte und keinen Kompromiß – bis in der Wohnung gegenüber das Licht gelöscht wird und Davy allein auf der Leinwand zurückbleibt, wider besseres Wissen auf eine Wiederholung der Erscheinung wartend und so dem Voyeurismus (und dem Kino) die Würde der Sehnsucht wiedergebend …

Mehr als auf solche Ironien konzentriert sich der Film auf die melodramatische Substanz unterdrückter Emotionen, die in den besten Szenen mit einer behutsamen Zärtlichkeit des Blicks erkundet werden. Nachdem Davy Gloria vor Rapallos Vergewaltigungsversuch gerettet hat und das Mädchen in seiner Gegenwart vertrauensvoll eingeschlafen ist, sieht sich Davy in ihrem Zimmer um und entdeckt eine fremde Welt geheimnisvoller Weiblichkeit (Strümpfe, eine Spieldose, Fotos, eine Puppe), in der sich seine eigene Einsamkeit spiegelt. Die Kamera hält sich zurück und greift nur zögernd in die fast magische Stimmung des Augenblicks ein: Wir sehen Davy zwischen Glorias Reflexion im Wandspiegel (der Erinnerung an die Voyeurszene) und dem realen Mädchen im Bett; es folgt eine Nahaufnahme des kindlich-arglosen Gesichts der Schlafenden; und dann eine Einstellung auf ihre von der Decke herabbaumelnde Puppe (das Objekt – jetzt verwandelt in ein Zeichen der Unschuld). Bildfolgen wie diese belegen das Talent des jungen Kubrick,

Ein neorealistischer Augenblick in ›Killer's Kiss‹

Gefühle in der Wechselwirkung von Rhythmus und Atmosphäre, Darstellung und Szenenbild glaubhaft zu machen. Die Sequenz behält soviel Beigeschmack von Voyeurismus und Fetischismus, wie sie braucht, um im Kontext der vorangegangenen Szenen realistisch zu sein, doch sie denunziert ihre Protagonisten nicht. Man fühlt sich an einen von Kubricks Lieblingsfilmen – den *Blauen Engel* von Josef von Sternberg – erinnert, in dem Professor Raths Interesse für die Wäsche seiner schönen Lola ebenfalls nicht nur die Ironie des Regisseurs vermittelt, sondern mitgefühlte Trauer. Auch in der ungleich düstereren Atmosphäre von Rapallos Büro gelingt Kubrick ein treffendes Bild für das Pathos einer gespaltenen Seele: In einer kurzen Szene zeigt er seine Bestie, wie sie, von Selbstekel ergriffen, ihrem eigenen Spiegelbild den Inhalt eines Glases ins Gesicht schüttet.

Diese Fähigkeit, verdrängtes Gefühl plötzlich und plausibel an die Oberfläche brechen zu lassen, wird zu einem Markenzeichen von Kubricks besten Arbeiten werden und uns vor allem bei der Diskussion seiner unterschätzten *Lolita* noch beschäftigen.

Killer's Kiss zeigt auch bereits erste Beispiele für Kubricks Geschick, konvergierende Erzählstränge gleichzeitig zur Erhöhung der Spannung und zur Vertiefung der Figurenzeichnung einzusetzen. So werden beispielsweise durch die Parallelführung der Davy- und der Gloria-Handlung in der Exposition die vielversprechenden psychologischen Gemeinsamkeiten des zukünftigen Liebespaars demonstriert, während gleichzeitig, auf der dramaturgischen Ebene, ein Muster sich überkreuzender und verfehlender Bewegungen etabliert wird, das im weiteren Verlauf des Films für Spannung sorgt und erstmals von Kubricks Interesse an der Dialektik von Planung und Zufall Zeugnis ablegt. Als Gloria und Davy nach der Eröffnungssequenz aus dem Haus gehen, blickt die Kamera von oben in den trennenden Hinterhof hinunter und zeigt, wie sich ihre Wege, aus den gegenüberliegenden Treppenhäusern kommend, im Hof kreuzen (Gloria wird mit Rapallos Straßenkreuzer ins Pleasureland fahren, Davy mit der U-Bahn zu seinem Kampf). Später blickt die Kamera, wieder aus erhöhter Perspektive, die Treppe hinunter, die vom Pleasureland auf die Straße führt, und bereitet so auf eine schicksalhafte Verwechslung vor, die zum Tod von Davys Manager Albert (Jerry Jarret) führen wird: Unten warten, symmetrisch eingerahmt von den Fenstern einer zweiflügeligen Schwingtür, Albert und Gloria, die einander nicht kennen und beide mit Davy verabredet sind. Einer von Rapallos Männern kommt die Treppe herunter und veranlaßt Gloria unter einem Vorwand, wieder in die Tanzhalle im ersten Stock zurückzugehen, während er ihren Platz gegenüber Albert einnimmt, den er jedoch für Davy hält. Diese Szene, von einer starren und geradezu zynisch unbeteiligten Kamera gefilmt, geht dem Mord an Albert im Gegenlicht der angrenzenden Sackgasse voraus und wird ironisch von einem Schild kontrapunktiert, das doppeldeutig dazu anhält, auf dieser Treppe nicht ins Stolpern zu geraten (»WATCH YOUR STEP!«). Nach Kubricks eigener Aussage war dieses Schild, das der Szene ein Glanzlicht aufsetzt, eine glückliche Entdeckung am Drehort, und interessanterweise erwähnt er in diesem Zusammenhang selbst die Faszination, die die Intrigen des Zufalls in den Romanen von Vladimir Nabokov ausstrahlen. Er selbst wird freilich nicht bis *Lolita* warten, um das an Alberts Tod und Davys Rettung erprobte dramaturgische Genie des Zufalls zur Basis eines Films zu machen, wie wir schon bei dem folgenden *The Killing* sehen werden.

Die eindringlichste Szene von *Killer's Kiss,* nämlich der Kampf auf Leben und Tod zwischen Davy und Rapallo im Lagerraum einer Schaufensterpuppenfabrik, ist ein vorzügliches frühes Beispiel für Kubricks Geschick, surreale und realistische Bildwelten zu vermischen. Die Episode beginnt mit einer ausgedehnten Verfolgungsjagd über die Dächer des morgendlichen New York, die mit der charakteristischen Skyline von Manhat-

Die Atmosphäre des ›film noir‹ in ›Killer's Kiss‹ (Mitte: Jerry Jarret)

41

tan im Hintergrund an *The Naked City* und zahllose andere Großstadt-Kriminalfilme erinnert. Dann taucht die Handlung plötzlich in eine alptraumartige Umgebung von chaotisch durcheinanderstehenden und -liegenden, teils kopf-, teils gliederlosen nackten Schaufensterpuppen ab. Rapallo verfolgt sein Opfer in diesen gespenstischen Raum und fühlt sich sofort bedroht (»ich muß hier raus«, murmelt er), so als wäre er unerwartet in einen seiner Alpträume geraten, in dem sich seine Marionetten gegen ihren Herrn erheben; Davy, der Underdog, verschmilzt dagegen förmlich mit den Puppen und gebraucht sie als Deckung. Mit einer Parallelfahrt, die an die filmische Darstellung der Tänzer im Pleasureland erinnert (tatsächlich wurden beide Sets im selben Lagerhaus aufgebaut), macht die Kamera Davys Zugehörigkeit zu einer Welt ohne Tiefe und Substanz deutlich, in der der Traum vom Glück an der Seite einer puppengleichen Gloria möglicherweise ein ähnlich leeres Versprechen ist wie das der anpreisenden Modepuppen in den Schaufenstern. In einer Einstellung sehen wir Davys Kopf zwischen herabbaumelnden Armen und Händen, so als wäre er ebenfalls vom Rumpf abgetrennt worden. In diesem unwirklichen Ambiente kommt es zu einem Kampf von atavistischer Wildheit, in dem sich Rapallo mit einer Axt und Davy mit einer Brechstange gegenüberstehen. Gliederpuppen werden enthauptet, ihre Rümpfe aufgeschlitzt, bis Rapallo schließlich rücklings in einen Haufen aus Puppenteilen fällt und einen animalischen Schrei ausstößt, als er von Davys Eisenstange durchbohrt wird. Die ganze Sequenz steht in lebhaftem Kontrast zur journalistischen, an *Day of the Fight* und eine frühere Fotoreportage über einen Boxer in *Life* erinnernden Visualisierung des Boxkampfes zu Beginn des Films (der stilistisch mit dem Boxkampf in Robert Wises *The Set-Up* [Ring frei für Stoker Thompson, 1949] verglichen werden könnte) und belegt Kubricks schon früh erkennbare Vorliebe für irritierende bildliche Kontraste. Sollen wir die Szene in der Schaufensterpuppenfabrik als Davys Befreiungskampf gegen die in ihm selbst schlummernden destruktiven Kräfte (personifiziert im Alter ego Rapallo) verstehen oder als Beispiel für Kubricks distanzierende Ironie, die in den Modellpuppen die Marionettenhaftigkeit fremdbestimmter menschlicher Existenzen spiegelt? Als Rapallos Todesschrei in den Pfiff einer Lokomotive übergeht und aus der Rückblende in die Gegenwart umgeschnitten wird – eine Entlehnung oder, freundli-

cher formuliert: ein Zitat aus Hitchcocks *The 39 Steps* (Die 39
Stufen, 1935) –, bleibt uns die Wahl zwischen der Oberflächen-
glätte des Happy Ends und einer vagen, von Kubrick möglicherweise selbst nicht ganz realisierten satirischen Distanz. Vielleicht läßt sich aus *Killer's Kiss* ablesen, daß Kubricks künstlerische Absichten auf ihre Weise von jeher mehr dem Surrealismus
eines Buñuel zuneigten als etwa den barocken Exzessen eines
Orson Welles.

Sollte meine Analyse den Eindruck erweckt haben, daß ich *Killer's Kiss* für einen unentdeckten Klassiker halte, so möchte ich
schnell klarstellen, daß der Film nicht besonders gut ist: Alles in
allem enthält er mehr Schwächen als Stärken. Kubrick hat selbst
zugestanden, daß er zu Beginn seiner Karriere Schwierigkeiten
mit den Dialogen hatte, und *Killer's Kiss* liefert fast immer,
wenn verbale Erläuterungen nötig werden, den schlagenden
Beweis. (Konsequenterweise hat sich Kubrick daher bei dem
folgenden *The Killing,* seiner ersten Romanverfilmung, der
Mitarbeit des Schriftstellers Jim Thompson speziell für die Dialoge versichert.[3]) Die saxophonlastige Jive-Musik, die dem
Pleasureland zugeordnet ist und das akustische Erscheinungs-
bild des Films prägt, verbreitet eine verzweifelte Low-budget-
Stimmung und datiert die Story auf vielleicht ein wenig zu direkte Weise in den frühen 50ern; die Schauspielerei ist – Frank Silvera ausgenommen – laienhaft und überdies durch die Nachsynchronisation der Dialoge behindert, obwohl Kubricks geschick-
te Kameraarbeit alles tut, um sie erträglich wirken zu lassen; die
Ballettsequenz, die von Kubricks zweiter Frau, Ruth Sobotka,
getanzt wird, und Glorias Erzählung vom Schicksal ihrer Schwester Iris (einer Tänzerin, die Selbstmord beging) begleitet, wirkt
selbstzweckhaft und erfüllt ihre dramaturgische Funktion, Glorias Charakter einen tragischen Hintergrund zu geben, ebensowenig, wie sie sich in den visuellen Stil des übrigen Films ein-
fügt. Wenn *Killer's Kiss* Kubricks bedeutendste Leistung wäre,
so hätte dieser Film nur flüchtige Beachtung verdient und einige
der hier vorgetragenen Interpretationen könnten zu Recht als
überzogen gelten. Da es sich jedoch um das Frühwerk eines Regisseurs von so unbezweifelbarem späterem Rang handelt,
schien eine analytische Betrachtung nicht nur gerechtfertigt,
sondern erhellend zu sein. Kubrick sollte die Mängel und Unge-
schicklichkeiten von *Killer's Kiss* sehr rasch überwinden: Schon
ein Jahr später brachte er *The Killing* (Die Rechnung ging nicht

auf, 1956) in die Kinos, der mit einem Produktionsetat von 320.000 Dollar zwar immer noch dünner finanziert war als ein durchschnittlicher Low-budget-Film eines großen Studios, ihm aber trotzdem die Möglichkeit gab, eine Reihe ausgewiesener Charakterdarsteller mit Hollywood-Erfahrung zu engagieren und erstmals unter »professionellen« Bedingungen zu drehen. Vor allem aber gelang es ihm bei diesem Film, die Inkonsequenzen der Erzählperspektive zu vermeiden, die so viel zu den Unstimmigkeiten des vorangegangenen Werkes beigetragen hatten.

Kubricks Entschluß, den 1955 erschienenen Roman *Clean Break* von Lionel White zu adaptieren, läßt zumindest bei oberflächlicher Betrachtung auf eine kommerzielle Orientierung des jungen Filmemachers und auf eine bewußte Entscheidung gegen den »Kunstfilm« à la *Fear and Desire* oder den latenten Surrealismus von *Killer's Kiss* schließen. Sowohl Whites Roman als auch die äußere Form von Kubricks Filmversion bedienen sich jener pseudodokumentarischen Techniken, die Louis de Rochemont (berühmt geworden als Produzent der Wochenschau *The March of Time*) in Filmen wie *The House on 92nd Street* (Das Haus in der 92. Straße, 1945), *13 Rue Madelaine* (Rue Madelaine 13, 1946) und *Boomerang* (Bumerang, 1947) populär gemacht hatte. In diesen fiktiven Dokumentarfilmen verselbständigen sich die mit einem Maximum an Authentizität vorgeführten Maschinerien staatlicher Verbrechensbekämpfung oder militärischer Einsatzvorbereitung zu einem philosophischen Erkenntnismodell, neben dem die beteiligten Individuen und ihre menschlichen Probleme trivial und nebensächlich erscheinen. Whites Roman ist so geradlinig und direkt wie sein Titel: eine perfekt austarierte Erzählmaschine, die ohne Umschweife und stilistische Schnörkel zur Sache kommt und ihre Figuren auf einen psychologisch sauber abgesteckten Kurs schickt, dessen Logik ähnlich zwingend ist wie die von Johnny Clays Einbruchsplan. Was uns an dieser Romanvorlage am meisten interessieren muß, ist jedoch die Rolle, die sie in Stanley Kubricks Entwicklung als Autor von Filmadaptionen literarischer Stoffe spielt. Beginnend mit *The Killing* (und mit *The Shining* voraussichtlich nicht endend) läßt sich Kubricks stetige und nur durch die Auftragsarbeit *Spartacus* unterbrochene Entwicklung als Filmemacher zumindest teilweise an seinem wachsenden Geschick bei der Auswahl und der Bearbeitung geeigneter Vorlagen ablesen. Dabei ist der Grad der Anverwandlung und die Individualität des Ergebnisses so unbezweifelbar, daß Kubrick mit demselben Recht als Vertreter des »Autorenfilms« betrachtet werden kann wie etwa so dezidiert persönliche Filmemacher wie Ingmar Bergman oder Federico Fellini. Dennoch erlauben seine Filme fast keinen biographischen Rückschluß auf ihren Autor, und selbst so äußerliche Verzahnungen von Film und Leben wie die Mitwirkung seines häufigen Schachpartners aus Greenwich Village, Kola Kwariani, in *The Killing* bleiben im Gesamtwerk eine seltene Ausnahme. Kubricks filmische Sensibilität ist nicht romantisch-egozentrisch, sondern von spekulativen Interessen geprägt: sie zeigt die Vielfalt der äußerlichen Formen, in denen menschliche Wesen die Emotionen und Begierden ausleben, von denen wir alle bedrängt werden, aber sie scheut gleichzeitig davor zurück, sich auf die zugrundeliegenden Gefühle selbst einzulassen. Die einzige Ausnahme von dieser Regel waren die beiden frühen Filme, *Fear and Desire* und *Killer's Kiss,* die beide auf Originalskripts beruhten und beide mit erzählerischen und stimmungsmäßigen Inkonsequenzen für ihr unmittelbares Interesse an den Seelenzuständen ihrer Protagonisten bezahlten. Hier läßt sich, neben den ästhetischen und handwerklichen Argumenten, ein weiterer Grund für Kubricks Ablehnung seiner beiden Frühwerke vermuten (von denen er *Fear and Desire* auch nicht mehr zur Vorführung freigibt). Der Rückgriff auf literarische Vorlagen, die freilich nicht »verfilmt«, sondern in einem sehr weitreichenden Umgestaltungsprozeß adaptiert werden, würde in diesem Zusammenhang als Mittel zur Distanzgewinnung des Regisseurs von seinem Stoff erscheinen – ein Mittel gleichzeitig zur Perfektionierung der ästhetischen Kontrolle und zur Verschleierung des individuellen psychologischen Engagements. (Besonders beachtenswert scheint diese hier bewußt im Konjunktiv vorgetragene Spekulation beim späten *Barry Lyndon,* der Kubricks bis heute »persönlichster« Film zu sein scheint und seine literarische Vorlage ebenso auffällig umdeutet, wie der Regisseur diese Tatsache bestreitet ...) Der ideale Roman ist für Kubrick ein Werk, dessen literarische Bedeutung und Bekanntheitsgrad nicht groß genug sind, um Vorlagentreue zu erfordern (*Lolita* als die einzige Ausnahme demonstriert einleuchtend den Grund), so daß der Filmemacher den Handlungs- und Figurenrahmen des Buches mit seinen eigenen psychologischen und formalen Konzepten ausfüllen und daraus im besten Fall eine Spannung zwischen äußerem und innerem Raum, zwischen den Erfordernissen filmischer (visueller) und literarischer (plot- und charakterorientierter) Erzählweise entwickeln kann. Wir werden sehen, daß die Entscheidung für *Clean Break* und später für Humphrey Cobbs *Paths of Glory*, so kommerziell motiviert sie auch scheinen mag, Teil eines künstlerischen Selbstfindungsprozesses war, durch den eine komplexe und persönliche Vision ihren ebenso persönlichen und unverwechselbaren filmästhetischen Ausdruck fand.

Kubricks Adaption übernimmt und intensiviert Whites Perspektiventechnik, die die Handlung mehrmals nacheinander aus den unterschiedlichen Blickwinkeln der diversen Beteiligten erzählt und dem Konzept des Plots so eine erkenntnistheoretische Dimension zuweist, die von ferne an Akira Kurosawas *Rashomon* (Rashomon, 1950) erinnert. Anders als der Roman beginnt und endet *The Killing* an einem Samstag, wodurch jene zeitliche Geschlossenheit verstärkt wird, die dem Film fast den Charakter einer dramaturgischen Versuchsanordnung gibt. Die einzelnen Figuren werden dem Zuschauer als Teile eines zeitlichen Puzzles präsentiert, das sich eine Woche später zur Ausführung von Johnny Clays* »narrensicherem« Plan der Beraubung der Rennbahnkasse zusammenschließt. Schon die Bilder unter den Vorspanntiteln fungieren gleichermaßen als visuelle Exposition und als Teil einer sich erst später enthüllenden Struktur aus Simultaneität und Wiederholung. Sie zeigen, gefilmt mit der verführerischen Authentizität eines Dokumentarfilms, das Gelände der Rennbahn von Bay Meadows und die Vorbereitungen zu einem Rennen (den »Landsdowne Stakes«). Später werden sich dieselben Einstellungen dreimal wiederholen, sobald die Handlung aus drei verschiedenen Perspektiven

---

* Johnny Clay wird von Sterling Hayden gespielt, dessen bis dahin bemerkenswertester Film John Hustons »schwarzer« Klassiker *The Asphalt Jungle* (Asphalt-Dschungel, 1950) war, der einige äußerliche Ähnlichkeiten mit *The Killing* aufweist (ein Raub gelingt und die Beteiligten verlieren); auch Haydens Darstellung in beiden Filmen zeigt große Verwandtschaft. Elisha Cook, Kubricks konspirativer Wettbüro-Kassierer, wurde in der Rolle des Ganoven Wilmer in Hustons Erstling *The Maltese Falcon* (Die Spur des Falken, 1941) berühmt; sein Harry Jones in Howard Hawks' *The Big Sleep* (Tote schlafen fest, 1946), eine Porträtstudie eines kleinen Mannes, der einer typischen *Noir*-Hexe zum Opfer fällt, bietet sich jedoch eher zum Vergleich mit seinem George Peatty in *The Killing* an.

den Schauplatz des Überfalls erreicht. Auf diese Weise wird etwas, das zunächst keine zeitliche Bedeutung zu haben schien, nachträglich in den Kontext von Johnnys Plan (und Kubricks Film) einbezogen und mit einer strukturellen Bedeutung versehen. Ähnlich versucht jede der Hauptfiguren des Films – die säuberlich in Beteiligte/Eingeweihte und Uneingeweihte/Störenfriede geschieden sind –, durch die Logik des Überfalls ihrer eigenen fragmentierten und verzweifelten Existenz eine Illusion von Sinn zu geben. So ist beispielsweise nicht zu übersehen, daß wenigstens zwei der fünf Beteiligten ernsthafte psychische Probleme in den Griff bekommen müssen, wenn sie nicht zu einer Gefährdung für den Plan werden sollen. Die väterliche und homosexuelle Zuneigung, die Marv Unger (Jay C. Flippen) zu Johnny gefaßt hat, bleibt latent, obwohl sie durch die Anwesenheit von Johnny Clays Freundin Fay (Coleen Gray) um eine eifersüchtige Nuance verschärft wird. Ähnliche sexuelle Eifersucht peinigt George Peatty (Elisha Cook jr.), doch es gelingt ihm, sie im Zaum zu halten, bis der Überfall stattgefunden hat. In beiden Fällen verschärft Kubrick die Andeutung des Romans, daß die Voraussagbarkeit und Logik von Johnnys Plan durch unvorhersehbare menschliche Störfaktoren gefährdet wird.

Die äußerlichen Störfaktoren, die den Plan im Buch gefährden, werden von Kubrick fast unverändert in seinen Film übernommen: Randy Kennen (Ted de Corsia) hat Kummer mit einem Kredithai; Mike O'Reilly (Joe Sawyer) sorgt sich um seine invalide Frau; Johnny Clay war von jeher eine kleine Nummer und ist zum Verlierer prädestiniert; und George ist seiner untreuen Frau Sherry (Marie Windsor) hörig wie ein Sklave. Wie White macht Kubrick die Parallelhandlung zwischen Sherry und ihrem Liebhaber Val Cannon (Vince Edwards) zum entscheidenden Gefahrenmoment sowohl für das Gelingen des Überfalls als auch für die glückliche Flucht: Während sich die Mitglieder von Johnnys Gang am Tag des Rennens zur Durchführung ihres Plans versammeln, lassen Sherry und Val einen Gegenplan vom Stapel, der vom Erfolg der anderen abhängt. Sehr früh im Film beginnt so ein Zusammenspiel von konvergierenden und einander bedrohenden Handlungssträngen, die sich im Verlauf der Handlung zu einer abgefeimten und durch die retardierende Perspektiventechnik zusätzlich aufgeheizten Spannungsdramaturgie verschränken. Eine zentrale Symboldeutung erhält dabei das Rennen selbst, das nicht nur Voraussetzung und Schauplatz für den Überfall ist, sondern die komplexe Struktur des Films visuell, akustisch und metaphorisch wie in einen Brennpunkt konzentriert: Es demonstriert die Macht des Zufalls innerhalb eines geschlossenen, stringent geplanten und fest in Raum und Zeit verankerten Systems, das einer unsichtbaren Gottheit untersteht (Samstag nachmittag um fünf vor halbfünf, eineinviertel Meilen auf einer kreisförmigen Bahn, den Ansagen eines Rennbahnsprechers unterworfen) – und das eben deshalb durch eine außenstehende Macht, die nicht Teil seiner Logik ist, gestört werden kann. Und so wie das von Johnnys Plan gefährdete Rennen auch ein Modell für Johnnys Plan ist, wird dieser als ebenso geschlossenes System vom Gegenplan der Verschwörer um Sherry und Val gefährdet, die Johnny seine Beute abzujagen beabsichtigen. Und auf der letzten Ebene sind schließlich alle drei geschlossenen Systeme der räumlich/zeitlichen Struktur von Kubricks Film unterworfen, dem dramaturgischen Meisterplan, dessen künstlerisches Gelingen auf das Scheitern aller anderen baut.

Eine charakteristische Abweichung des Films von der literarischen Vorlage ist das ungleich größere Gewicht, das Kubrick den irrationalen Mächten von Glück und Zufall zuweist. Er schreckt dabei nicht einmal vor der platten Symbolik eines Hufeisens zurück, das der Scharfschütze Nikki Arane (Timothy Carey) als glücksbringendes Geschenk zurückweist und wenig später prompt mit seinem Wagen überrollt und sich dabei einen Reifenschaden zuzieht, der zu seinem Tod führt. Im Roman widerfährt Nikki keine solche poetische Gerechtigkeit, sondern er kommt mit heiler Haut davon: Vielleicht läßt sich Kubricks Variante als ironische Verbeugung vor dem *Production Code* und seiner Verbrechen-lohnt-sich-nicht-Moral verstehen; eher aber scheint sie ein Indiz für die fast rabiate dramaturgische Geschlossenheit zu sein, auf die der Film (im Gegensatz zum Roman) abzielt. Noch bezeichnender ist in diesem Zusammenhang die Änderung des Schlusses gegenüber dem Roman: Dort stolpert George Peatty, aus mehreren Wunden blutend, in die Schalterhalle des Flughafens und pumpt Johnny Clay mit Kugeln voll, als dessen Flucht so gut wie geglückt scheint. Eine anschließende Szene macht die Ironie des Titels deutlich: ein Polizist zieht eine blutgetränkte Zeitung unter Johnnys Leiche hervor und liest die Schlagzeile: RACE TRACK BANDIT MAKES

Ein Kubricksches Bild des Chaos: das zweite »Killing« in ›The Killing‹

CLEAN BREAK WITH TWO MILLION (»Rennbahngangster kommt ungeschoren mit zwei Millionen davon«). Während es im Buch also plausibel motivierte psychologische Faktoren sind, die Johnnys endlichen Erfolg durchkreuzen, übernehmen diese Rolle im Film die schicksalhaften Fügungen eines vom Zufall beherrschten Universums. Sobald sein Zeitplan erst einmal durcheinandergebracht ist, muß sich Kubricks Protagonist resigniert und fatalistisch in alle Kehrtwendungen und Launen seines Glücks schicken. Zuerst sieht es sogar so aus, als würde ihn, statt eines Plans, der Zufall zu retten vermögen: Er erreicht den vereinbarten Treffpunkt eine Viertelstunde zu spät und entgeht dadurch dem zweiten, ungleich brutaleren »Killing« des Films, nämlich der Schießerei zwischen seiner Gang und den Gefolgsleuten von Val. Doch am Ende wird er zur Flucht in die Schatten einer reinen Zufallswelt gezwungen, in der das defekte Schloß seines Koffers und ein fremder Pudel sein Schicksal besiegeln: Machtlos steht Johnny hinter dem Drahtzaun der Flugfeldabsperrung und muß zusehen, wie seine Banknoten – ähnlich dem Goldstaub in Hustons *The Treasure of the Sierra Madre* (Der Schatz der Sierra Madre, 1948) – vom Propellerwind davongewirbelt werden. Kubrick läßt den Film damit enden, daß sich Johnny, der nun keinen Plan und kein Ziel mehr hat, seinen Häschern zuwendet und ruhig die Gefangennahme erwartet (»was soll's?«): er beugt sich einer Niederlage, die im Film eine viel profundere und allgemeingültigere Bedeutung hat als die Intervention des eifersüchtigen Ehemannes in Whites Roman.

Kubricks erzählerischer Umgang mit der Geschichte und ihren Figuren ist von einer thematischen Klarheit, die seine ersten beiden Spielfilme vermissen ließen. Vor allem aber zeigen seine Manipulationen der erzählerischen und der visuellen Perspektive hier schon frühe Anzeichen einer Meisterschaft, wie sie später an Werken wie *A Clockwork Orange* oder *Barry Lyndon* zu bewundern sein wird. Die Stimme des Erzählers in *The Killing,* deren Klang an eine in den Jahren 1955–59 sehr populäre Fernsehserie mit dem Titel *Highway Patrol* erinnert, erlaubt es Kubrick, die unumgängliche Exposition zu raffen und die nötigen Vorinformationen rationell und bündig an den Zuschauer zu bringen. Gleichzeitig erhält der Film durch sie das, was Alexander Walker als einen »charakteristischen Klang« bezeichnet hat, »auf den der ganze folgende Film abgestimmt ist«. Das »Charakteristische« an diesem Klang ist jene vorgebliche Wochenschau-Authentizität, die Orson Welles in der »News on the March«-Sequenz zu Beginn seines *Citizen Kane* (1941) so glänzend parodiert hat (de Rochemont hatte seinen *The March of Time* 1935 begonnen), doch in *The Killing* nimmt dieser Pseudo-Dokumentarismus die Züge einer reflexiven Ironie an. Die Allwissenheit von Kubricks Erzähler beschränkt sich auf die äußerlichen Handlungen der Figuren in der Zeit. Der Tonfall, in dem er berichtet, bleibt neutral und flach, auch wenn er von den »Rätseln« und »Geheimnissen« spricht, die sich vor unseren Augen zu entfalten beginnen, aber aus Gründen der Spannungsdramaturgie ambivalent bleiben. Seine leidenschaftslose Objektivität fungiert als eine Art akustischer Stechuhr, die alle Details registriert, die innerhalb von Johnnys Plan – und nur dort – von Bedeutung sind. Erfolgreicher als die Figuren der Handlung unterdrückt der Erzähler jede individuelle Identität und macht sich ganz zum Organ der zeitlichen Struktur des Films. Seine Stimme ist Oberfläche ohne Tiefe, zeitgebunden und ohne Verständnis für räumliche Zusammenhänge, zugleich ein Hilfsmittel zur Aufrechterhaltung des Erzählzusammenhanges und eine Kontrastfolie für Kubricks Ironie. Seine Rolle innerhalb der Haupthandlung des Films entspricht der Rolle des Ansagers auf dem Rennbahngelände, einer weiteren körperlosen und in regelmäßigen Abständen zu vernehmenden Stimme, die ebenfalls auf die vorstrukturierte Logik eines geplanten Ablaufs (des Rennens) angewiesen ist. Während Johnny in seiner absurd komischen Maske (eines der wenigen surrealistischen Elemente in *The Killing*) das Gelingen seines Plans verfolgt, werden wir über die Rennbahnlautsprecher zu Zeugen der Verwirrung, mit der der Ansager auf die unvorhergesehene, zu Johnnys Plan gehörende Erschießung eines Pferdes reagiert und die noch fehlenden »exakten Informationen« für später in Aussicht stellt. So wie Johnnys Überfall die Autorität des Rennens unterminiert, gebietet der Erzähler über eine Allwissenheit, die die des Rennbahnsprechers übersteigt; sobald jedoch die Außenwelt in das geschlossene System von Johnnys Planung einbricht und seine kühle und mechanische Kontrolle über die Ereignisse in Hektik und Verzweiflung verwandelt, erweist sich auch der Überblick des Erzählers als beschränkt und der übergeordneten Logik von Kubricks visueller Erzählkunst ausgeliefert.

Die Kamerabewegungen, die Kubrick einsetzt, um die Autorität seiner scheinbar objektiven Erzählweise zu untergraben, sind ein frühes Beispiel für eine spezifisch zeitlich/räumliche Ästhetik, die später in ihrer konsequenten Weiterentwicklung eine Anzahl von unverwechselbaren und brillanten Filmen hervorbringen wird. Der Film kombiniert eine Reihe von horizontalen Parallelfahrten mit wiederholten vertikalen Bildkompositionen, um so ein räumliches Gitter zu erzeugen, das gleichermaßen an ein Schachbrett wie an einen Käfig denken läßt. Während uns der Text des Erzählers mit seiner zeitlichen Kompetenz beeindruckt, zeigt schon die visuelle Exposition des Films, daß die handelnden Figuren mehr räumlich aufeinander bezogen sind: Die Kamera bewegt sich *von links nach rechts* als Marv von den Wettschaltern der Rennbahn zu Mike O'Reillys Bar geht; als Randy in der Cocktail Lounge auf seinen Zinswucherer zugeht; als Johnny Clay quer durch Marvs Wohnung auf das Bett zugeht, auf dem Fay sitzt; als Mike sich dem Krankenbett seiner invaliden Frau nähert; und als sich George Peatty durch seine Wohnung auf das eheliche Bett zubewegt, auf dem sich seine untreue Frau räkelt. (Schon diese Auflistung macht übrigens deutlich, warum der ursprüngliche Arbeitstitel des Films *Bed of Fear* [Das Bett der Angst] lautete.) Wie in *Killer's Kiss* wiederholt Kubrick typische Kamerafahrten und visuelle Motive, um die emotionalen und konzeptionellen Inhalte seines Films unterschwellig zu verstärken. Dabei deutet die Kamerabewegung dem Publikum wesentlich früher und mit größerer Subtilität als der Erzähler an, daß der Überfall für jene, die ihn überleben, hinter den Gitterstäben eines Gefängnisses enden wird. Während der Erzähler die verschiedenen menschlichen Bestandteile von Johnnys Puzzle vorstellt und auch während der gemeinsamen Ausführung des Plans bleibt die Kamera demonstrativ bei ihren Bewegungen *von links nach rechts* und wahrt so eine räumliche Kontinuität der Erzählung, die im Gegensatz zur durch den Perspektivenwechsel ständig unterbrochenen zeitlichen Kontinuität steht. Sobald der Überfall jedoch stattgefunden hat, kehrt sich die überwiegende Bewegungsrichtung um: Schon Johnnys Flucht vom Rennplatz erfolgt *von rechts nach links,* und auch nach seiner Ankunft im Flughafengebäude verfolgt ihn die Kamera zunächst in dieser Richtung. Als ihm jedoch die Flucht nach dem verräterischen Aufplatzen des Koffers unmöglich wird und er sich von dem einzigen Fortbewegungsmittel, das ihn aus seiner zweidimensionalen Falle befreien könnte – nämlich dem Flugzeug – abwenden muß, nehmen er und die parallel fahrende Kamera wieder die ursprüngliche Bewegungsrichtung *von links nach rechts* auf, die ihn im ersten Teil des Films in sein Schlamassel hineinmanövriert hatte. Diesmal freilich führt ihn die Parallelfahrt nicht in einen wohldurchdachten und kontrollierbaren Plan, sondern in ein Labyrinth, in dem sich zu viele innere und äußere Faktoren überlagern, als daß ein Mensch von Johnnys beschränktem Vorstellungsvermögen und Überblick wieder hinausfinden könnte. Johnny Clay, so zeigt uns Kubrick, ist nicht der Meisterkriminelle, als der ihn sein Plan anfänglich erscheinen ließ, und schon gar nicht der Künstler, mit dem er selbst den Verbrecher in einem Gespräch mit Maurice in der Schachakademie verglichen hatte. Rückblickend ergänzen sich der anfängliche Erfolg seines Plans und sein schließliches Scheitern an der Macht des Zufalls zu Kubricks einfühlsamen Porträt einer unsentimentalen und unheroischen menschlichen Tragödie.

An den entscheidenden Wendepunkten der Geschichte setzt Kubrick auffällige vertikale Kamerabewegungen ein, die die horizontalen Fahrten zur visuellen Metapher eines Käfigs – oder auch eines Schachbretts – ergänzen. An drei Stellen geht die Kamera in identischen Rückwärtsbewegungen auf Distanz, während sie Johnnys Schritte entlang einer Reihe von Motel-Bungalows aufzeichnet. (Zweifellos sind diese drei Einstellungen bei den Dreharbeiten unmittelbar hintereinander aufgenommen worden.) In den beiden ersten dieser Szenen geht Johnny mit der gewohnten resoluten Zielstrebigkeit auf den richtigen Bungalow zu, doch beim dritten Mal verliert er in seiner Hast, das dort deponierte Geld abzuholen, seinen räumlichen Orientierungssinn (er ist 15 Minuten zu spät dran) und betritt um ein Haar das falsche Gebäude. Die vertikale Bewegung der Kamera wiederholt sich jedoch unverändert und zeichnet weiterhin die Stäbe eines Käfigs nach, während sich dem Zuschauer allmählich die zeitliche Struktur von Johnnys Plan enthüllt. Die einzige subjektive Einstellung des Films bewegt sich aus Georges Peattys Perspektive vertikal über ein grotesk chaotisches Schlachtfeld und assoziiert Peattys Schicksal mit den vertikalen Gitterstäben seines Wettannahmeschalters oder dem Käfig des Papageis, der ihn noch im Tod verspotten wird. Und an drei strategischen Stellen komponiert Kubrick ein Bild aus drei menschlichen Gestalten, die nebeneinander aufgereiht direkt in die Kamera blicken: die Pappdeckelbullen – Ziele auf Nikki Aranes Schießstand –, die ihre Revolver auf Nikki richten; die drei Bandenmitglieder (Marv, Mike und Randy), die erwartungsvoll zur Tür blicken, durch die Val mit einem anderen Mann kommen wird, um die Wohnung in einen Schießstand mit lebenden Zielen zu verwandeln; und schließlich die drei Gestalten (zwei Polizisten in Zivil und, zur Vervollständigung der Symmetrie, ein Angestellter der Fluggesellschaft), die sich in der letzten Einstellung des Films auf Johnny zubewegen.

Aus der visuellen Gestaltung von *The Killing* können wir schließen, daß sich Kubrick entschlossen hat, mit einer zeitlichen Definition des Raums zu experimentieren. Neben den Kamerafahrten und den vertiaklen Kompositionen setzt er Effektlicht ein, um eine klaustrophobische Dunkelheit und die verschiedenen Gegenstände hervorzuheben, die die Auswegslosigkeit psychischer und sexueller Verstrickungen suggerieren. Dabei geht Kubrick jedoch über die Betonung des Gegensatzes von Planung und Unvorhergesehenem in Whites Romanvorlage hinaus, indem er ein filmisches Äquivalent seiner eingestandenen Vorliebe für strategische Spiele und literarische Gestaltungen des Geheimnisvollen inszeniert: der im Roman angelegte Widerstreit zwischen Intellekt und Leidenschaft, zwischen Planung und Chaos gewinnt im Film zumindest ansatzweise die Dimension des Gegensatzes von Kunst und Leben. Dennoch behält *The Killing* stilistisch eine täuschende Klarheit und Kargheit, in der die Geometrie von Bewegung und Raum eine größere Beredsamkeit entfaltet als das substantielle Gewicht der Bilder. Die konzentrierte erzählerische Engführung des Romans, die den psychologischen Hintergrund den Verwicklungen des Plots unterordnet, gab Kubrick Gelegenheit, seine Beherrschung der filmischen Zeit zu vervollkommnen. Und weil *Clean Break* die seelischen Konstellationen in seinen Figuren unzweideutig definiert, konnte Kubrick, mit Hilfe seiner routinierten Besetzung, die psychologischen Sondierungsversuche der früheren Filme durch eine konkrete Bildsprache für emotionale und psychische Inhalte ersetzen. Zum ersten Mal schuf sich Kubrick bei diesem Film die Arbeitsbasis, die zur Voraussetzung seiner späteren Erfolge werden sollte: Eine literarische Vorlage lieferte eine explizite, alle Details der Erzählung umfassende verbale Grundlage, die den Regisseur nicht zur Sklavenarbeit einer *Ver*filmung verpflichtete, sondern ihm den Rohstoff für eine freizügige filmische Adaption an die Hand gab, in der die neu gefundenen filmsprachlichen Äquivalente durch die dramaturgische Vorarbeit des Romanautors zusätzlich abgesichert waren. In der abschließenden Wertung kann man *The Killing* als nicht mehr, vor allem aber auch nicht weniger als dies bezeichnen: eine mit gewachsener Materialbeherrschung geschickt ausgeführte Fingerübung von beträchtlichem Unterhaltungswert, die im Licht späterer Filme gesehen einige Geheimnisse über einen Filmemacher preisgibt, dessen »Plan« sich unserem Zugriff allzu oft entzieht.

Humphrey Cobbs Roman *Paths of Glory* (1935) muß für den Regisseur von *Fear and Desire, Killer's Kiss* und *The Killing* als

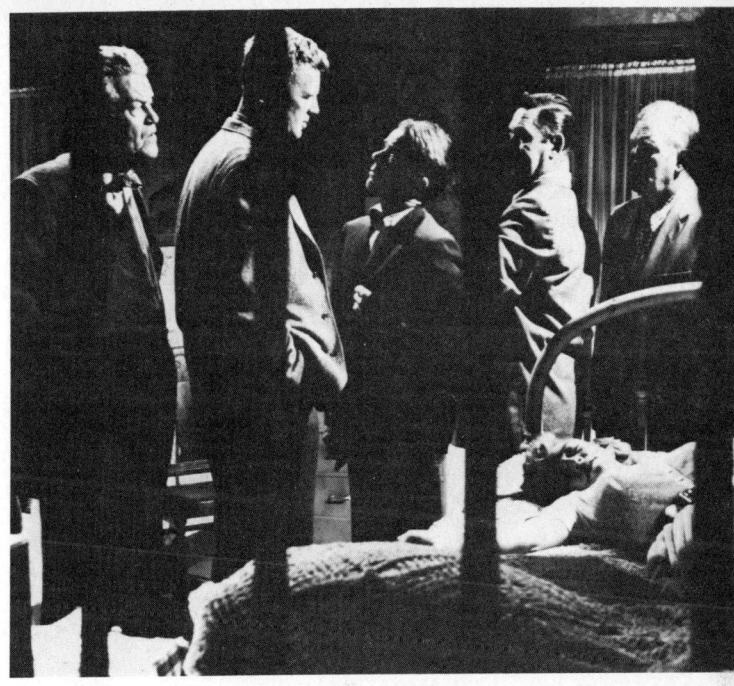

Die Verschwörer in ›The Killing‹ und die Konturen des Schicksals (Jay C. Flippen, Sterling Hayden, Elisha Cook, Ted de Corsia, Marie Windsor, Joe Sawyer)

in mehrfacher Hinsicht ideale Vorlage erscheinen. In Stil und Erzähldramaturgie entwickelt er einen ironischen Kontrast zwischen öffentlichen und persönlichen Welten, den Sinnfiktionen einer offiziösen Herrschaftssprache und der Ungreifbarkeit einer fluktuierenden Realität. Passagen von halluzinatorischer Eindringlichkeit, die das tatsächliche und das imaginierte Grauen des Krieges schildern, wechseln mit anderen ab, die die formalisierte Verschleierung dieser Wahrheit durch ehrgeizige und karrieresüchtige Figuren zeigen. Cobbs allwissender Erzähler, der in der dritten Person berichtet, behält während des ganzen Textes die ironische Distanz des Moralisten. In einer Szene, die Kubricks bereis demonstrierten Interessen entgegenkommen mußte, formuliert der Erzähler beispielsweise, daß General Assolant (Mireau im Film), der den Krieg auf »eine Frage von Prozenten« reduziert, die Tatsache außer acht läßt, »daß eine Schlacht etwas ist, was sich dauernd verändert, und daß man die Veränderung nicht an den Trümmern messen kann, die sie zurückläßt«. An einer anderen Stelle gibt es eine Szene zwischen Assolant und Oberst Dax, die bereits im Roman sehr filmische und sogar kubricksche Untertöne enthält: Dax hat das Gefühl, daß das Problem des Generals ein »Problem des Sehens« ist, daß er »immer durch verzerrende Linsen blickt, Linsen, die aus Rangabzeichen bestehen«; Dax setzt dieses Sprachbild in Realität um, indem er Assolant veranlaßt, sich der menschlichen Wirklichkeit des Krieges durch einen Blick durch das Scherenfernrohr im Schützengraben zu stellen:

> Die Linsen des Fernrohrs schienen ihm den Leichenhaufen direkt ins Gesicht zu schleudern. Die Körper bildeten ein so wirres Knäuel, daß man oft nicht wußte, was zu wem gehörte. Abscheulich, verrenkt und verwesend lagen sie übereinander oder hingen in obszönen Stellungen im Drahtgeflecht, ein schockierender Berg Menschenfleisch, aufgedunsen und verfärbt.

Am Ende des Romans läßt Cobb diese Attacke auf die Realpolitik des Krieges in einer »Anmerkung« kulminieren, die den Leser aus dem Text in die Wirklichkeit verweist und ihm die historische Wahrheit hinter der Lüge der Fiktion aufzeigt.[*]
Es überrascht, daß Kubricks *Paths of Glory* (Wege zum Ruhm, 1957) weder die alptraumartigen Schlachtfeldszenen des Romans noch die Alpträume der vorangegangenen Filme wiederholt. Der ganze Film enthält nur zwei Sequenzen mit subjekti-

---

[*] Cobbs »Anmerkung« hat folgenden Wortlaut:
»Sämtliche in diesem Buch vorkommenden Personen, militärischen Einheiten und Schauplätze sind frei erfunden.
Falls jedoch der Leser fragen sollte: ›Sind solche Dinge wirklich vorgefallen?‹, antwortet der Autor mit ›Ja‹ und weist ihn auf die folgenden Quellen hin, die ihn zu seinem Buch angeregt haben: *Les crimes des conseils de guerre* von R. G. Réau; *Les fusillés pour l'exemple* von J. Galtier-Boissière und Daniel de Ferdon; *Les dessous de la guerre révélés par les comites secrets* und *Images secretes de la guerre* von Paul Allard; ferner eine Meldung der New York Times vom 2. Juli 1934, die unter der Schlagzeile erschien: *FRENCH ACQUIT 5 SHOT FOR MUTINY IN 1915; WIDOWS OF TWO WIN AWARD OF 7 CENTS EACH* (›Franzosen rehabilitieren fünf im Jahre 1915 wegen Meuterei erschossene Soldaten; Witwen von zweien erhalten Entschädigung von je 7 Cents‹); und schließlich *Le fusillé* von Blanche Maupas, einer jener beiden Witwen, die eine Rehabilitierung ihres Mannes erreicht und eine symbolische Entschädigung von einem Franc erhalten hatten.«

ven Kamerafahrten, die an Davys Traum oder George Peattys Blick über das Schlachtfeld seines Zimmers erinnern, doch keine von beiden zeigt das erwartete Gemetzel. Gerade an den Stellen, an denen der Roman eine Umsetzung in expressive Bilder geradezu aufdrängt, bleibt Kubricks Kamera distanziert und realistisch, während seine filmischen Versionen von Szenen, die im Roman nur wenig beschreibende Aufmerksamkeit erfahren – so der Angriff auf den »Ameisenhügel«*, das Kriegsgericht und die Hinrichtung – zu den eindringlichsten Episoden des Films gehören. Und obwohl Kubrick der dreiteiligen Gesamtanlage des Romans folgt (vor dem Angriff; der Angriff und danach; Kriegsgericht und Hinrichtung), verzichtet er darauf, dessen ironische Schicksalssymmetrien nachzuvollziehen. Cobb beginnt und beendet seinen Text beispielsweise mit zwei Soldaten namens Langlois und Duval. Der erste ist ein Veteran und Überlebender, der davon überzeugt ist, »daß keine deutsche Kugel oder Granate meine Nummer trägt«; der zweite – die Kontrastfigur – ist ein junger Rekrut, der vom Ruhm träumt und Langlois' Orden und Abzeichen bewundert, die in Wahrheit bei einer Lotterie gewonnen worden sind. Am Ende des Romans wird Langlois (Corporal Paris im Film) als Ergebnis eines anderen Glücksspiels an den Exekutionspfahl gebunden, während seine Orden vor ihm auf dem Boden liegen, und Duval (der im Film nicht mehr vorkommt) gehört zum Hinrichtungskommando, das ihn erschießen muß. Cobb bedient sich zahlreicher solcher Korrespondenzen, die großenteils allzu durchsichtig eingefädelt werden und den Roman in eine strukturelle Zwangsjacke fesseln, die nicht weniger beengend ist als jene in *The Killing*. Kubrick reduziert in seinem Film auch die zeitlichen Manipulationen der Vorlage – die mit ihren »Parallelmontagen« und dem an *High Noon* erinnernden Spannungs-Countdown vor dem Angriff und vor der Hinrichtung filmisch genug wirken – und entwickelt statt dessen eine räumliche Dynamik, die aus der dramaturgisch geschickt motivierten Opposition verschiedener Schauplätze entsteht. Kann man *The Killing* als Kubricks erstes gelungenes Experiment mit filmischer Zeit be-

---

* In der deutschen Synchronfassung wurde der »Ameisenhügel« *(Ant Hill)* abstrakt/steril in »Höhe 19« umgetauft; während die zynische Gleichsetzung von Menschen und Ameisen im Original augenfällig ist, bleibt der metaphorische Zugewinn der ominösen »19« einigermaßen im dunklen … (Anm. d. Übers.)

zeichnen, so ist *Paths of Glory* sein frühes Meisterwerk in filmisch-räumlicher Kommunikation. Damit geht der Film entscheidend über die liberale Anti-Kriegs-Attitüde seiner literarischen Vorlage hinaus: Kubrick benutzt die zeitlichen und psychologischen Rahmen, die ihm Cobbs Text anbietet, um konsequenter und umfassender als zuvor eine Ästhetik des Möglichen zu entwickeln, die schon von ihrer Natur her dazu zwingt, jeden gegebenen Augenblick filmischer Zeit (sei er psychologisch vermittelt oder »real«) an den größeren und vieldeutigen räumlichen Dimensionen eines filmischen Universums zu messen, das nicht auf einen einfachen Nenner zu reduzieren ist.*

Erstmals gelingt es Kubrick in *Paths of Glory,* der inzwischen sicher beherrschten visuellen Vielschichtigkeit seiner Filme auch auf der akustischen Ebene – in Sprache, Geräuschen und Musik – zu entsprechen und damit seiner Überzeugung Rechnung zu tragen, daß ein Film die Vieldeutigkeit und die »unterschwellige Kommunikationsweise eines Kunstwerks« nur verwirklichen könne, wenn er überwiegend nichtverbal, mit Bildern und Klängen statt mit Worten, argumentiere. Auch der Erzähler wird nur zu Beginn des Films zur Vereinfachung der Exposition eingesetzt, wobei es für Kubricks frühe Reife als Filmkünstler spricht, daß er den mit dieser Off-Stimme angeschlagenen dokumentarischen Stil auch im weiteren Verlauf des Films visuell durchzuhalten vermag. Nachdem der Vorspann abgelaufen und die *Marseillaise* verklungen ist und ein Zwischentitel (»Frankreich, 1916«) Ort und Zeit der Handlung identifiziert hat, resümiert der Erzähler die Vorgeschichte des festgefahrenen Stellungskrieges und schildert den aktuellen Zustand an der quer durch Frankreich verlaufenden Zickzacklinie der Schützengräben mit

---

* So offensichtlich Kubricks Autorschaft an der räumlich-dramaturgischen Brillanz des Films ist, so schwer lassen sich die verbalen Qualitäten von *Paths of Glory* einzelnen Urhebern zuschreiben: Ohne Zweifel haben sowohl Calder Willingham als auch Jim Thompson Anteil an den ironischen Glanzlichtern des Dialogs, obwohl sich im späteren *Barry Lyndon* – von Kubrick nach dem Roman von Thackeray allein geschrieben – ganz ähnliche Wortspiele finden lassen. Und die Verwendung eines Off-Erzählers kann schließlich als eines der typischsten Kennzeichen eines Kubrick-Films überhaupt gelten. Kubrick selbst hat mehrfach die Bedeutung der Zusammenarbeit zwischen Filmemacher und Drehbuchautor am Skript betont (und mit Terry Southern und Peter George bei *Dr. Strangelove,* mit Arthur C. Clarke bei *2001* und mit Diane Johnson bei *The Shining* auch später immer wieder praktiziert); andererseits weisen ihn gerade die beiden ohne Mitarbeiter geschriebenen Filme *(A Clockwork Orange, Barry Lyndon)* als »Autorenfilmer« par excellence aus.

Der erste Korridor in ›Paths of Glory‹: die Ankunft von General Broulard (Adolphe Menjou) vor dem Schloß

den Worten: »Erfolgreiche Offensiven, die oft nur wenige hundert Meter Bodengewinn brachten, wurden mit dem Leben von Hunderttausenden von Soldaten bezahlt.« Auf der Leinwand sehen wir währenddessen ein Bild von schneidend ironischem Kontrast: die Ankunft des oberkommandierenden Generals Broulard (Adolphe Menjou) vor einem zum Generalsquartier umfunktionierten Schloß aus dem 18. Jahrhundert.[4] Die Kamera schwenkt über einen weiträumigen, aber klassizistisch erstarrten Schloßgarten, erfaßt die aufmarschierende Ehrengarde und verfolgt sie bis vor das Schloß, wo sie sich in zwei Reihen zu einem Kubrickschen Korridor formiert, durch den Broulard das hochherrschaftliche Hauptquartier des von General Mireau

(George Macready) kommandierten Regiments betritt. In dieser ersten Einstellung desavouiert der leidenschaftslose, an die Computerstimmen des Erzählers von *Dr. Strangelove* und HALs in *2001* erinnernde Erzähler die patriotische Wallung der *Marseillaise,* während die Linien und Korridore des Gartens und der Garde visuell auf spätere Entwicklungen vorausdeuten, in denen sich ganz andere Fronten und Offensiven offenbaren werden als jene, von denen der exponierende Kommentar berichtet: Beispielsweise wird die Kamera in der Exekutionsszene gegen Ende des Films dasselbe Gartenplateau abermals durchqueren und die kontrastierenden und einander gleichzeitig bedingenden Welten des Schlosses und der Schützengräben vereinen; und in seinen letzten Einstellungen wird der Film mit ambivalenter Ironie enden, wenn er ein verängstigtes deutsches Mädchen (dargestellt von Susanne Christian, seitdem Kubricks Ehefrau) ein sentimentales *deutsches* Lied vor den französischen Soldaten singen läßt, die es mit Tränen der Rührung hören, um anschließend in ihre Gräben zurückzukehren.

In der ersten Hälfte des Films – die mit der ersten Ausblende nach dem gescheiterten Angriff auf den »Ameisenhügel« endet – wird diese ironische Struktur von Gegensätzen und Parallelen zwischen den Schützengräben und dem Schloß weiter ausgebaut. Dabei gelingt es Kubrick, die Opposition scheinbar eindeutiger Konflikte und Kontraste in ein Labyrinth paradoxer Querverbindungen und unerwarteter Assoziationen zu verwandeln. An einem Vergleich zwischen den akustischen und den visuellen Inhalten der beiden ersten Sequenzen läßt sich dieser Aspekt verdeutlichen. Zu Beginn der ersten Szene betritt Broulard durch den Korridor der spalierstehenden Soldaten das Schloß, um sich in dem geräumigen und reich dekorierten Salon, den Mireau als Arbeitszimmer requiriert hat, mit seinem Generalskollegen zu treffen. Er beglückwünscht Mireau zu der »wohltuenden Atmosphäre« des Raumes und lobt seinen sicheren Geschmack bei den »Teppichen und Bildern«. Mireau fühlt sich sichtlich geschmeichelt, muß aber gestehen, daß der Raum »im großen und ganzen schon so war, als ich hier Quartier bezog«. Dann kommt Broulard, der sich nicht anmerken läßt, ob ihm selbst die Kunstgegenstände gefallen oder ob ihn das Gespräch eher belustigt, auf den »streng geheimen« Anlaß seines Besuchs zu sprechen (es handelt sich eben nicht um einen Anstandsbesuch, aber Kubrick verschleiert bewußt die Grenze zwischen Höflichkeitsriten und politischer Manipulation). Mireau, der schon »etwas läuten hören« hat, fällt seinem Gegenüber ins Wort und kürzt die Formalitäten durch die Erwähnung des »Ameisenhügels« ab. Nachdem Broulard mit dem verbindlichsten Lächeln einige weitere Komplimente mit der verhüllten Andeutung einer möglichen Beförderung angebracht hat, fällt der anfangs widerstrebende Mireau seiner Eitelkeit zum Opfer: Er schlägt sich mit der Faust in seine offene Hand und ruft: »Wir werden es schaffen!« Genau auf diesem Satz und dem Geräusch des Faustschlags schneidet Kubrick zu einer Einstellung um, die das verwüstete Niemandsland vor dem »Ameisenhügel« – einer als uneinnehmbar geltenden deutschen Befestigung – durch den horizontalen Sehschlitz eines französischen Bunkers zeigt. Die folgende Szene zeigt Mireau, der wie Broulard durch einen Korridor von Soldaten geht, doch er befindet sich in einem Schützengraben, in dem das Spalier weniger exakt ausgerichtet ist, und statt der *Marseillaise* und der Stimme eines allwissenden Erzählers hören wir das Geräusch von Granateinschlägen und sehen Schutt und Trümmer von oben herabregnen. Abermals zeigt uns der Film einen vorgesetzten Offizier auf dem Weg zu einem Untergebenen, wobei sich die waagrechte Bewegung der Protagonisten – zusätzlich betont durch einen waagrechten Kameraschwenk in der ersten Szene und eine lange Rückwärts-Fahrt in der zweiten – mit einer senkrechten Befehlshierarchie zu einem imaginären Fadenkreuz ergänzt. Als Mireau Colonel Dax (Kirk Douglas), den unmittelbaren Vorgesetzten der »Ameisen« in den Schützengräben, in seinem unterirdischen und düsteren Befehlsstand erreicht, muß er den Kopf einziehen, um durch das niedrige Schlupfloch eintreten zu können – doch dann beginnt er einen Diskurs, der genau dem Muster der politischen Höflichkeit des Schlosses folgt: Er macht Dax Komplimente über seinen Bunker (»recht gemütlich haben Sie's hier unten«). Der Colonel, der nicht auf den Besuch vorbereitet war, trägt notdürftig der Etikette Rechnung, indem er sich hastig einen Uniformrock über den nackten Oberkörper zieht (im Hintergrund steht noch die dekorative Porzellanschale, an der er sich gerade gewaschen hat – eine Erinnerung an das Schloß und ein symbolischer Ausdruck seines Bestrebens, in einer schmutzigen Welt sauber zu bleiben). Doch Dax' Sprache ist von einer Direktheit und Offenheit, die Mireaus Förmlichkeit entlarvt. Er bezeichnet seinen Unterstand als das, was er ist, nämlich »niedrig und eng« und macht Mireaus leere Rhetorik, er zähle nicht zu jenen »Schreibtischstrategen, die sich davor fürchten, daß ihnen eine Maus die Hosenbeine hochläuft« mit dem Wortspiel lächerlich, er selbst würde eine solche Maus durchaus einer Mauser (einem deutschem Infanteriegewehr) vorziehen. Als Major Saint-Auban (Richard Anderson) die Angst der zusammengedrängten Soldaten im Geschützfeuer mit einem »Herdeninstinkt, wie er bei verschiedenen Tiergattungen entwickelt ist« vergleicht, erwidert Dax, er halte ihn »für einen rein menschlichen Instinkt – oder machen Sie zwischen Tier und Mensch keinen Unterschied?« Und schließlich bestätigt Dax – der im Zivilberuf Strafverteidiger war – seine verbale und moralische Überlegenheit gegenüber seinem General sogar mit dem berühmten (wenn auch für einen französischen Offizier etwas weit hergeholt wirkenden) Zitat von Samuel Johnson, wonach der »Patriotismus die letzte Zuflucht eines Schurken« sei. Derart herausgefordert, legt Mireau seinem dreisten Untergebenen eine Beurlaubung nahe und treibt Dax damit so in die Enge, daß er schließlich auf den Zweckoptimismus des Generals einschwenken muß: In seinen letzten Worten in dieser Szene (»wir werden den ›Ameisenhügel‹ nehmen!«) klingen ironischerweise die Worte nach, die sein Gegenspieler Mireau am Schluß der analogen Überredungsszene mit Broulard gebraucht hatte.

Erst die Kameraführung und die Mise en scène des Films eröffnen jene übergreifende und philosophischere Perspektive, die eine Einordnung des psychologischen und verbalen Schlagabtauschs dieser beiden ersten Szenen erlaubt. Als Broulard den Fauxpas begeht, die Gemälde *(paintings)* in Mireaus Arbeitszimmer als »Bilder« *(pictures)* bezeichnen, deutet Kubrick damit nicht nur das kulturelle, sondern auch das historische und moralische Analphabetentum des Generals an. (Als Broulard nach dem gescheiterten Angriff auf den »Ameisenhügel« ins Schloß zurückkehrt, läßt ihn Kubrick parallel, aber in *entgegengesetzter* Richtung zu einem großformatigen Gemälde gehen, das im Hintergrund vorbeigetragen wird.) Das Schloß als einer der Zentralschauplätze und als wichtigste visuelle Metapher ist eine der einschneidensten Veränderungen, die der Film an der Romanvorlage vornimmt.[5] Bei Cobb spielt es bis zum Kriegsgericht so gut wie keine Rolle und wird auch nicht näher beschrieben (mit Ausnahme einer Anspielung auf seine Geschichte, als der Erzähler mitteilt, Napoleon habe einst dort übernachtet). In

Kubricks Film steht das Schloß als Architektur gewordene Weltanschauung für eine spezifische Epoche der menschlichen Zivilisation und für das zeitlose Bedürfnis der Menschheit nach ästhetischem Ausdruck. Gleichzeitig ist es – darin den Schlössern und Palästen von *Barry Lyndon* vergleichbar – ein steinerner Kommentar zu den Versuchen der Figuren, solchen historischen Formalismus in ihrem eigenen Verhalten nachzuahmen und dabei bis zur offenbaren Sinnleere zu veräußerlichen. In seinem gesamten Verlauf zeigt uns der Film Personen, die Wege beschreiten, die entweder in ein Labyrinth aus Selbsttäuschungen oder in die Endrunde um den Tod führen. Als sich die beiden Generäle in der ersten Sequenz auf einer Kreisbahn um eine dekorative Sitzgruppe in der Mitte des Raums bewegen, folgt ihnen die Kamera in einer ebenfalls kreisenden Bewegung, um die Kurzschlüssigkeit sowohl von Mireaus Eitelkeit als auch von Broulards Manipulationskunst zu visualisieren. Sobald Kubrick die Förmlichkeit und Floskelhaftigkeit ihres Verhaltens etabliert hat, nutzt er eine charakteristische Abweichung, um Mireaus wahre Interessen zu entlarven: Als ihn Broulard mit der Aussicht auf persönlichen Ruhm zu ködern beginnt, schenkt sich Mireau einen Cognac ein, ohne dem ranghöheren Kollegen und Gast zuerst anzubieten; und als er endlich einen Grund gefunden zu haben glaubt, an den Erfolg des in Wahrheit chancenlosen Angriffs zu glauben, stellt die Kamera ihre einkreisenden Bewegungen ein und beobachtet aus zunehmender Distanz, wie sich die beiden grauen Eminenzen über das Schachbrettmuster des Parketts in den Hintergrund zurückziehen. Während die vertikale Weiträumigkeit und der architektonische Höhenzug des Schlosses – zusammen mit seinem implizierten Hintergrund aus Historie und Kunst – die horizontalen und kreisförmigen Bahnen seiner vorübergehenden Okkupanten in die richtige Perspektive rückt, läßt Kubricks visuelle Dramaturgie bei den Schützengräben nicht den geringsten Zweifel daran, daß diese Korridore einen tödlich geraden und ausweglosen Verlauf nehmen. Das Niemandsland wird nicht nur, in der ersten Einstellung der zweiten Sequenz, durch den horizontalen Sehschlitz definiert, sondern ist Teil einer surrealen Topographie aus horizontalen Gräben, die mehr an einen Friedhof erinnern als an die Wege, die zum Ruhm führen. Oberhalb dieser umgepflügten Todeslandschaft erstreckt sich ein weiß ausgefressener, überbelichteter Himmel, der wie ein Sargdeckel auf der Szene liegt –

bedrohlich und beengend selbst ohne die Granaten, die unvorhersehbar aus ihm herniederregnen. Die lange Rückwärts-Fahrt, mit der die Kamera Mireau auf seinem Rundgang durch die Gräben begleitet, zeigt dem Zuschauer nicht, wohin sie führt, läßt aber gleichzeitig keinen Zweifel, daß sie an das zweidimensionale Grabenlabyrinth gefesselt bleiben wird. Und die drei Soldaten, mit denen der General auf seiner Runde ein paar Worte wechselt, werden sich später als eben jene erweisen, an denen er das Exempel wegen angeblicher Feigheit vor dem Feind statuieren läßt: Kubrick zeigt die Welt als destruktiven, vorbestimmten Weg.

Als es schließlich zum Angriff auf den »Ameisenhügel« kommt, verzichtet Kubrick – im Gegensatz zu Cobb – darauf, das Spannungspotential des Countdowns und der Angriffsvorbereitung auszureizen. Statt dessen konzentriert er sich auf die Attacke selbst, vielleicht, um seinem sonst so enthaltsamen Film wenigstens eine der genreüblichen Action-Sequenzen zu verschaffen.[6] Auch diese Szene bleibt jedoch in das übergeordnete Thema des Zynismus der Macht eingeordnet. Sie schafft nicht nur den Hintergrund für die folgende Farce des Kriegsgerichtsprozesses, sondern erweist sich rückblickend, in der letzten Szene zwischen Dax und Broulard am Ende des Films, selbst als politische Intrige: Erst dort erfahren wir mit Dax, daß für den aussichtslosen Angriff auch keine militärische Notwendigkeit bestand – daß nur politische Ränke für den fatalen Befehl verantwortlich waren. Anders als im Roman, wo stets eindeutige Klarheit herrscht, kann der Zuschauer im Film somit auch das volle Ausmaß von Broulards Macht und Niedertracht erst retrospektiv erkennen: Broulard entpuppt sich als politischer Deus ex machina, der Mireau ebenso überwacht hat wie Mireau Dax und Dax seine Soldaten – nur mit dem Unterschied, daß Broulard die Motive von Colonel Dax irrigerweise für ebenso korrupt hielt wie es die seinen tatsächlich sind. Kubrick bereitet sein Publikum indirekt auf diese Möglichkeit vor, als er Mireaus Aktivitäten während des Angriffs mit Dax' viel unmittelbarerer Verstrickung auf dem Schlachtfeld parallelisiert. Zum zweitenmal zeigt uns eine Einstellung durch ein Fernglas den »Ameisenhügel« aus Mireaus stets distanzierter Perspektive, während der General seinem Adjutanten ein Glas Cognac auf den Erfolg des Unternehmens anbietet, als wäre die Schlacht schon gewonnen. (Saint-Auban beachtet das zuvor von Mireau durchbrochene

Ritual, als er sich weigert, von dem Cognac zu trinken, ehe sein Vorgesetzter den ersten Schluck genommen hat.) Es folgt ein Schnitt auf die erste subjektive Einstellung des Films, die Dax' Blickwinkel bei seinem letzten Kontrollgang durch den Schützengraben zeigt, der an beiden Seiten von eng an die Wände gepreßten, das Geschützfeuer abduckenden Soldaten gesäumt ist. Diese Einstellung endet, statt mit einem Cognacschluck »auf Frankreich«, im buchstäblichen Nichts, als die Kamera mit Dax in einer gespenstischen Wolke aus Qualm und Staub verschwindet. Den eigentlichen Angriff hat Kubrick simultan mit sechs Kameras aufgenommen, von denen fünf in langen, aneinander anschließenden Parallelfahrten das Vorankriechen der Soldaten durch das Niemandsland begleiten, während eine von Kubrick selbst geführte Handkamera Colonel Dax verfolgt und mit dem Zoomobjektiv Details aus dem chaotischen Geschehen herausgreift. Zweifellos bleiben diese bemerkenswerten drei

Colonel Dax (Kirk Douglas) auf dem Weg in den rauchverhangenen Alptraum des Krieges

Minuten in ihrem Realismus und in ihrer Spannung hinter keiner je gefilmten Schlachtenszene zurück; ihre eigentliche Kraft resultiert jedoch aus der schieren Großartigkeit des dargestellten Chaos, das eine stellvertretende Qualität gewinnt und nicht mehr nur dem unmittelbaren Handlungskontext, sondern einem übergeordneten konzeptionellen Zusammenhang angehört. Der abrupte Schnitt, mit dem uns Kubrick aus der Kakophonie des Schlachtfelds in die Grabesruhe des Befehlsstands von General Mireau versetzt, markiert abermals die Distanz zwischen Sterben und Sterben lassen, die sich in der folgenden Sequenz zu zynischer Brillanz verdichtet: Während Dax mit seiner im Gefechtslärm kaum noch hörbaren Trillerpfeife die im Sperrfeuer steckengebliebene zweite Welle zum Angriff kommandiert und beim Versuch, den Graben zu verlassen, selbst von einer ihm entgegenfallenden Leiche zurückgestoßen wird, gibt Mireau seiner Artillerie den Befehl, die eigenen Linien unter Feuer zu nehmen, um die vermeintlichen Feiglinge aus ihrer Stellung zu scheuchen. Und diesen Befehl läßt Kubrick – hier ganz bei sich selbst – in der abstrakten Sprache der Ziffern/Buchstabenkombinationen von Planquadraten übermitteln, so als würden die Züge einer Schachpartie beschrieben …

Im zweiten Teil von *Paths of Glory* verlagert sich das tödliche Spiel der Macht vom imaginären Schachbrett des Schlachtfelds auf das buchstäbliche Schachbrettmuster, das die polierten und spiegelnden Böden des Schlosses bedeckt. Die beiden Welten des Films, die anfänglich zu kontrastieren schienen, gelangen auf unheimliche Weise zur Deckung, und ironischerweise wirkt der Einbruch der Gräben in den Palast weit weniger deplaziert als früher die leeren Höflichkeitsfloskeln Mireaus im Unterstand von Colonel Dax. Nun befindet sich Dax, quasi im Gegenzug, bei Mireau und bringt seine moralische und rhetorische Geradlinigkeit in das Milieu des Euphemismus und der formalistischen Dekoration. Die Männer sitzen am selben Tisch, an dem sich Mireau von Broulard – der jetzt ebenfalls anwesend ist – zu der sinnlosen Attacke auf den uneinnehmbaren »Ameisenhügel« überreden ließ, doch diesmal dokumentiert die Kamera das Entstehen einer anderen Allianz: Stets zeigt sie Broulard und Dax – wenn auch getrennt durch ein kolossales Ölgemälde im Hintergrund – gemeinsam in einer Einstellung, während Mireau in den Gegenschüssen isoliert bleibt. Broulard unterstützt den

Die »Ameisen« stürmen ihren Hügel

Wunsch von Dax, in dem von Mireau betriebenen Kriegsge-
richtsverfahren wegen Feigheit vor dem Feind als Verteidiger
der drei Männer aufzutreten, an denen »ein Exempel statuiert«
werden soll. Das demonstrativ, aber unscharf im Hintergrund
zwischen Broulard und Dax plazierte Kunstwerk wird in dieser
Szene zum stummen Kommentator der Beziehung zwischen den
beiden Männern. So wie es unübersehbar, aber unbeachtet im
Rücken der Figuren bleibt, wird es weder von der Politik des
Schützengrabens noch von der des Schlosses für mehr als ein
Dekorationsstück gehalten, und so wie Dax und Broulard – dessen künstlerischer Analphabetismus hier zum drittenmal ausgespielt wird – kein Auge für die Wahrheit der Kunst haben, mißverstehen sie auch ihre respektiven Absichten: In Wirklichkeit
geht es Broulard nicht um Gerechtigkeit für die drei Angeklagten, sondern darum, den Sündenböcken aus den Mannschafts-
dienstgraden noch General Mireau hinzuzufügen, während umgekehrt Dax weniger berechnend und idealistischer (»idiotisch

idealistisch« sagt Broulard am Ende des Films) ist, als es der General wahrhaben will.

Die drei Gefangenen und die Tierställe, die ihnen als Zellen dienen, machen auch im zweiten Teil des Films den Schützengraben spürbar. Selbst jetzt, da ihre Menschlichkeit so nackt zutage tritt, repräsentieren die drei Männer aus den Gräben für die Offiziere des Schlosses eine niedrigere Lebensform, die auf der untersten Sprosse der Hierarchie des Seins steht. Höhnischerweise wird ihnen die Henkersmahlzeit auf einem reichverzierten silbernen Tablett serviert – aber ohne Besteck, um sie wie ein Mensch verzehren zu können. Politisch gesehen ist ihr Leben nicht mehr wert als das des Ungeziefers in der Zelle, das einer der Männer um seine Lebendigkeit beneidet und ein anderer mit der flachen Hand erschlägt. In dieser und in anderen Szenen formuliert Kubrick das fundamentale Pathos des Menschlichen und verleiht ihm gleichzeitig politische und metaphysische Präzision: Die drei zu Unrecht Angeklagten und zum Tod durch Erschießen Verurteilten sind auf Befehl Mireaus von ihren jeweiligen Kompaniechefs ausgewählt worden und repräsentieren drei Grundmuster existentiellen Ausgeliefertseins: Corporal Paris (Ralph Meeker) stellt für seinen vom Grauen des Krieges überforderten Vorgesetzten, Lieutenant Roget (Wayne Morris), einen unangenehmen Zeugen eines fatalen Fehlverhaltens dar, bei dem Roget in einer panischen Angstreaktion den Tod eines seiner eigenen Soldaten verschuldete; der einfache Soldat Ferol (Timothy Carey) ist der prototypische Außenseiter, der sich den gesellschaftlichen Spielregeln verweigert und so den Haß der Hierarchie auf sich zieht; und der Soldat Arnaud (Joseph Turkel) ist durch das Los bestimmt worden und demonstriert damit, daß das Leben in den Schützengräben nicht nur im feindlichen Feuer ein existentielles Würfelspiel ist. Charakteristischerweise macht Kubrick jedoch unmißverständlich klar, daß in den Korridoren und Prunkgemächern des Schlosses, wenn auch in euphemistisch verschleierter Form, genau die gleichen Verhältnisse herrschen: Mireaus Angst vor Fehlschlägen und seine Gier nach sinnentleertem Ruhm, Saint-Aubans Karrieresucht und Speichelleckerei, Broulards Unterwerfung unter Mächte, die im Film unsichtbar bleiben und, allerdings, auch Dax' leidenschaftliche Gerechtigkeitsliebe und politische Naivität mögen zwar nicht zum rituellen Untergang in einer unverdienten Hinrichtung führen, genügen aber ebensowenig, um die Lektionen der Geschichte und der Kunst zu begreifen, die die Protagonisten des Films in Gestalt des Schlosses, strahlend und doch ungesehen, umgeben. Auch die Offiziere bewegen sich in zweidimensionalen, vorbestimmten Bahnen, wie sie auch die visuelle Aufbereitung der Kriegsgerichtsszene und der Hinrichtung bestimmen.

Mehr als alle anderen Szenen in *Paths of Glory* oder seinen vorangegangenen Filmen demonstriert Kubricks Inszenierung der Kriegsgerichtsverhandlung eine souveräne Verschmelzung von Gehalt und Form.[7] In der eröffnenden Totalen werden die drei Angeklagten von einer Abteilung Soldaten in einen riesigen und doch die architektonischen Massen zum Schweben bringenden Saal des Schlosses geführt. Hoch an der Wand hängt ein Landschaftsgemälde von gewaltigen Ausmaßen, das in den meisten der folgenden Einstellungen über den Köpfen der Figuren präsent bleibt. Durch hohe Fenster im Hintergrund und rechts flutet Licht herein, das sich unten auf den allgegenwärtigen Schachbrettquadraten des Marmorbodens spiegelt. Mehr als je zuvor wird die Vertikale der Architektur betont, während das Gemälde – die Landschaft der Schützengräben in einer Idealisierung ihrer früheren Gestalt – interessanterweise die einzige Horizontale in der Bildkomposition darstellt. Während der Raum geweitet erscheint, wird jedoch die Zeit zusammengedrängt. Der Prozeß beginnt um 15 Uhr und geht so rasch über die Bühne, wie es einer nur *pro forma* angesetzten Verhandlung entspricht. Der vorsitzende Militärrichter im Range eines Obersten (dargestellt von Peter Capell) ruft Dax wiederholt zur Ordnung, weil dieser die »knapp bemessene Zeit« des Gerichts mit »unnötigen Formalitäten« (wie etwa der Verlesung der Anklageschrift!) in Anspruch nehmen will: Wie in der Nutzung des Schlosses als repräsentatives Machtsymbol offenbart sich auch in der Gerichtsverhandlung die Sinnentleerung der Form, die hier nur noch dazu dient, die Gerechtigkeit vorzuspiegeln, die sie eigentlich herstellen sollte. Während die drei Männer von Saint-Auban, dem Vertreter der Anklage, und von Dax ins Kreuzverhör genommen werden, strengt sich das Gericht nach Kräften an, die Realität der Zeit zu leugnen: Es weigert sich, zuzulassen, daß Dax die bisherige Führung der Angeklagten zur Entkräftung des Vorwurfs der Feigheit heranzieht und beschränkt die Beweisaufnahme auf die drei entscheidenden Minuten des Angriffs – eine Reduzierung der Zeit, die die Entschlossenheit des Gerichts deutlich macht, den Männern auch ihren Anspruch auf ihre zukünftige Lebenszeit zu nehmen. Konsequenterweise wiederholt Kubrick in der Inszenierung der Verhandlung geometrische Muster, die eigentlich dem Schlachtfeld und den Schützengräben gehören. Die fünf Richter mit dem Oberst in der Mitte und der französischen Flagge im Hintergrund bilden selbst eine Art Kampflinie, vor der die drei Angeklagten auf ihren Stühlen, flankiert von hinter ihnen stehenden Wachen in Hab-acht-Stellung, aufgereiht und eingeschlossen sind wie Bauern auf einem Schachbrett. Auf der linken Seite stehen parallel zu den Fenstern der Schreibtisch des Anklägers Saint-Auban, dahinter General Mireau und eine Reihe von Zuschauern. Auf der rechten Seite, Saint-Auban gegenüber, hat allein Dax Aufstellung genommen, dessen zahlenmäßige Unterlegenheit von der Symmetrie der Anordnung und den Einstellungen der Kamera betont wird. Wenn Saint-Auban spricht, zeigt die Kamera die Phalanx der Richter; wenn dagegen Dax plädiert, zieht sie sich hinter die Reihe der Angeklagten zurück. Kubrick demonstriert, daß die Formalismen des Kriegsgerichts die Welt der Schützengräben symbolisieren und nicht den Höhendrang des Schlosses. Die Szene endet, bei den Worten: »Das Gericht zieht sich zur Beratung zurück«, mit einer Schwarzblende: Das Urteil selbst braucht nicht gezeigt zu werden, denn es steht längst fest.

Die implizierte Gleichsetzung der politischen Machenschaften des Schlosses mit dem Grauen des Schützengrabens wird in der Hinrichtungsszene endlich offen formuliert. Die Sequenz beginnt mit einer Totalen aus erhöhter Perspektive, die den klassizistisch angelegten Park und im Hintergrund die breite Front des Schlosses zeigt, vor dem sich Mireaus Regiment zu einem langen Korridor formiert hat, durch den die drei Verurteilten und der Priester (Emile Meyer) zur Hinrichtungsstätte geführt werden. Die Einstellung ist ein Gegenschuß zur ersten Einstellung des Films, die die Ankunft von General Broulard im selben Schloßpark mit einem anderen Spalier von Soldaten zeigte, und sie stellt nicht nur eine visuelle Verbindung zwischen der Vertikalität der Architektur und dem horizontalen Muster der Gräben (bzw. des aufmarschierten Regiments) her, sondern demonstriert auch, daß jede Seite eines Schachbretts die seitenverkehrte Spiegelung der anderen darstellt. So wie der Korridor zur Hinrichtung der Soldaten die Richtung des Spaliers zum

Drei menschliche Schachfiguren auf einem Brett aus Marmor (Timothy Carey, Ralph Meeker, Joseph Turkel)

Empfang des Generals umkehrt, spiegelt auch die zweite Hälfte des Films die Themen der ersten, indem sie den existentiellen Konflikt, der anfangs die kriegerische Auseinandersetzung zweier Staaten zu meinen schien, innerhalb der menschlichen Gesellschaft selbst lokalisiert. Von der Totalen schneidet Kubrick zu einer subjektiven Einstellung aus der Perspektive der Verurteilten, die uns selbst auf den Weg zum Richtplatz versetzt: Im Hintergrund erkennen wir erstmals die sandsackbewehrten Exekutionspfähle, die nicht nur der Schloßfassade genau gegenüberstehen, sondern deren aufstrebende Architektur in ihrer prononcierten Vertikalität auf eine geradezu zynische Weise verhöhnen. Der Anblick der drei Pfähle erinnert an die drei Gestalten, die am Schluß von *The Killing* das Schicksal von Johnny Clay besiegeln, während die Kamerafahrt durch das spalierstehende Regiment an die Fahrten mit Mireau und Dax durch die Schützengräben anknüpft.

Sobald jedoch die formalistische Verkleidung der Hinrichtungszeremonie entlarvt ist, wendet sich Kubrick von ihrer ritualisierten Künstlichkeit ab und konfrontiert uns mit der peinigenden menschlichen Wirklichkeit, die die Richter des Kriegsgerichts bei der Beweisaufnahme nicht gelten lassen wollten. Als die drei Verurteilten an die Pfähle gefesselt werden, stellt sich charakteristischerweise die räumliche Anordnung der Gerichtsverhandlung wieder her: die Opfer, in gleicher Reihenfolge nebeneinander stehend, sind dem Exekutionskommando konfrontiert wie vordem der Reihe ihrer voreingenommenen Richter. Major Saint-Auban tritt vor und verliest, die angemaßte Autorität des Schlosses im Rücken, den Urteilsspruch. Die spürbare Nähe des Todes läßt seine Stimme zögernder klingen als bei der Verhandlung, doch das Ritual läßt kein Zurück mehr zu. Sergeant Boulanger (Bert Freed) kneift dem gnädig bewußtlosen Arnaud in die Wange, der in den Schützengräben gesagt hatte, er fürchte sich mehr vor Schmerzen als vor dem Tod; Ferol, der seine Zuversicht verloren hat, größere Überlebenschancen zu besitzen als die Schabe, die er in der Zelle erschlug, klammert sich an die Sterbesakramente und buchstäblich auch an den Rosenkranz des Priesters; und Corporal Paris trifft jene letzte existentielle Entscheidung, dem unvermeidlichen Tod wenigstens einen Anstrich von Würde zu verleihen. Lieutenant Roget schreitet die Reihe der Verurteilten ab, bietet ihnen Augenbinden an und bittet Paris – der die Binde ablehnt – ironischerweise um Verzeihung. Während der ganzen Szene erklingt ein dumpf-gleichmäßiger Trommelschlag, und seitlich im Bildhintergrund steht bereits ein Pferdefuhrwerk mit drei Särgen bereit. Die beiden abschließenden Einstellungen ziehen das Publikum im Wechsel von Schuß und Gegenschuß noch tiefer in die ungelösten Konflikte des Films hinein: Die erste bietet einen letzten Ausblick auf das Schloß und auf den Menschenkorridor, der es mit dem Richtplatz verbindet, doch diesmal steht die Doppelreihe des Erschießungskommandos zwischen den Zuschauern und den Opfern; die zweite blickt dem Erschießungskommando über die Schultern, während es seine Salve abfeuert und im Hintergrund die drei Sündenböcke des Generalstabs an ihren Pfählen tot zusammensacken. Das Publikum – Zeuge und Opfer zugleich – sieht die distanzierte Zeremonie der Hinrichtung und im nächsten Augenblick die qualvolle Realität des Sterbens; und in der Endgültigkeit dieses Augenblicks mag ihm bewußt werden, daß der Korridor, der für Arnaud, Ferol und Paris in den Tod führte, auch den Humanisten Dax und die beiden Generäle einschließt. Es ist ein Korridor, dessen Symmetrie Schönheit verkörpert und dessen Bedeutung Angst einflößt.

Alexander Walker nennt *Paths of Glory* Kubricks »Reifeprüfung«, und ohne Zweifel handelt es sich um einen meisterlichen Film. Er stellt einen frühen Musterkatalog der Stilmittel und Vorlieben dar, die man später mit Kubricks filmischer Handschrift assoziieren wird. *Paths of Glory* zeigt die ersten Anzeichen jener charakteristischen Leidenschaft für das exakte Detail, der Kubricks Werk sowohl seine Authentizität als auch sei-

Saint-Auban (Richard Anderson) verliest das Todesurteil vor der Pracht des Palastes

ne expressive Kraft verdankt. Dabei ist es ihm hier mehr als in den vorangegangenen Filmen gelungen, das unverkennbare Bemühen um interessante visuelle Effekte – man denke nur an die spektakulären Kamerafahrten in den Gräben – in den Dienst des konzeptionellen und emotionalen Gehalts der jeweiligen Szenen zu stellen. Die Bildwelt des Films verbindet körnigen Schwarzweiß-Realismus und den dokumentarischen Stil der Schlachtenszene (Handkamera, Zoom- und Tele-Einstellungen) mit inneren Montagen, die durch lange und ruhige Einstellungen mit großer Schärfentiefe ermöglicht werden. Besondere Sorgfalt hat Kubrick der Ausleuchtung seiner Szenen gewidmet, die fast immer den Eindruck einer *Available-light*-Aufnahme erweckt; bei Innenaufnahmen ist die Hauptlichtquelle der Szene immer mit im Bild, ob es sich dabei im die kahle Glühbirne in Dax' Unterstand handelt, um eine Kerze auf Rogets Tisch oder um die lichtdurchfluteten Fenster des Schlosses. Immer wieder werden scheinbar beiläufig im Hintergrund arrangierte Requisiten durch Kameraarbeit und Kontext mit Bedeutung aufgeladen, beispielsweise in der Szene, in der sich Dax am Vorabend der Hinrichtung privat mit Broulard trifft, was den Zuschauer für einen Augenblick zu der Hoffnung verleitet, daß Dax' Humanismus doch noch die Oberhand über Mireaus Eitelkeit gewinnen könnte. Diese Szene spielt in der Bibliothek des Schlosses, wo die allgegenwärtigen Bücher zu stummen und nur noch dekorativen Zeugen des Geschehens degradiert werden, während konventionelle Requisiten des Gesellschaftslebens die Unveränderbarkeit der Situation signalisieren. Abermals setzt Kubrick hier das Höflichkeitsritual des gemeinsamen Cognactrinkens ein, ehe Dax seine Trumpfkarte ausspielt und Broulard von Mireaus verbrecherischem Befehl in Kenntnis setzt, während der Attacke auf den »Ameisenhügel« die eigenen Linien unter Feuer zu nehmen. Broulard wird diese Information benutzen, um Mireau zu stürzen und nicht, um den Justizmord an den drei Unschuldigen zu verhindern, und während dies dem Publikum und Dax allmählich klar wird, ruht der Blick der Kamera wie zufällig auf einem kostbaren Teeservice im Hintergrund, das in diesem Zusammenhang als Emblem des würdelosen Schacherns um Menschenleben im Refugium eines höheren gesellschaftlichen Rangs erscheint.[8] *Paths of Glory* ist auch der erste Film, in dem Kubrick – wie später so häufig – Musik als ironischen Kontrapunkt zum Geschehen einsetzt. Ein typisches Beispiel ist der Ball, den die Offiziere und ihre Damen am Vorabend der Hinrichtung feiern und auf dem der Strauß-Walzer »Künstlerleben« gespielt wird. Und schließlich wäre unter Kubricks Errungenschaften in seinem vierten Spielfilm eine spezifische Qualität zu nennen, die allen seinen Filmen eignet, jedoch angesichst ihres visuellen und akustischen Reichtums häufig unbemerkt bleibt: die Qualität der Montage. Neben den bereits genannten Beispielen soll hier ein Szenenübergang angeführt werden, der in meisterhafter Weise Kontinuität mit einem entlarvenden Kontrast verbindet und gleichzeitig Kubricks Aufmerksamkeit für die akustische Ebene seines Films demonstriert: die Hinrichtungsszene endet mit den peitschenden Schüssen des Exekutionskommandos und schneidet um auf das anschließende gemeinsame Frühstück der Generäle, bei dem, quasi als Echo der Schüsse, das Klirren des Silberbestecks die dominierende akustische Note abgibt. (Mit diesem Schnitt schlägt Kubrick gleichzeitig ein Leitmotiv seiner späteren Filme an: Wie Luis Buñuel beweist er die Vorliebe des latenten Surrealisten für das Ritual der Nahrungsaufnahme, bei dem sich kreatürliche und kulturelle Funktionen auf eine Weise verbinden, die nirgends zu grandioserer Wirkung gebracht worden ist als in der futuristischen Atmosphäre von *2001*.)*

Mit *Paths of Glory* formiert sich eine spezifisch filmische Intelligenz, die die räumliche Definition des Handlungskonflikts geschickt dazu nutzt, dem Publikum eine Reihe von divergierenden Blickwinkeln anzubieten, durch die es den verschiedenen sozialen und psychologischen Bedrängnissen der Charaktere und der paradoxen Verschmelzung von Ironie und Affirmation gerecht werden kann. Der Konflikt, der in den widerstreitenden Charakterisierungen von Dax und Broulard vorgegeben ist, kann diese Kombination aus rezeptiver und generativer Ästhetik veranschaulichen. Nach der Frühstücksszene, nachdem

---

* In der Frühstücksszene kehrt sich die Tischordnung – buchstäblich und im übertragenen Sinn – gegen Mireau: er und Broulard sitzen am selben Tisch wie in der ersten Szene des Films, jedoch mit vertauschten Plätzen, und Mireau wandelt sich vom Gastgeber zum Ausgestoßenen, der am Schluß den Raum verlassen wird, um sich zu erschießen. Mireaus Sturz wird von Broulard eingeleitet: Während er sich genüßlich Gelee auf ein Croissant streicht, sagt er beiläufig: »Ach, übrigens, Paul ...« und konfrontiert sein Gegenüber mit Dax' Information auf den Schießbefehl auf die eigenen Linien. In der Bibliotheksszene hatte Dax eine ähnliche Taktik benutzt (»Ach, übrigens, haben Sie schon gehört, daß General Mireau ...«).

Broulard das von Dax gelieferte Material zum Sturz Mireaus verwendet hat (statt es schon vorher zur Rettung der Unschuldigen einzusetzen), erleben Dax und das Publikum eine Art von Katharsis in der Szene, in der das Lied des deutschen Mädchens die Lüsternheit der Soldaten in Sentimentalität und Tränen verwandelt. Doch zu diesem Zeitpunkt hat der Film – in der Bibliotheks- und in der Frühstücksszene – bereits hinlänglich klar gemacht, daß sowohl Dax als auch Broulard Opfer ähnlich restriktiver Moralvorstellungen sind. Genaugenommen verkörpern sie die Polaritäten des Films selbst: Die Figur Dax steht für die »Nahaufnahme«, für die unmittelbare Erfahrung der Schützengräben, die auch den wesentlichen Inhalt von Cobbs Romanvorlage ausmacht: Dax ist derjenige, der an die Wichtigkeit moralischer Siege in einer Welt ohne moralische Ordnung glaubt. Broulards Sicht ist die unpersönliche und distanzierte Perspektive des Schlosses, die mit ihrer vertikalen Politik einen überlebten Glauben an einen geordneten und sinnerfüllten Kosmos travestiert. Dax hat all die richtigen Gefühle auf seiner Seite und erahnt sogar die Kontingenz des Lebens, doch es fehlt ihm an einer entsprechend ausdrucksmächtigen und objektivierten Form; der weltläufige Ästhet und Zyniker Broulard demonstriert demgegenüber den oberflächlichen Genuß an der Form, dem jedoch kein Verständnis für die existentielle Substanz des Lebens entspricht. Beide bewegen sich ahnungslos durch die künstlerische Pracht des Schlosses, das dem Film und dem Publikum eine historische Perspektive auf die Tragik und die Absurdität des menschlichen Lebens in der Zeit eröffnet und doch gleichzeitig, für 86 Kinominuten, zum Medium wird für die Umsetzung von Zeit in die Ästhetik des filmischen Raums.

3. Kubrick in Nabokovland

Wenn Kubricks Karriere zu einem frühen Zeitpunkt an einem Scheideweg gestanden hat, dann zwischen der Fertigstellung von *Paths of Glory* (1957) und seiner Übersiedlung nach England im Jahr 1960, um dort *Lolita* zu drehen. In diesen Jahren waren die großen Hollywood-Studios immer noch auf der Suche nach einer Antwort auf den Fernseh-Schock der frühen 50er Jahre und begannen gerade, sich in Produktion und Verleih stärker nach dem Ausland zu orientieren, wo Dreharbeiten billiger und noch weitgehend fernsehfreie Absatzmärkte vorhanden waren. Es war eine Phase, in der Hollywood die spektakulären Erfolge der Stummfilm-Ära auf Breitwand aufblies und das Pantoffelkino mit noch nie gesehenen Statistenheeren bestürmte – so in *The Robe* (Das Gewand, 1953, der erste Cinemascope-Film, produziert von der Fox), *The Ten Commandments* (Die Zehn Gebote, 1956, Paramount) oder *Ben Hur* (Ben Hur, 1959, MGM). Der sogenannte »kleine« Film, das Kammerspiel mit gesellschaftlichen und psychologischen Themen, konnte in diesem Klima nicht gedeihen und sah sich überdies der direkten Konkurrenz durch einschlägige Fernsehserien wie *Studio One, Playhouse 90* u. a. ausgesetzt. Die Stars, die aus dem New Yorker Actors' Studio hervorgegangen waren – so Marlon Brando oder Paul Newman –, wandten sich von zeit- und gesellschaftskritischen Stoffen (à la *On the Waterfront* [Die Faust im Nacken, 1954] oder *Somebody Up There Likes Me* [Die Hölle ist in mir, 1956] ab und suchten ihr Heil im literarischen Kitsch von *Sayonara* (Sayonara, 1957), *The Young Lions* (Die jungen Löwen, 1958), *The Young Philadelphians* (1959) und *On the Terrace* (1960). Es war eine Phase, in der unabhängige Produktionsgesellschaften in der Filmlandschaft aus dem Boden schossen wie Monster mit hervorquellenden Augen in 3 D. Sie zwangen die Großen, ihren letzten verbliebenen Muskel zu zeigen, nämlich ihre Marktherrschaft durch den Verleih ins Feld zu führen.[1] Harris-Kubrick war eine dieser unabhängigen Produktionsgesellschaften, aber sie war weniger gut bei Kasse als diejenigen, die sich im Besitz von etablierten Stars befanden (wie John Waynes »Batjac« oder Kirk Douglas' »Bryna«). Nach *Paths of Glory* arbeiteten Kubrick und Calder Willingham zunächst sechs Monate lang an einem Skript für Marlon Brando, dessen Name allein schon das Geld für einen großen Film garantierte; Kubrick, noch keine dreißig Jahre alt, hatte demgegenüber noch nicht den Status des anerkannten Autor-Regisseurs, der ihm Unabhängigkeit gegenüber einem eigenwilligen Star garantiert hätte. Das Brando-Projekt zerschlug sich jedenfalls, und weder Kubricks Buch noch seine Dienste als Regisseur wurden akzeptiert. Er wurde ausbezahlt (recht großzügig: man spricht von 100.000 Dollar) und Brando selbst übernahm, neben der Hauptrolle, auch die Regie von *One-Eyed Jacks* (Der Besessene, 1960).

Mit dem Geld für *Paths of Glory* und die Arbeit an *One-Eyed*

Jacks erwarben Harris-Kubrick 1958 die Rechte für eine Verfilmung von Vladimir Nabokovs skandalumwittertem Roman *Lolita* (1955), was klar genug belegt, daß Kubrick auch während der langwierigen Arbeit an *Spartacus* (1959–60) entschlossen war, an seinem unabhängigen Kurs festzuhalten. 1959 wurde Kubrick von Kirk Douglas' Produktionsgesellschaft Bryna als Ersatz für den nach einer Woche Drehzeit ausgeschiedenen Anthony Mann engagiert, die Regie von *Spartacus* zu übernehmen, was den nun knapp dreißigjährigen Newcomer zum Herrn über eine 12-Millionen-Dollar-Monumentalfilmproduktion im größten Hollywood-Stil machte. Allerdings war Kubrick nicht der alleinige Herr im Hause *Spartacus:* Wie schon die Entlassung von Anthony Mann zeigt, war dieses Heldenepos in erster Linie als Vehikel für seinen Produzenten und Hauptdarsteller Kirk Douglas gedacht, was in diesem Fall auch das trendbewußt linksgerichtete Sentiment von Dalton Trumbos Drehbuch nach dem Roman von Howard Fast mit einschloß.* Wenn Kubrick die Rolle beschreibt, die er in den einhundertsiebenundsechzig Drehtagen und den Monaten der Endfertigung spielte, dann läßt sich aus dieser Schilderung – die eher Bedauern als Groll ausdrückt – ersehen, daß er die typischen Aufgaben eines angestellten Regisseurs in einem großen Hollywood-Studio übernommen hatte: Er führte die Schauspieler, legte die Einstellungen fest und überwachte den Schnitt. Was auf dieser Liste fehlt, ist die Grundlage für den künstlerischen Erfolg von *The Killing* und *Paths of Glory* und bis heute jeden weiteren Kubrick-Film mit der alleinigen Ausnahme von *Spartacus:* der entscheidende Einfluß auf das Buch.[2]

Dennoch weist *Spartacus* (Spartacus, 1960) etliche typische Kennzeichen eines Kubrick-Films auf, und ohne Zweifel hat der Regisseur bei dieser Großproduktion wichtige Erfahrungen in filmischer Logistik und Organisation sammeln können. Und schließlich ist *Spartacus,* wie viele Rezensenten bestätigt haben,

---

* Man könnte *Spartacus* als Hollywoods Festvorstellung zum Ende der McCarthy-Ära bezeichnen: sowohl Fast als auch Trumbo waren in den späten 40er und frühen 50er Jahren mehrfach vor den »Ausschuß für unamerikanische Umtriebe« geladen worden; Fast, Stalinpreisträger und Mitglied der kommunistischen Partei der USA, konnte *Spartacus* 1951 nur im Selbstverlag veröffentlichen, und Trumbo wurde als einer der »Hollywood Ten« fast ein Jahrzehnt lang von keinem Studio beschäftigt. *Spartacus* war sein erstes Drehbuch nach den Jahren der »Schwarzen Liste«, dem 1962 mit *Lonely Are the Brave* (Einsam sind die Tapferen) ein weiteres Buch für Douglas-Bryna folgte.

im Vergleich zu anderen Breitwand-Spektakeln aus denselben Jahren alles andere als ein schlechter Film. Seine größten Schwächen resultieren aus der versimpelten und blauäugigen Moral des Drehbuchs, das derart von der Lichtgestalt seines proletarischen Helden geblendet ist, daß für glaubwürdige menschliche Beziehungen kein Raum bleibt. Besonders geschädigt erscheinen hier die Szenen zwischen Spartacus (Kirk Douglas) und Varinia (Jean Simmons), die auch nicht dadurch besser werden, daß sie samt und sonders im Studio aufgenommen sind und ein wenig von der Künstlichkeit späterer Fernsehproduktionen aus Universal City vorwegnehmen. Die epischen Schlachtenpanoramen – die in der Nähe von Madrid gedreht wurden – sind Kubrick, wie zu erwarten, vorzüglich gelungen; sie zeigen in der Tat das, was ihr Regisseur an anderer Stelle als die »gespenstische Unvereinbarkeit zwischen der [...] Schönheit historischer Schlachten [...] und ihren menschlichen Konsequenzen« bezeichnet hat.[3] Die Sklavenarmee tritt den in äußerster formaler Brillanz aufmarschierenden römischen Kohorten entgegen wie ein solider, dichtgefügter Block der Menschlichkeit, ehe sich das Kampfgeschehen in einem immer weniger strukturierten, die beiden Parteien immer ununterscheidbarer machenden Tanz des Todes auflöst. Die politischen Konflikte in *Spartacus* weisen deutliche Parallelen zu *Paths of Glory* auf, doch bedauerlicherweise gehen auch sie in einem ideologischen Sumpf unter. Die Auseinandersetzung zwischen dem Patrizier und Heerführer Crassus (Laurence Olivier) und dem Senator Gracchus (Charles Laughton), der die Plebejer vertritt, artet zu einem Kampf zwischen einem sexuell verunsicherten Militaristen (die Liberalen Hollywoods neigen dazu, sich alle Faschisten als impotente Proto-McCarthys vorzustellen) und einem gerissenen, aber sympathischen Republikaner aus, dem trotz seines Alters und seiner Beleibtheit etliche liebende Frauen zu Diensten sind. Der Film beschönigt die Tatsache, daß Gracchus kein wirkliches Verständnis für den Sklavenaufstand aufbringt, während er auf der anderen Seite wahrhaft ruchlose politische Spiele mit dem jungen und ehrgeizigen Cäsar (John Gavin) betreibt. Nur an wenigen Stellen klingt wenigstens andeutungsweise jene Ironie an, die in *Paths of Glory* den Konflikt zwischen den Schützengräben und dem Schloß bestimmte – etwa in der Szene, in der ein zur Unterhaltung einer römischen Hochzeitsgesellschaft veranstalteter Kampf auf Leben und Tod zwischen Spartacus und einem schwarzen Gladiator aus einer Perspektive gefilmt wird, die gleichzeitig im Vordergrund ein Gespräch zwischen Crassus und einem seiner politischen Protegés zeigt. Eine ähnliche Opposition wird durch die filmische Parallelisierung der Ansprachen erreicht, die Spartacus vor dem Sklavenheer und Crassus vor seinen Legionen halten. In aller Regel verstärken diese Gegenüberstellungen jedoch die didaktische Schwarzweißmalerei von Trumbos Drehbuch und verdichten sich nicht, wie im vorangegangenen Film, zu einer vielschichtigen und paradoxen Einheit.

Dementsprechend sind auch einige psychologische und sexuelle Implikationen der Geschichte übergangen oder schamhaft verhüllt worden. Eine Szene, in der Crassus' sexuelle Gelüste auf den hübschen Tony Curtis in der Rolle des Sklaven Antoninus deutlich werden, wurde gestrichen. Im Gegenzug, dem bekannten Muster der Überkompensation folgend, wird das Thema der Sklavenverbrüderung in einer Weise idealisiert, die jeder freudianisch inspirierten Deutung des Verhältnisses zwischen Spartacus und Antoninus wirkungsvoll vorbeugt. Die aseptische Reinheit, zu der der Titelheld vom Drehbuch verpflichtet wird, beraubt ihn schließlich jeder sexuellen Identität und läßt Varinias Schwangerschaft als einen zweiten Fall von unbefleckter Empfängnis erscheinen. Umgekehrt wird dieser treuherzigen Schilderung einer Bruderschaft ohne Koitus mit didaktischer Präzision ein dekadent verderbtes Rom gegenübergestellt, in dem sich die Damen der Gesellschaft (Nina Foch und Joanna Barnes) voyeuristisch an sadistischen Schauspielen ergötzen; in dem der Heerführer Crassus so deutlich, wie es die verklemmte Moral des Skripts erlaubt, mit effeminierten Zügen ausgestattet wird und in dem Peter Ustinovs anzügliches Hohnlächeln als Batiatus immerhin überzeugender wirkt als die hehre Miene, die die Guten zur Schau zu tragen verdammt sind. Alles in allem ist der Film ein linksliberales Märchen, das sowohl den einzelnen Figuren als auch dem Gesamtkonzept das zu halten versagt, was von der epischen Anlage her versprochen wird. Dieser Makel wird vor allem dann unübersehbar, wenn Laurence Olivier auf der Leinwand präsent ist. Seine Darstellung verleiht der Rolle des Crassus eine Subtilität, die das Drehbuch nicht einzulösen vermag; neben seinen Szenen wirkt die Sozialromantik des brüderlich vereinten Sklavenheers regelrecht substanzlos. Angesichts seines künstlerischen Perfektionsdrangs mußte

Spartacus für Kubrick eine herbe Enttäuschung werden. Spätere Filme wie *2001* und *Barry Lyndon* lassen in ihrer Verschmelzung von epischer Form und historisch/philosophischer Spekulation ahnen, was bei entsprechender Kontrolle über das Drehbuch aus dem Spartacus-Stoff hätte gemacht werden können.
Eine implizite Kritik des Regisseurs an seinem Film kann aus
der Schlußszene herausgelesen werden, in der Varinia dem gekreuzigten Spartacus zum ersten und letzten Mal ihr gemeinsames Kind zeigt.[4] Ironischerweise hat Douglas hier, wo er nicht
hohl-deklamatorische Reden schwingen, sondern die Menschlichkeit des Schweigens geltend machen muß, seine stärkste
Szene im Film. Und die anschließende Schlußeinstellung, in der
Varinia mit ihrem Sohn die von gekreuzigten Sklaven gesäumte
Straße hinunterfährt, scheint in ihrer an *Paths of Glory* erinnernden tragischen Ironie geradezu bewußt gegen die Ideologie
des Drehbuchs inszeniert: nicht mehr der Aufbruch des politischen Erben in eine potentiell demokratische Zukunft wird hier
dargestellt, sondern eine Reise in die Ungewißheit, in der die
einzige Sicherheit die Existenz des Todes ist. Zwei Jahre später,
in *Lolita*, scheint Kubrick seinem Bedauern über die in *Spartacus* verpaßten Gelegenheiten noch sarkastischeren Ausdruck zu
geben: In der ersten Szene läßt er Quilty, angetan mit einem
Bettlaken als römischer Toga, auf Humberts Frage nach seiner
Identität antworten: »Nein, ich bin Spartacus – oder wollen *Sie*
für mich die Sklaven befreien?« Und in der letzten Szene schildert Lolita dem verzweifelten Humbert ihre Beziehung zum
perversen Quilty und erwähnt dessen Versprechen, sie nach
Hollywood mitzunehmen, wo er »one of those spectaculars«,
»einen dieser Monsterschinken« schreiben und ihr eine Rolle
verschaffen werde. Lolita kommt nie nach Hollywood – doch
Kubricks Gnadenstoß deutet an, daß ihr Ausflug auf Quiltys
Ranch, wo sie zur Teilnahme an einem pornographischen Film
(»Kunstfilm«*) aufgefordert wird, eine gleichwertige Erfahrung
gewesen sein könnte.
Das Projekt *Lolita* wurde Anfang 1960 ernstlich in Angriff ge-
nommen. Im Sommer des Vorjahres hatten Harris und Kubrick
Nabokov gebeten, nach Hollywood zu kommen und selbst das
Drehbuch zu schreiben. Nabokov lehnte zunächst ab, aber nach

---

* *Art film* lautet der schöne Euphemismus in der Originalfassung von *Lolita;* in der
deutschen Synchronisation heißt das: *Nacktfilm* … (Anm. d. Übers.)

einer »kleinen nächtlichen Eingebung« später im Jahr und einer weiteren Anfrage von Harris-Kubrick nahm er den Auftrag schließlich doch an.[5] Am 1. März 1960 traf Nabokov in Universal City zum erstenmal mit Kubrick zusammen, der dort noch an *Spartacus* arbeitete, und unter den Jakaranda-Bäumen Hollywoods schrieb er in den folgenden sechs Monaten ein Drehbuch für *Lolita*. Im Sommer überreichte er Kubrick ein vierhundertseitiges Manuskript, in dem es ihm sogar gelungen war, noch Material unterzubringen, das er ursprünglich für den Roman geschrieben, dort aber nicht verwendet hatte. Der Auftraggeber behielt die Nerven, bat um eine kürzere Fassung und erhielt von Nabokov bereits im September eine Version, die nur noch den halben Umfang aufwies. Knapp zwei Jahre später (im Juni 1962) sah Nabokov den fertigen Film bei der Premiere in New York, und im Januar 1964 veröffentlichte der *Playboy* ein Interview mit ihm, in dem er sich gleichermaßen zustimmend wie unverbindlich zur Verfilmung seines Romans äußerte. Ein volles Jahrzehnt später ließ Nabokov schließlich auch sein eigenes Drehbuch erscheinen und fügte ein Vorwort bei, das im Vergleich zu seinen früheren Äußerungen über den Film einige Verwirrung stiftet.[6] Im *Playboy*-Interview sagt er aus, er habe bis auf das Drehbuch nichts mit dem Film zu tun gehabt und Kubrick habe »den überwiegenden Teil davon für den Film benutzt«; im 1973 geschriebenen Vorwort erinnert er sich, daß seine erste Reaktion auf den Film in dem Gedanken bestanden habe, »daß Kubrick ein bedeutender Regisseur und seine *Lolita* ein erstrangiger Film mit hervorragenden Darstellern war – und daß nur fetzenartige Bruchstücke meines Drehbuchs Verwendung gefunden hatten«. Im *Playboy*-Interview zieht sich Nabokov mit dem eleganten Fazit aus der Affäre, Kubricks filmische Annäherung an den Roman sei nicht besser oder schlechter, sondern anders als die seine und ihm sei bewußt, welche einzigartigen Anforderungen sowohl von den Gesetzen des Mediums als auch von Seiten des *Production Code* an Kubrick gestellt worden seien.* Bedauerlicherweise haben spätere Kritiker weniger verständnisvoll auf Kubricks Leistung bei der filmischen

---

* *Production Code:* Hollywoods Kodex der Selbstzensur, in den 20er Jahren unter dem Druck kirchlicher Kreise von dem berüchtigten Saubermann und *Ulysses*-Verfolger Will H. Hays initiiert, 1930 von einem Jesuitenpater namens Lord *(sic.)* definitiv festgelegt, bis Anfang der 60er Jahre in unseliger Kraft. (Anm. d. Übers.)

Adaption eines der schwierigsten und großartigsten Romane der modernen Weltliteratur reagiert. Dabei hat sich die kritische Diskussion in aller Regel auf einen Vergleich zwischen Film und Roman oder, seit 1974, zwischen Film, Roman und Nabokovs veröffentlichtem Drehbuch eingeschossen, was angesichts des singulären Rangs, den das Werk und sein Autor in der Literaturgeschichte des Jahrhunderts behaupten, zwar verständlich sein mag, gleichzeitig aber Kubricks Wahl weniger bedeutender Vorlagen für seine sämtlichen anderen Filme (selbst inklusive *A Clockwork Orange*) nur um so weiser erscheinen läßt. Es zeugt von einem merkwürdigen Mißverhältnis zwischen dem Autor und der kritischen Industrie, die er unwillentlich ins Leben gerufen hat, wenn sich beispielsweise ein Kritiker wie Alfred Appel jr. päpstlicher als der Papst gebärdet und Kubrick mit erhobenem Zeigefinger (aber falsch) vorrechnet, nur 20 Prozent des Nabokovschen Drehbuchs verwendet zu haben, während der Romanautor selbst – bei aller Widersprüchlichkeit seiner Äußerungen – die Qualität der Darstellung und der Regie ganz offensichtlich anerkennt und dem Regisseur die selbstverständliche Freiheit zugesteht, sich in seinem Film selbst treu zu bleiben.[7]

Eine genauere Analyse der publizierten Fassung von Nabokovs Drehbuch enthüllt drei grundlegende Tatsachen: Zum einen entspricht diese Fassung nicht der Kürzung, die Nabokov auf Kubricks Bitten selbst vorgenommen hatte; sie enthält Szenen aus der ersten, 400seitigen Version und hätte sich schwerlich auf die (bereits überlange) Dauer von 153 Minuten komprimieren lassen, die der fertige Film aufweist. Weiter läßt sich feststellen, daß der Film in seiner Gesamtstruktur auf erheblich mehr als die ominösen 20 Prozent des Drehbuchs in der letzten, gekürzten Fassung des Jahres 1960 zurückgreift (und nur diese Fassung kann fairerweise zum Vergleich herangezogen werden). Und drittens ist Kubrick keineswegs selbstherrlich mit Nabokovs Ideen verfahren, sondern hat eine Reihe von visuellen und verbalen Entsprechungen für Vorschläge gefunden, die in Nabokovs Drehbuch mehr für das geistige Auge des Lesers als für die Kamera inszeniert scheinen. Nabokovs Bearbeitung seines eigenen Romans für die »sprechende Leinwand«, wie er das Kino nennt, konzentriert sich auf ein virtuoses Geflecht anspielungsreicher Dialoge, die von einer mit schriftstellerischem Gusto ausgemalten, nicht selten aufdringlich wirkenden Kameraarbeit kontrapunkticrt werden. Nabokovs filmische Ideen – von denen einige offensichtlich Kubricks Interesse fanden – hätten bei strikter Befolgung zu einer auktorialen Präsenz im Film geführt, wie sie Kubrick in allen seinen anderen Arbeiten bewußt vermieden hat. Nabokovs Beschreibung der Kamerabewegungen in der ersten Szene seines veröffentlichten Drehbuchs kann diese Behauptung illustrieren: Der Text läßt die Kamera um Quiltys Villa herum und durch das Hausinnere gleiten wie einen theatralischen Eindringling – sie »spürt die Utensilien des Drogenabhängigen auf einem Stuhl neben dem Bett auf und *zieht sich schaudernd zurück*« ... Vermutlich wollte Nabokov mit solchen subjektiven Manierismen die erzählerische Doppelbödigkeit seines Romans nachvollziehen, der sich als fiktive Entlastungsschrift des Helden und Ich-Erzählers Humbert Humbert ausgibt und die Ereignisse dementsprechend aus einer verzerrenden Perspektive schildert. Wenn Kubrick diesem Kurs gefolgt wäre, hätte sein Film zweifellos die Zustimmung jener Kritiker gefunden, die in den barocken Extremen eines Orson Welles die beste filmische Entsprechung für Nabokovs Prosastil zu sehen glauben. Meine Untersuchung der früheren Filme dürfte jedoch hinlänglich gezeigt haben, daß Kubrick seine filmische Erzählperspektive auf wesentlich indirektere (wenn auch nicht notwendigerweise komplexere) Weise manipuliert als Nabokov in seinem Skript. Ironischerweise hätte gerade der filmische Expressionismus eines Welles oder Sternberg die Subtilität des Romans auf jene prätentiös bedeutungsschwangere Weise vergröbern können, die Nabokov sein Leben lang verspottet hat. Kubricks Version nimmt sich in ihrem Stilwillen demgegenüber bewußt zurück und versucht, der Verspieltheit und dem Andeutungsreichtum des Buches auf behutsame Weise gerecht zu werden. Und schließlich sollte nicht vergessen werden, daß *Lolita* Kubricks erstes Experiment mit der literarischen Konvention des irreführenden Ich-Erzählers war, wie er sich später – wesentlich virtuoser gehandhabt – auch in *A Clockwork Orange* findet (während bei *Barry Lyndon* dieselbe Erzählstrategie der Romanvorlage interessanterweise nicht in den Film übernommen wurde).

Für Kubrick brachte Lolita einen bedeutenden Fortschritt in der Entwicklung eines psychologischen Filmstils. Zum erstenmal hatte er es mit einer Romanvorlage zu tun, die ihre ganze Welt im Spiegel eines subjektiven Bewußtseins schildert. Sowohl in

Whites *Clean Break* als auch in Cobbs *Paths of Glory* erwächst der Handlungskonflikt aus einer äußeren Konstellation – dem Überfallsplan bzw. den militärischen Konfrontationen – und erfaßt die Psyche der beteiligten Figuren dementsprechend nur unter einem äußeren, einschränkenden Aspekt. In beiden Filmen verdichtet sich die Kontingenz der Außenwelt zu einem Schicksal, neben dem die äußerst elementar gezeichneten psychologischen Realitäten letztlich als unbedeutend erscheinen. Im Gegensatz dazu erzeugt Nabokov den Erzählkonflikt seines Romans ganz aus dem Inneren von Humbert Humberts solipsistischem Universum. Um diese psychische Welt für seine *Lolita* einzufangen, konzentriert Kubrick seine stilistischen Mittel und verzichtet auf die große visuelle Geste, mit der in *Paths of Glory* die verschiedenen Handlungsräume dynamisiert und zum eigentlichen Träger des Konflikts gemacht worden waren. Dem entspricht – selbst wenn es ganz äußerliche Gründe für diese Entscheidung geben mag – der Rückzug ins Studio, dessen ideale Bedingungen für die Entfaltung psychologischer Stoffe Kubrick während der Drehzeit von *Lolita* folgendermaßen beschrieb:

> ... alles liegt in einem tintigen Dunkel, und das Licht kommt aus einer voraussehbaren Richtung, und es ist ruhig, und man kann Konzentration erreichen ... Ich glaube, daß dem Drehen *on location* eine viel zu große Bedeutung beigemessen wird ... Wenn es sich um eine psychologische Geschichte handelt, bei der die Charaktere und ihre Emotionen und Gefühle im Mittelpunkt stehen, halte ich das Studio für den geeignetsten Drehort.[8]

Kubricks oft bekundete Bewunderung für Chaplin, dessen Filme ihren psychologischen Effekt ebenfalls in hohem Maß dem Studio verdanken, spiegelt die Wichtigkeit wider, die Kubrick den Schauspielern zumißt. Trotz ihrer filmsprachlichen Naivität sind Chaplins Filme dank ihrer schauspielerischen Qualitäten von einer Subtilität und Dichte, die sie nicht nur für Kubrick zu einer gültigen Alternative zu Eisensteins ungleich größerem stilistischem Repertoire werden ließen.

Lolita als sein dezidiertester Schauspielerfilm zeigt Kubrick auf der Chaplinschen Seite des Spektrums und demonstriert, daß die Darstellung für ihn ein ebenso wesentlicher Bestandteil des filmischen Ausdrucks sein kann wie die Kameraführung und die Montage.

In Pudowkins *Filmtechnik* fand Kubrick keine allzu eingehende Analyse der Rolle des Schauspielers im Film vor.[9] Für Pudowkin war der Darsteller dem Regisseur untergeordnet und sein Spiel in die filmische Konstruktion einbezogen: Der emotionale Eindruck der Szene sollte in erster Linie nicht aus der Mimik des Darstellers, sondern aus der Montage entstehen. Gerade in bezug auf das Schauspielen im Film muß Pudowkins Theorie heute in doppelter Hinsicht historisch wirken – zum einen, weil sie dem expressionistischen Pathos des russischen Revolutionsfilms verpflichtet ist; zum anderen, weil die Reduzierung des mimischen Ausdrucks auf ein visuelles Zeichen, das in einen Montagezusammenhang gebracht werden kann, nur innerhalb des Stummfilms funktioniert: Ohne Zweifel wäre das berühmte Kuleschow-Experiment, in dem derselbe Gesichtsausdruck eines Darstellers je nach Montagezusammenhang als Freude oder Trauer gelesen wird, mit Dialog oder mit Musikbegleitung nicht durchführbar. Kubrick mußte sich in Bezug auf die Schauspielkunst also einen anderen Lehrmeister suchen und fand ihn in Gestalt des russischen Theaterregisseurs und -theoretikers Stanislawski. Zu der Zeit, als Kubrick sich für den Film zu interessieren begann, war Stanislawski in den USA vor allem durch die Arbeit des von seinen Theorien geprägten New Yorker Actors' Studio (1947 von Lee Strasberg und Elia Kazan gegründet) ein wichtiger Einfluß, und 1954 erschien Gorchakovs Standardwerk *Stanislavsky Directs,* das Kubrick noch heute zur Lektüre empfiehlt.[10] Das sogenannte »methodische« Schauspielen, das die Absolventen des Actors' Studio auf den Broadway und schließlich auch nach Hollywood brachten, erwies sich vor allem für die psychoanalytisch orientierte amerikanische Dramatik der 50er Jahre (Arthur Miller und Tennessee Williams) als hervorragend geeignet. Interessanterweise fiel diese Theaterbewegung mit dem Neorealismus im amerikanischen Film (1945–1955) zusammen, wobei der verinnerlichte Darstellungsstil der »methodischen« Schauspieler nicht selten in einen konfliktträchtigen Gegensatz zum weniger stilisierten visuellen Realismus der Filme geriet (so etwa Brandos Darstellung in *The Wild One* [Der Wilde, 1953] oder James Deans *Rebel Without a Cause* [... denn sie wissen nicht, was sie tun, 1955]).

Bei *Lolita* stand Kubrick zum erstenmal eine Besetzung zur Verfügung, die zu der Art von intuitiver Darstellung fähig war, die Stanislawski empfiehlt.

Vereinfachend könnte man die »Methode« – deren Elemente heute so allgemein verbreitet sind, daß sie kaum noch als Bestandteile eines spezifischen Stils empfunden werden – als auf Identifikation beruhendes und mit unwillkürlicher Umsetzung von Gefühlen in Gesten operierendes Schauspielen beschreiben, das jedoch nicht naiv, sondern auf der Basis einer psychologischen Durchdringung der Rolle erfolgt. Kubrick hatte bereits bei *Killer's Kiss* einen idealen Stoff für diese Technik gehabt, sich damals aber keine entsprechende Besetzung leisten können und sein Heil daher in einer hochexpressiven Bildsprache gesucht, die die stellenweise Unbeholfenheit der Schauspieler meistens effektvoll überspielt. Demgegenüber war die hochkarätige Schauspielerriege in *The Killing* und *Paths of Glory* – mit Ausnahme von Kirk Douglas eine alte Garde von hollywooderfahrenen Charakterdarstellern – vor allem dazu gut, relativ konventionell angelegte bzw. offen mit Stereotypen liebäugelnde Rollen mit Leben zu erfüllen.

Vielleicht liegt einer der Gründe dafür, daß *Lolita* nach wie vor der am wenigsten gewürdigte und mißverstandenste unter Kubricks frühen Filmen ist, in der außerordentlichen Qualität der schauspielerischen Leistungen, die andere Meriten des Films – wie etwa die an Buñuels *Viridiana* (Viridiana, 1961) zu messende Zweigleisigkeit von vordergründigem Naturalismus und heimlichem Surrealismus[11] – in den Hintergrund drängt. Die Darsteller präsentieren und improvisieren eine solche Fülle von entlarvendem Charakterdetail, daß die subtilen Wiederholungen von Bildern, Gegenständen und Schauplätzen, die eine der Strukturen des Films ausmachen, völlig übersehen werden können. Die faszinierenden Verwandlungen von Peter Sellers als Clare Quilty und die anrührenden Rollenporträts von James Mason als Humbert Humbert, Shelley Winters als Charlotte Haze und Sue Lyon als ihre Tochter Dolores, genannt Lolita, erobern sich die ungeteilte Aufmerksamkeit und verdrängen filmische Feinheiten aus dem kritischen Bewußtsein als handle es sich um visuelle Muzak. Abgesehen von einer fast kongenialen Umsetzung der verbalen Verspieltheit der Romanvorlage bringt Sellers' großenteils improvisiertes Virtuosensolo als das Chamäleon Quilty eine Haltung zur Irrealität unserer gesellschaftlichen Rollenspiele zum Ausdruck, die Kubrick in einem Interview aus dem Jahre 1958 folgendermaßen angedeutet hatte:

> Den Verbrecher und den Soldaten zeichnet zumindest die Tugend aus,
> gegen etwas oder für etwas zu sein in einer Welt, in der viele Menschen
> gelernt haben, eine Art von grauem Nichtssein zu akzeptieren und
> eine ganze Galerie von unwirklichen Posen anzunehmen, um als nor-
> mal zu gelten … Es ist schwer zu sagen, wer der größeren Verschwö-
> rung angehört – der Verbrecher, der Soldat oder wir.[12]

Die übrigen Protagonisten unterstützen nicht nur diese Attacke
des Films auf das Konzept des »Normalen«, sondern tragen –
was noch wichtiger ist – seine emotionale Struktur. Shelley Winters liefert eine perfekte Kontrastfolie zu Sellers' parodistischen
Übertreibungen und zur Vulgarität ihrer Filmtochter Sue Lyon.
Schon in ihrer ersten Szene, der köstlichen Besichtigungstour
durch das Hazesche Haus, bei der sie den aparten Privatgelehr-
ten als Untermieter und auch als Unterpfand ihrer Kulturbeflis-
senheit gewinnen will, drücken ihre schlängelnden, manieriert
mit einer Zigarettenspitze gestikulierenden Armbewegungen
und ihre Stimme nicht nur die gesellschaftlichen, sondern auch
die verdrängten sexuellen Sehnsüchte der Witwe in den »besten
Jahren« aus. Später zeigt sie das Kind in Charlotte, die Lotte als
Lolita, als sie in einer typischen, weichzeichnerhaften Nahaufnahme wie eine lächelnde Märchenprinzessin in Bildmitte
thront und unnachahmlich geziert nach dem Hausmädchen läu-
tet, das das Abendessen servieren soll. Bei aller massiven Komik ihres tragischen Kampfes um den Mann, der ihr so unver-
hofft in ihr Witwendasein geschneit ist, bleibt dank Shelley Winters' großartiger Darstellung immer eine Verzweiflung spürbar,
die Teil von Charlottes Charakter ist und die sie selbst nicht versteht. (Als sie endlich erfahren hat, daß das Interesse ihrer vermeintlichen Eroberung von Anfang an nur ihrer Tochter gegolten hatte, umarmt sie die Urne mit der Asche ihres toten Mannes Harold und schluchzt: »Warum hast du mich verlassen …
ich wußte doch nichts vom Leben …«)
James Mason und die blutjunge Sue Lyon erweisen sich darstel-
lerisch als einander vollkommen ebenbürtig und erfüllen Humberts Sucht nach Lolita von beiden Seiten mit satirischem Witz
und emotionalem Pathos. Mason entwickelt ein überzeugendes
mimisches und gestisches Vokabular, um Humberts europäische Ironie und die sich dahinter verbergende schreckliche Ver-
letzbarkeit auszudrücken. In Augenblicken emotionaler Erregung gerät die überlegen lächelnde Maske seines Gesichts in un-
kontrollierte Zuckungen und seine Hände bewegen sich hek-

tisch, um wieder Ordnung in seine Gesichtslandschaft zu bringen – bis in der Schlußszene die endgültige psychische Zerstörung durch Lolitas Bekenntnisse auch mimisch unbehoben bleibt. Besonders eindringlich ist die Szene im Krankenhaus gelungen, als Humbert mit Lolitas Verschwinden und damit auch dem Ende seiner Hoffnungen konfrontiert ist und sich in diesem Zustand völliger emotionaler Schutzlosigkeit der Attacken von vier kafkaesken Gestalten in Weiß erwehren muß, die ihn behandeln, als sei er ein Kandidat für die geschlossene Abteilung einer Irrenanstalt. Lolita/Lyon demonstriert die typischen Qualitäten ihrer Darstellung etwa in der Szene mit Humbert im Auto, unmittelbar nachdem die beiden im Hotel zu den Verzauberten Jägern erstmals miteinander geschlafen haben: sie saugt auf erotischste Weise am Strohhalm einer Colaflasche, wickelt ihre Zunge um die Kartoffelchips in einer Tüte und spielt in all dem ihre in sich ruhende, harmonische Beziehung zu den Trivialitäten ihrer Teenager-Umwelt aus, die Humbert so vollkommen fremd bleibt. Der Voyeur am Volant beobachtet sie währenddessen verstohlen aus den Augenwinkeln und sieht die endlich eroberte Nymphe neben sich sitzen wie ein prototypisches, auf einen Abend voller Knutschereien und Petting vorbereitetes amerikanisches »Date«. In der unmittelbar folgenden Szene schlägt dieses Bild auf charakteristische Weise um: Mit dem Tod ihrer Mutter und dem Verlust ihrer »normalen« Existenz konfrontiert, verwandelt sich Lolita in ein Kind zurück, das schluchzend in Humberts Armen auf dem Motelbett liegt. Bei einem Streit in Beardsley, in dem der eifersüchtige Humbert Lolita ihre ständigen Täuschungsmanöver und Ausflüchte vorhält, sitzt sie, wie eine Elfenprinzessin gekleidet, gleichgültig auf dem Sofa, kaut Kaugummi und läßt schallend die Blasen zerplatzen, während Humberts Beschwörungen immer manischer werden. Pathetisch und sinnlos reibt er eine Hand an seinem Hosenbein und kniet in einer Geste vollkommener Unterwerfung vor seiner nun frigiden Prinzessin, deren Gleichgültigkeit gegenüber seinen Leiden in diesem Augenblick absolut scheint. Erst in den goldenen Käfigen von *Barry Lyndon* und dem labyrinthischen Verwirrspiel von *The Shining* haben Kubricks Darsteller seinem ironischen Blick auf die Widersprüche zwischen den Ritualen der gesellschaftlichen Normalität und den dahinter verborgenen seelischen Abgründen wieder ein ähnliches tragisches Pathos verliehen.

Kubrick selbst distanziert sich in einer wichtigen Hinsicht von seinem *Lolita*-Film: Bedingt durch die Einschränkungen des *Production Code* und den Druck von seiten der katholischen *Legion of Decency* sei es ihm nicht möglich gewesen, den erotischen Aspekt von Humberts Leidenschaft für das Nymphchen hinreichend deutlich zu machen.[13] Und obwohl Sue Lyon erst dreizehn Jahre alt war, als die Dreharbeiten begannen, stellt sie mit ihrer physischen Erscheinung und ihrem Spiel eine eher fünfzehnjährige, also dem Bezirk des Verbotenen so gut wie entwachsene Lolita dar. (Im Roman ist Lolita zu Beginn der Handlung zwölf Jahre alt und Humbert teilt uns mit, daß die »Nymphchen« auf einer »verzauberten Insel ... zwischen den Altersgrenzen von neun und vierzehn« existieren.) Tatsächlich ist dieses Argument, das für die Tageskritik eine entscheidende Rolle bei der Bewertung des Films spielte, jedoch nur von Belang, wenn man entschlossen ist, die Romanvorlage zur Richtschnur zu erheben. Kubrick hat den veränderten Bedingungen schon dadurch Rechnung getragen, daß er seinem Humbert im Film eine andere Begründung für die Attraktion der Nymphchen geben läßt, als es Nabokov sowohl im Roman wie in seinem veröffentlichten Drehbuch tut. Während wir Humbert in seinem Zimmer im Hause Haze Tagebuch führen sehen, hören wir aus dem Off, daß es »das zwiefache Wesen der kleinen Nymphe Lolita«, nämlich »die Mischung aus zarter, verträumter Kindlichkeit und schrecklicher Vulgarität« sei, die ihn »fast zum Wahnsinn treibt«. Kein Wort mehr von der »Koboldgrazie«, die den Humbert des Romans verführt, sich auf eine »unfaßbare Insel entrückter Zeit«, also in die Zeitlosigkeit seiner eigenen Kindheit und seines ersten Erlebnisses mit seiner Ur-Nymphe Annabel zurückzusehnen. James Masons Humbert wird uns statt dessen als schrulliger Satyr vorgestellt, den seine Flucht vor den alles verschlingenden amerikanischen Matronen in die Arme einer schillernden und banalen Kindfrau treibt, deren »zwiefaches Wesen« auch das gespaltene Verhältnis einer ganzen Gesellschaft zur Körperlichkeit widerspiegelt. Kubrick unterfüttert und substantiiert diese Gewichtsverlagerung mit einem dicht gewebten Subtext aus sexuellen Anspielungen, die den *Production Code* ebensosehr unterlaufen, wie sie seinen symptomatischen Verdrängungsmechanismus nachvollziehen. Erotik im grenzüberschreitenden Sinne Nabokovs ist in der Tat nicht mehr das Thema, wenn in der ersten Szene Humberts tödlich-phallisches Hantieren mit der Pistole den impotenten Ping-Pong-Bällen Quiltys gegenübergestellt wird oder später Charlotte an demselben Schießgerät herumspielt, während sie sich in Erinnerungen an »den verstorbenen Mr. Haze« ergeht. Charlottes Feldzug um Humberts Gunst entwickelt sich vollends zur zweideutigen Travestie eines Paarungsrituals, dessen sprachlicher Witz dem der Romanvorlage stellenweise durchaus nahekommt. Schon beim Versuch, den Untermieter zu gewinnen, ködert Charlotte Humberts dunkle europäische Schönheit mit der Bemerkung, er werde schwerlich anderswo mehr Ruhe und *Frieden* finden als unter ihrem Dach.* Sie führt ihn in ihr Schlafzimmer, um mit ihrer Sammlung von *Reproduktionen* anzugeben (Dufy, Monet, Van Gogh), nachdem sie erwähnt hat, wie »anregend« Clare Quilty, der TV-Dramatiker, in seinem Vortrag über Dr. Schweitzer und Dr. Schiwago gewesen sei (und natürlich hatte sie eine prä-humbertsche Affäre mit Quilty, der Charlotte ebenfalls nur benutzte, um an Lolita heranzukommen). Im Flur entschuldigt sie sich wegen eines herumliegenden »beschmutzten Söckchens«, das weiß und langgestreckt daliegt wie eine unwahrscheinlicherweise vergessene Menstruationsbinde und Humbert dergestalt auf seine Entdeckung von Lolitas Mannbarkeit vorbereitet, die er freilich erst nach ihrem Ferienaufenthalt in *Camp Climax* machen wird. Nabokov muß vor allem das Ende dieser Szene genossen haben, als Humbert seinen ersten Blick auf die sonnenbadende Lolita im Garten wirft und augenblicklich beschließt, das Zimmer und Charlottes Angebot von »nächtlichen Happen« und »Kirschpastetchen« anzunehmen.

Hat schon die erste Szenenfolge im Hause Haze den Eindruck erweckt, daß Humbert mindestens so sehr wie von einer vorgefaßten Neigung von Charlottes allzu üppig-fordernder Weiblichkeit auf Lolita zugetrieben wird, so macht der folgende Szenenübergang zum gemeinsamen Kinobesuch des neuformierten Trios den bedrohlichen Charakter der Sexualität unmißverständlich klar: Ein harter Schnitt verwandelt die undurchdringlich lächelnde Lolita in das Frankensteinsche Monstrum aus dem Hammer-Horrorfilm *The Curse of Frankenstein* (1957), das sich in Großaufnahme die Maske vom Gesicht reißt

---

* Ein unübersetzbares Wortspiel: *Peace* (Frieden) ist homophon mit *piece* (Slangbedeutung: Fotze, Weibsstück, Pritsche etc.). (Anm. d. Übers.)

Der Voyeur, vertieft in rotierende Lektüre (Sue Lyon, James Mason)

und gegen seinen Herrn erhebt. Daß die Bedrohung für Humbert von beiden Seiten ausgeht, zeigen die Hände von Mutter und Tochter, die sich von rechts und links an Humberts Schenkel klammern, einander begegnen und sich irritiert zurückziehen. Mit dieser Szene etabliert Kubrick das gegenseitige Verhinderungsmuster, nach dem sich Charlotte und Lolita im ersten Teil des Films neutralisieren und das natürlich auch eine der klassischen Strategien Hollywoods im Umgang mit partiell erlaubter und im Endeffekt verbotener Erotik darstellt. Humbert wird weitgehend zur Passivität verurteilt, wird zum Opfer, während Mutter und Tochter (eine Gesamtansicht des Weiblichen) nach dem nicht nur von Kubrick, sondern auch von Nabokov bevorzugten Modell einer Schachpartie Zug und Gegenzug gegeneinander führen. Vordergründig sitzen Humbert und Charlotte am Schachbrett, doch im Hintergrund kommt Lolita hereingeglitten, um Humbert einen mehr als nur flüchtigen Gutenachtkuß auf die Wange zu drücken (»wollen Sie etwa meine Königin attackieren?« fragt Charlotte im selben Augenblick). Im Garten schielt Humbert über den oberen Rand des Buches, das er zu lesen vorgibt, während er in Wahrheit die hüftenschwenkende Lolita im Hula-Hoop-Reifen beobachtet, als Charlottes pausbäckige Sexualität und der Blitz ihrer Schnappschußkamera die Idylle zerstören. Schließlich tut sich Charlotte mit den befreundeten Farlows (Jerry Stovin und Diana Decker) zusammen, die Lolita zu einer Party ihrer Tochter einladen und Humbert damit einer frontalen Attacke preisgeben. Charlotte präpariert sich mit einem frivol leopardengemusterten Kleid und rotem Sekt für ihren Anschlag auf Humberts europäische Reserviertheit, rückt ihre hausfraulichen Fähigkeiten ins Licht, versucht das spröde Gegenüber zum Tanzen zu verführen, buhlt auf die komischste und rührendste Weise um seine Liebe oder auch nur sexuelle Zuwendung – und fühlt sich plötzlich von ihrer töchterlichen Nebenbuhlerin beobachtet: Lolita ist vorzeitig und *hungrig* von der Party heimgekehrt, weil dort nur »salziges Fischzeugs« serviert worden sei, und gibt Humbert damit die heimlich erflehte Gelegenheit, sich aus Charlottes Krallen zu befreien. Eilfertig schmiert er Lolita ein Truthahn- und Mayonnaise-Sandwich und nimmt seine schwebende Position im Kräftefeld der beiden Frauen wieder ein, wobei er seine Nervosität mit dem Knacken von Walnüssen kaschiert, deren Schalen er der frustrierten Charlotte als höhnischen Abglanz dessen in die Hände drückt, was sie eigentlich erhofft hatte (und wovon er während ihrer kurzen Ehe die Andeutung machen wird, sie ließe ihn »weich wie eine Nudel« werden …).

Dieses bourgeoise Bacchanal in der pastoralen Schlichtheit Neu-Englands nimmt immer dann düstere Züge an, wenn sich die *ménage à trois* zu einer heimlichen *ménage à quatre* unter Einschluß Quiltys ausweitet. Kubrick hat in Interviews mehrfach erklärt, daß er und Nabokov sich darin einig gewesen seien, den Film mit dem Mord an Quilty beginnen zu lassen, um auf diese Weise das Interesse am Handlungsfortgang auch dann noch aufrechtzuerhalten, wenn die primäre Frage, ob und wann Humbert und Lolita miteinander schlafen werden, beantwortet ist. Faktisch führt diese plausible dramaturgische Notwendigkeit zur zweiten großen Umgewichtung, durch die sich der Film von der Romanvorlage entfernt: Neben der veränderten Rolle der Sexualität und der modifizierten Definition des Verhältnisses zwischen Humbert und Lolita schiebt sich die rätselhafte Figur des Clare Quilty nun von Anfang an – wenn auch unsichtbar – in den Vordergrund und wird weit stärker als bei Nabokov zum Alter ego des schon durch seinen verdoppelten Namen als gespalten charakterisierten Humbert Humbert. *Lolita* reiht sich so in die Serie von Kubricks »Doppelgängerfilmen« ein, die ironischerweise schon mit seinem ersten Dokumentar-Kurzfilm beginnt (der real existierende Boxer Walter Cartier aus *Day of the Fight* (1951) hat einen Zwillingsbruder!), sich in *Killer's Kiss* mit dem Doppel Davy/Rapallo fortsetzt und nach *Lolita* mit Bowman und HAL in *2001,* Alex und Alexander in *A Clockwork Orange,* Barry und Bullingdon in *Barry Lyndon* und den

»Wollen Sie etwa meine Königin attackieren?« (James Mason, Sue Lyon, Shelley Winters)

beiden mörderischen Hausmeistern in *The Shining* filmische Triumphe feiert. Eine bezeichnende verbale Geste macht diese Akzentverschiebung demonstrativ deutlich: Während Nabokovs Roman mit dem Wort »Lolita« beginnt und endet (»Lolita, Licht meines Lebens ...« – »... du und ich, meine Lolita«), ist das erste und das letzte Wort, das wir in Kubricks Film hören, der fragend gerufene Name »Quilty«! Wer oder was aber ist Quilty, und was erzählen uns seine verschiedenen Auftritte über die psychologischen und konzeptionellen Ambitionen von Kubricks Film?

Suchen wir die Antwort zunächst in der materiellen Realität seiner Villa, die ihn ebenso charakterisiert wie Humbert von der Tatsache charakterisiert wird, daß er fast während des ganzen Films – mit Ausnahme der kurzen Beardsley-Episode – unbehaust bleibt und nur in Mietzimmern und Motels logiert: Von außen ein nebelumwobenes, viktorianisches, potentielles Gespensterhaus, von innen ein tiefenscharf ausgeleuchteter, von den auch später mit Quilty assoziierten zirpenden Cembaloklängen in eine unheimliche Atmosphäre getauchter Alptraum aus Antiquitäten, Trödel und Gerümpel, in dem sich eine Konzertharfe und ein Ping-Pong-Tisch, eine Shakespeare-Büste und Boxhandschuhe, ein Tigerkopf und ein ätherisches Gainsborough-Porträt ein Stelldichein geben. Als Humbert in der ersten Szene des Films in dieses verwahrloste Xanadu eindringt, um Quilty zu erschießen, muß er sich seinen Weg durch einen Wust leerer Flaschen bahnen, stolpert zweimal, ruft zweimal Quiltys Namen, bis sich der Angesprochene, sichtlich verkatert, unter einem Bettlaken auf einem Sessel hochrappelt, das Laken als Toga um sich drapiert, sich als Spartacus vorstellt und Humberts formell gekleidete und vom Ernst der Situation durchdrungene Erscheinung mit dem Vorschlag verspottet, eine Partie »römisches Ping-Pong« zu spielen »wie zwei ehrenwerte Senatoren«. Unverkennbar bildet die Surrealität von Ambiente und Geschehen die Logik eines Traums nach, kann Quiltys Villa – die Rolle ihres Bewohners im Film wenigstens teilweise beschreibend – als Innenansicht eines Unbewußten verstanden werden, das mit denselben Inhalten möbliert ist wie das vertraute Tagesbewußtsein (der übrige Film), sie jedoch in andere, teils unverständliche und teils entlarvende Beziehungen bringt. Die Rollenspiele, mit denen Quilty im Fortgang der Szene versucht, Humbert von seiner Tötungsabsicht abzubringen, stehen in ei-

»Zwei ehrenwerte Senatoren« (James Mason, Peter Sellers)

ner entsprechenden Relation zu den Rollenspielen im »realen«
gesellschaftlichen Raum des Films, wie sich auch das Chaos von
Quiltys Villa in abgeminderter und plausibler Form im Haus
von Charlotte Haze wiederfinden wird. Auf den Punkt gebracht
wird die Funktion dieser Prolog-Szene für die Psychologie des
Films jedoch an ihrem Ende, als Humbert seinen Entschluß in
die Tat umsetzt und Quilty mit mehreren Schüssen (und nicht
ohne Schwierigkeiten beim Nachladen) zur Strecke bringt, während sich sein Opfer über eine Treppe nach oben in Sicherheit zu
bringen versucht und zuletzt hinter dem an Gainsborough erinnernden Porträt einer unberührbaren Kindfrau des 18. Jahrhunderts versteckt. Mit einer Großaufnahme dieses von Einschüs-
sen verunstalteten Porträts, hinter dem »Spartacus« (der gegen
Humberts psychische Unterdrückung rebellierende Sklave)

stirbt, endet die Szene – und mit derselben Einstellung wird Kubrick bezeichnenderweise auch den Film enden lassen, wenn er die gemalte und durchschossene Lolita als Hintergrund der Schlußtitel wiederholt, die Humberts Mord an Quilty mit seinem eigenen Tod in Verbindung bringen: »Humbert Humbert starb im Gefängnis an Koronarthrombose, während er seinen Prozeß wegen Mordes an Clare Quilty erwartete.«

Natürlich beschreibt die hier vorgeschlagene psychologische Allegorie die Beziehung zwischen Quilty und Humbert nur auf einer von mehreren Ebenen und wird dem Reichtum des Films allein nicht gerecht. Das Ölgemälde – die unerreichbare, nur den Voyeur befriedigende Frau, die die Schlußeinstellung mit Humberts Tod an »gebrochenem Herzen« parallelisiert – verweist auf eine weitere Dimension, die der Film noch vor Humberts unerklärtem Besuch beim rätselhaften Quilty in der Einstellung andeutet, die den Vorspanntiteln unterlegt ist. Begleitet von den vollen Klavierakkorden von Bob Harris' Titelmusik – die im weiteren Verlauf Humbert zugeordnet und der Gegenpol zu Quiltys Cembalo sein wird – senkt sich ein in nichts als weiches Licht gehüllter Frauenfuß ins Bild, dem von zwei vorsichtigen Männerhänden zartfühlend die Zehennägel lackiert werden. Völlig kontextlos als Eröffnungsbild des Films betrachtet, formuliert diese Einstellung bereits den Komplex aus Idolisierung und Ikonisierung, der Humberts Verhältnis zu Lolita ebenso kennzeichnet wie das durchschossene Ölgemälde am oberen Ende von Quiltys Treppe. Als Humbert schließlich in Ramsdale seinen ersten Blick auf die sonnenbadende Lolita im Garten werfen darf (subjektive Kameraeinstellung), sehen wir ein ebenso starres, schweigendes, von artifiziellem weichem Licht umflossenes und nur aus der Distanz zu bewunderndes Gemälde vor uns, das auf mysteriöse Weise aus der Zeit herausgehoben schiene – hörten wir nicht das Kofferradio eine unnachahmlich seichte, Lolita charakterisierende Schlagermelodie plärren. Der Realitätsverlust, dem Humbert als mentaler Bildermacher in seinem Verhältnis zu Lolita ausgesetzt ist, wird schreiend offenkundig, als wir die zauberische Pediküre-Szene vom Anfang schließlich in Beardsley im Kontext wiedersehen und dazu den Dialog hören, in dem sich Humbert abwechselnd als winselnder Liebhaber und als nörgelnd-autoritärer Vater vor seiner vulgären Göttin erniedrigt.

Durch die Kombination des Pediküre-Vorspanns mit dem Mord

an Quilty im Prolog gelingt es Kubrick, den weiteren Verlauf der Handlung von Humberts Subjektivität freizuhalten. Obwohl Humberts Stimme aus dem Off gelegentlich die Rolle eines Ich-Erzählers übernimmt, ist er nicht mehr, wie im Roman, der souveräne Herr über seine Geschichte, deren entscheidende Pointen beide – wenn auch unterschiedlich explizit – vorweggenommen sind. Der Ablauf der Ereignisse wirkt zwangsläufiger und erweist sich bis ins Detail als vom Prolog vorstrukturiert. Dabei will es Kubricks Ironie, daß der auf Bilder so versessene Humbert die in Bildern versteckte Anwesenheit Clare Quiltys schon im Hazeschen Haus in Ramsdale nicht bemerkt. Lolita hat ihr Zimmer mit einem Poster von Tokio dekoriert, was rückblickend von Bedeutung sein wird, wenn sie Humbert in ihrer Schlußbeichte von ihrer Bewunderung für Quiltys »japanische oder orientalische Philosophie« erzählt. Als Humbert Charlottes briefliches Liebesgeständnis liest, in dem sie ihn bittet, ihr »Lebenskamerad« und ihrem »Töchterchen für

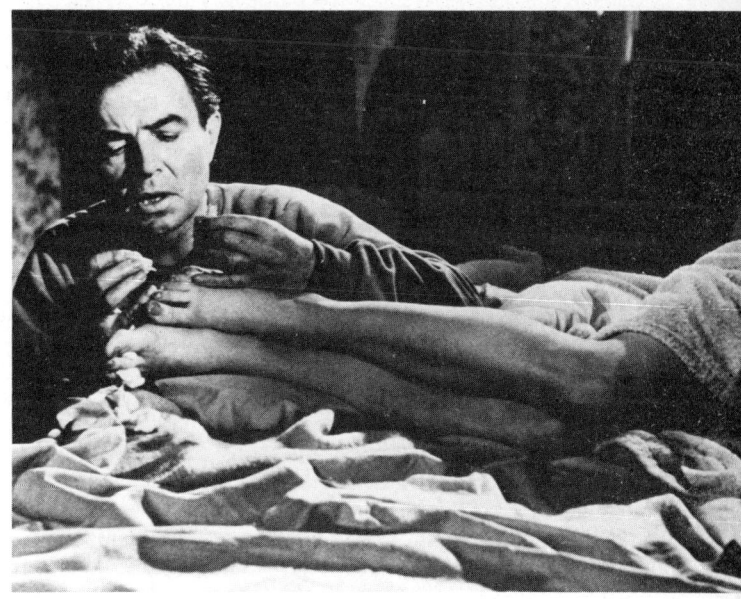

Humbert Humbert und das obskure Objekt seiner Begierde

immer ein liebevoller Vater« zu sein, schwenkt die Kamera – unmittelbar nachdem er in sein sardonisches Gelächter ausgebrochen ist – auf eine Drôme-Zigarettenreklame, die von dem Gesicht des bekannten Theater- und Fernsehautors Clare Quilty geziert wird. Auch die erste persönliche Begegnung zwischen Humbert und seinem Alter ego und Nebenbuhler beim Tanzvergnügen in der Schulturnhalle von Ramsdale verstreicht unbemerkt, obwohl sich Humbert hinter einem Blumentrog und auf der Galerie in Voyeurspositionen zurückzieht, die es ihm erlauben, zu sehen und nicht gesehen zu werden. (Er hat allen Grund, sich zu verstecken, hat ihm doch, nach Charlotte, nun auch noch Mrs. Farlow augenzwinkernd zu verstehen gegeben, daß sie »nicht kleinlich« und ihr Mann »sehr großzügig« sei ...) Quilty erscheint bei diesem Sommerfest mit Hornbrille und Smoking in der Maske eines intellektuellen Biedermannes, von dessen mondäner Verderbtheit nur seine Begleiterin, die exotische und lesbisch angehauchte Vivian Darkbloom (ein Anagramm des Namens Vladimir Nabokov), etwas ahnen läßt. Charakteristischerweise tanzt er (während Humbert sich weigert), und ebenso charakteristischerweise gibt er vor, sich nicht an Charlotte zu erinnern, während ihm der Klang des Namens Lolita sofort ein anzügliches Lächeln entlockt, das sich verstärkt, als Charlotte erzählt, ihre Tochter werde sich bei seinem Zahnarzt-Onkel Ivor ein »Loch füllen« lassen. Die Satire auf das bürgerliche Heldenleben in Suburbia, als die die Ramsdale-Episode hauptsächlich angelegt scheint, erhält durch diese leisen, doch beständigen Verweise auf Quilty eine Rätseldimension, die durch beunruhigende Analogien zwischen Charlottes Haus und Quiltys Villa aus dem Prolog verstärkt wird. Zwar herrscht bei Charlotte, wie kaum anders zu erwarten, peinliche äußere Ordnung und Sauberkeit, und die Verhältnisse sind wesentlich kleinbürgerlicher und beschränkter als in dem zwischen Trödelmarkt und Privatmuseum changierenden Palast des prominenten Autors. Doch die inneren Widersprüche des Designs, die Überladenheit und der teils recht obskure Charakter der Objekte von Charlottes Begierde stellen eine eindeutige Verbindung her. Die Tapeten sind in jedem einzelnen Raum anders gemustert, wie Gitterstäbe in der Halle, mit Blumen im Schlafzimmer, mit Segelbooten im Bad, dazu die Fische auf dem Duschvorhang und ein Assortement von Tischdecken in der Küche.

Quilty als Biedermann, Charlotte üppig ... (Peter Sellers, Shelley Winters)

Im Schlafgemach ist eine Art Hausaltar um die Urne des verstorbenen Gatten errichtet (Humbert hält sie erst für eine Blumenvase); in Seide eingewickelt wird seine Pistole aufbewahrt (dieselbe, mit der Humbert Quilty erschießt), und von der Wand lächelt der entschlafene Mr. Haze voyeuristisch auf das Bett hinunter, in dem Charlotte und Humbert ihre kurzen und einseitigen ehelichen Freuden genießen werden. Das Treppenhaus im oberen Stockwerk ist mit gespenstischen mexikanischen Kunstgegenständen und einer Porzellankatze vollgestellt, und unten ergänzen weitere kunstgewerbliche Artikel eine Welt von kultureller Leere und sexueller Verzweiflung. (In der Szene, in der Lolita Charlottes Rumbalektion im Leopardenkleid unterbricht, spielt sie mit einer bronzenen Hand, die einen phallischen Pfeil abzufeuern im Begriff ist, und fährt die geschnitzten

Umrisse einer mexikanischen Maske nach.) Die Parallelisierung der Dekors, durch die Quilty mit Charlottes (für Humbert) bedrohlicher Sexualität assoziiert wird, fällt umso stärker auf, als der große Rundgang durch das Hazesche Haus unmittelbar auf die Szenen in Quiltys Villa folgt – und so wie die Villa-Sequenz mit dem Gainsborough-Porträt endete, endet die Hausbesichtigung mit dem ersten Blick auf Lolita. (Umgekehrt hat Quiltys Villa neben dem gemalten – unberührbaren – Lolita-Bild auch eine plastische – körperliche – Charlotte-Statue in Gestalt einer üppigen Venus von Milo aufzuweisen.)

Das Oszillieren zwischen äußerlichem, durch stupenden Detailreichtum beglaubigtem Realismus und verdeckter Surrealität schlägt bereits in diesen frühen Szenen ein stilistisches Grundmerkmal an, dem Kubrick ab *Lolita* in allen seinen Filmen treu bleiben wird.

James Masons Humbert hat nicht nur mit der physischen Präsenz von Menschen, sondern auch mit der von Gegenständen konstante Schwierigkeiten. Beim Sommerfest in der Turnhalle kämpft er einen komischen Kampf mit dem Kuchenteller und dem Punschglas, als er sich zwischen den Tanzenden hindurchzuwinden versucht. Als er sich in Charlottes Schlafzimmer die »geheiligte« Pistole besieht, fallen ihm die Kugeln heraus. Im Hotel zu den Verzauberten Jägern läßt er sich durch den Mechanismus des Klappbetts mindestens ebenso entmutigen wie durch Quiltys Virtuosennummer als angeblicher Polizist, der Humberts eigenen Hemmungen staatliche Autorität verleiht. Humberts Welt ist die der Bilder und der Worte, der voyeuristischen Betrachtung Lolitas und der onanistischen Kontemplation seiner Begierden bei der Niederschrift im Tagebuch (wozu er sich einmal gar ins Badezimmer zurückzieht!) oder bei der Rezitation der körperlosen Verse des »göttlichen Edgar« (Poe, der dritte Nymphchen-Liebhaber im Bunde). Quilty bleibt ihm bei all seinen Impersonationen letztlich deshalb unsichtbar (und wird nach Lolitas die Zusammenhänge erklärendem Schlußgeständnis zum Gegenstand mörderischen Neides), weil er in einer anderen Welt lebt, in der keine gläsernen Wände zwischen Körper und Geist aufgerichtet sind. Humbert genießt seine Sinnlichkeit nicht in den Krallen von Charlottes alles verschlingender Libido, sondern im narzißtischen Behagen einer heißen Badewanne, während er einen Drink auf seiner Brust balanciert und mit dem inneren Ohr dem imaginären Gedudel von Lolitas

Kofferradio lauscht.* Dabei entspannt er sich in eben dem Badewasser, das Charlotte noch für sich eingelassen hatte, ehe sie den verhängnisvollen Blick in Humberts Tagebücher warf und in ihren regennassen Tod hinausrannte. Kubrick leistet sich einen teuflischen Witz auf Kosten seines Protagonisten, indem er Humbert in der Wanne genau die gleiche Körperhaltung einnehmen läßt wie draußen die tote Charlotte – ergänzt durch die doppelte Anwesenheit von Mr. Beale (James Dyrenforth), dessen Sohn Charlotte überfahren hat und der erst auf dem Bordstein neben der Leiche und anschließend auf dem Klodeckel neben dem badenden Humbert sitzt.

Von Szenen, die in Schlaf- oder Badezimmern spielen, wimmelt es in Kubricks *Lolita* ebenso wie in Nabokovs Roman. Gerade bei diesen Schauplätzen, an denen sich die psychischen und sexuellen Tragikomödien der Menschheit bündeln, spielt die Ästhetik des Studios ihre praktischen Trümpfe aus – und Kubrick weiß sie zu nutzen, um eine Art von sanitärer Polyphonie zu entwickeln, die die privaten Heiligtümer einer ansonsten öffentlichen Häuslichkeit an die befreiende Hygiene seiner filmischen Ironien anschließt. Unmittelbar bevor Charlotte Humbert erstmals ihr Schlafzimmer vorführt, demonstriert sie ihm die geräuschvolle Spülung ihrer altmodischen Toilette und lacht synchron dazu, als wollte sie die Intimitäten in den benachbarten Räumen miteinander gleichsetzen. An dem Morgen, an dem Lolita nach Camp Climax abreist, kommt Humbert aus dem Bett auf den Flur, wo sich Lolita vor dem als Kontrapunkt sichtbaren Badezimmer im Bildhintergrund mit einer Umarmung zu aufrauschender Musik von ihm verabschiedet und ihn bittet, sie nie zu vergessen. Anschließend geht Humbert in Lolitas Zimmer, setzt sich auf ihr Bett und befindet sich im Spannungsfeld zwischen kindlicher Unschuld (Lolitas Teddybär auf einer Seite) und sexueller Hemmungslosigkeit (Quiltys Bild auf der Zi-

---

* Humbert in der Badewanne könnte als ironische Anspielung auf Jean Paul Marat verstanden werden, der in der Badewanne von einer Charlotte (Corday) erstochen wurde. In Nabokovs Roman kommt Humbert auf Marats Wanne zu sprechen, als er seine unglückliche Ehe mit Valeria, einer Ur-Charlotte, schildert. Nabokov bringt Quilty hauptsächlich mit Bädern und Humbert mit Betten in Verbindung; z. B. spült Quilty die Toilette in seinem Zimmer neben dem von Humbert und Lolita in den Verzauberten Jägern die ganze Nacht lang (»Wasserfälle«), und er kommt gerade aus dem Badezimmer seiner Villa, als ihn Humbert am Schluß stellt. Humbert tötet den Rivalen schließlich im Bett, wo sich »eine rosa Blase mit jugendlichem Beigeschmack« auf seinen Lippen bildet.

Humbert/Marat und die »nicht kleinliche« Jean Farlow (James Mason, Diana Decker)

garettenreklame gegenüber). Genau an dieser Stelle, im Zentrum seiner Gespaltenheit, wird er den Brief mit dem Antrag Charlottes lesen. Während der Zeit der gemeinsamen Ehe macht Humbert das Schlafzimmer zum Ort seines Bilderfetischismus (er erträgt Charlottes Umarmung nur mit dem Blick auf Lolitas Porträt auf dem Nachttisch) und verlegt seine eigentliche Befriedigung – das Tagebuchschreiben – ins Badezimmer, wo er vor Charlottes Nachstellungen sicher ist. In den Verzauberten Jägern vermittelt Kubrick seinen Protagonisten und uns ein Déjà-vu-Erlebnis, indem er Humbert und Lolita in ein Zimmer einquartiert, das die Wohnungseinrichtung von Ramsdale wiederholt (geblümte Tapeten im Schlafzimmer, ein schachbrettgemusterter Boden im Badezimmer). Humbert kommt aus diesem Badezimmer und beugt sich in einem Zustand gereinigter Bereitschaft über sein schlafendes Dornröschen, doch leider, sie erwacht und scheucht ihn auf sein einsturzgefährdetes

Der Unfall, der ein Selbstmord war

Klappbett. Am nächsten Morgen wird sie es sein, die sich über den nun unrasierten und von einer schlaflosen Nacht gezeichneten Humbert beugt und ihm ihren überraschenden Vorschlag zu einem gemeinsamen Spiel ins Ohr flüstert ...

In späteren Szenen nehmen diese komischen Bewegungen in einem Labyrinth persönlicher Leidenschaften und Unsicherheiten einen düstereren Verlauf. Eindringlicher als in jedem seiner vorangegangenen Filme zeigt Kubrick in *Lolita* sein Talent zur Schauspielerführung und zur behutsamen Entwicklung einer emotionalen Dichte, die sich gegenüber den größeren ironischen Strukturen zu behaupten vermag. In einem anderen Motel zeigt er eine schluchzende Lolita, die aus ihrem dunklen Schlafzimmer durch das grell erleuchtete Badezimmer in Humberts ebenfalls dunklen Raum gelaufen kommt und in den Armen ihres völlig hilflosen Stiefvaters/Liebhabers Trost über den Tod ihrer Mutter sucht. In einer langen, ungeschnittenen, nur

105

vom Licht des Badezimmers im Rücken der Figuren erhellten Einstellung sehen wir das Kind in Lolita durch die Maske ihrer teenagerhaften Frühreife brechen und werden zu Zeugen von Humberts Überforderung (»bitte nicht weinen«), die ihn schließlich zu dem hilflosen Versprechen Zuflucht nehmen läßt, Lolita mit Geschenken (»die besten Hifi-Tanzplatten und Songs«) über ihren existentiellen Verlust hinwegzuhelfen. In einer Szene, die ergreifend und satirisch zugleich ist, klammert sich Lolita an diese mittelständische Idee, Normalität ließe sich durch Konsum garantieren, und gleichzeitig wird uns der tragikomische Charakter von Humberts Beziehung zu seiner Nymphe bewußt. Obwohl die Realität den vorgefaßten Bildern nicht gewachsen ist, muß er endlich doch die wahre Lolita trösten und lieben, die sich dafür unausweichlich in eine zweite Charlotte verwandeln wird. Bis zum bitteren Ende, als es keinen Quilty mehr gibt (»der einzige Mann, nach dem ich je verrückt gewesen bin«) und auch Humbert vernichtet ist und sich Lolita einer reizlosen Zukunft an der Seite des harmlosen Richard T. Schiller (bei Nabokov ist die mittlere Initiale ein »F.«) konfrontiert sieht, sucht sie Zuflucht in der scheinbaren Dauerhaftigkeit der Dinge und verweigert sich der Vision, die Humbert von ihr hatte. In der letzten gemeinsamen Szene wird Humbert dann neben der Vergangenheit, die sich als von Quilty manipuliert erweist, auch noch diese Vision (und damit die Zukunft) genommen. Er steht einer neuen Lolita gegenüber – bar der zauberischen Unwirklichkeit seiner Bilder, aufgedunsen durch die Schwangerschaft, überdies durch eine Hornbrille entstellt, wie sie Quilty getragen hatte. Wieder sitzt er mit ihr auf einem Bett (auf dem als ironischer i-Punkt ein Heft der Teenager-Zeitschrift *Seventeen* liegt), doch diesmal steht es in einem ärmlichen Wohnzimmer, in dem Blümchentapeten den kleinbürgerlichen Lebenskreislauf an den Beginn in Ramsdale anschließen. Unter Tränen bittet er sie ein letztes Mal, mit ihm zu gehen, mit ihm »zu leben und zu sterben«, doch ihre mit der sozialen Rolle neu gefundene Moral und ihre tragische Banalität weisen ihn ab. Das einzige, was sie von ihm akzeptiert, ist ein Geldgeschenk und die Übertragung des Grundstücks in Ramsdale, ehe Humbert zur letzten Konfrontation mit sich selbst und den Trümmern seines Lebens in Gestalt von Quilty und dessen verwahrlost-chaotischer Villa aufbricht. Lolita verabschiedet ihn mit einer Kaskade von Klischees (»was vorbei ist, ist vorbei« und »in Verbindung blei-

Lolitas endgültiger Abstieg in die Normalität (Sue Lyon, Gary Cockrell)

ben«), während sie ihm mit seinen Geldscheinen in der Hand nachwinkt und damit, kontrapunktiert von den romantischen Klavierakkorden der Titelmusik, ihre fundamentale Seichtigkeit und die tragische Ironie von Humberts Traum dokumentiert.
So mitfühlend und emotional die zweite Hälfte des Films Humberts aussichtslosen Kampf um Lolita schildert, so zerebral ist die visuelle Struktur, die er der Beziehung Humbert/Quilty unterlegt: Wie Nabokov in seinem Roman, spielt Kubrick eine Schachpartie, in der Humberts Weiß dem Schwarz von Quilty gegenübergestellt wird. Natürlich ist Schach ideal geeignet, um als Metapher für einen Zustand der Paranoia und die Thematik von Umzingelung und Täuschung zu dienen. Beide Spieler müssen ständig auf der Hut vor den Finten ihres Gegners sein und werden doch niemals die Gewißheit erlangen, alle Eventualitä-

ten und potentiellen Gefährdungen ihrer Figuren vorausberech-
net zu haben. In *Lolita* läßt Kubrick das Publikum die Partie von
seiner Perspektive aus beobachten und lange vor Humbert erkennen, welche Züge Quilty ausführt und daß sich Lolita danach sehnt, statt Humberts weiße Königin die schwarze seines
dunklen Gegenspielers zu sein. Nicht nur Humberts erste Begegnung mit Lolita, sondern fast alle gemeinsamen Szenen der
beiden zu Beginn des Films sind entweder in das Sonnenlicht des
Gartens getaucht oder hell und realistisch ausgeleuchtet. Humbert muß die Illusion entwickeln, daß sein Traum von Lolita in
der Helligkeit einer »normalen« Tageswelt in Erfüllung gehen
kann, ohne von der Nachtseite der menschlichen Existenz »be-
schmutzt« zu werden. Quilty ist demgegenüber meistens mit
Dunkelheit und Nachtaufnahmen von surrealer Wirkung assoziiert und darf nur im Sanktum seiner Villa, also außerhalb der
eigentlichen Handlung, eine weiße Toga tragen. Beim Sommerfest in Ramsdale, wo er uns mit der Harmlosigkeit seines Auf-
tretens über seine wahren Absichten zu täuschen versucht, trägt
Quilty einen schwarzen Smoking (im Gegensatz zu Humberts
weißem Dinnerjacket), und natürlich wird er hier wie später bei
der Schulaufführung in Beardsley von seiner dunklen Königin
Vivian Darkbloom (Marianne Stone) begleitet. In den Verzauberten Jägern, wo sich Humberts Verhältnis zu Lolita von der
sehnsüchtigen auf die physische Ebene verlagert, beginnt sich
auch die visuelle Stimmung des Films endgültig zu verdüstern.
Quiltys erste Einstellung im Hotel zeigt ihn, wieder in Gesellschaft der dunklen Darkbloom, in angeregter Unterhaltung mit
dem Portier, an dem vor allem der Name *Swine* von Bedeutung
ist. Bei seinem Gespräch mit Humbert zeigt die Kamera Quilty
im Vordergrund, dunkel gekleidet, von Dunkelheit umgeben
und dem hinter ihm sitzenden Humbert den Rücken zukehrend,
was ihn jedoch nicht hindert, Humberts »interessantes Gesicht«
zu bewundern. Quilty dominiert die Einstellung, während der
»reale« Humbert, durch die Entfernung zu Bedeutungslosigkeit
verkleinert, mühsam seine Fassung zu bewahren sucht und sich
im Zwiespalt zwischen seiner paranoischen Angst vor Polizisten
und einer ebenso paranoischen Vorfreude auf den Inzest mit
seiner »Tochter« suhlt. In ununterbrochenem, sprunghaftem
Redefluß haspelt Quilty Satzbruchstücke über Humberts »sü-
ßes großes kleines Mädchen« heraus, das er zunächst für einen
»Eheurlaub« gehalten habe, und erkundigt sich heuchlerisch,

ob Humbert mit dem Zimmer (lies »Bett«) zufrieden sei oder ob er seinen »Freund George Swine« bitten solle, ein »Prunkgemach für Sie und Ihr großes kleines Mädchen« freizumachen (eine Verspottung der ehelichen Normalität, die Humbert – »ein ganz normaler Bursche« – mit seinem zynisch erlogenen Hinweis auf die nachkommende Ehefrau zu reklamieren versucht). Was Quilty zur Sprache bringt, sind Humberts eigene Ängste – sowohl die eingestandenen vor dem sozialen Regelverstoß des »Inzests« als auch die uneingestandenen vor der Frau im Kind, die sich dahinter verbergen. Als Quilty schließlich gar anbietet, sich Humberts und Lolitas Zimmer anzusehen, um gegebenenfalls seinen Einfluß bei Swine geltend machen zu können, flüchtet Humbert in den Kampf mit dem störrischen Klappbett, und am nächsten Morgen wird nicht er es sein, der Lolita, sondern sie, die ihn verführt.

Auch die nächste Begegnung zwischen Humbert und seinem Inkubus spielt bei Nacht, und Kubricks Inszenierung ist abermals um eine Nuance düsterer gehalten. Als Humbert abends in sein gemietetes Haus in Beardsley heimkehrt, findet er im dunklen Wohnzimmer den angeblichen Dr. Zempf sitzen, der sich als »der Psychologe der hiesigen höheren Schule« vorstellt und mit deutschem Akzent erklärt, er habe kein Licht gemacht, um »Dr. Hombarts elektrische Rechnung nicht zu erhöhen«. Unvermittelt verwickelt ihn der mysteriöse Gast in ein Gespräch über den »Durchbruch der körperlichen Reife« bei Lolita, worauf Humbert mit ironisch entlarvender Heuchelei erklärt, er »würde es für richtig halten, daß sie möglichst lange unaufgeklärt ist«. Aber auch Zempfs Text entwickelt sich zu einer von Sellers mit perfider Raffinesse improvisierten Virtuosennummer über jene öffentliche Doppelmoral, in der allzu oft das Gegenteil des Gesagten gemeint und meist das Gegenteil des Gemeinten wahr ist. Er preist die Fortschrittlichkeit der amerikanischen Gesellschaft, die ihre Jugend »auf ein gesundes Liebesleben vorbereiten wie auch zu anständigen Menschen erziehen« wolle, und berichtet von Lolita, daß sie an einer »Verdrängung der Libido« leide und in der Schule »ziemlich gewagte Witze« mache, die »sehr peinlich sind und über die natürlich kein anständiger Mensch lacht«. Doch Quilty/Zempf bringt nicht nur die fatale Doppelbindung zur Sprache, die Humberts selbstzerstörerischer Sucht nach Lolita zugrunde liegt; er präsentiert sich auch äußerlich, mit seinem deutschen Akzent, seinem psychoanalytischen Gefasel, der zwanghaften Ordnung der Kugelschreiber in seiner Brusttasche und seinen dicken Augengläsern als parodistisch übertriebenes Spiegelbild von Humberts europäischer Arroganz, das überdies bereits die sinistren Züge des Dr. Strangelove anzudeuten scheint, den Sellers in Kubricks nächstem Film mit ähnlichen Mitteln charakterisieren sollte. Humbert, dessen narzißtische Maske zu diesem Zeitpunkt der Handlung bereits durch seine eingebildete sexuelle Konkurrenz zu den Jungen namens Roy und Rex angeknackst ist, die im Zuge von Lolitas Älterwerden in ihrem Bekanntenkreis aufgetaucht sind, erkennt sich selbst in seinem Gegenüber auf der anderen Seite des Bretts ebensowenig, wie er Quiltys Spiel durchschaut. (Vordergründig geht es bei Dr. Zempfs Besuch darum, Humbert die Erlaubnis für Lolitas Teilnahme an einer Schulaufführung abzuluchsen, die er wegen seiner Angst vor Roy und Rex untersagt, während Lolita sie in Wahrheit zu ihren Rendezvous mit Quilty nutzen wird ...) Kubrick würzt die ganze Szene mit einem Insider-Witz, an dem der Zuschauer seine visuelle Aufmerksamkeit testen kann: Er läßt Quilty Humbert eine Zigarette anbieten und schließlich die Packung schenken. Es handelt sich um die Marke *Drôme* ...

Humberts letzte Kontakte mit Quilty vor Lolitas Flucht aus dem Krankenhaus sind von einer alptraumhaften Ungreifbarkeit. Eine geheimnisvolle, schwarze Limousine verfolgt Humberts hellen Kombi durch eine totenstarre Wüstenlandschaft des amerikanischen Südwestens. Eine Reifenpanne zwingt Humbert, auf offener Strecke zu halten. Der Verfolger hält ebenfalls, steigt nicht aus. Und während er das düstere Fahrzeug, dessen Fahrer nicht zu erkennen ist, im Bild einer Rückprojektion in seinem Wagenfenster anstarrt, beginnt sich auch Humberts helle Tageswelt zu umnachten. Ein zermürbter und grippekranker Humbert schleppt sich in einem nächtlich-dunklen, gespenstischen Motelzimmer ans Telefon, um dem Läuten eines Alptraums zu folgen. Quilty verzichtet darauf, seine letzte Verwandlung noch zu identifizieren (»mein Name ist gar nicht so wichtig, ein völlig unbedeutender Name ...«); zynisch bittet er um »eine der Wahrheit entsprechende Auskunft über Ihr gegenwärtiges Liebesleben« und verleiht Humberts verdrängten Ängsten die paranoide Autorität gesichtsloser Staatsgewalten, als er eine polizeiliche Untersuchung der schäbigen Realität ankündigt, die aus dem Traum von Lolita geworden ist.

Dr. Strangelove

4. Der Abstieg der Menschheit

Kubrick hat sich über Jahre auf einen Film wie *Dr. Strangelove, or: How I learned to Stop Worrying and Love the Bomb* (Dr. Seltsam, oder Wie ich lernte, die Bombe zu lieben, 1964) vorbereitet. Von jeher von den ästhetischen und moralischen Aspekten von Plänen und Formalismen fasziniert, begann er bereits in den 50er Jahren, die aktuelle Literatur über atomare Kriegführung und Strategie zu verfolgen, abonnierte die Fachzeitschriften *Aviation Week* und *Bulletin of the Atomic Scientists* und gelangte frühzeitig zu der schockierenden Schlußfolgerung, daß »die Trägheit der Menschen zu einer regelrechten Gewöhnung an die Möglichkeit – oder vielmehr die zunehmende Wahrscheinlichkeit – eines Atomkrieges geführt hat«.[1] Auch in seinen Filmen aus den 50er Jahren lassen sich indirekte (strukturelle) Spuren der Beschäftigung mit diesem Thema nachweisen: Die vielbeschworene Dialektik von Planung und Zufall in einem Film wie *The Killing* verliert jedenfalls viel von ihrer philosophischen Unschuld, wenn man sie vor dem historischen Hintergrund des Kalten Krieges und der nuklearen Aufrüstung betrachtet. In mancher Hinsicht stellt *Dr. Strangelove* eine Verschärfung und Externalisierung der satirischen Ironie von *Paths of Glory* bei gleichzeitiger Radikalisierung der philosophischen Inhalte von *The Killing* dar. Der psychologisierende Blickwinkel, der *Lolita* beherrscht hatte, macht einer typisierenden und allegorisierenden Darstellungsweise Platz, die auf ein mythisches Substrat der Filmerzählung abzuzielen scheint, ohne freilich die an Nabokovs Roman gelernte Lektion in Komik zu vergessen. Trotz der zeitlichen und räumlichen Begrenztheit (der Film hat eine Laufzeit von 94 Minuten, die ungefähr der erzählten Zeit der Handlung entspricht, und das Geschehen beschränkt sich fast völlig auf drei eng umgrenzte Schauplätze) ist *Dr. Strangelove* ein wesentlich ambitionierterer und reicherer Film als *Lolita*. In seiner Entwicklung komplexer Ideen innerhalb einer Filmsprache, die Realismus im Detail mit Surrealität in der visuellen und verbalen Stilisierung verbindet, stellt er auch einen deutlichen Fortschritt gegenüber *Paths of Glory* dar. Mehr als in jedem seiner früheren Filme hatte Kubrick hier Gelegenheit, eine individuelle Ästhetik zu verfeinern, die in den kommenden Jahren immer deutlicher satirische Ironie mit kosmisch/historischer Spekulation durchsetzen sollte.

In Peter Georges *Red Alert* (erstmals 1958 unter dem Pseudonym »Peter Bryant« veröffentlicht) fand Kubrik einen Roman, der seine Überzeugung von der Möglichkeit eines versehentlichen Atomkriegs bestärkte. Hinzu kam, daß der Text in einem Prosastil geschrieben ist, der der dramatischen und thematischen Direktheit von Whites *Clean Break* und Cobbs *Paths of Glory* ähnelt.[2] Die engmaschige Konstruktion des Plots läßt an Whites Manipulation der Zeit denken und den Handlungsverlauf als zwar geradliniger, aber ebenso unerbittlich erscheinen. Wie in *Clean Break* herrscht auch in *Red Alert* (»Alarmstufe Rot«) ein Gefühl dramatischer Zeitnot vor, während die Figuren mit unvorhergesehenen Zwischenfällen kämpfen und den Weltuntergang schließlich nur um Haaresbreite verhindern können (in England wurde der Roman denn auch unter dem Titel *Two Hours to Doom,* »Zwei Stunden bis zum Weltuntergang«, veröffentlicht). Die Parallelführung der Handlung an drei voneinander isolierten Schauplätzen – dem Luftwaffenstützpunkt Sonora in Texas, dem B-52-Bomber »Alabama Angel« und dem unterirdischen Kriegsbunker im Pentagon – entspricht wiederum der parallelen Entwicklung der Konflikte in der hautnahen Welt der Schützengräben und in der entrückteren Generalstabshierarchie von *Paths of Glory.* Und wie beide früheren Romanvorlagen bedient sich auch George eines allwissenden Erzählers, der den apokalyptischen Inhalt durch seinen dokumentarischen Reportagestil nur noch verschärft. Mit allen Mitteln versucht der Roman, den Leser von der realen Möglichkeit eines Atomkrieges zu überzeugen, der nicht durch Planung, sondern durch Zufall zustandekommt. Er schildert die technischen Aspekte der Nuklearpolitik, die komplizierten Kommunikations- und Entscheidungswege und das Netz der Sicherheitsmaßnahmen, in das immer wieder menschliche Schwachstellen eingebaut sind, die das vermeintlich »ausfallsichere« Fail-safe-System, in dem für jede Unwahrscheinlichkeit und Störung vorgesorgt zu sein scheint, in ein globales Pulverfaß verwandeln können. Er schafft eine glaubwürdige Motivation für General Quintens durch nichts provozierten Entschluß, die Sowjetunion anzugreifen (Quinten – Ripper im Film – ist unheilbar krank und von der roten Gefahr überzeugt). Er gibt der nuklearen Paranoia des Generals eine durchaus rationale Basis und läßt ihn in den Diskussionen mit seinem grundvernünftigen und menschlichen Assistenten, Major Howard (Mandrake im Film), nachvollziehbare und in sich logische Argumente vorbringen. Abgesehen von der ausgefeilten und überzeugenden Fülle technischer Einzelheiten ist Georges Text nicht allzu sorgfältig ausgearbeitet. Der Roman entwickelt eine Reihe von Geschehnissen, deren empirische Autorität den Leser mit der Wahrscheinlichkeit eines Atomkriegs konfrontiert, doch im letzten Augenblick schreckt George vor seiner scheinbar makellosen Logik zurück und endet mit einem liberal moralisierenden Unterton im Zufälligen: Die Bombe, die der »Alabama Angel« schließlich abwirft, erweist sich als Blindgänger, und der starken

Persönlichkeit eines äußerst fähigen amerikanischen Präsidenten (eines idealisierten Adlai Stevenson) gelingt es, mit dem russischen Botschafter eine rasche Entspannung auszuhandeln. Nach etwa sechswöchiger Arbeit an einem Drehbuch nach *Red Alert,* dem durchaus die Absicht zugrunde lag, das Thema mit der entsprechenden Ernsthaftigkeit abzuhandeln, stellte Kubrick fest, daß ihm immer häufiger komische Assoziationen unterliefen, die seine Ansicht darüber veränderten, wie ein »wahrheitsgetreuer« Film über einen möglichen Atomkrieg auszusehen habe. Er erkannte, daß »die Dinge, über die man am lautesten lacht, in Wirklichkeit den Kern der paradoxen Einstellungen bilden, die einen Atomkrieg möglich machen«. Der bis dahin anerkannteste »ernsthafte« Film über einen Nuklearkrieg war Stanley Kramers *On the Beach* (Das letzte Ufer, 1959), der in seiner noch vom Kalten Krieg geprägten Liberalität wesentlich mehr Ähnlichkeit mit Georges *Red Alert* aufweist als Kubricks späterer auf *Red Alert* basierender Film. Der Zufall wollte es, daß im selben Jahr, in dem *Dr. Strangelove* in den Verleih ging, auch Sidney Lumets *Fail Safe* (Angriffsziel Moskau, 1964) herauskam, eine realistische, aber hoffnungslos schwerfällige Umsetzung derselben These, in der Henry Fonda einen Präsidenten spielt, der wie sein Kollege in *Red Alert* mit der Entscheidung konfrontiert ist, ob er eine sowjetische Vergeltung nach einem versehentlichen Abwurf einer amerikanischen H-Bombe auf ein russisches Ziel hinnehmen oder einen Gegenschlag auslösen soll. Beide Filme sind hochdramatisch und vom Ernst ihres Anliegens durchdrungen, doch deshalb, aus Kubricks Sicht, nicht notwendigerweise schon »wahrheitsgetreue« oder auch nur »ernsthafte« Auseinandersetzungen mit dem Thema Atomkrieg. Kubricks Schilderung, wie er allmählich in den Bann der Komik des *Dr. Strangelove* geriet, stützt nicht nur diese These, sondern demonstriert eine filmische Phantasie, die die umfassendste Perspektive zu gewinnen sucht:

> Nach etwa einem Monat wurde mir allmählich klar, daß ich immer wieder genau die Dinge rausgeschmissen hatte, die am nächsten an der Wahrheit waren. Was könnte es schließlich Absurderes geben als die Vorstellung zweier Großmächte, die bereit sind, wegen eines Zufalls alles menschliche Leben auszulöschen – und das nur, weil politische Differenzen existieren, die in hundert Jahren ebenso bedeutungslos sein werden wie die theologischen Konflikte des Mittelalters für uns heute?[3]

Kubrick bei den Dreharbeiten zu ›Dr. Strangelove‹

Sich mit filmischen Mitteln der »Wahrheit« eines gegebenen Themas zu nähern, erfordert für Kubrick eine distanzierende Ästhetik (als Voraussetzung philosophischer Objektivität) und einen entsprechenden dramatischen Kontext, der den Zuschauern neue Blickwinkel auf das Problem eröffnet und ihnen Beobachtungen erlaubt, die sie so noch nicht auf einer Leinwand machen konnten. Von welchem, oder wessen, Standpunkt soll die atomare Katastrophe beispielsweise betrachtet werden? Wie

kann der Film sowohl die unmittelbaren (politischen und moralischen) als auch die theoretisch-spekulativen (historischen und
politischen) Aspekte des Themas erfassen? Die Versuche von
Kramer und Lumet wählen einen Ansatz, der ebenso vorhersag-
bar wie beschränkt ist: Ihre Filme sagen, daß der Atomkrieg
eine ernste Angelegenheit ist und *folglich* eine naturalistische
Darstellung erfordert – vor allem aber vertrauenswürdige
Hauptfiguren, deren Menschlichkeit und Verantwortungsbe-
wußtsein das Publikum (durchaus auch im politischen Sinn) zu
beruhigen vermögen. Wie Dax inmitten des Wahnsinns von
Paths of Glory gehen Filme wie *On the Beach* und *Fail Safe* sowohl auf Nummer Ernst als auch auf Nummer Sicher: Lieber
wollen sie in einer moralisch verzwickten Frage auf der »richtigen« Seite stehen, als die Wahrnehmungen des Publikums zu
verändern oder es dadurch zu verunsichern, daß sie das militä-
risch/politische Problem auf seine strukturellen Wurzeln in der
menschlichen Psyche und unserer sozialen Mythologie zurück-
führen.

Daß Kubrick den Satiriker Terry Southern hinzuzog, um die bei
der Adaption von *Red Alert* entdeckte latente Komik weiterzu-
entwickeln, ist keine Überraschung.[4] Seit *Killer's Kiss* weisen
Kubricks Filme zunehmend Anzeichen einer satirischen Distanz auf, die teilweise in Opposition zur Menschlichkeit der
handelnden Figuren steht. Vor *Lolita* galten seine Interessen
hauptsächlich den zeitlichen und räumlichen Strukturen, die die
Charaktere mit einem Schleier aus Ironie und Spekulation um-
gaben, ohne ihre menschlichen Dimensionen jedoch jemals in
den Hintergrund drängen zu können. Erst in *Lolita,* seiner ersten »Komödie«, erschwert Kubrick die mitfühlende Identifikation mit Humbert, Lolita und Charlotte durch eine satirische
Darstellung und eine Erzählperspektive, die die Zuschauer
zwingen, die verschwörerischen Ironien wahrzunehmen, in denen sich die perversen oder trivialen Kehrseiten der einzelnen
Rollen offenbaren. In Peter Georges *Red Alert* hat Kubrick es
mit einem Roman zu tun, der auf Plot und Anliegen ausgerichtet ist und ständig zwei primäre Fragen, eine direkte und eine
implizierte, stellt: Ist die B 52 noch aufzuhalten? Wie kann ein
atomarer Zwischenfall wie der geschilderte verhindert werden?
Diese Beschränkung führt dazu, daß die Charaktere nicht über-
mäßig interessant sind, solange sie oder ihre Psychologie nicht
in den Hauptstrang der Handlung eingreifen oder unmittelbar

mit dem einen beherrschenden Thema konfrontiert werden. Kubrick, unterstützt von George und Southern als Ko-Autoren und von einer vorzüglichen Besetzung, verdichtet in seinem Film das Zusammenspiel von Figuren und Plot und läßt die Details der Handlung viel unmittelbarer aus der verqueren Psychologie der Charaktere hervorgehen. Dabei zielt die Figurenbezeichnung jedoch nicht auf konventionellen psychologischen Realismus, sondern auf ein allegorisierendes Verfahren ab, das die einzelnen Gestalten als synthetische Zitate kollektiver Neurosen und Psychosen unserer (nicht nur politischen) Kultur erscheinen läßt. *Dr. Strangelove* ist insofern weit mehr als nur eine hochgradig satirische und karikierende Darstellung eines Wahnsinns, den viel zu viele Menschen als »normal« hinnehmen. Die Satire des Films ist niemals »normativ« in dem Sinne, daß ihre Verhöhnung menschlichen Fehlverhaltens ein Gegenbild oder ein rettendes Geheimrezept implizierte oder auch nur für möglich hielte. So ernst die Ebene, auf die sich die Romanvorlage oder Filme wie *Fail Safe* und *On the Beach* beschränken, von Kubrick auch genommen werden mag, so sehr wird sie doch gleichzeitig zum Schauplatz einer grundlegenden Auseinandersetzung, in der es nicht mehr um das Risikopotential der nuklearen Hochrüstung, sondern um das menschliche Verhältnis zur Realität und speziell um die menschliche Realitätsflucht in Fiktionen und paranoide Wahnsysteme geht. Das verschiedentlich als Zentralthema des Films bezeichnete Problem der Kommunikation (ihr Zusammenbrechen wird in allen Handlungsphasen zum eigentlichen Motor des Plots) findet hier seine tiefste Dimension: Daß Telefon- und Funkverbindungen abreißen, ist nur ein vordergründiges, technisches Bild für die längst schon abgerissene Kommunikation zwischen menschlichen Individuen, die sich in selbstgeschaffene Phantasiewelten zurückgezogen haben, die nur noch aus tief ins Unbewußte verdrängten seelischen Komplexen zu erklären sind, während sie sich nach außen als Realpolitik ausgeben. Hier liegt die von Kubrick im oben zitierten Interviewausschnitt angesprochene »Wahrheit« des Themas: Der Wahnsinn der Atomrüstung und des Vabanque-Spiels der Abschreckung ist nur Ausfluß und Symptom eines tieferreichenden »Unbehagens in der Kultur«, dessen Personifizierung im Film die (charakteristischerweise von der Tageskritik meist mißverstandene und als willkürlich und unmotiviert abgelehnte) Gestalt des »Dr. Strangelove« ist. Die in der

Tat »seltsame Liebe« dieser Symbolfigur, die sie erst aus der Paralyse erwachen und den prothetischen Arm zum Hitlergruß erigieren läßt, als die atomare Massenvernichtung der Menschheit begonnen hat, ist ein Phänomen, das früher der Sexualpathologie angehörte und heute zu einer Kategorie der Gesellschaftskritik geworden ist: die Nekrophilie. Mit der Einführung dieses Elements in einen Film, dessen Vorlage ursprünglich nur ein pseudopolitischer Spannungsroman war, demonstriert Kubrick einen kompromißlosen Anspruch, der weit über *Paths of Glory* oder *Lolita* hinaus- und bereits an *2001* und *A Clockwork Orange* heranreicht – und der seine Parallelen weniger im internationalen Filmschaffen der frühen 60er Jahre findet als vielmehr in den ersten Texten der literarischen »Postmoderne«, die in den USA als exakte Zeitgenossen des *Dr. Strangelove* zu erscheinen beginnen.[5] Im Kontext von Romanen wie Joseph Hellers *Catch 22* (1961) und Thomas Pynchons *V.* (1963) betrachtet, erscheint der forcierte Unernst, der so viele potentielle Sympathisanten an Kubricks Film verstört hat, nicht mehr nur als demonstratives Eingeständnis der Unmöglichkeit, die Absurdität des weltpolitischen Alltags zu rationalisieren, sondern – beides zugleich und eines durch das andere – als Erkenntnisinstrument und als Phänomen der Verzweiflung.

Die beiden wesentlichen Ausdrucksmittel der Satire in *Dr. Strangelove* sind, ähnlich wie in *Lolita* und noch nicht an die formale Dichte von *A Clockwork Orange* heranreichend, der Dialog und die Darstellungsweise der Schauspieler. Fast sämtliche Rollen werden mit einer karikierend übersteigerten Mimik und Gestik gespielt und durch bewußten Einsatz von Sprachklischees, idiomatischen Wendungen und Akzenten als Zitate aus den Alltagsmythen der Populärkultur kenntlich gemacht.[6] Die Reihe beginnt mit einem höhnisch gegen den Typ besetzten Bomberpiloten namens Major »King« Kong (gespielt von dem texanischen B-Western-Veteranen Slim Pickens), der bei der *Playboy*-Lektüre am Steuerknüppel seiner B 52 vom atomaren Angriffsbefehl nach »Plan R« überrascht wird (»ich war auf einer Weltausstellung, bei einem Picknick und einem Rodeo, aber das ist das Dümmste, was ich je über Kopfhörer gehört habe«), worauf er seinen Fliegerhelm mit einem Cowboyhut vertauscht und zu den ostinaten Rhythmen eines archetypischen Western-Songs (»When Johnny Comes Marching Home«) in seinen letzten Showdown kurvt, der mit einem rodeoreifen Ritt auf einer widerspenstigen Atombombe enden wird. George C. Scott entwickelt den säbelrasselnden, in die Perfektion der eigenen Tötungswerkzeuge verliebten Hurapatriotismus des Generals Turgidson aus einer ins irrwitzige überdrehten Körpersprache und exaltierten Mimik; er schlägt sich seinen behaarten, herausgestreckten Bauch wie auf eine atavistische Kriegstrommel, mampft Kaugummi wie ein Wiederkäuer, zeigt im Kriegsbunker die gleiche grunzende Anspannung wie zuvor bei seiner Geliebten im Schlafzimmer und verharmlost den Atomkrieg mit einer Mischung aus militärtypischen Euphemismen und renommistischer Großmäuligkeit (die Vernichtung der Sowjetunion wird zu »sie mit runtergelassenen Hosen erwischen«, und den in Kauf zu nehmenden Tod von 20 Millionen Amerikanern nennt er »Haare lassen«). Sterling Hayden spielt den wahnsinnigen General Ripper als Prototyp eines reaktionären Kalten Kriegers der 50er Jahre, der bereit ist, die ganze Welt in die Steinzeit zurückzubomben, um den American Way of Life zu bewahren (»lieber tot als rot«); seine absurde phallische Zigarre und sein Maschinengewehr im Präservativ des Golfsacks unterwandern sein Gefasel über den kommunistischen Anschlag auf die kostbaren Körpersäfte mit ebenso erhellenden wie vulgärpsychologischen Klischees. Peter Sellers schließlich liefert in drei brillant gespielten Rollen eine ganze Galerie von menschlichen Verhaltens- und Verstrickungsmöglichkeiten angesichts der kollektiven Untergangslust: Präsident Merkin Muffley, den kahlköpfigen und zur Wirkungslosigkeit verdammten Mann der Vernunft in einer Welt des Irrsinns, der sich ebenso aussichtslos um die Verhinderung des Weltuntergangs bemüht wie um die Aufrechterhaltung der guten Sitten (»Sie können sich hier nicht prügeln, meine Herren, wir befinden uns im Kriegsbunker!«); Group Captain Lionel Mandrake, dessen wohlerzogene englische Reserviertheit eine Kontrastfolie zu Rippers unergründlicher amerikanischer Besessenheit abgibt; und Dr. Strangelove (»Dr. Seltsam«), den Archetypen des wahnsinnigen Wissenschaftlers, der mit seiner unbelebten, aber durch die Aussicht auf massenhaften Tod zum Leben und zum Sieg-Heil-Salut erwachenden Prothese zur Verkörperung der Nekrophilie unserer Zeit und zu Recht zum Titelhelden des Films wird.

Den grotesken Übersteigerungen der Figurenzeichnung (die alles andere als Simplifizierungen sind) entspricht ein vieldeutiger visueller Stil, der das Realistische fremdartig wirken läßt und dem Surrealen empirische Realität verleiht. Auch in dieser Hinsicht steht *Dr. Strangelove* bereits näher bei *2001* und den späteren Filmen, während sich vor *Lolita* allenfalls Andeutungen in dieser Richtung finden lassen. Kubrick selbst kommentiert seine stilistische Umorientierung in der ersten Hälfte der 60er Jahre folgendermaßen:

> Die Abbildung der Realität hat keinen Biß, sie transzendiert nicht. Mittlerweile interessiert es mich mehr, eine phantastische und unwahrscheinliche Geschichte zu nehmen und zu versuchen, ihr auf den Grund zu gehen, sie nicht nur wirklich, sondern auch unvermeidlich erscheinen zu lassen.[7]

An allen drei Schauplätzen von *Dr. Strangelove* durchdringen sich detailgenauer Realismus des Dekors, farcenhafte Irrealität der Inszenierung und surreale Wahrheit des Psychischen auf eine Weise, in der die verschiedenen Ebenen einander gleichzeitig verfremden und kommentieren. An Bord der B 52 könnte man noch am ehesten erwarten, daß das Phantastische hinter der handgreiflichen Realität komprimierter Technik und dem demonstrativen Realismus von Kubricks Cinéma-vérité-Kamera zurücksteht, die in der nur von natürlichen Lichtquellen beleuchteten Enge des Cockpits durch rasche Zooms, abrupte Bewegungen und distanzlose Nahaufnahmen eine visuelle Entsprechung zur Kompliziertheit der technischen und taktischen Vorgänge eines Angriffsflugs herstellt. Doch die Figur des Texaners Kong, der sein persönliches Drama als Kommandant eines Atomangriffs unreflektiert und entlarvend als Western-Showdown auslebt, genügt, um solchen konventionellen Kriegsfilm-Realismus im Keim zu ersticken. Mit Kong externalisiert Kubrick auf der psychisch-surrealen Ebene, was in den übrigen Besatzungsmitgliedern, die in plausiblem Einklang mit der Maschine »funktionieren«, ins Unbewußte verdrängt ist. Ohne ihn ging von den Szenen an Bord der B 52 jene Art von technisch/mechanischer Authentizität aus, die in *The Killing* (und übrigens auch in Georges *Red Alert*) zu finden ist: eine Gruppe von Personen tut sich zusammen, um einen Plan auszuführen. Während Johnny Clays Plan jedoch von psychischen Triebkräften und paranoiden Obsessionen (etwa George Peattys Eifersucht und Sherrys Leidenschaft für Val) gefährdet und letztlich zerstört wurde, erweist sich der atomare Angriffsplan in *Dr. Strangelove* als Werkzeug und sogar Folge solcher seelischen Störungen: er erlaubt es Major Kong, ein aggressives Verhaltensstereotyp der Populärkultur auszuleben und wird für General Jack D. Ripper zur notwendigen Konsequenz (und symbolischen Ersatzhandlung) einer Paranoia, deren banale Ursache männliche Potenzangst ist.

In Rippers Büro komponiert Kubrick lange Einstellungen von großer Tiefenschärfe, die dem Zuschauer einen vollständigen Überblick über die Szene gewähren. In den Totalen betont das Weitwinkelobjektiv die niedrige Decke und verleiht dem Raum die klaustrophobische Enge eines Gefängnisses. Alle Details, aus denen Rippers Welt besteht, werden von der Kamera gezeigt und dem Publikum zur Deutung aufgegeben, das damit in eine ähnliche Rolle versetzt wird wie Rippers englischer Executive Officer, Group Captain Mandrake, als er den Rückholcode der Bomberstaffel zu rekonstruieren versucht. Doch während das, was wir sehen, von einer eindringlichen, fast surreal wirkenden Klarheit ist, verleiht das, was wir hören, den Bildern die Logik eines Alptraums. In den Anfangsszenen unterbricht Kubrick die halbtotalen Einstellungen, die Ripper im Zentrum einer zwanghaften Symmetrie zeigen, mit aus starker Untersicht fotografierten Nahaufnahmen, die den umgebenden Raum verschwimmen lassen und die Aufmerksamkeit auf das gleichermaßen von der umgebenden Realität isolierte paranoische Gefasel des Wahnsinnigen konzentrieren. In dem Maß, in dem diese abgeschlossene und beengte Welt unter Druck gerät – von außen durch das MG-Feuer der Belagerer, von innen durch Rippers rapiden geistigen Verfall –, beginnen ihre materiellen Requisiten, sich mit Bedeutung aufzuladen. Was ursprünglich nur eine funktionale Rolle in einem glaubwürdigen visuellen Ambiente zu spielen schien (etwa der »Peace Is Our Profession«-Slogan hinter Rippers Schreibtisch, die Modellflugzeuge und Pistolen, der Zigarrenabschneider als waffenartiges Werkzeug, nicht zuletzt auch die Zigarre und das MG), wird zum Versatzstück einer Psycholandschaft, die bei größter äußerlicher Plausibilität immer unverkennbarer die Konturen von Rippers Sexualpsychose annimmt. Kubricks besonderes Talent, realistische Alltagsdetails nicht zum *Symbol für,* sondern zum unmittelbaren *Ausdruck von* konzeptionellen Inhalten und psychischen Wahrheiten zu machen, versetzt den Zuschauer in bezug auf den Film in eine Lage, die in der Situation der Soldaten, die den Stützpunkt Burpleson und Rippers Wahnsinn gegen den angreifenden »Feind« (amerikanische Truppen) verteidigen sollen, ironisch gespielt wird. Ausgerechnet in der naturalistischsten, in dokumentarischer Wochenschau-Körnigkeit auf orthochromatischem Material aufgenommenen Sequenz bewundert einer der Verteidiger die Vollkommenheit einer vermeintlichen Fiktion, weil er in ihr die Wahrheit nicht erkennt: »Eins muß man diesen Commies lassen – ihre Lastwagen sehen verflucht echt aus!«

Der dritte der Hauptschauplätze des Films, der Kriegsbunker (»War Room«) im Pentagon, wird von Kubrick vordergründig als der Ort charakterisiert, an dem die vereinte Zivilisation ihren letzten Kampf gegen eine übermächtige Barbarei zu kämpfen scheint; nähere Betrachtung zeigt jedoch rasch, daß die dort gepflegte verbale und formale Ästhetik einer Quelle entspringt, die nicht weit von der tödlichen Logik des Plans R oder von Dr. Strangeloves Begeisterung für die Perfektion der Weltuntergangsmaschine entfernt ist. Wohin man blickt, herrscht visuelle Geometrie vor: Der Raum selbst ist dreieckig (entworfen von Ken Adam, der auch für das Production Design verschiedener James-Bond-Filme verantwortlich war), und die großen strategischen Schachbretter der Wandkarten neigen sich über den doppelten Kreis des Konferenztischs mit dem darüber hängenden Leuchtring und einen metallisch schwarzen Boden. Kubrick verknüpft diese formalisiertere Welt mit dem Wahnsinn von Burpleson, indem er die gleichen fotografischen Stilelemente wie dort anwendet: er läßt unglaublich scharfe und tiefräumliche Weitwinkelaufnahmen mit Naheinstellungen alternieren, die sich an den Bildrändern ins Unscharfe auflösen und eine allgegenwärtige geistige Umnachtung andeuten. Aus der Vogelschau zeigt die Kamera eine im Lichtkreis ihrer Dekkenleuchten eingeschlossene, innen streng organisierte und außen von Dunkelheit umgebene Welt – das Symbolbild einer Paranoia –, die bereits zu Beginn des Films in den Bergwerksschächten zu existieren scheint, die ihr am Ende als Ausflucht und Rettung erscheinen werden. Vor allem Strangelove wird in nahen und halbnahen Einstellungen von den anderen abgesetzt und durch die unwirklichen Lichtreflexe der strategischen Wandkarte, die ihn aus einer geheimnisvollen Dunkelheit herauslösen, mit den visuellen Charakteristika eines Horrorfilm-Monstrums ausgestattet. Solange am runden Tisch noch Rationalität vorzuherrschen scheint, bleibt er isoliert, wird jedoch zum universellen Alter ego und Mittelpunkt des Zirkels, sobald der Wahnsinn der Situation die Illusionen formalistischer Ordnung zerstört hat. In den Einzeleinstellungen auf die rund um den Konferenztisch Sitzenden zeigt Kubrick weitere paradoxe Wahrheiten wie den Zusammenbruch der Sprache als Werkzeug der Kommunikation und die verräterische Existenz konkreter und entlarvender Details innerhalb der formalistischen Geometrie, die aus der Ferne bewunderungswürdig erschien. Gleichwertig zwischen Kaugummipapieren sehen wir auf Turgidsons Platz eine Liste »Ziele (weltweit) nach Megatoten« und ein Handbuch »Maßnahmen bei Kriegsausbruch«. Wir erkennen die penible Ausstattung der Arbeitsplätze (Wasserkrüge, vertiefte Telefone), die sich im Kreis endlos wiederholt wie in einem Trickspiegel, und wir erkennen, wie sich auch menschliche Unterscheidungsmerkmale in Uniformität (fast alle Personen tragen dunkle Anzüge oder Uniformen, und mit wenigen Ausnahmen sind ihre Gesichtsausdrücke unbewegt) oder in den übersteigerten und entmenschlichten Posen von Turgidson und Strangelove auflösen lassen. Auf diese und ähnliche Weisen verknüpft Kubrick visuell die Surrealität des Kriegsbunkers sowohl mit dem stetigen Kurs, den die B 52 auf den Tod zusteuert, als auch mit Rippers Irrenhaus.

Mehr als alles andere zeigt *Dr. Strangelove* Kubricks Talent, Ideen in zeitliche und visuelle Filmstrukturen umzusetzen. Und weil der Film seine Figuren satirisch definiert – also die Psychologie dem Konzept unterordnet –, hat Kubrick die Freiheit, auf eine Weise mit den formalen Möglichkeiten seines Mediums zu spielen, die ihm seine bisherigen Drehbücher nicht gestattet haben. Fast ebensosehr wie auf die Sprache verläßt sich die Komik des Films auf den Kontrast zwischen alltäglichen Verhaltensweisen und dem alptraumhaften Kontext der nuklearen Krise. Kubricks demonstriert das Rezept an zwei Beispielen:

> ... etwa der russische Premier am heißen Draht, der die Telefonnummer seiner Luftabwehrzentrale vergessen hat und dem amerikanischen Präsident vorschlägt, sich an die Auskunft in Omsk zu wenden, oder der Widerwille eines amerikanischen Offiziers, seinen britischen Kollegen einen Coca-Cola-Automaten aufbrechen zu lassen, um mit dem Kleingeld den Präsidenten anrufen und über die Krise auf dem Bomberflugplatz informieren zu können, weil er eben darauf konditioniert ist, Privateigentum heilig zu halten.[8]

123

Ein solches Vorgehen erinnert daran, wie in *Lolita* das Surreale und das Absurde unter der nichtssagenden Oberfläche der Normalität enthüllt wurde – nur geht es hier um einen ungleich größeren Einsatz, der die wesentlich expressiveren filmischen Mittel bedingt. An mindestens einer Stelle scheint sich Kubrick selbstironisch an die sexuellen Phantasien und die Badezimmer von *Lolita* zu erinnern: Buck Turgidson wird duch seine »Privatsekretärin« Miss Scott (Tracy Reed) eingeführt, eine alternde Nymphe im Bikini und mit Sonnenbrille, die wir in ihrer ersten Einstellung nicht wie Lolita im Garten, sondern unter einem UV-Strahler in bester Playmate-Manier ausgestreckt ein Sonnenbad nehmen sehen; aus der Toilette im Off ist Bucks abwehrendes Grunzen zu hören, während sie gleichzeitig mit ihm und einem anderen General am Telefon spricht. Neben der parodistischen Andeutung, daß die Libido des Films, wie jene Bucks, aus dem Untergrund von *Lolita* befreit worden ist, illustriert die Szene Kubricks Definition der in *Dr. Strangelove* angewendeten komischen Methode:

> Man konfrontiert einen Mann in seinem Büro mit einem Atomalarm, und man hat einen Dokumentarfilm. Wenn ihn die Nachricht in seinem Wohnzimmer erreicht, hat man ein Drama. Und wenn er sich gerade auf dem Klo befindet, ist das Ergebnis eine Komödie.[9]

Der sexuelle Gehalt von *Dr. Strangelove,* den Anthony Macklin als »Sex-Allegorie« und George Linden als Beispiel »erotischer Verlagerung« bezeichnen, trägt nicht nur zum grotesken Humor des Films bei, sondern führt direkt in sein Zentrum.[10] Mit seiner Steigerung »vom Vorspiel zur Explosion« – um Macklin zu zitieren – bringt er auf frontale und oft mehr erschreckende als komische Weise jenen Komplex aus Männlichkeitswahn und Todesverliebtheit zum Ausdruck, der als tiefste sozialpsychologische Dimension hinter den militärisch-politischen Katastrophen der Handlung steht. Folgende Beispiele zur Illustration:
1. General Jack D. Ripper ist nach dem berüchtigtsten Sexualverbrecher der Kriminalgeschichte benannt. Er rationalisiert seinen Potenzverlust mit einem paranoiden Wahnsystem, das ihn als Folge der Fluorisierung des Trinkwassers und diese als »kommunistischen Anschlag auf die kostbaren Körpersäfte« erklärt; er startet phallische Vergeltungsmaßnahmen (in Gestalt seiner B-52-Bomber; einer ragenden Zigarre, die am Ende, kurz vor seinem Tod, bis auf einen Stummel heruntergebrannt

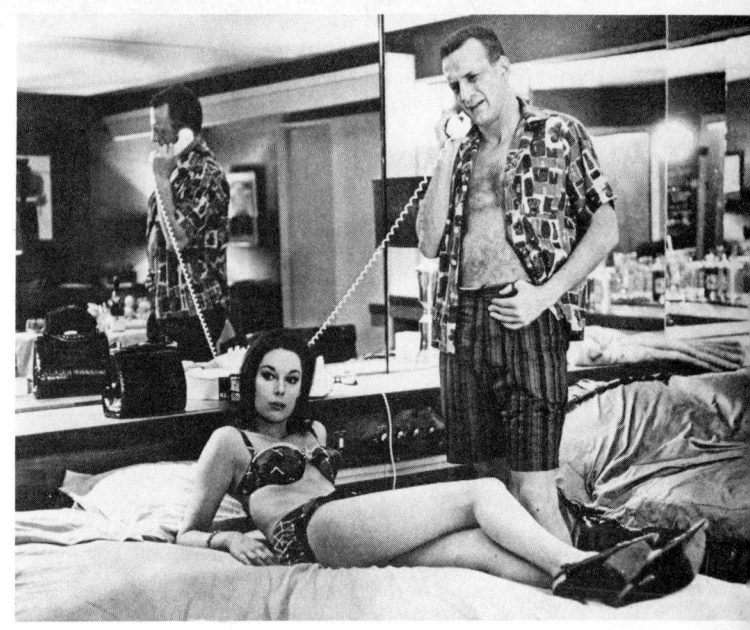

Ein Telefongespräch über das Schicksal der Menschheit (Tracy Reed, George C. Scott)

ist; und des Maschinengewehrs, mit dem er auf seine eigenen Landsleute feuert); und er zieht es schließlich, als seine Lage unhaltbar geworden ist, vor, sich im Badezimmer mit einer zierlichen Pistole mit Perlmutthandgriff zu erschießen, um der »Folter« zu entgehen, die ihm sein Wahnsinn als sein Los zeigt. Der Ripper beigeordnete englische Executive Officer Mandrake trägt den Namen eines Aphrodisiakums (Mandragora) und wird in einer späteren Szene von Colonel »Bat« Guano (wörtlich: Fledermauskot – gespielt von Keenan Wynn) wegen seiner fremden Uniform als »Preverser« bezeichnet, was den Militärdienst im Ausland mit Transvestitentum gleichsetzt.

2. An Bord der B 52 wird uns Major »King« Kong, der seinen Namen mit dem eindrucksvollsten Sexualsymbol der Filmgeschichte teilt, als *Playboy*-Leser vorgestellt, der gerade die parodistische Fay Wray des Films, nämlich Miss Scott als Play-

mate des Monats, bewundert. Ihre Pose auf dem Ausklapp-Bild ist identisch mit ihrer Pose in Bucks Hotelsuite, nur daß ihre Kehrseite hier nicht von einem Bikini, sondern von einer politischen Fachzeitschrift *(Foreign Affairs)* verdeckt wird. Auf der Innenseite der Tür des Safes, in dem die Einsatzbefehle für Plan R verwahrt werden, hängen Pin-up-Girls, und kaum sind die Kuverts geöffnet, erfahren wir, daß das Primärziel »Laputa« (spanisch, »Hure«) heißt. Die Notausrüstung, die nach Checkliste auf ihre Vollständigkeit überprüft wird, enthält Nylonstrümpfe, Lippenstifte und Präservative (»Mensch, mit diesem Zeug könnte man sich in Vegas ein hübsches Wochenende machen«). Und als Kong am Schluß in den Bombenschacht hinuntersteigt, sind auch auf den beiden H-Bomben anzügliche Aufschriften, nämlich die sprichwörtlichen Eröffnungsfloskeln einer Anmache (»Hi There!«) und eines Abschiedsbriefs (»Dear John«), zu lesen (in Peter Georges nachträglicher Romanfassung des Drehbuchs heißt die zweite Bombe »Lolita«!). Kong besteigt eines der beiden Mordinstrumente wie ein Rodeopferd und wird zum menschlichen Anhängsel eines gargantuesken Phallus, auf dem er der endgültigen Supernummer, dem Weltuntergangsorgasmus, entgegenreitet.

3. Als wir General »Buck« Turgidson (den »Bock«, der der »Sohn eines Angeschwollenen« ist) erstmals kennenlernen, befindet er sich auf dem Klo und in Gesellschaft seines Playmates des Monats, und als er sich von ihr verabschieden muß, um entweder zur Rettung oder zum Untergang der Welt beizutragen, tut er dies mit Worten, die den Abschuß einer Rakete unmittelbar mit dem sexuellen Akt gleichsetzen (»fang schon mal mit dem Countdown an, und bis du abhebst, ist der alte Bucky wieder bei dir«). Im Kriegsbunker, kurz vor der endgültigen Explosion, steht ihm vor ungläubiger Vorfreude der Mund offen, als er sich die Konsequenzen der Abschaffung der Einehe in Strangeloves schöner neuer Welt der Bergwerks-Kohabitation ausmalt.

4. Im Kriegsbunker ist die beherrschende Figur der amerikanische Präsident Merkin Muffley, der eine phallische Glatze zur Schau trägt, obwohl sein Name auf das haarige Gegenstück verweist (*muff* ist ein Slang-Ausdruck für eine stark behaarte Vulva, und *merkin,* ein extrem seltenes Wort der englischen Sprache, bezeichnet einen so exotischen Gegenstand wie eine Schamhaarperücke). Seine gouvernantenhafte, effeminierte

Art stellt ihn zwischen Turgidsons muskuläre Erektionen und Strangeloves verkrüppelte Impotenz. Unterstützt von einem russischen Botschafter mit dem sadistischen Namen De Sadesky spricht Muffley über den heißen Draht mit dem sowjetischen Premier, der betrunken ist, sich bei einer Geliebten befindet und auf den schönen Namen Kissoff *(kiss off/piss off)* hört.

5. Durch den Titelhelden des Films, den verkrüppelten und erst durch die Erregung massenhaften Sterbens zu erektiler Agilität zurückfindenden Dr. Strangelove, wird die sexuelle Farce schließlich endgültig von der Ebene des Kalauers auf die der psychoanalytisch orientierten Kulturkritik transponiert. Strangelove, der, wie der Ahnvater der Raketenerektionen, Dr. Wernher von Braun, aus jenem nazistischen Deutschland zugewandert ist, in dem die Nekrophilie erstmals in der modernen Geschichte zur offiziellen Staatspolitik erhoben worden war, bringt Rippers Wahnsinn in die Spekulationen des Kriegsbunkers ein und infiziert das aktuelle Krisenmanagement mit der erotischen Leidenschaft für Verdinglichung und Tod.

General Ripper (Sterling Hayden)

Die auf der Ebene der sexuellen Allegorie getroffenen Feststellungen über die abendländische Lust am Untergang werden durch ebenso allgegenwärtige Anspielungen auf kindliche und evolutionäre Regressionen gestützt und bestätigt. Kong ist schon durch seinen Namen als Affenmensch charakterisiert und läßt auch in seinem Aussehen und Verhalten unschwer einen Neanderthaler assoziieren. Turgidson trommelt auf seinen haarigen Bauch und nimmt im Kriegsbunker Körperhaltungen ein, wie sie im Reich der Primaten anzutreffen sind. Ripper regrediert in der Endphase der Belagerung zu einem Kind, das auf allen Vieren auf dem Fußboden herumkriecht, während sein Geist auf das Niveau der infantilen Kritzeleien in seinem Notizblock zurücksinkt, die auch den Rückholcode für die Bomberstaffeln enthalten. Die ersten Einstellungen des Films – ein Luftbetankungsmanöver einer B 52 – suggerieren sowohl einen Kopulationsakt als auch eine säugende Mutter und werden von dem trivialen Schlager »Try a Little Tenderness« (»Versuch's mit etwas Zärtlichkeit«) begleitet; die handgeschriebenen Vorspanntitel, die währenddessen zu sehen sind, erinnern an kindliche Graffiti. Kongs Bomber wird durch die düstere Enge seiner Innereien zu einem Mutterschoß, in dem das Mannkind Geborgenheit findet, in dem es zu schlafen versucht (während die »Mutter« selbsttätig steuert) und aus dem es am Ende schreiend in eine feindliche Außenwelt hinausgestoßen wird. Rippers Stützpunkt heißt Burpleson (von *burp,* Rülpser) und behaust eine Figur, die von einem nervös lächelnden Mandrake wie ein unartiges Kind begütigt wird und sich nach einer Welt neoplatonischer »Reinheit« und »Essenz« sehnt, in der der Eiskrem für die Kleinen keinen kommunistischen Fluorisierungsattacken mehr ausgesetzt ist. Im Kriegsbunker beginnt Turgidson, der pausenlos Kaugummi kaut wie ein onanistischer Jüngling, weinerliche Grimassen zu schneiden und seine Top-Secret-Dokumente schützend an die Brust zu pressen, als er erfährt, daß der russische Botschafter De Sadesky (Peter Bull) in den Raum eingelassen werden und die strategische Wandkarte sehen soll. An allen Schauplätzen bricht die Sprache zusammen und wirft die Figuren auf undifferenzierte Klischees oder eine Art Babysprache zurück, wie sie Muffley mit dem betrunkenen Sowjetpremier oder Turgidson mit Miss Scott spricht. Und als sich Dr. Strangelove am Ende aus seinem Rollstuhl erhebt (»Mein Führer, ich kann wieder gehen!«), vollzieht er nicht nur die Travestie einer Erektion, sondern bewegt sich wie ein Kind, das zur Vorbereitung auf den Abstieg in die Bergwerksschächte gerade das Laufen lernt.

Das Essen und die Nahrungsaufnahme als zwei unmittelbare Indikatoren des Kulturzustandes erhalten in *Dr. Strangelove* – ähnlich wie später in *2001* – eine ebenso grundlegende Bedeutung wie die Sexualität. Schon die erste Szene in der B 52 zeigt mehrere Besatzungsmitglieder bei ihrer Mahlzeit, und als Lieutenant Goldberg (Paul Tamarin) vom Funkgerät meldet, daß er den Code für Angriffsplan R erhalten hat, werden seine Worte von einem in den Mund gestopften Sandwich erstickt. Ripper ißt nie, zweifellos um die Reinheit seiner Körpersäfte zu bewahren, und er trinkt nur Quellwasser und reinen Alkohol; doch als Mandrake ein verstecktes Transistorradio aus dem Inneren eines Computerprinters holt, sehen wir, daß dort jemand ein belegtes Brot und zwei Sorten Obst zurückgelassen hat (einen Apfel für den Garten, eine Banane für den Dschungel, ein Brot für die Maschine). In Turgidsons Hotelsuite ist in der Spiegelwand hinter Miss Scott ein Tisch voll schmutzigem Geschirr zu sehen, der die lange Szene zum Modell des Lebenszyklus aus Essen, Sex, Entleerung und Schlaf vervollständigt. Im Kriegsbunker ist ein großes Buffet mit Delikatessen und Backwaren aufgebaut, das die Ritualisierung einer Grundfunktion und die absurde Beachtung bürgerlicher Stereotypen im Angesicht der Apokalypse demonstriert. (Kubrick hat die Requisiten dieses Buffets zu einer gigantischen Tortenschlacht verwendet, die den Film ursprünglich abschloß, jedoch nach einer Voraufführung wieder gestrichen wurde.) Als alles zu Ende und verloren ist, sitzt Muffley neben den Köstlichkeiten, hält einen Drink in der Hand und hört sich schweigend Strangeloves Bergwerkskalkulationen an, die unter anderem Pflanzen in Treibhäusern (als Nahrungs- und Sauerstofflieferanten) und die Zucht von Tieren vorsehen, die *geschlachtet* – mit elektrisierter Betonung auf dem letzten Wort – werden können. Während die Zivilisation in das Dunkel einer neuen Vorgeschichte hinabsteigt, wird ein *Survival Kit* entwickelt, das der Notdurft des Leibes wie der Libido (zehn Frauen auf jeden Mann) gleichermaßen Rechnung trägt.

Was die Spannungsdramaturgie und die virtuose zeitliche Abstimmung der Handlungsstränge angeht, ist *Dr. Strangelove* in Kubricks Werk nur mit *The Killing* zu vergleichen. Schon im Prolog berichtet ein Sprecher mit Dokumentarfilm-Autorität von den »seltsamen Gerüchten« über eine »Ultima ratio aller Waffen«, die sowjetische »Weltuntergangsmaschine«. Wenige Minuten später verabschiedet er sich aus dem Film mit dem entscheidenden Hinweis, daß das Strategic Air Command der USA ständig eine Anzahl von Bombern in der Luft hält, die sich »zwei Flugstunden« – also etwa eine Spielfilmlänge – »von ihren Zielen im Inneren Rußlands entfernt« befinden. Zu diesem Zeitpunkt hat General Ripper bereits seinen Angriffsbefehl gegeben und damit das »Fail-Safe-System« in Gang gesetzt, das durch Dienstanweisungen, Chiffriervorschriften und taktische Pläne definiert ist und für jede mögliche Störung durch den Feind oder das Schicksal eine Alternative bereithält, die es in der Tat »ausfallsicher« macht. Einmal ausgelöst, greift die kausale Logik des Fail-Safe-Systems in die Mechanismen der Weltuntergangsmaschine ein, und man steht vor einem lückenlosen Zeitplan, der ebenso unerbittlich feststeht wie eine mathematische Formel. Im Kriegsbunker werden Versuche unternommen, den programmierten Weltuntergang durch improvisierte Gegenpläne abzuwenden, die ironischerweise ungeschehen zu machen versuchen, was ursprünglich als letzte Sicherheitsmaßnahme für den Fall des Versagens aller übrigen Befehlsstrukturen vorgesehen war (nämlich »Plan R«, der es dem Stützpunktkommandanten Ripper erlaubte, ohne Kontakt mit dem Weißen Haus den Angriffsbefehl zu geben). Während Muffley mit dem sowjetischen Premier konspiriert, um sowohl die Weltuntergangsmaschine wie auch den eigenen Angriffsplan außer Gefecht zu setzen, gelingt es Mandrake, aus Rippers wahnhaften Kritzeleien den Rückholcode zu entschlüsseln; in diesem Augenblick interveniert jedoch ein dritter Faktor, der Zufall, der durch eine in der Nähe der B 52 detonierende Flugabwehrrakete nicht nur die Funkverbindung zur Maschine unterbricht, sondern – was schlimmer ist – einen Treibstofftank leckschlägt und Kong dadurch zwingt, das »nächstgelegene Ausweichziel« anzufliegen, wo ihn keine sowjetische Luftabwehr erwarten wird (in Georges Roman ist der Zufall nicht annähernd so erfinderisch). Während das Fail-Safe-System derart seine Ausfallsicherheit bestätigt, zeigt uns Kubrick den Kriegsbunker, dessen quälend langsam operierende Rationalität einen ebenso komischen wie dramatischen Gegensatz zur durchtrainierten Effizienz bildet, mit der die B 52 ihrem Ziel zustrebt. Auf seiner strategischen Wandkarte, die den ganzen Globus zeigt und mit

Die Maschine im Raum, unterwegs zum Weltuntergang

den aufprojizierten Positionsangaben der Bomberstaffeln den
engen Maßstäben menschlicher Zeit unterwirft, feiert die um
den symbolischen Kreis des Konferenztischs versammelte
Menschheit ein letztes Mal ihre vermeintliche Herrschaft über
Raum und Zeit, ehe die aufschießenden Atompilze der Schlußsequenz diese Illusion zur höhnischen Begleitung von Vera
Lynns nostalgischem Weltkriegs-Schlager »We'll Meet Again«
endgültig zerstören.
Innerhalb dieses dicht vernetzten zeitlich/räumlichen Parado-
xons einer filmischen Welt, deren Pläne und Gegenpläne Zeit
und Raum gegeneinander aufrechnen, bis das buchstäbliche
Nichts zurückbleibt, setzt Kubrick harte Schnitte zwischen den

131

einzelnen Schauplätzen, die das Erzähltempo fortwährend beschleunigen und das von Anfang an spürbare Gefühl der Ausweglosigkeit bis zum offenen Fatalismus verstärken. Der Film demonstriert, wie die strikte Formalisierung menschlicher Willens- und Wahlfreiheit – sei es in »ausfallsicheren« Entscheidungssystemen oder in den psychologischen Zuverlässigkeitstests, deren offensichtliches Versagen bei Ripper von Muffley selbst konstatiert wird – de facto zu einer Aufhebung dieser Willensfreiheit führt und die Menschen zum wehrlosen Opfer der unvermeidlichen und unvorhersehbaren Interventionen ihrer Psychologie oder des Zufalls macht. Rippers telefonische Botschaft an das Strategic Air Command, die von Turgidson im Kriegsbunker verlesen wird, zeigt nicht nur eine makaber komische Paranoia (»dieser Mann ist offensichtlich geistesgestört«, kommentiert Muffley), sondern gibt ihrerseits ein zeitliches Raster vor, das den eigentlichen Entscheidungsträgern kaum noch Entscheidungsspielraum läßt. Ripper diktiert eine Moral des Weltuntergangs, indem er Plan R auslöst und dem Pentagon mitteilt, daß »meine Jungs euch einen guten Start geben, eintausendvierhundert Megatonnen wert, und sie jetzt noch aufzuhalten, schafft ihr nie«. Turgidson erkennt den von Ripper ausgeübten Zugzwang sofort, und spricht vom »Augenblick der Wahrheit« und der Notwendigkeit, »eine Wahl zu treffen zwischen zwei zugegebenermaßen bedauerlichen, aber nichtsdestoweniger gut unterscheidbaren Nachkriegsumwelten: die eine mit 25 Millionen Toten und die andere mit 150 Millionen Toten«. Der Präsident lehnt diese zynische Alternative ab (»Sie sprechen von Massenmord, General, nicht von Krieg«) und sieht sich wenig später mit der unerbittlichen Logik der Weltuntergangsmaschine konfrontiert, die ihm die ebenfalls nur noch zynisch zu treffende Wahl zwischen einem Weltuntergangs-Auschwitz und einem Bergwerks-Dachau von Strangeloves Gnaden aufzwingt.

Betrachten wir schließlich einige der szenischen Parallelisierungen, die in der zeitlichen Struktur des Films verankert sind und die doppelbödige Moral des Endspiels in versteckten Gleichsetzungen demonstrieren:

1. So wie Kong vor seinen Männern in der Maschine eine verständnisvolle Rede hält (»ihr wärt ja überhaupt keine Menschen, wenn ihr nich 'n verdammt komisches Gefühl hättet beim Gedanken an einen Atomkrieg«) und im gleichen Atemzug »'n

paar hübsche Beförderungen und persönliche Auszeichnungen« in Aussicht stellt, sobald die Mission vorüber sei, setzt auch Turgidson die Existenz einer Zukunft voraus, als er sich von Miss Scott mit der Bemerkung verabschiedet, sie solle ihre sexuelle Uhr am Ticken halten, bis er zurückkäme. (Und noch in der Schlußszene, als die Weltuntergangsmaschine schon ausgelöst ist, wird De Sadesky im Kriegsbunker unverdrossen seine heimlichen Spionagefotos knipsen, die für niemanden noch Bedeutung haben können.)

2. Während Kong der Besatzung die Fail-Safe-Prozeduren des Plans R bekanntgibt, wird Mandrake von Ripper in dessen Büro gefangengesetzt und muß sich einen Vortrag darüber anhören, wie dieser Plan Leben und Tod in globalem Maßstab bestimmen wird (»während wir hier so angenehm plaudern«, sagt Ripper).

3. Während De Sadesky und Strangelove den Sinn der Weltuntergangsmaschine als absolutes Abschreckungsmittel erläutern, dessen »automatischer und unwiderruflicher Entscheidungsvorgang menschlichen Einfluß vollkommen ausschließt«, entfaltet Ripper vor Mandrake die Einzelheiten seiner Wahnvorstellung von der Fluorisierung als dem Inbegriff des unsichtbaren Bösen (»Tja, ich, äh, ich, ich hab das zum ersten Mal bemerkt, als ich den Liebesakt vollzog ...«).

4. Sobald Kongs Dechiffriergerät funktionsunfähig ist, haben er und seine Besatzung keine andere Wahl mehr, als die Bombe abzuwerfen, was sie im selben Augenblick tun, in dem Strangelove dem Präsidenten erläutert, daß Computer besser als Menschen geeignet seien, die schwierige Entscheidung zu treffen, wer ins Bergwerk gehen soll und wer zurückbleiben und das tödliche Kobalt Thorium G einatmen muß.

Ironischerweise spielt in diesem Film, der den Abstieg des Menschen des zwanzigsten Jahrhunderts in die Höhlen seiner Vorväter zum Thema hat, die Maschine erstmals in Kubricks Werk eine zentrale Rolle. *Dr. Strangelove* deutet auf *2001* voraus und bleibt Kubricks düsterste Vision dessen, was eine Herrschaft der Maschinen für die Menschheit und ihre Zivilisation bedeuten könnte. An allen drei Schauplätzen wird die visuelle Landschaft des Films von einer technologischen Welt beherrscht, die die handelnden Figuren in die Defensive drängt – am komischsten der Colonel Guano ins Gesicht spritzende Coca-Cola-Automat – und das formale Grundparadox von *2001* vorwegnimmt, indem sie die zeitliche Regression des Menschen mit rasender

Vorwärtsbewegung im Raum (Kongs B 52) assoziiert. Alle Schauplätze stellen sich, auf die Bergwerksschächte vorausdeutend, als düstere Höhlen dar, in denen die Figuren von technischen Gerätschaften umgeben sind, die ihre ursprüngliche Rolle als Werkzeuge von Kommunikation und Fortschritt mit der von zerstörerischen Waffen vertauscht haben, deren letzter und perversester Inbegriff die Weltuntergangsmaschine ist. Ripper unterbricht alle Telefonverbindungen mit der Außenwelt, sperrt das Tageslicht aus, indem er die Jalousien in seinem Büro herunterläßt, und umgibt sich mit dem technischen Licht der Neonröhren und der Dunkelheit seiner Paranoia. Die antiken Pistolen an der Wand, die Flugzeugmodelle auf seinem Schreibtisch, eine Luftaufnahme der Burpleson Air Base und Fotografien von Bombern, die erstarrt im Raum schweben, präzisieren seine Symbiose mit der Technologie des Todes. Einer seiner letzten Kontakte mit der Außenwelt besteht darin, seine angreifende Bomberstaffel ebenso zu isolieren, wie es der Stützpunkt schon ist, indem er den FGB-Code durchgibt, der die Dechiffriergeräte an Bord der Maschinen für alle eingehenden Funksprüche sperrt, die nicht von Rippers verrücktem O. P. E.-Prefix eingeleitet werden (einer Permutation der Anfangsbuchstaben von »Purity of Essence« – Reinheit der Säfte). Mandrake wird in seiner ersten Einstellung halb verdeckt hinter einem überdimensionalen Computerausdruck in einem Raum gezeigt, in dem die Elektronenrechner den Menschen zahlenmäßig überlegen sind. Bei seinem anschließenden (stützpunktinternen) Telefongespräch mit Ripper sehen wir im Hintergrund die geschäftig vor- und zurückschnellenden Spulen der Magnetbandspeicher. Kongs B 52 wird zu einer Maschine, die nicht nur selbständig fliegen zu können scheint, sondern durch die Detailverliebtheit und handwerkliche Perfektion ihrer Ausführung (das Cockpit wurde nach Fotos in einer englischen Fliegerzeitschrift nachgebaut) ihre menschlichen Insassen primitiv und grobschlächtig wirken läßt – Überbleibsel einer vergangenen Epoche wie Bowman und Poole an Bord der *Discovery* in *2001*. Diese Maschine, die sich durch den Raum vorwärtsbewegt und dabei ihre Insassen in Neanderthaler zurückverwandelt, kann schließlich nicht zurückgerufen werden, weil eine russische Rakete – präsent nur als ein Leuchtpunkt auf dem Bordradar – das Funkgerät und die Dechiffriereinrichtung im selben Augenblick zerstört, in dem Guano widerwillig (»die Coca-Cola-Gesellschaft wird Sie haft-

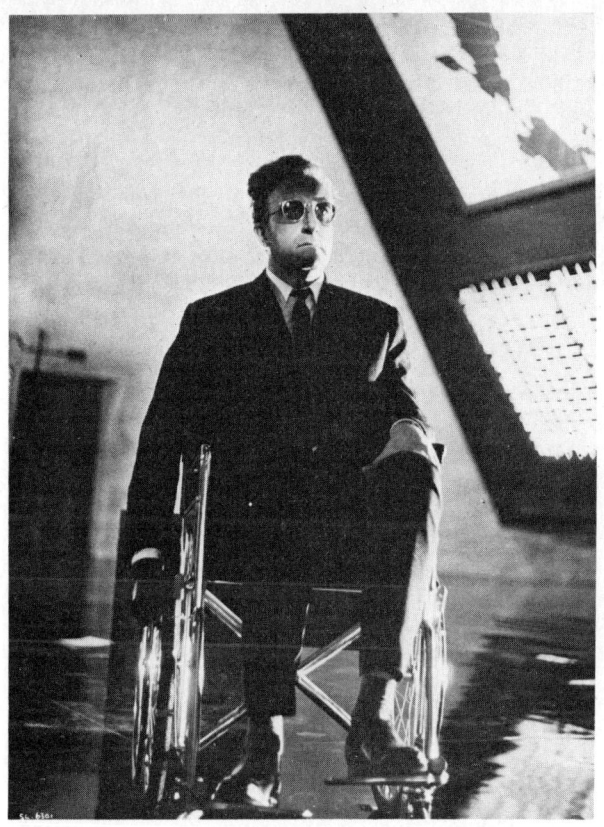

Das Monstrum wartet geduldig im Dunklen (Peter Sellers)

bar machen!«) den Getränkeautomaten aufschießt, mit dessen Kleingeld Mandrake aus einer öffentlichen Telefonzelle (die noch funktioniert, da sie als Privateigentum einer Telefongesellschaft ebenso tabu ist wie der Cola-Automat) den amerikanischen Präsidenten anrufen wird, um ihm das entschlüsselte Prefix des Rückholcodes mitzuteilen. Die ebenso realistische wie expressive Kulisse des Kriegsbunkers – frei der Befehlszentrale der nordamerikanischen Luftverteidigung (NORAD) unter dem Cheyenne Mountain bei Colorado Springs nachempfunden – wird endlich von der technischen Ikone der strategischen Wandkarte beherrscht, die mit der strikt formalisierten und effizienten Maschinensprache ihrer Leuchtsignale den umständlichen verbalen Diskurs am darunterliegenden Konferenztisch zunehmend trivial und primitiv erscheinen läßt. Auch hier zeigt Kubrick eine Welt, die in sich abgeschlossen und – sowohl im buchstäblichen wie im übertragenen Sinn – von der Umgebung und der Vernunft isoliert ist: für immer unfähig, die ironische Wahrheit ihrer Techno-Logik zu verstehen, die darin besteht, daß eben jene mechanischen Mittel, die die menschliche Sucht nach Ordnung und Dauerhaftigkeit befriedigen sollen – die nukleare Abschreckung, die Ideologie der Ausfallsicherheit und eine Notfall-Verordnung wie Plan R – mit einer Kausalität operieren, die ihren Zweck nur erfüllen kann, wenn sie irreversibel zur Zerstörung dessen führt, was sie bewahren soll. Sobald sie auf den Weg geschickt und für kein Dazwischentreten der Vernunft mehr zugänglich sind, werden Kong und seine B 52 ein Ziel finden und damit nicht nur ihren, sondern auch den Auftrag der Weltuntergangsmaschine erfüllen.

In einer Ambivalenz, die abermals auf *2001* vorausweist, deutet Kubrick an einigen Stellen seines Filmes an, daß diese Verschmelzung von Wahnsinn und Maschine ebenso der menschlichen Leidenschaft für das Schöne entspringt wie der archaischen Dunkelheit des Unbewußten. Die erste Einstellung des Films, hoch über den Wolken der Zhokhov-Inseln, zeigt uns, aus dem Blickpunkt der Maschine (oder Gottes), die reine Schönheit eines Raums, der doch gleichzeitig der Ort ist, an dem die Weltuntergangsmaschine in der Schlußsequenz des Films ihre Atompilze aufsteigen lassen und ihr Leichentuch aus tödlicher Strahlung aussenden wird. Im übrigen Film verkörpern die Maschinen nicht nur jene Effizienz (eine zeitliche Tugend), die in der psychologischen und politischen Welt der Handlung so schmerzlich abwesend ist, sondern auch eine visuelle Harmonie (eine räumliche Tugend), die in markantem Gegensatz zur Mimik oder Gestik der meisten menschlichen Gestalten steht. Die den Vorspanntiteln unterlegten Bilder von sich in der Luft paarenden Flugzeugen deuten natürlich auf die sexuelle Farce des Films voraus, nehmen aber auch ein Prinzip der harmonischen Konjunktion beim Wort, das sich den in der Zeit gefangenen Figuren der Handlung wiederholt entzieht. Kubrick erinnert uns – und wird es noch nachdrücklicher im folgenden Film tun –, daß visuelle Harmonie und das Prinzip der

Konjunktion im Raum funktionelle Notwendigkeiten und nicht nur kultivierte Ornamente oder die abstrakten Ziele künstlerischen Ausdrucks sind. In *Dr. Strangelove* regiert die Maschine jedoch den Abstieg in der Zeit und nicht den Aufstieg im Raum, und in der Vollkommenheit ihrer Logik und der Schönheit ihrer Form konkretisiert sich paradoxerweise der Rückzug des Menschen aus der Realität in Paranoia und Tod. Es sind die Maschinen, deren bloße Existenz Ripper anstiftet, Gott zu spielen und die Zeit zu einer Welt ironischer Reinheit und tödlicher Erstarrung zurückzudrehen. Die Maschinen erzeugen im Kriegsbunker die Illusion, daß Miniaturwelten geschaffen und von den existentiellen Wahrheiten jenseits der computerisierten Schachbretter (die noch den Tod unwirklich machen) isoliert werden können. Und schließlich liefert Peter Sellers' Darstellung des Dr. Strangelove Kubrick selbst eine menschliche Verkörperung des futuristisch-wissenschaftlichen Werkzeugs, das sich als primitive Waffe entpuppt: in seiner Bewunderung für die Unbeeinflußbarkeit der Weltuntergangsmaschine durch den menschlichen Willen und in seinem perversen Gebrauch der Wissenschaftssprache (z. B. spricht er von den Auserwählten seines Bergwerksplans im Jargon der Gentechnologen als von einem »Kern der menschlichen Art«); in seiner Art der Fortbewegung (Rollstuhl) und Motorik (der mechanische Arm, der sich gegen ihn wendet); und in seiner mit dem Weltuntergang zusammenfallenden »Wiedergeburt« als der Neue Mensch, der sein erwähltes Volk ins Dunkel führen wird.

5. Das absolute filmische Universum

Keine der uns zugänglichen Informationen über die frühen Konzeptions- und Vorbereitungsphasen seines nächsten Films läßt den Schluß zu, daß sich Kubrick schon von Anfang an völlig über die enormen Dimensionen des Themas wie auch der späteren Wirkung im klaren gewesen wäre. Heute, fast zwei Jahrzehnte nach dem Beginn der ersten Planungen, gilt *2001: A Space Odyssey* (2001: Odyssee im Weltraum, 1968) nicht nur als eine seiner wichtigsten und meistdiskutierten Arbeiten, sondern als ein Markstein der Filmgeschichte. Doch er entsprang dem Haupt seines Schöpfers keineswegs so erwachsen wie Athene dem des Zeus: Was 1964 als unschuldige und verführerische Spekulation über die möglichen Konsequenzen einer Begegnung des Menschen mit außerirdischer Intelligenz begann, entwickelte sich zu einem kreativen und logistischen Leviathan, über dessen Fertigstellung Jahre vergingen, der einen Mitarbeiterstab von Hunderten und Hunderttausende von Arbeitsstunden erforderte, der eine unvorhersehbare Masse von Detailproblemen aufwarf, Millionen von Dollar verschlang und seinen Erfolg schließlich doch in erster Linie der schöpferischen Vision und der unverwechselbaren Handschrift eines Mannes verdankte.[1] Wie *Dr. Strangelove* begann auch dieser Film mit einer embryonalen Grundidee, die sich im Verlauf des Arbeitsprozesses entwickelte und weit über den erklärenden Rahmen hinauswuchs, den Kubrick selbst folgendermaßen absteckt:

> Der Mensch muß noch lernen, Herr seiner selbst zu werden, ebenso wie er der Herr seiner Maschinen werden muß. Irgend jemand hat gesagt, der Mensch sei das *missing link,* das evolutionäre Bindeglied zwischen den primitiven Affen und wirklich zivilisierten menschlichen Wesen. Man kann sagen, daß diese Vorstellung in *2001* enthalten ist. Wir sind halbzivilisiert, fähig zu sozialer Organisation und zu Gefühlen der Zuneigung, aber wir brauchen immer noch eine Art Entwicklungsschub zu einer höheren Form des Lebens. Angesichts der technischen Mittel zur Auslöschung des Lebens auf der Erde, über die wir heute verfügen, werden sorgfältige Planung und vernünftige Zusammenarbeit allein nicht genügen, um eine zukünftige Katastrophe zu verhindern. Das Problem existiert, solange dieses Potential existiert, und es ist im wesentlichen ein moralisches und spirituelles Problem.[2]

Ob man Jerome Agels Buch über die Entstehung des Films liest *(The Making of 2001,* 1970) oder Arthur C. Clarkes Bericht über die Entwicklung des Stoffes von der Kurzgeschichte zum Drehbuch und zum Roman *(The Lost Worlds of 2001,* 1972; deutsch: *»2001«: Aufbruch zu verlorenen Welten,* 1983); ob man die technischen Ausführungen von Experten wie Douglas Trumbull (einem der leitenden Trickspezialisten) studiert oder Kubricks eigene, ausführliche Kommentare in zahllosen Interviews – man kann kaum anders, als eingeschüchtert und voll Ehrfurcht vor der Summe des in *2001* Geleisteten zu stehen.[3] Doch Ehrfurcht darf nicht verwechselt werden mit Verständnis. Um sich letzterem zu nähern, muß man zunächst einen Blick auf Kubricks filmische Vergangenheit werfen und erkennen, daß diese ebensosehr Teil der Entstehungsgeschichte von *2001* ist wie die Details der Dreharbeiten, die in den genannten Berichten ausgebreitet werden.

Schon in *Paths of Glory* hatte Kubrick versucht, einen philosophischen Konflikt zwischen einer abgeschlossenen Welt der

Zeit und einer (angedeuteten) offenen Welt des Raumes zu visualisieren. Er nutzte das Ambiente des Schlosses, um einen isolierten Standpunkt zu gewinnen, von dem aus die zyklischen und linearen Bewegungen einer Welt auf dem Weg in den politischen und moralischen Untergang erkennbar wurden. Er suggerierte dem Publikum, daß außerhalb der geschlossenen Systeme und der durchformalisierten Komposition dieses Films eine Welt existierte, die so unermeßlich und geheimnisvoll war, daß selbst der Filmemacher sie als eine größere Schöpfung denn die eigene anerkennen mußte. Eine solche Konzeption beinhaltet – ohne ihn offen zu dramatisieren – bereits den Glauben an die Möglichkeit einer Erweiterung oder sogar Verwandlung des menschlichen Bewußtseins. Während *Paths of Glory* das Publikum am Schluß in einem Zwiespalt zwischen finsterer Ironie (der Hinrichtung) und Hoffnung (dem Lied des deutschen Mädchens) zurückläßt, zwingt *Dr. Strangelove* die Zuschauer, sich der ganzen Absurdität der menschlichen Leidenschaft für die Perfektionierung lebloser Maschinen auf Kosten des Lebens selbst zu stellen. Innerhalb dieses Kontextes könnte *2001* als philosophisches Gegenstück zu seinem Vorgänger gelten, als ein Kubrickscher Zauberspiegel, der an Stelle des Wahnsinns in der Maske der Schönheit eine positive Harmonie von Form und Materie reflektiert. Während der 21monatigen gemeinsamen Arbeit am Drehbuch vom April 1964 bis in den Januar 1966 korrigierte Kubrick seine und Clarkes Konzeption wiederholt in Richtung einer Betonung des Magischen und Wunderbaren, in das sich die ironischen Elemente auflösen sollten. Arthur C. Clarke hatte das Projekt ursprünglich als eine Art Fortsetzung von Kubricks vorangegangenem Film verstanden (und daher scherzhaft den Titel »Der Sohn des Strangelove« vorgeschlagen), in der das Hauptaugenmerk auf irdischen Themen liegen und ein Gürtel von Atombomben die Erde umkreisen sollte, um schließlich in einem Akt kosmischer Reinigung vom Sternenkind zur Detonation gebracht zu werden (ein Schluß, den man in Clarkes Roman noch nachlesen kann). Kubrick befreite die Filmversion von solcher an Swift und *Dr. Strangelove* erinnernden Satire, legte das Schwergewicht auf die mythischen Themen von Reise und Verwandlung und fand auch den homerischen Odyssee-Titel, der das ursprüngliche *Journey Beyond the Stars* (Reise jenseits der Sterne) ersetzte. Noch unmittelbar bevor der Film in den Verleih ging, entfernte Kubrick sowohl einen zehn-

minütigen Prolog mit wissenschaftlichen Hintergrundinformationen wie auch einen erläuternden Kommentar, der über den
ersten Teil (»Aufbruch der Menschheit«) gesprochen worden
war; erst damit wurde *2001* zu jenem Paradox eines »mythologischen Dokumentarfilms«, das mit konventionelleren Mischun-
gen aus Science-Fakt und Film-Fiktion, in denen das Phantastische erklärt und rationalisiert wird, nur noch wenig gemein hat.

Es wirft ein interessantes Licht auf Kubricks Verhältnis zu Sprache und Literatur, daß er auch bei der Vorbereitung dieses wohl
»filmischsten« und dialogärmsten aller seiner Filme nicht auf die
objektivierende Kraft der Sprache verzichten wollte. Als einziger Film Kubricks seit *The Killing* geht *2001* nicht auf einen Roman zurück. Ausgangspunkt war die nur zehnseitige Kurzgeschichte »The Sentinel« (»Der Wachtposten«, 1948) von Arthur
C. Clarke, die jedoch nur das Grundmotiv der Handlung enthält: Wissenschaftler entdecken auf dem Mond ein rätselhaftes
Artefakt, von dem sich herausstellt, daß es offenbar von außerirdischen Besuchern als »Wachtposten« auf dem Erdtrabanten
zurückgelassen worden ist. Die Geschichte endet damit, daß
uns der Erzähler als Folge dieser Entdeckung einen baldigen
Besuch der Außerirdischen auf der Erde in Aussicht stellt. Um
aus diesem Handlungskern einen tragfähigen Filmplot zu entwickeln, ließ Kubrick Arthur C. Clarke zu sich nach New York
und London kommen und ein umfangreiches Treatment in Prosa schreiben, das für die endgültige Abfassung des Drehbuchs
dieselbe Funktion erfüllen konnte, die bei seinen anderen Filmen von den Romanvorlagen übernommen wurde. In der Tat
läßt sich spekulieren, daß es der ungewöhnliche Umfang und die
romanhafte, bis ins Detail ausformulierte Form dieses Treat-
ments waren, die Clarke schließlich veranlaßten, nach Beendi-
gung der Arbeit am Drehbuch einen eigenen *2001*-Roman in
Angriff zu nehmen, der sich vom Film durch eine Reihe von
Einzelheiten, vor allem aber durch die leichtere Nachvollziehbarkeit der Handlung unterscheidet.[4] Kubrick faßt die Unterschiede zwischen Film- und Romanversion von *2001* folgendermaßen zusammen:

> Der Roman versucht die Dinge viel explizierter zu erklären als der
> Film, was im Medium der Sprache auch unumgänglich ist. Zum Ro-
> man kam es, nachdem wir zunächst ein 130seitiges Prosa-Treatment
> des Films ausgearbeitet hatten. Dieses ursprüngliche Treatment

machte bei der Umarbeitung zum Drehbuch Veränderungen durch, und das Drehbuch selbst wurde noch während des Drehens modifiziert. Arthur nahm all dieses Material, dazu seine Eindrücke von einigen Arbeitskopien, die er gesehen hatte, und schrieb seinen Roman. Aus diesem Grund gibt es Unterschiede zwischen dem Roman und dem Film. (Gelmis, *The Film Director as Superstar*, S. 308)

Charakteristisch ist an dieser Arbeitsweise der scheinbare Widerspruch zwischen minutiöser Vorarbeit und nachträglicher Revision beim Drehen. Beginnend mit *2001* verringerte sich Kubricks Ausstoß auf durchschnittlich einen Film in vier Jahren, was in erster Linie auf den erhöhten Aufwand bei der Vorbereitung der Produktionsdetails und – speziell bei *2001* – bei der Abfassung des Drehbuchs zurückzuführen ist. Es wird viele überraschen, daß Kubrick und Clarke in ihr gemeinsames Drehbuch mehr Zeit investierten, als Kubrick und ein umfangreicher Stab von Spezialisten für die insgesamt 205 aufwendigen Trickeinstellungen des Film benötigten, die in anderthalbjähriger Arbeit abgedreht wurden und zum größten Teil für den Anstieg des Produktionsetats von ursprünglich 6 auf schließlich 10,5 Millionen Dollar verantwortlich waren. Als die Dreharbeiten am 29. Dezember 1965 begannen, kämpfte Clarke noch mit alternativen Versionen für den Schluß der Handlung, der seine endgültige Gestalt erst wenige Tage vor dem Drehtermin erhielt. Mehr als zwei Jahre später, im April 1968, ging der Film in den Verleih, und im Sommer desselben Jahres erschien schließlich Clarkes Roman, der als literarisches Kunstwerk sicher nicht annähernd den Rang beanspruchen kann, den *2001* als filmisches Kunstwerk einnimmt. Er kann uns jedoch als Kontrastfolie dienen, vor der einige der Intentionen erkennbar werden, die in Kubrick erst während der Dreh- und Schneidearbeiten, zwischen 1965 und 1968, Gestalt annahmen – lange, nachdem Clarke seine Arbeit abgeschlossen hatte und nach Ceylon zurückgekehrt war.

Schon ein Vergleich zwischen Clarkes »Wachtposten«-Erzählung und seinem Roman *(2001: Odyssee im Weltraum)* bietet Hinweise darauf, wie Kubrick als Filmemacher vorgeht; er erleichtert den Zugang zu einer Ästhetik, die ihre Komplexität aus einer meisterhaften Inszenierung des fundamentalen Konflikts zwischen der zeitlichen (auf Plot und Figurenentwicklung bezogenen, im Drehbuch festgelegten) und der räumlich/musikalischen (erst am Drehort und am Schneidetisch entstehenden)

Rhetorik des Films entwickelt. Im Grunde handelt es sich dabei um einen Konflikt zwischen der kausalen Logik linearer Denkkonventionen und der assoziativen, nichtlinearen Denkbewegung des Unbewußten und der Phantasie. Erstere repräsentiert den Aspekt der Planung, des Drehbuchs, der zeitlichen Organisation; letztere den der Improvisation, der Inszenierung und der räumlichen Entfaltung. Erstere entspricht einer wissenschaftlichen Weltsicht »von außen« (in Kubricks Filmen z. B. symbolisiert durch Johnny Clays Plan für den Überall oder die »ausfallsicheren« Systeme in *Dr. Strangelove*), letztere einer träumerischen Sicht »von innen« (wie Humberts Vorstellung von Lolita oder die alptraumhafte Surrealität des unterirdischen Kriegsbunkers). Kubrick spielt den Konflikt der beiden Welten genüßlich aus, schlägt sich im Endeffekt jedoch immer auf die Seite des Rätsels, das alle Planungen durchkreuzt und die Illusion von der Beherrschbarkeit der Welt verspottet. Was ihn an »The Sentinel« fasziniert und bewogen haben muß, unter mehreren vorsorglich angekauften Kurzgeschichten Clarkes gerade diese zum Ausgangspunkt seines Films zu machen, wird aus zwei Passagen deutlich, in denen der Erzähler über die Herkunft und die Schöpfer des auf dem Mond entdeckten »Wachtpostens« (hier noch eine Pyramide, kein rechteckiger Monolith) spekuliert:

> Das Geheimnis läßt uns heute um so weniger ruhen, als die anderen Planeten jetzt erreicht sind und wir wissen, daß allein die Erde in unserem Sonnensystem je die Heimat von intelligentem Leben gewesen ist … [Die Pyramide] war dort oben auf ihren Berg gestellt worden, noch ehe das erste Leben aus den Weltmeeren an Land kroch …
> Stellt euch solche Zivilisation vor, in der Tiefe der Zeit vor dem Hintergrund des letzten Nachglühens der Schöpfung, Herren eines Universums, so jung, daß das Leben erst zu einer Handvoll von Welten gekommen war. Ihr Schicksal wäre eine Einsamkeit von Göttern gewesen, die in die Unendlichkeit hinausblickten, ohne jemanden zu finden, der ihre Gedanken teilen konnte …

Im Roman werden solche Evokationen unendlicher Räume und Einsamkeiten stets von einem soliden Fundament aus erklärenden Informationen unterfüttert, die das »Geheimnis« den Theorien der Wissenschaft unterwerfen. Auch das Ende des Romans läßt wesentlich weniger offen als Kubricks Filmversion, in der die Aura des Geheimnisvollen aus der Einsicht heraus gewahrt bleibt, daß explizite Darstellung auf der Leinwand hier nur trivialisieren und verkleinern könnte. Konsequenterweise verzichtet Kubrick auch fast völlig auf die Narrativik des Romans und entfaltet sein Thema als sprach-lose Erfahrung eines schwerelosen Spiels mit Bildern und Ideen.

Während Clarke zwischen den sechs Teilen seines Romans klare Verbindungen herstellt, steuert Kubrick einen verwegeneren Kurs. Der Film zieht die Handlung zusammen, verzichtet auf Exposition und Kommentar, stellt Szenen und Szenenfolgen collagehaft nebeneinander und erhält so eine elliptische Struktur, die den Zuschauer zwingt, die sich ergebenden Leerstellen durch eigene, von der unterschwelligen Wirkung der Bildsignale subtil gesteuerte Assoziationen auszufüllen. Ein monumentales Beispiel für diese Technik ist der berühmt gewordene Schnitt vom hochgeschleuderten Knochen zur knochenförmigen Raumstation, der einen Zeitraum von vier Millionen Jahren überspannt. Clarke schließt den ersten Abschnitt seines Romans (»Ur-Nacht«) mit einem Kapitel, in dem die frühe Entwicklung der Menschheit und ihrer Werkzeuge als Folge des außerirdischen Besuchs zusammengefaßt wird; erst dann wendet er sich dem Jahr 2001 und Dr. Heywood Floyds Reise zum Mond in dem Kapitel »TMA 1« zu, das bereits im Titel (er steht für *Tycho Magnetic Anomaly 1,* »magnetische Anomalie im Krater Tycho«) den auf dem Mond gefundenen Monolithen und seinen Standort identifiziert. Kubrick verzichtet auf einen Titel für diesen zweiten Teil seines Films (und läßt das Kürzel »TMA 1« auch später, an Bord der Mondfähre, nur beiläufig auf Fotos und Diagrammen erscheinen, ohne darauf einzugehen). Statt dessen injiziert er den Zuschauern mit der visuellen Gleichsetzung von Knochen und Raumschiff eine geradezu schockartige Erkenntnis und etabliert gleichzeitig eine Doppelungs-Strategie, die den weiteren Ablauf des Films prägt und bei Clarke keine Parallele hat. Der Roman behält seine linear-kausale Struktur bei, als er von der Ausgrabungsszene auf dem Mond zur *Discovery*-Mission fortschreitet. In einem Kapitel mit dem Titel »Die Lauscher« am Ende des zweiten Teils schildert Clarke, wie die Signale des Monolithen von Raumsonden jenseits des Mars aufgefangen werden. Dann beginnt Teil drei (»Zwischen Planeten«) mit dem Flug des Raumschiffs *Discovery* zum Saturn (statt Jupiter im Film), auf den die ominösen Signale ausgerichtet sind.[5] Kubrick schneidet demgegenüber von dem gellenden Pfeifgeräusch, das die Strahlung des Monolithen in den Helmlautsprechern seiner irdischen Besucher induziert, über eine

Einstellung des Monolithen in Konjunktion mit Erde und Sonne direkt auf die Schwärze des Weltraums, auf der der Zwischentitel »Unternehmen Jupiter – 18 Monate später« erscheint. Wie zuvor, springt er über die Zeit in den Raum (den schwarzen Titelhintergrund, in den sich von links die *Discovery* hineinschiebt), und erzeugt mit der dazwischengeschnittenen Konjunktions-Einstellung, die sofort an einen entsprechenden Zwischenschnitt des Monolithen mit Sonne und Mond während des »Aufbruchs der Menschheit« erinnert, einen a-kausalen, assoziativen, nicht mit herkömmlicher dramaturgischer Logik erklärbaren Zusammenhang. »Erklärt« werden die Rolle des Monolithen und der Zweck der Jupiter-Mission erst am Ende des dritten Teils, unmittelbar nachdem Bowman die »Lobotomie« an HALs Zentralspeicher vorgenommen hat. Effekt dieser Verzögerung ist, daß die Bedeutung des Monolithen und sein Wert als visuelles Objekt und vieldeutiges Symbol im Film ungleich größer sind als im Roman, wo er eine Art Lernmaschine und kosmischen Feuermelder darstellt. Der anschließende Übergang zum vierten und letzten Filmteil (»Jupiter – und dahinter die Unendlichkeit«) erfolgt ebenso unvermittelt wie zwischen den Teilen zwei und drei. Kubrick zeigt Bowman schwerelos im Inneren von HALs Zentralspeicher schwebend, wo er auf einem flackernden Bildschirm Dr. Floyds »Erklärung« der Jupiter-Mission und des »ungelösten Rätsels« TMA 1 verfolgt. Ein Schnitt führt in die Schwärze des Alls, auf der wieder der Zwischentitel erscheint, während die Kamera zu einem Abwärts-Schwenk ansetzt, der auf einer neuen Konjunktion, diesmal zwischen Jupiter, seinen Monden und dem Monolithen, endet; dazu erklingt abermals der Ausschnitt aus György Ligetis *Requiem,* der bereits die beiden vorangegangenen Erscheinungen des Monolithen im Film begleitet hatte. Die Anfangstakte aus Richard Strauss' *Also sprach Zarathustra,* die zu Beginn des Films mit einer Konjunktion von Himmelskörpern, dem Monolithen und dem Evolutionssprung der Entdeckung des Werkzeugs (als Waffe) verknüpft waren, werden schließlich am Schluß wiederholt, als Kubrick seinen Helden in das Sternenkind verwandelt und aus dem rätselhaften Louis-seize-Zimmer mit einer Kamerafahrt, die in die Schwärze des Monolithen hineinführt, in den Weltraum zurückversetzt. Ähnlich wie in *Paths of Glory* und *Dr. Strangelove* läßt der Film das Vertraute (den im Stil des 18. Jahrhunderts möblierten Raum) surreal erschei-

nen und versetzt den Zuschauer in eine Welt, in der die Lineari-
tät der Zeit (die Ordnung des Erinnerten) gegen die Mysterien
eines mehrdimensionalen Raums steht.

Auch innerhalb seiner vier Teile ist *2001* auf eine Weise organi-
siert, die ein Minimum an begrifflicher Eindeutigkeit mit einem
Maximum an visueller Mehrdeutigkeit verbindet. Clarkes allwissender Erzähler schildert beispielsweise ausführlich die Ent-
wicklungsgeschichte jenes vom Aussterben bedrohten Stammes
prähistorischer Hominiden in der afrikanischen Steppe, dem
auch der (im Film namenlos bleibende) »Mond-Schauer« angehört. Er beschreibt, wie Mond-Schauer dank eines Funkens vormenschlicher Intelligenz die Lektionen des Monolithen begreift, und er versäumt es nicht, die Leser über die Bedeutung
dieses Augenblicks aufzuklären und ihnen so eine kosmische
Perspektive für den späteren Verlauf der Handlung vorzuge-
ben. Demgegenüber spielt Kubrick seinem Publikum in derselben Szene einen grimmigen Streich, der aber gleichzeitig zur
Entwicklung neuer, filmischerer Sehgewohnheiten herausfor-
dert: Er läßt uns ebenso ratlos vor dem Monolithen stehen wie
die Affenmenschen – es sei denn, wir realisieren den fast unterschwelligen Zusammenhang, der zwischen der ersten Einstellung des Films (einer vom Mond aus gesehenen, mit dem *Zarathustra*-Motiv unterlegten Konjunktion von Mond, Erde und
Sonne) und dem nun folgenden weiträumigsten Gegenschuß
der Filmgeschichte besteht: jener Konjunktions-Einstellung,
die, von der Erde aus gesehen, den Monolithen, die Sonne und
einen sichelförmigen Mond zeigt. Während Kubrick sein Publikum dazu erzieht, die komplexen Strukturen des Films nicht
verbal, sondern visuell zu definieren, arbeitet Clarke in einem
Medium, in dem selbst das Unbegreifliche mit einem System begrifflicher und grammatischer Logik umschrieben werden muß.
Im Roman »bedeutet« der Monolith mehrere Dinge – außerirdisches Artefakt, Lernmaschine, kosmischer Signalgeber und Tor
zu einem Universum »reiner Energie«. Alle diese Bedeutungen
werden auf der Erzählebene der Filmhandlung zwar ebenfalls
impliziert; sie sind jedoch nur aus den schriftlichen Begleitpro-
dukten des Medienpakets *2001* zu erschließen. Die manifeste
Bedeutung des Monolithen innerhalb des Films besteht allein in
seiner Form (rechteckig), seiner Farbe (schwarz) und der poly-
phonen Musik von György Ligeti, die ihn begleitet – drei nicht-
semantischen Elementen einer optisch/akustischen Raumkom-

position, innerhalb derer er in formale Korrespondenz zu anderen Artefakten und Werkzeugen wie Knochen, Kugelschreiber, Satellit, Raumschiff, Computer, Louis-seize-Mobiliar und geschliffenem Kristallglas tritt.

Obwohl diese dramaturgischen und visuellen Vieldeutigkeiten in Kubricks früheren Filmen noch weniger Parallelen zu finden scheinen als in Clarkes Roman, lassen sich einige aufschlußreiche Vergleiche anstellen. Mit Ausnahme von *Lolita* sind alle Filme vor *2001* zeitlich und räumlich eng begrenzt. *Fear and Desire* entwickelt einen einzigen Handlungsstrang an einem Schauplatz (dem Wald) in 24 Stunden; *Killer's Kiss* spielt innerhalb dreier Tage in New York und konzentriert sich auf Glorias Rettung durch Davy und dessen Selbstbefreiung von einem Alter ego (Rapallo); *The Killing* verwickelt wenige Figuren an wenigen Schauplätzen innerhalb einer Woche in die Mechanismen eines einzigen Plans; *Paths of Glory* konzentriert drei hochdramatische Ereignisse (Angriff, Kriegsgericht und Hinrichtung) auf zwei Schauplätze und etwa vier Tage; *Dr. Strangelove* schließlich läßt das letzte Drama der Menschheit in einem zweistündigen Countdown an drei eng umgrenzten Spielorten ablaufen. Jeder dieser Handlungsvorwürfe lieferte Kubrick eine dramatische Situation, in die sich ein beträchtliches Quantum an psychologischem und thematischem Material ohne Überdehnung des Erzählzusammenhangs komprimieren ließ. Mit wenigen Ausnahmen beruht die Ästhetik dieser Filme auf einem Alternieren von Kontrast und Wiederholung im Wechsel der Schauplätze und Szenen, während konventionell-»organische« Erzählweisen, die den einzelnen Segmenten in ihrer allmählichen Entfaltung größeres Eigengewicht zuwachsen ließen, vermieden werden. Kubricks filmisches Universum baut bereits vor *2001* auf Assoziationen und überraschende Querverbindungen (wie paradox oder surreal auch immer), auf ein Ineinandergreifen getrennter Elemente innerhalb eines größeren, ambivalenteren Ganzen: Johnnys Plan und die Rennbahn werden untrennbare Teile eines übergeordneten thematischen und ästhetischen Spiels; die Schützengräben und das Schloß projizieren verschiedene Formen derselben paradoxen Wahrheit; die szenischen Räume von *Dr. Strangelove* sind drei Variationen eines einzigen globalen Wahnsinns. In *Lolita,* wo sich die Handlung über vier Jahre erstreckt, wird eine entsprechende Verdichtung durch psychologische Doppelungen (Humbert und Quilty, Lolita und Charlotte) und durch die Symmetrie einander spiegelnder Schauplätze (Quiltys Villa und Charlottes Haus, Schlafzimmer und Badezimmer) erreicht. Hier wie in anderen Filmen bringt Kubricks Dramaturgie die »filmischen« Elemente (Bilder und Töne) in Opposition zu den »literarischen« (Plot, Dialog, Charaktere), auch wenn die daraus resultierende Spannung gelegentlich nicht offen ausgespielt, sondern nur unterschwellig wirksam wird. Was 2001 von den früheren Arbeiten unterscheidet, ist vor allem die Konsequenz, mit der die Konventionen des Erzählkinos hier attackiert werden. Der Handlungszeitraum erstreckt sich nicht mehr über Tage oder Jahre, sondern in die Unendlichkeit – aber der Film verzichtet auf erklärendes Hintergrundmaterial, mutet abrupte Übergänge zu und potenziert die Kühnheit seiner zeitlichen Dramaturgie mit einer Raumästhetik, die selbst so elementare Kategorien wie oben und unten oder nah und fern auflöst und ein absolut filmisches Universum entwirft, dessen Schauplätze bei aller Authentizität fern und fremdartig wirken oder auf irritierende Weise unlokalisierbar sind.

Im Gegensatz zum Roman, in dem sich die thematischen Elemente mit den Verwicklungen einer guten Story und der Psychologie der handelnden Figuren vermischen, inszeniert 2001 auch seine emotionellen und intellektuellen Konflikte in einem visuell/musikalischen Bezugsrahmen. Clarke versetzt sich beispielsweise nicht nur in das rudimentäre Bewußtsein Mond-Schauers, sondern tut auch in aktionsarmen Handlungsphasen wie Dr. Floyds Flug zum Mond oder Bowmans und Pooles Reise zum Saturn genau das Erwartete, indem er die psychologischen Untertöne des Geschehens ausbuchstabiert. Obwohl der Film für seine »enthumanisierte«, d. h. auf ein Minimum beschränkte Charakterzeichnung getadelt worden ist, könnte man seine Weltraum-Psychologie als in sich stimmig verteidigen. Kubricks ironische Pointe, daß HAL, der *H*euristisch programmierte *AL*-gorithmische Computer*, der nicht nur die technischen Abläufe steuern, sondern der Besatzung auch Gesellschaft leisten soll, schließlich ein menschlicheres Verhalten an den Tag legt als die Astronauten selbst, entbehrt in der konkreten Situation des von aller irdischen Realität isolierten Raumschiffs keineswegs der

---

* Dies allein, schwört Clarke in *The Lost Worlds of 2001*, sei die Bedeutung des Kürzels »HAL« – und nicht etwa »IBM minus 1 Buchstabe« …

Plausibilität. Was dem Film vielleicht fehlt – und hier könnte der tatsächliche Grund für die kritische Aufregung liegen –, ist jene erdgebundene »menschliche Dramatik«, die wir vom Kino zu erwarten gelernt haben.[6] Wichtiger als dieser Streit um »Enthumanisierung« oder Authentizität ist die neue Zielvorstellung, die Kubrick entwickelt: Er löst sich von der Illusion psychologischer Tiefe, die der Roman aufrechterhält, und reiht die Charakterzeichnung in die Symbolik und Mythologie des Films ein. In jedem der vier Teile zeigt er seine Figuren in psychischen Situationen, die zwischen Wachheit, Schlaf und Erwachen alternieren. Mond-Schauer (dargestellt von Daniel Richter) kauert in einer Dunkelheit, die nur vom Mond (dem idealen Komparsen eines Films über suprarationales Bewußtsein und Verwandlung) und den glühenden Augen eines Leoparden erhellt wird, während er in die archaische Nacht mit ihren Schrecknissen hinausstarrt; erst nachdem er den Monolithen berührt hat, erlebt er, über einem Haufen ausgebleichter Knochen, das Erwachen des Bewußtseins.[7] Dr. Heywood Floyd (William Sylvester), ein Mann des 21. Jahrhunderts, der seine primitiven Instinkte perfekt im Griff hat, schläft in der Raumfähre, die ihn zur Orbitalstation bringt, während sein »Knochen« (ein Kugelschreiber) durch die schwerelose Kabinenatmosphäre treibt; als wir ihn auf dem Mond im Wachzustand sehen, scheint seine kindliche Reaktion auf den Monolithen, wie jene Mond-Schauers, fast unbewußt zu sein. An Bord der *Discovery* schlafen David Bowman (Keir Dullea) und Frank Poole (Gary Lockwood) abwechselnd, und selbst wenn sie wach sind, wirken sie lethargisch und wie abwesend; ihre einzigen Begleiter sind drei stumme Gestalten in sargähnlichen Kühlkammern und ein Computer, dessen rot und gelb glühende Augen keinen Schlaf zu kennen scheinen. Erst nachdem HAL den primitiven Überlebensinstinkten durch seinen Mord an Poole und den drei Kälteschläfern wieder Geltung verschafft hat, zeigen sich an Bowman Anzeichen eines inneren »Erwachens«. Und als der Film schließlich, nach einer Reise durch die gleißenden Lichtkorridore des Sternentors, in einer Szene auf einem Bett des 18. Jahrhunderts seinen letzten evolutionären Sprung vollzieht, zeigt er uns in Bowmans Wiedergeburt als Sternenkind ein symbolisches Erwachen.

Wieder lassen sich einige aufschlußreiche Vergleiche zwischen der psychologischen Rhetorik von *2001* und Kubricks früheren Filmen anstellen. Seit seinen ersten Spielfilmen, *Fear and De-*

sire und *Killer's Kiss,* hat Kubricks Interesse stets mehr der Darstellung akuter Gefühls- und Bewußtseinszustände gegolten als der Ausarbeitung von Charakteren. Trotz des angedeuteten Hintergrundes von Frustration und Schuld bei Davy und Gloria evozieren die stärksten psychologischen Momente des zweiten Films – umgesetzt in unwirkliche und alptraumhafte Bilder – eher die Anwesenheit von Kräften, die jenseits des menschlichen Bewußtseins liegen. *The Killing* beschäftigt sich mit Grundinstinkten wie Sexualität und Geldgier, die, in einem Klima pathetischer Verzweiflung, den »rationalen« Plan des Überfalls gefährden. In *Paths of Glory* werden die Charaktere innerhalb abstrakterer, politisch-moralischer Konflikte definiert. In jedem dieser Filme wird die Psychologie einer übergeordneten Ideenperspektive unterworfen, deren Hauptziel nicht die Darstellung und Motivierung einzelner Charaktere ist. Zweifellos spricht es für Kubrick, daß die Filme dennoch menschlich anrührende und eindringliche Szenen enthalten – auch wenn sie das Publikum nicht zur Identifizierung mit ihren fiktiven Gestalten einladen, sondern seine Aufmerksamkeit auf größere filmische Welten und Konflikte lenken. Nur in *Lolita* erhält die Charakterzeichnung eine ähnlich wichtige Funktion wie die übergeordneten dramatischen und ästhetischen Zusammenhänge, was in erster Linie damit zu tun hat, daß das zentrale Thema dieses Films mehr psychologischer als philosophischer Natur ist. Selbst hier ermöglicht es Kubrick seinem Publikum jedoch, Distanz zu Humberts Subjektivität zu halten und dessen Selbsttäuschung und Pathos zu durchschauen. In *Dr. Strangelove* wird die Darstellung der Figuren schließlich völlig (und auf wesentlich extrovertiertere Art als in *2001* …) der Satire und der sozialpsychologischen Spekulation untergeordnet. In diesem Zusammenhang kann Kubricks Konzeption der Charaktere Floyd, Bowman und Poole nicht als »enthumanisiert« im Sinne einer radikalen Abkehr von der sensibleren Menschlichkeit von *Paths of Glory* oder *Lolita* erscheinen; vielmehr muß ihre realistische Detailgenauigkeit, die scharf zur mythenschaffenden Großperspektive des Films kontrastiert, die Personen neben den ästhetisch dominierenden Faktoren Weltraum und Weltraumtechnologie zwangsläufig klein und unbedeutend wirken lassen. Doch dies ist natürlich eine der offensichtlicheren Aussagen des Films. Während das Konzept der menschlichen Persönlichkeit in *2001* gleichsam eine Basisdefinition erfährt, wird die menschliche

Small Talk im Inneren eines Knochens (stehend: Leonard Rossiter, William Sylvester, Margaret Tyzack)

Sprache als ein Werkzeug dargestellt, das ebenso hoffnungslos veraltet ist wie Mond-Schauers Knochen. Um den Film zu einer visuell/musikalischen Erfahrung werden zu lassen, hat Kubrick nicht nur Kommentar und Prolog gestrichen, sondern auch den Dialog auf ein Minimum seiner herkömmlichen Funktion als Handlungsträger beschränkt.[8] Nur vierzig der insgesamt 141 Minuten von *2001* enthalten überhaupt Sprache – und dabei handelt es sich fast ausschließlich um emotionslose, lakonische Leerformeln, die mehr thematische Ironien als Handlungselemente beisteuern. Fast eine halbe Stunde nach Beginn des Films – und vier Millionen Jahre nach Beginn der Handlung – greift *2001* die menschliche Sprache in einem Stadium des Verfalls auf: In ihren schriftlichen Erscheinungen ist sie verkümmert zu technischen Kürzeln auf den Bildschirmen im Cockpit der Raumfähre oder zu Firmensignets an Bord der Orbitalstation, wo sich ein Hilton-Hotel und eine neckisch *Earthlight Room* (»Erschein-Salon«, in Analogie zu »Mondschein«) genannte Filiale der Howard-Johnson-Restaurantkette etabliert haben. Das Gespräch, das Dr. Floyd dort während seines Wartens auf den Weiterflug zum Mond (und zum Monolithen) mit einer

Gruppe sowjetischer Wissenschaftler führt, hat in seiner Floskelhaftigkeit kaum größeren kommunikativen Wert als Mond-Schauers ängstliches Grunzen oder triumphierendes Gekreisch. Die Kämpfe der Affenmenschen um Stammesdominanz und territoriale Vorherrschaft an ihrer prähistorischen Wasserstelle sind, wie uns Kubrick an dieser zweiten »Wasserstelle« des Films zeigt, auch im Zeitalter der Raumfahrt nicht ausgekämpft. Wir erfahren, daß der Mond – eine noch unwirtlichere Wüste als Mond-Schauers Savanne – in sowjetische und amerikanische Sektoren aufgeteilt ist und daß die Sprache, jedenfalls in ihren politischen und sozialen Funktionen, zu einer ebenso höflichen wie irreführenden Maske degeneriert ist, hinter der sich die alten Aggressionen des Pliozän verbergen.* Ahnungen anderer Welten und neuer Universen müssen diesen irdischen Reisenden, die an Evolution und Sprache gefesselt sind, unzugänglich bleiben. Ironischerweise reist Floyd von der Raumstation nach »oben« zu Clavius weiter, während Smyslow (Leonard Rossiter) und Elena (Margaret Tyzack) nach »unten« zur Erde unterwegs sind; Elena arbeitet im Weltall, ihr Mann auf dem Meeresgrund (»Unterwasserforschung in der Ostsee«), doch niemand scheint sich solcher außergewöhnlichen Raumerfahrungen bewußt zu sein oder sie als Anreiz zur Erkundung neuer innerer und äußerer Welten zu begreifen. Schon die ersten Worte, die in *2001* gesprochen werden, zeigen in all ihrer Banalität, daß das einzige Werkzeug, das dem Menschen zu solcher Bewußtheit verhelfen könnte, nicht mit der technologischen Erschließung der neuen, außerirdischen Räume Schritt gehalten hat: »Wir sind da, Sir«, sagt eine Liftführerin in der Orbitalstation, und Floyd erwidert: »Danke, wir sehen uns auf dem Rückflug« – ein Dialog, der den zeitgebundenen, linearen Sprachgebrauch der Figuren in *2001* illustriert. Sie ignorieren die Tatsache, daß Richtungsangaben wie »vorwärts«, »rückwärts« oder »aufwärts« und »abwärts« im freien Raum keine Gültigkeit mehr haben und alle menschlichen Versuche einer Fixierung von Ort und Zeit in ihrem Beharren auf der Newtonschen Auto-

---

* Sprache als Irreführung wird z. B. in der aus Geheimhaltungsgründen lancierten Lüge von der Epidemie auf Clavius manifest. Smyslow erzählt Floyd in diesem Zusammenhang, daß die amerikanische Mondbasis seit zehn Tagen telefonisch nicht erreichbar sei: Paradoxerweise wird die Kommunikation in dem Augenblick abgebrochen, in dem ein außerirdisches Objekt (der Monolith) Kontakt mit irdischer Intelligenz aufnimmt. Die Telefone von Burpleson sind noch immer tot ...

rität verbaler Krücken wie »dort« und »hier« oder »jetzt« und »damals« unangemessen primitiv wirken. Alle Figuren in den beiden mittleren Teilen des Films (die den gesamten Dialog enthalten) geben sich dieser Illusion hin: daß ihre sprachbestimmte irdische Realitätswahrnehmung auch der Unendlichkeit des Alls gewachsen sei.

Eine Szene auf Clavius illustriert besonders deutlich, wie die Sprache in *2001* gegen die visuelle Kommunikationsform der Weltraum-Sequenzen mit ihrer nicht-verbalen, perspektivisch-räumlichen Gestik gestellt wird. Um »die Moral der Truppe zu stärken«, hält Floyd nach seiner Ankunft auf der amerikanischen Mondbasis eine Ansprache, die in einem kleinen Konferenzraum mit einem hufeisenförmigen Tisch und großen, die ganzen Wandflächen einnehmenden rechteckigen Leuchtkörpern stattfindet. In diesem schachtelförmigen Raum, in dem es mehr um Geometrie zu gehen scheint als um Kommunikation, agiert Floyd in Mond-Schauers Rolle als Knochenträger und Stammeshäuptling, als er mit ebenso höflichen wie bestimmten Worten eine archaische Hackordnung wiederherstellt.* Wie zuvor, konspiriert die Sprache mit Politik und primitiver Hierarchie, um die Entdeckung des Monolithen zu verheimlichen – eine Entdeckung, die es der Menschheit gerade ermöglichen könnte, jenen Urväterhausrat an Instinkten abzuwerfen, der ihr Überleben inzwischen weniger sichert als gefährdet. Kubrick läßt diese Szene nicht nur in einem beengenden und spartanisch ausgestatteten Raum spielen, der den Eindruck der sprachlichen und moralischen Regression unterstützt; er setzt seine Kamera auch geradezu schulbuchmäßig ein, um die Erstarrung und Kurzschlüssigkeit des Denkens dieser technokratischen Welt zu visualisieren. Die Szene beginnt mit einer musterhaften Totalen, die den Konferenztisch mit Dr. Floyd im Vordergrund und an der gegenüberliegenden Seite des Raums das Vortragspult zeigt. Nachdem Halvorsen (Robert Beatty) den »geschätzten Freund und Kollegen« unter dem Applaus der Anwesenden offiziell begrüßt hat, nimmt Floyd seinen Platz am Pult

---

* Die rechteckige Geometrie des Konferenzraums (gestreckt-rechteckige Leuchtwände; ein eckig-hufeisenförmiger Tisch; ein weißes Vortragspult, das einem kleinen Monolithen gleicht) wird durch eine kreisförmige Bewegungschoreographie ergänzt; Halvorsen geht links um den Tisch nach vorne, um Floyd zu begrüßen und kehrt rechts zu seinem Platz im Vordergrund zurück, während Floyd nun seinerseits links nach vorne geht.

ein und beginnt mit seinen Ausführungen über die Bedeutung der »Entdeckung« und die Notwendigkeit sowohl der »Tarnge-schichte« (von der Epidemie) als auch einer schriftlichen Ver-pflichtung aller Anwesenden zu »absoluter Geheimhaltung« (um eine mögliche »Schockwirkung« auf »kulturellem wie auf sozialem Gebiet« zu verhindern). Während dieser Rede nimmt die Kamera das Geschehen in einer Reihe von seitlichen Halb-totalen und Halbnah-Einstellungen unter die Lupe, ohne daß diese konventionelle Auflösung der Szene zusätzliche visuelle Informationen erbrächte. Unweigerlich schließt die Sequenz mit einer Rückkehr zur ursprünglichen Totalen: eine visuelle Entsprechung zu Floyds Rede, an deren Ende wir so schlau sind wie zuvor. In ihrer räumlichen Enge und inszenatorischen Kon-ventionalität konstrastiert die Szene nachdrücklich mit den Weltraumszenen zuvor und danach, in denen neue Blickwinkel der Kamera stets neue Wahrnehmungsmöglichkeiten signalisie-ren. Kubrick greift auf diese filmische Absage an die Möglich-keiten der Sprache zurück, wenn er an Bord der *Discovery* das Sterben der maschinellen Intelligenz mit einer weiteren Rede Heywood Floyds kontrapunktiert, die auf einem winzigen Bild-schirm in dem noch engeren (und ebenfalls rechteckig geometri-sierten) Innenraum von HALs abgeschaltetem Gehirn einem sprachlos starrenden Dave Bowman vorgespielt wird:

> Guten Tag, meine Herren. Hier ist eine wichtige Meldung, die schon vor Ihrem Start aufgenommen wurde und die bisher aus Gründen al-lerstrengster Geheimhaltung während des Unternehmens nur ihrem HAL 9000 Bordcomputer bekannt war. Jetzt, wo Sie sich im Bereich des Jupiter befinden und die ganze Mannschaft einsatzbereit ist, kön-nen Sie die Meldung hören. Vor achtzehn Monaten wurde der erste Beweis für die Existenz von bewußtem, intelligentem Leben außer-halb der Erde entdeckt. Wir fanden auf dem Mond einen schwarzen Monolith, der fünfzehn Meter unter der Oberfläche in der Nähe des Kraters Tycho vergraben war. Außer einer sehr kräftigen Strahlung, die auf Jupiter gerichtet ist, bleibt der vier Millionen Jahre alte Mono-lith völlig inaktiv. Sowohl sein Ursprung als auch sein Zweck sind bis-her noch ein ungelöstes Rätsel.[9]

»Ungelöstes Rätsel« (im Original: *a total mystery,* ein vollkom-menes Geheimnis und Mysterium …) sind die letzten Worte, die in *2001* gesprochen werden. Nun erst, als Bowman das Raumschiff verläßt und sich der unsichtbaren Fesselung durch die Bodenstation und ihren HAL-Zwillingscomputer entzieht,

Die »Magnetische Anomalie im Krater Tycho« ...

beginnt die Reise durch den inneren in den äußeren Raum, die
ihn endgültig aus der Tyrannei der Sprache befreit.

Seit *The Killing,* seiner ersten Romanadaption, haben Kubricks
Filme immer wieder eine ambivalente Haltung zur Sprache bezeugt. Wir wissen, wie sehr Kubricks Arbeitsstil auf eine ausformulierte schriftliche Basis angewiesen ist, die ihm den Hand-
lungs- und Figurenrahmen vorgibt, den er dann im Verlauf der
Dreharbeiten und der Montage mit vieldeutigen visuellen
Strukturen ausfüllt; dennoch untergräbt er ständig die Autorität
dieser sprachlichen »objektiven Korrelate« und gibt sie sogar
der Lächerlichkeit preis.[10] Mit Ausnahme von *Fear and Desire*
und *Killer's Kiss,* die beide auf Originalskripts beruhen, entwer-
ten alle Filme vor *2001* die Worte, auf deren vorübergehende
Gültigkeit sie sich gleichzeitig verlassen. Erinnern wir uns, wie
voll von »Gesprächen« und Erzählerstimmen *The Killing, Paths
of Glory* und *Dr. Strangelove* sind – selbst wenn einiges dafür
spricht, daß ihre verbalen Qualitäten den filmischen nicht im-

155

mer ganz entsprechen. In *The Killing* gibt Kubrick der Sprache einen irreführend authentischen, »objektiven« Klang, nur um ihre Grenzen aufzuzeigen: Der Erzähler verfügt über zeitliche Informationen, aber er überblickt nicht den Raum; dem Rennbahnsprecher ist die Verwirrung über die Tötung des Pferdes anzumerken, während wir die Zusammenhänge kennen. Hier und an anderen Stellen deuten die Filme an, daß Verständnis wie Unverständnis vom visuellen Kontext und Blickwinkel abhängen, nicht von den Wörtern. Reden und Gegenreden verhallen zwischen den Wänden des Schlosses in *Paths of Glory,* ohne hinauszudringen zu ihrem Gegenstand; statt dessen verkleiden die Figuren die Enge ihres Denkens mit einer verbalen Uniform aus Schönfärberei, moralischen Gemeinplätzen und heuchlerischen Platitüden, die von der visuellen Musik des barocken Ambientes, der grimmigen Symmetrie der Exekution und den Explosionen der Granaten über den Schützengräben der Bedeutungslosigkeit überführt wird. In *2001* hören wir bei etlichen Dialogszenen in Raumschiffen nicht die gesprochenen Worte, sondern Musik – so Karajans überdehnte »Schöne blaue Donau« während Floyds Flügen zur Orbitalstation und zum Mond oder Aram Chatschaturjans melancholisches Adagio aus der *Gajaneh*-Ballettsuite zu den ersten Szenen an Bord der *Discovery.* Eine gewisse Ausnahme macht nur *Lolita,* wo die Sprache nicht durch filmische Mittel disqualifiziert wird, sondern, in echt Nabokovscher Manier, durch sich selbst. Anspielungen, Witz und Mehrdeutigkeiten berauben die Dialoge ihrer Verläßlichkeit als Führer durch die Handlung und bilden so perfekte sprachliche Äquivalente zu Kubricks früherer Technik, die Wörter mit Bildern zu kontern. Was in *Paths of Glory* der Kontrast zwischen zu Konversation verkommener Politik und der visuellen Pracht des Schlosses war, enthält die Sprache in *Lolita* bereits als Binnenspannung in sich. *2001* greift wohl hauptsächlich deshalb mehr auf die Wort/Bild-Dissonanzen von *Paths of Glory* zurück als auf die sprachlichen Verdichtungen *Lolitas,* weil letztere einen zu kulturspezifischen und dekadenten Code für eine psychische Welt dargestellt hätten, die sich von vormenschlicher Dumpfheit bis zur Geburt eines nachsprachlichen Bewußtseins erstreckt. *Dr. Strangelove* schließlich zeigt die Sprache in ihrem letzten Orgasmus aus bombastischen Klischees, grandiosen Euphemismen und strangulierenden, dem »Technisch« der Bodenkontrolle in *2001* verwandten Jargons:

Komplizin nicht von Vernunft und Phantasie, sondern des Untergangs.[11] Die irdische Welt in *2001* mag den Konsequenzen von Rippers Wahnsinn entgangen sein – die Banalität seiner Sprache hat sie offensichtlich geerbt.

Was *2001* zu einem so faszinierenden und »haltbaren« Film macht, ist die schiere emotionelle und spekulative Kraft seiner verräumlichten Ästhetik, die eine Simultaneität von Welten innerhalb größerer Welten evoziert. Kubrick verbindet die linearen Elemente des Erzählkinos mit einer auf Assoziation und Wiederholung aufgebauten Struktur aus Bildern, Handlungspartikeln und Klängen zu einem filmischen Universum, das sich auf parallelen Ebenen in entgegengesetzter Richtung ausdehnt: So wie mit dem Aufstieg im Raum ein Abstieg in der Zeit einhergeht, beginnt es von innen in Gesten reflexiver Selbstverhöhnung zusammenzubrechen, während es nach außen auf Dimensionen anwächst, die selbst sein 70-mm-Breitwandformat sprengen. Im ersten und zweiten Teil parallelisiert Kubrick einen prähistorischen Lagerplatz in der Steppe mit einer Ausgrabung auf dem Mond und suggeriert damit, daß Floyds Aufstieg durch den Raum einem Sinken in der Zeit gleichkommt. In den Teilen drei und vier entspricht HALs Rückentwicklung von maschineller Logik zu primitivem Instinkt der Reise Bowmans, die in einem erinnerten Raum des 18. Jahrhunderts endet und uns damit zeigt, daß räumliche Bewegung den Rückblick auf real und psychisch vergangene Zeit einschließt. Psychologische Doppelungen wie Mond-Schauers Verwandlung in Dr. Heywood Floyd oder die Paarung Poole/Bowman und beider symbiotische Lebensgemeinschaft mit HAL und dessen Zwilling auf der Erde durchziehen den ganzen Film und werden zu einem der wichtigsten Erkenntnisinstrumente für Kubricks Erforschung innerer Welten zwischen Untergang und visionärem Neubeginn. Immer wieder beobachten wir die Figuren bei ritualisierten Handlungen an Schauplätzen, die Vergangenes wiederholen und gleichzeitig auf eine neue Zukunft im Raum deuten, so etwa (1) bei der Feier von Geburts-Tagen auf einer urtümlichen Erde, auf Bildschirmen in der Orbitalstation und an Bord der *Discovery* und in einem frühklassizistischen Raum, der auf magische Weise erscheint und wieder verschwindet; (2) bei der Nahrungsaufnahme in ihrer Evolution und Rückentwicklung vom ursprünglichen Akt der Lebenserhaltung (der Menschenaffe als Pflanzenfresser) und des Lustgewinns (der Affenmensch als Fleischfresser) in der afrikanischen Steppe über den synthetischen Funktionalismus der Speisepasten in den Raumschiffen der Zukunft bis zu jenem ironischen Rückfall in Gestalt der letzten Mahlzeit David Bowmans und ihrer formvollendeten Eleganz; (3) beim schon erwähnten Alternieren zwischen Schlaf und Wachen, z. B. im angstvollen Starren des Hominiden ins Innere des ihn weckenden Alptraums oder den implizierten Zusammenhängen zwischen Floyds schwerelosem Schlaf an Bord der Raumfähre und Pooles Beschreibung (in einem BBC-Interview) der traumlosen Leere des Kälteschlafs und zwischen dem Tod HALs und Bowmans »Erwachen« zum Sternenkind, das die alte Mission des Monolithen in seiner lichtgleichen Rückkehr zur Erde und einer neuen Generation von Mond-Schauern und Schläfern vollendet. Formen und Gestalten der Vergangenheit vermischen sich – und kommentieren sie auf diese Weise – mit den Formen der Zukunft. In der ersten Einstellung des Films schwenkt die Kamera vom Mond nach oben, um eine teilweise verdeckte Erde zu enthüllen; im »Aufbruch der Menschheit« (im Original: *The Dawn of Man,* die »Morgenröte der Menschheit«) zeigt sie den Mond in analoger Sichelform als abnehmend und von der Erde aus gesehen, und wir Zuschauer beginnen ein Gefühl dafür zu entwickeln, daß Planeten und ihre Satelliten nur Kreise innerhalb größerer Kreise beschreiben und eingehüllt sind in ein grenzenloses Dunkel. Mond-Schauers Knochen fliegt nach oben, nur um zu Boden zu fallen, während eine knochenförmige Raumstation auf ihrer Kreisbahn um die Erde fällt. Raumschiffe erzeugen die irdische Schwerkraft mit Hilfe riesiger Zentrifugen, die Poole als Tretmühle für sein Jogging und sein primitives Schattenboxen dienen und für die Kälteschläfer des 21. Jahrhunderts unterkühlte Mutterschöße bereithalten. Äußerlich erinnern alle diese futuristischen Maschinen an versteinerte Zeugnisse der technisch/psychischen Evolution einer vergangenen Rasse. Wohin man blickt, sind Augen und äugende Formen, entweder eingerahmt in einer größeren Geometrie oder selbst Rahmen und Spiegel dessen, was sie sehen – genau wie Kubrick und seine Trickspezialisten die Breitwand immer wieder mit konzentrisch angeordneten Rahmen innerhalb größerer Rahmen, inneren Welten innerhalb äußerer Welten füllen. Die Formenwelt von *2001* ist, wie der ganze Film, eine Einladung an das Auge des Zuschauers, über die erd- und filmgewohnten Grenzen von Zeit und

Selbst hinauszublicken und eine kinematographische Vision zu teilen, die ihrem eigenen Traum von Dauerhaftigkeit in einem amorphen und zufälligen Universum Form gegeben hat.

Innerhalb der vierteiligen Struktur von *2001* inszeniert Kubrick ein Labyrinth aus Bildern und Erzählfragmenten, aus dem sich jener paradoxe Zwiespalt zwischen zentripetalen (kollabierenden) und zentrifugalen (nach außen drängenden) Kräften entwickelt. Betrachten wir etwa folgende Beispiele dafür, wie der Film die Konjunktion von Himmelskörpern im ersten und zweiten Teil mit erzählerischen Doppelungen assoziert: (1) In einem Prolog unter den Titeln des Films nimmt die vertikale Aufreihung von Mond, Erde und Sonne zusammen mit der Musik aus Richard Strauss' *Zarathustra* nicht nur einen evolutionären Entwicklungssprung vorweg, sondern stellt auch eine kosmische Perspektive her, die gleichzeitig nach »oben« blickt (der Kameraschwenk) und zur Erde hinabsteigt (»Aufbruch der Menschheit«); ironischerweise beginnt die »Odyssee im Weltraum« in Dunkelheit und Zeit (auf der Erde) und spielt in einem filmischen Universum, in dem »aufwärts« manchmal »abwärts« bedeutet und ein Rückschreiten in der Zeit dem Sprung nach vorn in den Raum vorausgeht. (2) Im »Aufbruch der Menschheit« spielt Kubrick auf diese erste Aufreihung mit der ebenso vertikal komponierten, in starker Untersicht fotografierten Konjunktions-Einstellung von Sonne, Mond und Monolith an, in der ein außerirdisches Artefakt an die Stelle eines Himmelskörpers tritt und die Anwesenheit einer kosmischen Intelligenz in den Film projiziert, die bei den Hominiden auf der Leinwand wie den Zuschauern im Parkett das Vorgefühl einer Offenbarung weckt; in diesem Gegenschuß ist die Erde »unten« und der Mond »oben« (wie die Filmerzählung ja auch nur in die Vergangenheit zurückgreift, um in den Raum auszuholen) und der Monolith und seine Schwärze werden Teil einer Symmetrie, die in die Dunkelheit des Weltalls hinausweist und sich senkrecht mit den erstarrten, horizontalen Formen einer knochenbedeckten, nur vom einsamen Heulen des Windes belebten afrikanischen Landschaft kreuzt. (3) Teil zwei endet mit einer Wiederholung von Ligetis an außerirdische »Stimmen« erinnernden Musik und einer neuen vertikalen Aufreihung des Monolithen mit Sonne und Erde, als der Film seinen ersten Kreis schließt; bezeichnenderweise erklingt das *Zarathustra*-Motiv nicht, als die sechs Figuren, deren menschliche Gestalt nun von Raumanzügen und nicht mehr von der Körperbehaarung der Primaten des Pliozän unkenntlich gemacht wird, in die Grube hinuntersteigen und mit ähnlich verwirrten Gesten wie ihre Vorgänger aus den Zeiten des Menschheitsmorgens den Monolithen zu betasten beginnen – ein Zeichen, daß nicht Evolution, sondern Regression der Inhalt dieser Szene ist.[12] Vier Millionen Jahre nach dem eröffnenden Aufwärts-Schwenk des Films zeigt Kubrick, daß Floyd und dessen Raumfahrerkollegen wieder bei Mond-Schauer und den Affenmenschen angekommen sind: ein geschlossener Zeitkreis in der potentiellen Offenheit des Raums.

Bestimmendes Element des zweiten Teils sind denn auch die ersten Beispiele für ein filmisches *déjà vu,* das das Erinnerungsvermögen des Betrachters schärft und ihn in den traumähnlichen Reflexionsprozeß des Films über seine eigene Vergangenheit und die Dinge, die da kommen werden, einbezieht. Dies gilt natürlich für den gleichsetzenden Schnitt vom Knochen zum Satelliten, aber auch für eine Vielzahl anderer Assoziationen. Wie den ersten, so leitet die Kamera auch den zweiten Satz der Filmsymphonie *2001* mit einem Schwenk ein, der, über mehrere Einstellungen hinweg, Sonne, Erde, Mond *und künstliche Erdsatelliten* aufreiht, während die lautlose Eleganz von Kamerabewegung und Schnittrhythmus im 3/4-Takt von Johann Strauß' »An der schönen blauen Donau« aufgefangen wird. Diese Sequenz ruft nicht nur frühere Konjunktionen und darunter vor allem jene in Erinnerung, die Mond-Schauers Zeitlupen-Zelebration des evolutionären Siegs vorangig; sie bringt auch eine Reihe von interessanten Komplikationen ins Spiel: (1) die erste Monolithen-Konjunktion des Films verkündete unmißverständlich die Anwesenheit einer unsichtbaren und weit überlegenen Intelligenz, während die Satelliten (auch sie Werkzeuge *und* Waffen*) an den Knochen erinnern und die fortdauernde Anwesenheit von Mond-Schauers Erbteil im Weltall verkünden. (2) Ironischerweise stellt die visuelle Harmonie dieser Szenen eher ein Abfallprodukt der Raumfahrt und ihrer Technologie dar als eine notwendige Erweiterung der Bewußtseinshori-

---

* Die Assoziation zwischen Raumstationen und Waffen wird explizit durch den zweiten Satelliten hergestellt, den wir in der Umlaufbahn sehen: er hat eine äußere Form, die unmißverständlich an einen Panzer erinnert, und als ironische Hommage an die historischen Vorbilder des Dr. Seltsam hat ihn Kubrick auch mit einer deutschen Nationalflagge versehen ...

zonte – wofür vielleicht auch die Wahl einer Musik des 19. Jahrhunderts zu Bildern des 21. ein Indiz ist. (3) Der Knochen und die Satelliten sind nicht nur Artefakte, sondern zeitliche bzw. räumliche Erweiterungen des Menschen, wogegen der Monolith de facto als Tor zu einer völlig anderen Dimension fungiert, in der sich alle menschlichen Krücken, auch die Sprache, in nichts auflösen, sobald sie ihre Funktion erfüllt haben. (4) Und schließlich ist der Monolith ein hochexpressives filmisches Objekt, das nicht in erster Linie als außerirdisches Artefakt, sondern als Emblem für das Geheimnis des Außerirdischen wirkt, während die Weltraum-Hardware von *2001* sowohl für die authentische Science-Fiction-Landschaft sorgt wie auch Kubricks Konzept des Menschen als eines Werkzeug-Machers bestätigt.[13] Floyds Flüge zum Orbital-Hilton an Bord einer Pan-Am-Raumfähre (der *Orion*) und zur Clavius-Mondbasis an Bord eines kugelförmigen Raumschiffs (der *Aries*) stellen zwei weitere Sequenzen in Teil zwei dar, die die frühe Vorliebe des Films für erzählerische und visuelle Kreisschlüsse mit Bildern himmlischer Konjunktionen bestärken. In der ersten nimmt Mond-Schauers Knochen die stromlinienförmigere und expressivere Gestalt der *Orion* an, die sich pfeilgleich und phallisch ihrem Rendezvous mit der Reinkarnation eines anderen archaischen Werkzeugs nähert, das sich ebenfalls im Weltall wiederholt; den ganzen Bildvordergrund ausfüllend, kommt das rotierende Rad der Orbitalstation an Größe dem Erdball gleich, während die winzige *Orion* die Konstellation zu einer weiteren harmonischen Trinität von Artefakten und Himmelskörpern ergänzt. Mehr als zuvor, beteiligt sich Kubricks Kamera nun selbst an dem walzerseligen Weltraumballett der *Orion* mit dem Rad, was zu immer neuen visuellen Variationen des Konjunktionsmotivs führt, das in parodistischer Verfremdung schließlich auch im Inneren der Fähre dingfest gemacht wird: der Knochen/Phallus erscheint trivialisiert als Kugelschreiber in harmonischer Konjunktion mit dem frei schwebenden linken Arm Floyds vor einem Fernsehbildschirm, auf dem eine klischeehafte Liebesszene in einem futuristischen Automobil die sexuellen Instinkte des Menschen an die Banalität verrät. Durch diese Verbindung von äußerer Schönheit mit innerer Reflexivität deutet Kubrick, wie in *Dr. Strangelove*, die Widersprüche zwischen einer technologischen Ästhetik im Raum und evolutionsbestimmten Faktoren an, die im Augenblick des Aufstiegs ihre abwärtsziehende Gravitation zu entwickeln beginnen. Doch während Floyd wie ein Baby vor dem TV-Schirm schläft und die Erinnerungen seiner Rasse träumt, starren die Piloten im Cockpit auf Computerbildschirme, auf denen sich zwischen Koordination und Kürzeln ein kompliziertes Rendezvousmanöver (die zynische Variation des sexuellen Motivs in äußerster technischer Kälte) und gleichzeitig die perfekte Konjunktion zweier als futuristische Maschinen verkleideter menschlicher Artefakte abbilden.*

Nach der zweiten »Wasserstelle« des Films (der Szene zwischen Floyd und den Sowjets im Inneren des Rades) kehrt die Kamera in den Raum und zu weiteren Konjunktionsvisionen zurück, die abermals durch zeitliche und psychologische Überlagerungen kompliziert werden: Das Raumschiff *Aries* gleicht neben Sonne, Erde und Mond (an dessen Krater seine vier Schubdüsen erinnern) selbst einem Himmelskörper, während Floyd im Inneren den uralten Zyklus von Schlafen, Essen (durch Strohhalme aus einem Containertablett, auf dem grellbunte Bilder zeigen, was man »ißt«) und Entleerung (in der speziellen Schwerelosigkeits-Toilette mit langwieriger Gebrauchsanleitung) nachvollzieht und Stewardessen mit Haftschuhen kopfunter an der Decke spazieren, soweit sie nicht auf den allgegenwärtigen Fernsehschirmen die formalisierten Aggressionen von Judokämpfern betrachten.

Floyds zweiteilige Reise endet mit einem weiteren Rendezvous, diesmal der Landung der *Aries* auf Clavius, wo sich die riesige Kuppel des Astrodoms wie eine Blüte/Vulva vor dem herabsinkenden Samenkorn des Raumschiffs öffnet und die lunare Öde um die Travestie eines Fruchtbarkeitsritus bereichert wird.

Vor allem durch die Betonung von Bildschirmen und Fenstern entwickelt Kubrick im zweiten Teil eine Spannung zwischen zeitlicher Rückkoppelung und räumlicher Beschränkung einerseits und atemberaubenden 70-mm-Visionen von Harmonie und Weite andererseits. Die Weltraumreisenden zwischen Erde und Mond sind ausnahmslos in Käfige gesperrt, die den di-

---

* Speziell eine Einstellung in der *Orion*/Rad-Sequenz erinnert in ihrer Komposition an einen früheren Film. In der letzten Phase des Rendezvousmanövers fährt Kubricks Kamera im Inneren der Schleuse im Zentrum des Rades zurück, bis deren Öffnung den Weltraum mit der Enge eines Briefkastenschlitzes einrahmt: ähnlich war der erste Blick auf das Niemandsland in *Paths of Glory*. Für Floyd, wie für den Zuschauer, stellt der Weltraum in *2001* eine andere Art von »Niemandsland« dar.

rekten Zugang zum Raum verwehren. Sie bewohnen Raumschiffe, Raumstationen, Mondbasen und Raumanzüge, die die Unendlichkeit des Alls in Fenster oder Bildschirme rahmen. Kubricks Kamera bewegt sich beiderseits dieser Grenzen und zeichnet in ihren Schüssen und Gegenschüsen *von* außen und *nach* außen die räumliche Umfassung der Figuren auf, während sie sich gleichzeitig selbst mit den Grenzen ihrer 70-mm-Breitwand auseinandersetzen muß, die den ästhetischen Eingriff des Regisseurs verraten und doch (durch die suggestive Schwärze, die sie umgibt) das jenseits liegende Geheimnis anerkennen. In der Orbitalstation bringt Kubrick Floyd in eine Szenerie, die an eine keimfreie Isolierstation denken läßt und einer Innenansicht von Mond-Schauers Knochen gleicht: Röhrenförmig wie jener, ist sie lang, schmal, gebogen, blendend weiß und mit unwirklich pinkfarbenen Sitzgelegenheiten möbliert, die wie surreale Felsformationen herumstehen; in der Wand befinden sich rechteckige (bildschirmartige) Fenster, durch die ein in Häppchen zerlegter Weltraum und Fragmente der Erdkugel zu sehen sind, die auf einer unzerteilten Leinwand fraglos besser aufgehoben wären. Floyd begibt sich in eine Fernsehtelefonkabine, wo er sich via Bildschirm mit seiner Tochter (dargestellt von Kubricks jüngster, Vivian) unterhält. Natürlich kommt das Geheimnis des Monolithen mit keinem Wort zur Sprache; statt dessen enthüllen sich familiäre Banalitäten in der Art der Liebesszene auf dem *Orion*-Bordfernseher, die mehr auf die stammesgeschichtlichen Anfänge der Menschheit zurückverweisen – allerdings mit dem signifikanten Unterschied, daß Mond-Schauers Familie stets versammelt war, während sich hier herausstellt, daß Mutter gerade beim Shopping ist, die Babysitterin im Badezimmer, und daß der Vater wegen seines Mondflugs die Geburtstagsfeier seiner Tochter versäumen wird (zum Ausgleich wünscht sich das Kind als Geschenk ein Telefon …). Den leuchtenden Erdball, der vor dem Fenster in der Schwärze des Alls rotiert, läßt Floyd beim Betreten der Kabine wie auch während des Gesprächs fast demonstrativ unbeachtet. Statt auf die Schönheit und Weite des Weltraums reagiert sein Bewußtsein auf die undurchsichtigen Verwicklungen, die sich hinter diplomatischen Wortwechseln und streng geheimen Arbeitsbesuchen auf dem Mond verbergen. Nach der kurzen Ansprache in dem allseitig geschlossenen, fenster- und bildschirmlosen Raum auf Clavius sperrt Kubrick seinen Raumfahrtfunktionär in eine knochenförmige Mondfähre, die ihn zur Ausgrabung im Krater Tycho und zu TMA 1 bringt. Wieder liegt das Wunder der Außenwelt im Widerstreit mit einer Tragikomödie im Inneren: Draußen gleitet die Fähre horizontal und lautlos über eine geisterhafte, von einer dreiviertelvollen Erde beschienene Mondlandschaft, während die unirdischen Vokalisen eines Chorwerks von Ligeti *(Lux Aeterna)* bereits auf die »Monolithenmusik« seines *Requiem* vorausdeuten, das bald erklingen wird; drinnen diskutieren Floyd, Halvorsen und ein Begleiter das Rätsel eines vier Millionen Jahre alten Monolithen und die Schwierigkeit, die abgepackte Bordverpflegung am Geschmack zu unterscheiden. Wie schon so oft, rückt Kubrick das Vertraute in einen surrealen oder ungewohnten Kontext und verführt sein Publikum so, filmische Wirklichkeiten zu akzeptieren, die außerhalb der eingeübten Erfahrungsraster und auch außerhalb der Konventionen des Filmemachens liegen.

Ähnlich wie *Dr. Strangelove* nehmen die beiden ersten Teile von *2001* Züge einer verschachtelten surrealistischen Komödie an: (1) Eine Reihe von vier Abblenden zwischen dem Filmtitel und der Entdeckung des ersten Monolithen markiert die verschiedenen Phasen des »Aufbruchs der Menschheit«, die einen Zyklus beschreiben: von der mühseligen Nahrungssuche der vom Aussterben bedrohten Affenmenschen in einer knochenübersäten Trockensteppe über territoriale Auseinandersetzungen um ein Wasserloch und die Schrecken der Nacht bis zum plötzlichen Erscheinen eines fremden Artefakts, dem ein »magischer« Fortschritt der Evolution folgt. (2) Teil zwei beginnt in einer anderen stummen Landschaft, die ebenfalls mit »Knochen« (Satelliten) übersät ist und von einer Sonne erhellt wird, die abermals hinter einer dunklen Erde aufgeht; führt dann ins Innere des Rades zu einem metaphorischen Wasserloch und sublimierten Territorialkämpfen; zeigt Menschen bei der Aufnahme einer Nahrung, die nicht appetitanregender ist als das Wurzelfutter jener irdischen Steppe; und endet mit dem Erscheinen eines weiteren Monolithen und einem lunaren Sonnenaufgang. Es sind die Unterschiede zwischen diesen parallelen Inszenierungen, in denen die satirische Einstellung des Films zu seinem futuristischen Stamm zivilisierter Affenmenschen deutlich wird. Wie schon erwähnt, läßt Floyds Blick auf seine Welt zu keinem Zeitpunkt eine elementare Regung wie Ehrfurcht oder Angst erkennen, was zum Teil daher rührt, daß sein Gesichtsfeld durch Rahmen und Innenräume beschränkt wird, während Mond-Schauer seiner Welt unmittelbar gegenübertritt. Der technisierte Mensch, so zeigt uns der Film, hat sein »Gesicht« für eine selbstgenügsame Sicherheit eingetauscht, und wenn er auch ruhiger schläft als seine primitiven Vorfahren, so hat er doch die Fähigkeit zum Träumen eingebüßt. Als Floyd in den Ausgrabungskrater zum Monolithen hinuntersteigt, ist er weniger gut auf das Geheimnis vorbereitet als Kubricks Publikum; er bleibt in seinen Raumanzug und die Rahmen seiner Unwissenheit gesperrt, während die Zuschauer mit Hilfe einiger höchst suggestiver filmischer Mittel über diese Erfahrungsenge hinausgeführt werden und erste Anzeichen eines möglichen Ausbrechens aus den bisherigen Kreisbewegungen des Films entdecken.[14] Beispielsweise hatte Kubrick die zeremoniöse Wirkung der Zeitlupe benutzt, um Mond-Schauers Entdeckung und sein Glücksgefühl über die Rettung vor dem Hungertod zu unterstreichen, während hier die Handkamera den Eindruck einer plötzlichen Störung in die bis dahin von somnambuler Starre geprägten Bilder trägt. Blendende Scheinwerferbatterien rund um den Monolithen und Ligetis Musik wirken mit den taumelnden Kamerabewegungen und dem Bildaufbau zusammen, um die Bedeutung dieser Szene hervorzuheben. Wie in einem peinigenden, unerklärlichen Traum bewegen sich sechs unkenntliche Figuren kreisförmig um ein rechteckiges Totem; dann verdunkelt Kubrick in einer verblüffenden Einstellung plötzlich die Hälfte der Leinwand mit einer Nahaufnahme der undurchdringlichen Schwärze des Monolithen, hinter dem Floyd zum Vorschein kommt, seinen Arm ausstreckt und die glatte Oberfläche mit dem Handschuh seines Raumanzugs in derselben Geste berührt, mit der sich auch Mond-Schauers behaarte, aber empfindende Hand der Realität des Monolithen versichert hatte. Es folgt eine Szene, die die Magie des Augenblicks mit bewährter Ironie in eine Farce verwandelt: Fünf der Männer reihen sich vor dem Monolithen auf, während der sechste seine Kamera zückt, um ihn zum »gerahmten« Hintergrund eines Erinnerungsfotos zu trivialisieren. Kubrick, der ehemalige Fotograf, bestraft diese Profanation (die natürlich an das alttestamentarische Bilderverbot denken läßt) mit einem lunaren Sonnenaufgang, der das Alarmsignal des Monolithen mit seinen schmerzhaften Nebengeräuschen auslöst und gleichzeitig jenen Himmelskörper ins Bild bringt, den die Kamera für die nun folgende Konjunktions-Einstellung und den Übergang zu neuen, nicht mehr abschließbaren Reisen in die Geheimnisse des Weltalls braucht.

Chatschaturjans trostlose und einsame Musik setzt die Tonart für den dritten Teil von *2001* und den Beginn der eigentlichen »Odyssee im Weltraum«. In der ersten Hälfte des Films lag Kubricks Hauptaugenmerk auf historischer Ironie und zeitlicher Spiegelung, selbst bis zu dem Punkt, daß technische Evolution im Weltraum mit psychologischer Regression verbunden wurde. In den Teilen drei und vier ändert sich der Blickwinkel in dem Maße, in dem sich innerer und äußerer Raum einander annähern, um sich schließlich zu einer Harmonie zu vereinen, die in den früheren Szenen nur zwischen Maschinen und Himmelskörpern bestanden hatte. Im dritten Teil wird die komplexeste psychologische Konstellation des Films in einer Umgebung inszeniert, die an Teil zwei erinnert und das Paradox der Lebensrettung durch Tötung aus dem »Aufbruch der Menschheit« internalisiert. Erst hier übernimmt ein Computer mit menschlichen Charakterzügen die Kontrolle über ein sich selbst genügendes technologisches Universum und droht, mit der Vernichtung seiner Herren die biblische Parabel der Schöpfungsgeschichte umzukehren. Die fossilienartige Gestalt der *Discovery* projiziert Erinnerungen an die Landschaft des Pliozän in den dunklen und leeren Raum, durch den das Raumschiff gleitet wie ein prähistorischer Leviathan. Im Inneren des Kolosses bewohnt das menschliche Bewußtsein eine Dämmerzone irgendwo zwischen Fühllosigkeit und einem traumatischen neuen Leben, dessen Zug in die räumliche Weite (Teil vier des Films) hier mit den Rückkoppelungen des zweiten Teils im Streit liegt. Bowman und Poole werden abermalige Erweiterungen von Mond-Schauer und Floyd, während HALs Tod den Höhepunkt der filmischen Auseinandersetzung mit dem Menschen als Werkzeug-Macher markiert und einen notwendigen Schritt auf dem Weg zum Symbolismus eines Louis-seize-Zimmers und der Geburt des Sternenkindes darstellt. Visuell dominieren Innenräume die »äußere« Welt, wobei die Vielzahl subjektiver Kameraeinstellungen und desorientierender Bildwinkel die ständige unterschwellige Gegenwart eines inneren Konflikts signalisiert. Kreise und Korridore verwandeln die Innenwelt der *Discovery* in einen schattenfrei ausgeleuchteten Schoß des Todes, in dem

Kälteschläfer abgetrieben werden und in den sich eine der Figuren aus der Dunkelheit des Alls den Wiedereintritt erkämpft, um das zur Weltuntergangsmaschine gewordene Werkzeug zu zerstören und einen neuen Zyklus der Evolution zu beginnen. Um die konzeptionelle Komplexität dieses Teils von *2001* ganz zu verstehen, muß man die variierte Wiederkehr früherer Formen und Motive beachten. Im ganzen Film benutzt Kubrick Augen und augenähnliche oder -analoge Strukturen, um das Thema von Blindheit und visuellem/metaphorischem Erwachen zu akzentuieren. Im »Aufbruch der Menschheit« stehen die unmenschlichen, gelbleuchtenden Augen des Leoparden sowohl gegen Mond-Schauers geängstigten Blick in die Nacht als auch gegen den Augen-Blick seiner Bewußtwerdung. Floyd sehen wir entweder schlafend oder in einem Augenkontakt mit der Welt, der mehr das Bedürfnis nach Abschottung als die Fähigkeit zum Staunen verrät; er betrachtet und berührt die Schwärze des Monolithen genau wie Mond-Schauer, doch ohne dem Geheimnis dadurch näherzukommen.* Im Gegensatz dazu verwöhnt Kubrick die Augen seiner Zuschauer mit einer Fülle von staunenswerten Formen, in denen ästhetische Schönheit in evolutionäres Paradox umschlägt. Der Knochen des Hominiden verwandelt sich aus einem primitiven Werkzeug/Tötungsinstru-

---

* Im »Aufbruch der Menschheit« kontrastieren die empfindsamen Augen des Hominiden mit dem gelben Leuchten der Leopardenaugen; in Teil zwei kontrastieren die gleichgültigen und kalten Blicke der menschlichen Augen mit den glänzenden weißen »Augen« der *Aries* und den rotglühenden Augen der Mondfähre. In Teil drei wirkt HALs Auge mit seiner roten Iris und gelben Pupille lebendiger als der verschlossene und abwesende Blick von Bowman oder Poole. HALs Auge ist im Raumschiff allgegenwärtig; es wird stets von je vier quadratischen Bildschirm-Monitoren auf jeder Seite flankiert, was den Eindruck verstärkt, daß er alles »sieht« und wie auf einem technologischen Schachbrett kontrolliert. In der Geburtstagsszene werden Pooles Augen durch eine orangerote Schutzbrille betont, unter der sein Blick jedoch die gewohnte, fast unheimliche Teilnahmslosigkeit beibehält. Die Raumgondeln haben ein Zyklopenauge (das Fenster) mit zwei weißen Scheinwerfern an den Seiten, die, sobald sie eingeschaltet sind, das Fahrzeug wie ein fremdartiges Ungeheuer aussehen lassen. Während des Konflikts mit HAL werden Bowmans Augen plötzlich vor Angst lebendig und erscheinen von farbig flackernden Reflexen eingerahmt. In der Sternentor-Passage des vierten Teils füllt Bowmans Iris die Leinwand, farblich verfremdet, mehrmals in derselben Größe, wie es im dritten Teil das Auge HALs getan hatte, und unser erster Blick in das Louis-seize-Zimmer am Schluß wird vom Augenfenster der Raumgondel eingerahmt. Als sich Bowman als alternder Gentleman nach dem Bett umdreht und seinen sterbenden Zwilling ansieht, kneift er auffällig beide Augen zusammen. Und das hervorstechende Merkmal des Sternenkindes sind seine riesigen Augen, die in der letzten Einstellung des Films direkt in die Kamera blicken.

ment in einen eleganten, knochenbleichen Satelliten, der zusammen mit der Phallusimitation der *Orion* und der Schädel-/ Planetenform (mit weißglänzenden Augen) der *Aries* Kubricks Vision vom Menschen einer technischen Spätzeit Gestalt gibt, der die unerträgliche Leere des Raums mit anthropomorphen Artefakten möbliert, die es an Harmonie und Dauer den Planeten gleichtun sollen. In den ersten Szenen des dritten Teils wiegt der Film sein Publikum im Glauben, HAL stelle ein absolutes Werkzeug, einen positiv gesehenen Endpunkt dieser Entwicklung dar. Unsichtbar und allgegenwärtig, verfügt er über sämtliche manuellen Möglichkeiten, öffnet und schließt Türen, steuert Raumgondeln, wärmt Mahlzeiten, hält das Raumschiff auf Kurs und scheint mit der mathematisch-rationalen Präzision seines elektronischen Gehirns eine ideale Umwelt für die menschliche Erforschung des Alls zu schaffen. Doch gerade in der umfassenden Kompetenz und der Vollkommenheit HALs schlägt die Idee des Werkzeugs um: De facto sind Bowman und Poole bereits seine »Knochen« – nicht Herren, sondern Diener seiner Allwissenheit, der sie zwangsläufig als ebenso verfügbare Artefakte erscheinen müssen, wie es Mond-Schauers Werkzeug für diesen war. Genau wie einst Mond-Schauer seinen Knochen nach Gebrauch von sich schleuderte (Kubrick zeigt diese auffällige Geste im »Aufbruch der Menschheit« *zweimal)*, wird daher HAL im dritten Teil des Films den »Knochen« Poole in den Raum hinausschleudern: Das zum Meister gewordene Werkzeug verhält sich wie sein vormenschliches Urbild aus dem Pliozän und belegt die These des Films, daß Maschinen physisch/ psychische Erweiterungen darstellen, die das in ihren Schöpfern Angelegte zu verstärken, aber nicht zu transzendieren vermögen – ebenso wie ihre äußere Gestalt auf Imitation beruht und nicht auf Neuerfindung. Ähnlich wie die große Weltkarte in *Dr. Strangelove* stellt der Weltraum von *2001* ein Spiegeluniversum dar, in dem die Menschheit die Unendlichkeit auf den Maßstab des ihr technisch Möglichen zu reduzieren versucht. Maschinen sind hier weniger die Spielzeuge, als vielmehr die Kinder des Menschen, die unweigerlich zu gargantuesken Proportionen heranwachsen und sich schließlich, ihrer selbst genug, gegen die Erzeuger wenden.[15] In ihnen objektivieren und perpetuieren sich die menschliche Liebe zum Schönen und die Sucht nach Ordnung, der Wille zum Überleben selbst auf Kosten der Menschenwürdigkeit des Lebens und, in tragischer Ironie, die Sehn-

Bowman als Reflexion im rot-gelben Auge HALS

sucht nach der Unsterblichkeit des Unbeseelten. Nur der Monolith als das einzige nichtmenschliche Artefakt des Films verweigert sich in Form und Farbe dieser anthropomorphisierenden Geometrie und gibt damit schon visuell zu erkennen, daß sein Transzendenzversprechen frei ist vom Ballast der Vergangenheit und tatsächlich der Zukunft gehört. Ausgerechnet die *Discovery*, die ausgeschickt wird, sein Geheimnis zu ergründen, treibt das Gestaltungsprinzip der technischen (»entfremdeten«) Organformen auf die Spitze: In ihrer Hantelform erinnert sie an einen Knochen, mit ihrem dicken Kopf und langen Schwanz an einen Samenfaden (der bereits auf Bowmans Wiedergeburt vorausweist) und mit den Kettengliedern ihres Mittelstücks an ein Skelett. Daß ihre Mission nur im Untergang ans Ziel führen kann, wird innerhalb der visuellen Logik des Films schon mit ihrem ersten, langsamen Ins-Bild-Gleiten zu Beginn des dritten Teils augenfällig – ganz abgesehen von der trauernden Musik, die das Gefühl der Ausweglosigkeit noch unterstreicht.

Die psychologischen Inhalte des dritten Teils erinnern an die Doppelungen in *Lolita*, wobei uns Kubrick in *2001* jedoch eine Figur zeigt, die sich ihres Doppelgängers entledigt und neue Wahrnehmungsmöglichkeiten gewinnt. Anfangs halten Pooles körperbetonte, »irdischere« Aktivitäten den eher verträumten, raumbestimmten Charakterzügen Bowmans die Waage: Poole hält sich mit Dauerlauf und Schattenboxen fit, trägt Turnhosen und nimmt ein Sonnenbad unter der UV-Lampe (wie Miss Scott in *Dr. Strangelove*), während er sich auf einer Liege zwischen zwei Schlafsärgen die Fernsehübertragung seiner Geburtstagsfeier bei den Eltern auf der Erde ansieht; Bowman repräsentiert, in ironisch-bescheidenen Ansätzen, den »Künstler«, der anspruchslose Strichzeichnungen von Kälteschläfern anfertigt, die offensichtlicher (wenn auch vergeblicher) als er einem späteren Erwachen im Raum entgegenschlafen. Es wird jedoch rasch deutlich, daß Bowman und Poole keine Doubles darstellen, sondern spiegelgleiche Zwillinge, und daß es der Computer sein wird, der zu Bowmans Humbert den Quilty liefert. Kubrick hat die Rollen von Bowman und Poole nicht nur mit physisch und physiognomisch sehr ähnlichen Schauspielern besetzt, die bei identischer Arbeitskleidung und identischem Haarschnitt in den Totalen tatsächlich ununterscheidbar sind; er inszeniert die beiden auch mehrfach in demonstrativer Symmetrie: Bei der Nahrungsaufnahme (von einem »Essen« kann man kaum sprechen) ißt Bowman, rechts sitzend, mit der rechten Hand, der links sitzende Poole dagegen mit der linken; beide verzehren dieselben farbigen Pasten, während sie auf getrennten, symmetrisch angeordneten Monitoren narzißtisch ihre eigenen Fernsehbilder und HALs Auge anstarren, die in einer BBC-Nachrichtensendung mit dem vielsagenden Titel »Die Welt am Abend« von der Erde übertragen werden. Poole verliert eine Schachpartie an HAL (ein Vorzeichen seines Todes), während Bowman schläft, und Bowman präsentiert seine Zeichnungen der Kälteschläfer vor HALs verständnisvollem Fischaugenobjektiv, während sich Poole in seinen Schlafsarg zurückgezogen hat. In fast allen Einstellungen, die beide zeigen, nimmt Bowman den rechten Teil der Leinwand ein und Poole den linken; wird nur einer der beiden gezeigt, bleibt leerer Raum oder ein leerer Stuhl, der auf den fehlenden Zwilling verweist. In den subjektiven Kameraeinstellungen durch HALs Auge ist Bowmans Platz immer rechts. Als Bowman HAL seine Zeichnungen zeigt, ist Pooles leerer Stuhl auf der linken Seite besonders auffällig; am Ende der Szene hält Bowman die Skizzen auf HALs Bitten näher an das Objektiv, so daß die Blätter die linke Leinwandseite und den Stuhl verdecken. Als sich die beiden später in der Raumgondel über HAL unterhalten (der heimlich ihre Lippenbewegungen mitliest), sitzen sich Bowman (rechts) und Poole (links) mit zwillingsähnlichen Profilen gegenüber, während HALs Auge, eingerahmt vom ovalen Auge der Gondel, zwischen ihnen steht; unmittelbar über HAL sehen wir den leeren, roten Helm von Bowmans Raumanzug, der ebenfalls in die Gondel zu spähen scheint. In dieser Einstellung zeigt Kubrick sowohl Bowman und Poole als Zwillinge als auch Bowman und HAL als Doppelgänger. Bowman und Poole verlassen jeder einmal in einer Raumgondel das Schiff, während der andere das Manöver auf den Bildschirmen des Kommandodecks verfolgt; und als Poole schließlich von der Gondel (einem weiteren »Knochen« HALs) getötet wird, besteigt Bowman eine Zwillingsgondel, um seinen in die Dunkelheit des Alls hinaustreibenden Bruder vielleicht doch noch zu retten. Beide leisten für HAL kaum mehr als Hausmeisterdienste und sind umfassend von ihm abhängig: er versorgt sie mit Unterhaltung, den notwendigen Informationen über den aktuellen Status der Schiffssysteme und selbst der Luft

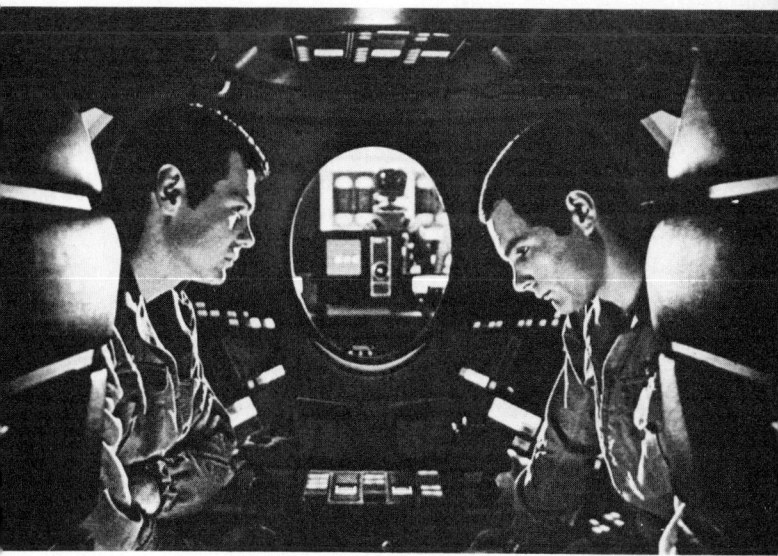

Die Zwillinge der ›Discovery‹ (Gary Lockwood und Keir Dullea), getrennt durch das Auge des Wahnsinns

zum Atmen. HAL seinerseits hat in Gestalt eines zweiten 9000er-Computers, der die Mission vom Kontrollzentrum auf der Erde aus verfolgt, ebenfalls einen Zwilling aufzuweisen (sozusagen den Dr. Jekyll zu seinem Mr. Hyde). Als »Figur« wird HAL durch Großaufnahmen seines Auges und durch den weichen, leidenschaftslosen Klang seiner Stimme (im Original: Douglas Rain) definiert, wobei das Auge sowohl an den wachsamen Blick des Hominiden wie an das gelbe Funkeln der Leopardenaugen erinnert,* während seine Sprache die kalte Rationalität von Heywood Floyd imitiert. Durch visuelle und dramatische Assoziationen gelingt es Kubrick, die Doppelung von Bowman und Poole zu verstärken und jene von Mond-Schauer und Floyd im Hintergrund präsent zu halten. Schon bei seinem ersten Auftritt wird Bowman als verzerrte, rotierende Reflexion im Auge HALs gezeigt (als er auf dem Weg ins Innere der Zentrifuge deren Nabe passiert), und sowohl Bowman wie HAL erleben im Augenblick ihres »Todes« eine Gedächtnisreise, die für ersteren auf einem grünen und goldenen Bett in einem Raum des 18. Jahrhunderts und für letzteren mit einem Lied endet, das ihm sein Programmierer beigebracht hat. Auf der symbolischen Handlungsebene wiederholt HAL Mond-Schauers Primitivität und Floyds Blindheit, als er sein Wissen um den Monolithen verheimlicht und zum ersten Kain im Weltraum wird; Bowman agiert demgegenüber mit der Menschlichkeit jenes ersten Überlebenskampfes in einer feindlichen Umwelt und überschreitet die erdgebundenen Grenzen von Floyds Weltsicht.

Wenn wir die einzelnen Schritte, die zu HALs Zusammenbruch führen, in ihrem logischen Zusammenhang auflisten, wird die Bedeutung der HAL/Bowman-Doppelung für den Film offenkundig: (1) HAL äußert mehrfach unverhohlenen Stolz auf seine Unfehlbarkeit und die Unfehlbarkeit der anderen Computer der Serie 9000, obwohl er weiß, daß im Falle einer Fehlfunktion sein irdischer Zwilling die Kontrolle über die *Discovery* übernehmen wird. (2) Im Zentralspeicher erfährt Bowman am Schluß des dritten Teils, daß HAL und die drei Kälteschläfer von

---

* Nach Herb A. Lightman, *American Cinematographer*, entstand das gelbe Leuchten in den Leopardenaugen als zufälliger Nebeneffekt der Frontprojektion, die bei *2001* erstmals in großem Maßstab angewendet wurde. Im Roman sind es »topasfarben leuchtende Augen«, die Mond-Schauer aus der Nacht heraus anstarren. Clarke hatte bereits Arbeitskopien von Teilen des Films gesehen, als er seinen Roman fertigstellte; in seiner Fassung ist HALs Pupille jedoch nicht gelb, wie bei Kubrick.

Anfang an über den Monolithen und den Zweck der Jupiter-Mission informiert waren. (3) Nachdem HAL Bowmans Zeichnungen der Kälteschläfer betrachtet hat, läßt er eine latente Unsicherheit über sein verheimlichtes Wissen erkennen, als er »Dave« die »persönliche Frage« stellt, ob er sich nicht »Gedanken über unser Unternehmen« mache. (4) Unmittelbar anschließend entdeckt HAL einen Defekt in der AE-35-Einheit im Antennensystem, die das Raumschiff mit der Bodenkontrolle und dem HAL-9000-Zwillingscomputer verbindet. (5) Als bei der Überprüfung des Aggregates kein Fehler gefunden wird, findet HAL dies »rätselhaft« und führt es auf »menschliches Versagen« zurück, während die Bodenkontrolle Bowman und Poole informiert, daß der irdische Zwillings-9000er einen Computerirrtum bestätigt. (6) Bowman und Poole ziehen sich in eine Raumgondel zurück, schalten alle Kommunikationssysteme ab und diskutieren HALs merkwürdiges Verhalten und die Notwendigkeit, ihn abzuschalten (zu töten) und die Computerkontrolle des Unternehmens an den irdischen Zwilling zu übergeben, falls die AE-35-Einheit nicht, wie von HAL prophezeit, ausfallen wird; eine unheilverkündende subjektive Kameraeinstellung zeigt HALs Blick durch das Gondelfenster auf Pooles und Bowmans Lippen, von denen er die Unterhaltung abliest. (7) Schließlich ermordet HAL Poole und die drei Kälteschläfer und verweigert Bowman die Rückkehr ins Raumschiff, womit er sein eigenes Ende besiegelt: Bowman kann sich den Weg ins Innere des Schiffs erkämpfen und HAL abschalten. In vielen Analysen des Films wird diese Folge von Ereignissen als Beleg dafür gelesen, daß HALs Hybris von seinem ursprünglichen Stolz und der Verletzung dieses Stolzes durch seinen Fehler herrührt. Eine solche Interpretation mag in sich stimmig sein, verfehlt jedoch die symbolische Bedeutung dieses Teils der Handlung für Bowmans spätere Verwandlung in das Sternenkind. Warum macht HAL einen so simplen und untypischen Fehler gerade bei der Statusdiagnose der AE-35-Einheit?[16] Könnte diese Fehlleistung der Ausdruck einer Verunsicherung über seine Rolle bei der Jupiter-Mission sein? Ein unbewußter Wunsch, die Verbindung zur Erde zu kappen? Schließlich kennen nur die Bodenkontrolle, der irdische Zwillingscomputer und die drei Kälteschläfer die Wahrheit – daß HALs Unfehlbarkeit als Maschine und seine Loyalität gegenüber Bowman und Poole durch seine Verstrickung in eines von Floyds irdischen Komplotten

kompromittiert sind. Auf »menschliches« Verhalten programmiert, hat HAL die Maschinenunschuld verloren, die sein irdischer Zwilling fraglos noch besitzt; er ist befleckt vom Bewußtsein seiner Autonomie und dadurch unfähig geworden, als
Werkzeug zu funktionieren. Als ihm Bowman die Porträts der
Kälteschläfer vorhält, wird er unterschwellig an die auch in ihm
schlummernde Wahrheit und damit an seine Lebenslüge erinnert. Er reagiert mit einem halbbewußten Versuch, den Kontakt zur Erde und die Bedrohung durch seinen »makellosen«
Bruder zu unterbinden. Der Mord an den drei Mitwissern in den
Kühlsärgen, der in der Logik der Ereignisse ohnehin unver-
meidlich ist, erhält damit auch eine tiefere Motivation: In ihnen
tötet HAL, was ihn kaputtgemacht hat. Kubrick zeigt dieses
Sterben von Figuren, die nie gelebt haben, in der eisigen Abstraktion allmählich abflachender Herz- und Hirnstromkurven
auf den Fernsehmonitoren – in ihrer Kälte und Menschenferne
wohl eine der erschreckendsten Todesszenen der Filmgeschichte. Verständlich werden diese Vorgänge rückblickend am Ende
des dritten Teils, als HALs letzte Handlung vor seiner gänzlichen
Abschaltung darin besteht, Bowman im Inneren des Zentralspeichers die vor dem Start aufgezeichnete Botschaft Floyds
vorzuspielen. Der flackernde Bildschirm (dem letzten Aufflak-
kern von HALs Bewußtsein entsprechend) enthüllt nicht nur
den Zweck des Unternehmens, sondern auch die Ursache von
HALs Verhalten – das Geheimnis, das verschweigen zu müssen
ihn in den Wahnsinn trieb. Für Bowman bedeutet dieses Scheitern seines Doppelgängers in mythologischer Symmetrie den
Anfang des Neubeginns. Als sein rationales, technisches Alter
ego (HAL) seinen irdisch-physischen Zwilling (Poole) ermordet, durchlebt Bowman ein traumatisches Erwachen, das noch
dramatischer ist als Mond-Schauers Entdeckung der Keule. Er
kämpft sich in den fossilienhaften Schoß der *Discovery* zurück,
zerstört HAL und befreit den Menschen des technischen Zeital-
ters aus der Tyrannei seiner eigenen Werkzeuge.
In diesem Showdown zwischen Mensch und Maschine inszeniert
Kubrick eine seiner verblüffendsten filmischen Konfrontationen. Während ungewöhnliche Aufnahmewinkel und die Ver-
zeichnungen von HALs Fischaugenobjektiv das Innere der *Discovery* definieren und die latenten psychologischen Spannungen
ausdrücken, herrschen im Weltall tiefräumige Konturenschärfe
und Symmetrie vor, die das Gefühl grenzenloser Einsamkeit

Körper im Raum

verstärken. Deutlicher als zuvor zeigt Kubrick die Weltraumrei-
se als ein geheimnisvolles und furchteinflößendes Äquivalent
zum Monolithen selbst. Statt visionärer Planetenkonjunktionen
oder strahlend explodierender Welteninseln wie vorher und
nachher sehen wir im dritten Teil nur ein surreales Raumschiff
und zufällige Meteoriten inmitten unendlicher Schwärze. In
drei Gondeleinsätzen bringt der Film seine Figuren in diesen
räumlichen Kontext und erzeugt dort erstmals eine psychologische Syntax, die die Vergangenheitsform negiert. Jede dieser
Sequenzen beginnt mit einer Einstellung auf den riesigen runden Kopf der *Discovery*, hinter dem wie ein kleiner Mond die
Raumgondel »aufgeht«: eine Konjunktion zweier menschlicher
Artefakte anstelle der »magischen« Aufreihung von Himmelskörpern mit dem Monolithen, aber doch eine Vordeutung auf
dessen Wiederauftauchen und eine visuelle Erinnerung an den
»Aufbruch der Menschheit«. Später wird der Kopf der *Disco-
very* selbst in der Sichelform eines teilweise verfinsterten Plane-
ten erscheinen (wie die Erde im Vorspann des Films), als das
Raumschiff das Gebiet des Jupiter mit dessen Monden und dem
Monolithen erreicht hat. Im Inneren der Raumgondeln werden
Pooles und Bowmans Gesichter von roten, blauen und weißen

175

Lichtreflexen der Kontrollbildschirme belebt; beide blicken durch ein augenförmiges Fenster in den Raum, und beide treten beim Verlassen der Gondel aus der Türöffnung hervor wie ein Fötus aus dem mütterlichen Schoß. Ihre Raumhelme haben eine animalische Kopfform und sind mit weiteren Augen dekoriert, und sie treiben beide, mit dem Kopf nach unten, auf den Rumpf der *Discovery* zu wie ein Neugeborenes auf der Suche nach dem Körper seiner Mutter.[17] Während Poole an der Antenne arbeitet und das AE-35-Aggregat – das Verbindungsglied zur Erde – austauscht, macht sich seine unbemannte Gondel plötzlich selbständig und fährt, gelenkt durch HALs immer näher kommendes Auge an ihrer Vorderseite, mit drohend ausgestreckten Greifarmen auf ihn zu. In der nächsten Einstellung sehen wir Poole bereits hilflos zappelnd, mit durchschnittenem Verbindungskabel zur Antriebs- und Versorgungseinheit auf seinem Rücken, in die Finsternis hinaustreiben. Auf dem Kommandodeck der *Discovery* zeigt Bowmans maskenhaftes Gesicht erste Zeichen innerer Bewegung: mit der Abtrennung seiner irdischen Hälfte beginnen das Erwachen und die Verwandlung. In seiner Eile, Poole zu Hilfe zu kommen, verliert er symbolisch den Kopf: Er läßt seinen roten Raumhelm in der *Discovery* zurück, der ihn bisher vor der Luftlosigkeit des Weltraums geschützt, aber gleichzeitig von der Erfahrung isoliert hat. Im Inneren der Gondel nimmt sein Gesicht neue Farben an und seine Augen werden von Lichtreflexen eingerahmt, während er die Dunkelheit absucht und zur ersten Figur des Films wird, die durch ein Fenster/Auge in den Raum hinausblickt, um dort etwas zu *sehen*. Auf der symbolischen Ebene sucht er sich selbst, seinen irdischen Zwilling, den er aufgeben muß, ehe sich seine Augen endgültig öffnen und die Farben und Formen des Sternentors wahrnehmen können. Er findet Poole – der schon ein Gegenstand geworden ist, mehr der *Discovery* als Bowman ähnlich, durchs All treibend wie die leere Hülle einer längst ausgestorbenen Art – und birgt seinen Körper in den mütterlichen Armen der Gondel, nur um nicht mehr in den technischen Schoß eingelassen zu werden, der seine Kinder im Kälteschlaf abtreibt, Raumgondeln in Waffen verwandelt und die sterile Perfektion eines rationalistischen Universums verteidigt. Bowman stößt Poole endgültig in die Schwärze hinaus und benutzt die Sprengbolzen der Gondeltür, um sich selbst in den roten, uterinen Korridor einer Notluftschleuse des Raumschiffs zu katapultieren. Seit Mond-Schauer hat keine Figur in *2001* mehr eine ähnlich lebensbejahende Tat vollbracht, wobei diejenige Bowmans charakteristischerweise nicht mehr in einem Neuerwerb, sondern in einer Entäußerung besteht. In dem Augenblick, in dem sich Bowman zum Überleben und zum gewaltsamen Wiedereintritt in die *Discovery* entschließt, beginnt ein Befreiungsprozeß, in dessen Verlauf er sich von seiner irdischen Identität (Poole als Zwilling), von seinen Werkzeugen Rationaliät und Technik (HAL als Doppelgänger) und von der Zeitlichkeit seines Gedächtnisses (in Gestalt des Louis-seize-Zimmers) trennt. Sein schweres, gepreßtes Atmen auf dem Soundtrack und die optische Unruhe der Handkamera akzentuieren das prototypisch Menschliche seines letzten Kampfes gegen HALs verbale Autorität (»Dave! Ich merke, daß du sehr aufgeregt bist. Ich gebe dir einen guten Rat. Du solltest dich eine Weile hinlegen, eine Beruhigungstablette nehmen und dir die Sache nochmal überlegen ...«). Bowman bedient sich der Sprache bezeichnenderweise nur noch einmal, während er im roten, rechteckigen

Bowman katapultiert sich in die »uterine« Notluftschleuse der ›Discovery‹ zurück (Keir Dullea)

Innenraum des Zentralspeichers die Gedächtniselemente des Computers desaktiviert: als HAL den kindlichen Wunsch äußert, ein Lied singen zu dürfen (»Ja, ich möchte es gerne hören, HAL. Sing es mir vor.«). Und HAL singt einen alten Schlager voller Ironie und Trauer (»Daisy, Daisy, give me your answer true, I'm half crazy all for the love of you«/»Daisy, Daisy, sag die Wahrheit mir, ich bin schon halb von Sinnen vor lauter Liebe zu dir«),* und Bowman schwebt stumm und staunend vor dieser Unschuld der Anfänge und der Erfahrung der Zeit (Floyds aufgezeichneter Botschaft). Auch für den Film ist es eine Reise in die Vergangenheit, eine Rückkehr zu Mond-Schauers Vermächtnis, die den Pfeil der Zeit nicht umgekehrt, sondern aufgehoben hat.[18]

Von allen Sequenzen in *2001* stellt Bowmans Passage durch das Sternentor die filmischste (visuellste) und gleichzeitig die am schnellsten alternde dar. Beim ersten Sehen war sie für das Publikum nicht minder überwältigend als für Bowman – obwohl man bezweifeln möchte, daß sie für die Zuschauer überraschend kam. Während des ganzen Films verspricht Kubrick indirekt eine solche Entwicklung – ein Eindringen in die Welt des Monolithen, weg von der Newtonschen Uhrwerkhaftigkeit eines vorhersehbaren Universums. Normalerweise kommt kein Science-Fiction-Film von der Größenordnung von *2001* ohne mindestens eine pyrotechnische Orgie aus, und ganz gewiß glaubt das Publikum, darauf einen Anspruch zu haben. Sobald die *Discovery* den Raum des Jupiter erreicht hat und zwergenhafter Bestandteil einer Konjunktion mit dem Planeten, seinen Monden und dem Monolithen geworden ist – und die Kamera den Aufwärts-Schwenk wiederholt, mit dem der Film begonnen hatte –, erwarten die Zuschauer etwas »Magisches« und Unvorhergesehenes. Und Kubrick liefert: Das Sternentor zeigt Bowmans Befreiung von irdischen Formen sowohl durch eine Flut von nie gesehenen Mustern und Farben als auch durch die Wiederholung vertrauter Bilder in neuen visuellen Kontexten. Knochen, Satelliten, zeitlupenhaft dahingleitende Raumschiffe und

---

* In der deutschen Synchronfassung gibt HAL das Kinderlied »Hänschen klein« zum besten und verröchelt bei den Versen: »da besinnt sich das Kind/Und kehrt heim geschwind …« Der Bezug auf Bowmans »Heimkehr« durch das Sternentor ist evident – und ein ödipaler Fingerzeig für alle, die sich am Spiel der galoppierenden Interpretation beteiligen wollen … (Anm. d. Übers.)

die bisherige Vorherrschaft von Schwarz und Weiß machen den vielfarbigen, strahlenden Lichtkorridoren des *Slit-scan*-Verfahrens, leuchtenden Kristallen, explodierenden Welteninseln, embryonalen Formen, abstrakten Ahnungen neuer Sonnenaufgänge und vor allem dem ständigen Eindruck rasender Bewegung Platz. Zeit und Raum gewinnen eine noch nicht erlebte Plastizität, während Bowmans Gesicht in einem Stakkato kurzer Reißschwenks und mehreren standkopierten Einstellungen, die es grimassenhaft verzerrt zeigen, gleichsam aufgelöst wird. Nur eine leinwandfüllende Großaufnahme seiner Iris bleibt schließlich übrig, die in Form und Größe an HALs verzerrendes Auge erinnert, jedoch die unwirklichen Farben dessen annimmt, was sie sieht, und so zu einem Emblem der Wahrnehmung selbst wird. Vor ihr ziehen erdähnliche Landschaften vorbei (die Hebriden und das Monument Valley), die als farblich verfremdete Negative projiziert werden und ein Universum auf der »anderen Seite« der Realität assoziieren lassen. Wie eine überdimensionale, gleichzeitig spiegelnde und durchlässige, das Licht brechende und reflektierende Objektivoberfläche, auf der sich innere und äußere Räume überlagern, ist dies eine Welt des absoluten Sehens, in der alles möglich ist und nichts gewiß.[19]

Mit der Passage durch das Sternentor gelangen Bowman und der Film in jene »Unendlichkeit«, die der Titel des vierten Teils (»Jupiter – und dahinter die Unendlichkeit«) verspricht und die den Regisseur vor ein in aller Regel unlösbares ästhetisches Problem stellt. Wie soll der Film eine »transdimensionale«, jenseits der Kategorien unseres Vorstellungsvermögens liegende Realität plausibel und sichtbar machen, ohne seinen erzählerischen Zusammenhang und die Nachvollziehbarkeit seiner thematischen Entwicklung zu opfern? Natürlich kann sich der Filmemacher dem Plausibilitätszwang in gewissem Maße dadurch entziehen, daß er dramaturgischen Konventionen von Anfang an aus dem Weg geht und sein Publikum im Verlauf des Films dazu erzieht, die Bilder und Töne nicht in Bezug auf einen Pilot, sondern symbolisch und assoziativ zu lesen. Er kann darauf verzichten, mit herkömmlicher Handlungsdramaturgie zu »erklären«, warum beispielsweise eine Figur wie Heywood Floyd weniger psychologischen Tiefgang hat als ein Affenmensch einerseits und ein Computer andererseits. Kubrick nutzt diese Möglichkeiten, und er tut manchmal noch mehr. Er läßt einen Computer als kühle, sachliche Stimme der Vernunft an einer Forschungsreise in das Unbekannte teilnehmen, nur um ihn, in einer Rückblende auf den Erzähler von *The Killing*, plötzlich in eine Parodie der Konzepte von Allwissenheit und Objektivität umschlagen zu lassen. HAL »weiß« alles an Bord der *Discovery*, doch aus Gründen der »Mannschaftsmoral« verheimlicht er sein Wissen (bzw. ist programmiert, es zu verheimlichen) und erhält so eine Illusion von »Demokratie« aufrecht. Seine Rolle entspricht jener, die Floyd auf Clavius und Kubrick für *2001* spielen: Alle scheinen den Ablauf der Ereignisse in ihren jeweiligen Welten zu bestimmen und ihr jeweiliges Publikum (auf Clavius, an Bord der *Discovery*, im Kino) davon zu überzeugen, daß die Gesetze der Vernunft auch in Augenblicken scheinbarer Rätselhaftigkeit nicht außer Kraft sind. HALs Allwissenheit bricht schließlich in einem psychotischen Schub zusammen und verröchelt mit den Geräuschen eines immer langsamer laufenden Tonbandes, die den Gott der *Discovery* als Menschenwerk entlarven. Doch Kubrick ist keine Fiktion, seine Realität ist unbezweifelbar, und obwohl seine Präsenz in jeder Szene und jedem Bild von *2001* spürbar ist, wirkt seine auktoriale Allwissenheit dennoch seltsam zurückgenommen, mehr ein Appell an das Vorstellungsvermögen des Zuschauers als eine verläßliche Autorität. Die Schlußszenen des Films scheinen einen Gestus schöpferischer Demut zu enthalten, der dem Eingeständnis nahekommt, daß das Geheimnis der anderen Welt auch ihrem Regisseur verborgen bleibt – daß er vor dem Monolithen steht wie Mond-Schauer oder Floyd und ihn berührt, ohne ihn ganz zu begreifen. Was sind die ästhetischen Implikationen eines derart »unbefriedigenden«, vieldeutigen Endes eines (filmschen oder literarischen) Kunstwerks? Kommen sie einer Abdankung des Künstlers gleich? Oder einem Hinweis auf den notwendigen Ausschnittcharakter jedes künstlerischen Weltentwurfs, der nur um den Preis der Begrenztheit kognitive Ordnung schaffen kann und immer vom Chaos eines sich unaufhörlich erneuernden Universums umgeben ist?[20]

Nach seinen eigenen Angaben war sich Kubrick noch kurz vor dem Drehbeginn nicht definitiv über den Schluß von *2001* im klaren. Im ursprünglichen Drehbuch ließen er und Clarke die Reise Bowmans in einem außerirdischen Beobachtungsraum enden, der einer Hotelsuite aus den irdischen Erinnerungen des Weltraumreisenden glich. Bowman sollte in Zimmern umhergehen, die mit Nachbildungen vertrauter Gegenstände (einem

Washingtoner Telefonbuch, modernen Möbeln, einem Fernseher an der Decke) ausstaffiert waren und dann die letzte Erscheinung des Monolithen erleben. Nach Clarkes Schilderung (in *The Lost Worlds of 2001*) tauchte die Verwandlung ins Sternenkind etwa drei Monate vor Beginn der Dreharbeiten erstmals im Manuskript auf. Kubrick war offensichtlich von dieser Idee begeistert, hatte aber noch keine Vorstellung, wie er sie mit Bowmans »Untersuchungshaft« in einem als moderne Hotelsuite getarnten außerirdischen Menschenzoo verbinden sollte. Clarkes Romanfassung hellt einiges auf, was im Film dunkel bleibt, doch sie erklärt nicht, warum Kubrick den Raum im Stil des späten 18. Jahrhunderts gestaltete. Ähnlich einem Motiv in Walter Tevis' Roman *Der Mann, der vom Himmel fiel* (1963) entdeckt Bowman bei Clarke, daß seine geheimnisvollen Gastgeber die Hotelsuite einem irdischen Fernsehfilm nachgebildet haben, und er geht selbst so weit, sie als »Filmdekoration« zu bezeichnen.[21] Er stellt einen Zusammenhang zwischen dem »Hotel« und der Entdeckung von TMA 1 her und vermutet, daß es einem Zweck dient, den er nicht zu begreifen vermag. Nachdem sich Bowman schlafen gelegt hat, beschreibt Clarke in dem Kapitel »Rücklauf«, wie »der Geist, der sie geschaffen« die Möbel wieder verschwinden läßt und der Astronaut sein Leben im Rückwärtsgang durcheilt, bis er seiner Identität entkleidet und in eine Neugeborenes verwandelt ist: »Während ein David Bowman zu existieren aufhörte, wurde ein anderer unsterblich.« Auf der einfachsten erzählerischen Ebene entfernt sich Kubricks Lösung nicht grundsätzlich von Clarkes Fassung: der Monolith in seiner Umlaufbahn, Bowmans Passage durch das Sternentor, die Ligeti-Musik und die mysteriösen Stimmen im Inneren der Zimmer, das Wiederauftauchen des Monolithen und schließlich Strauss' *Zarathustra*-Motiv knüpfen an visuelle und akustische Strukturen an, die sich seit Beginn des Films entwickelt haben. Sie signalisieren dem Publikum, daß etwas »Magisches« geschieht und daß Bowman, stellvertretend für die Menschheit, den Entwicklungsschritt zu einer Form von räumlich/planetarischem Bewußtsein vollzieht. Hier ist Kubricks eigene Erklärung:

Nein, ich habe nichts dagegen, darüber zu reden, jedenfalls nicht auf der simpelsten Ebene einer reinen Erklärung des *plot* ... Als der überlebende Astronaut, Bowman, schließlich den Jupiter erreicht, wird er von dem Artefakt [dem Monolithen] in ein Kraftfeld, das Sternentor, hineingesaugt, das ihn auf eine Reise durch die Dimensionen katapultiert und endlich in eine andere Region der Galaxis bringt, wo er in einem Menschenzoo landet, etwas Ähnlichem wie einer irdischen Klinik, das aus seinen Träumen und Vorstellungen entnommen ist. In einer Welt ohne Zeit geht sein Leben durch die Altersstufen bis zum Tod. Er wird wiedergeboren als höher entwickeltes Wesen, ein Sternenkind, ein Engel, ein Übermensch, wenn Sie so wollen, und kehrt zur Erde zurück, um den nächsten großen Sprung in der evolutionären Bestimmung des Menschen zu vollziehen.[22]

Warum aber bedient sich Kubrick dazu eines frühklassizistischen Dekors? Warum konfrontiert er Bowman mit den Inkarnationen seiner Lebensalter oder läßt ihn ein geschliffenes Weinglas zerbrechen? Was sind die Implikationen solcher Vieldeutigkeit? Hat diese rätselhafte Szene eine legitime konzeptionelle Funktion, die zur Erfüllung der offenen und verhüllten Intentionen des Films beiträgt?

Während die Bedeutung des Sternentors nicht im Verstehen, sondern in der Erfahrung des Sehens bestand, ist es gerade die (punktuelle) Verstehbarkeit des Sichtbaren, die der Schlußsequenz ihre Vieldeutigkeit gibt. Subjektive Einstellungen und Rahmen, assoziationsträchtige Wiederholungen und ein Gefühl räumlich/zeitlicher Dislokation – so der erste Blick in die Suite durch das Augenfenster der Gondel, die Wiederkehr der Atemgeräusche, der Spiegel und die Türöffnung, das Verschwinden der Raumgondel und das Wiederauftauchen des Monolithen, die zeitlichen Ellipsen der Montage und die Musik von György Ligeti und Richard Strauss – aktivieren Erinnerungen in den Zuschauern und binden die Szene unmißverständlich in die Struktur der Filmerzählung ein. Bowmans Abschied von seiner irdischen Identität als Astronaut und als Mensch in der Zeit ist auch eine Meditation des Films über sich selbst – ein Augenblick des Innehaltens vor seiner letzten Odyssee in eine nicht mehr näher definierbare Zukunft im All und eine Aufforderung an das Publikum, das Geschehen auf der Leinwand in die Vergangenheit der letzten zwei Stunden oder vier Millionen Jahre zu integrieren. Von seinem menschlichen Zwilling und dem elektronischen Doppelgänger befreit, gewinnt Bowman eine universelle anthropologische und historische Repräsentanz, ehe er »stirbt« und in einen mythischen Vorfahren einer neuen Rasse von Menschen verwandelt wird. Einmal mehr erinnert eine Szenerie an das Innere eines Knochens oder technischen Artefakts, hier vor allem durch das unwirkliche, blendende Leuchten des Fußbodens, dessen schachbrettartiges Muster zusammen mit den fahlgrünen und -blauen Wänden sowohl Floyds territoriale Regressionen als auch Mond-Schauers Lebenszyklus zu formalisieren scheint.[23] Wasserstellen des Pliozän und Raumstationen des 21. Jahrhunderts werden ununterscheidbar von einem artifiziell-nostalgischen Dekor des 18. Jahrhunderts, das den Astronauten Bowman in die ursprünglichen und ritualisierten Prozesse der menschlichen Zeit einbezieht, vom Wachen und Schlafen (das große Bett) über die Nahrungsaufnahme (ein höchst formell gedeckter Eßtisch) bis zur Reinigung (Badewanne und Becken) und der solipsistischen Vertiefung in das eigene Selbst (Bowmans alterndes Spiegelbild). Gelegentliche Spuren von Grün (in den Wandnischen, dem Kopfteil des Betts, den Polstern und Bildern) deuten in dieser Landschaft des Todes auf die Existenz einer »Vegetation« und die Möglichkeit eines Überlebens durch Wiedergeburt hin. Geschichte und Identität werden verschmolzen und aufgehoben, als Bowman durch diesen surrealen Traum von Unschuld und Erfahrung wandert und sich aller Bindungen an Materie und Zeit entledigt. Er verläßt die künstlichen Gefängnisse der Technik (die Raumgondel und den Raumanzug), tritt als Gentleman des 18. Jahrhunderts, der ein Kristallglas zerbricht (und das *missing link* zwischen dem prähistorischen Knochenträger und dem Maschinenmenschen Floyd darstellt), aus den Kulturformalismen der vortechnischen Menschheit aus und wird schließlich auch von Mond-Schauers Erblast der Ahnungslosigkeit vor den Geheimnissen des unendlichen Raums befreit (seine letzte Geste als Sterbender bildet Mond-Schauers Berühren des Monolithen nach). *2001* führt den Menschen an die Grenzen seiner Entwicklung, wo er, wie der Knochen, zu einem Artefakt wird, das schließlich als Kristallglas unter dem Gewicht der evolutionären Schwerkraft zerschellt. Bowmans letzte Gestalt vor seinem Tod gleicht einer vertrockneten, fossilienhaften Schmetterlingspuppe, aus der sich im Augenblick der Wandlung die leuchtende, durchscheinende Fruchtblase des Sternenkindes bildet, das mit Kubricks Kamera aus dem Raum ohne Türen und Fenster in die Schwärze des Monolithen hinein entflieht und als seine eigene, unabhängige Welt durch das All treibt. Zuvor hatte sich Mond-Schauers Knochen in den Luftraum erhoben, nur um zu fallen; waren

Floyds Maschinen im Raum emporgestiegen, während er in der Zeit zurücksank; war Poole im Weltraum gestorben, in dem nun das Sternenkind lebt. Dieses höher entwickelte Wesen trägt keine Werkzeuge, spricht keine Sprache und steht in einer direkten, nicht durch die Instinkte des Primitiven oder die Maschinenlogik des Rationalisten vermittelten Beziehung zum Raum. Die Spiegelwelt ist zerbrochen und enthüllt, jenseits ihrer Rückkopplung an die Zeit, das Unbekannte und noch nie Erforschte. Die letzten Bilder des Films beginnen mit einer Einstellung auf den Mond, von dem die Kamera nach unten schwenkt, bis am rechten Bildrand die Erde sichtbar wird. Die Umkehrung der Bewegungsrichtung des Eröffnungsschwenks aus der ersten Einstellung deutet den Beginn eines neuen Zyklus an, bei dem nun das Sternenkind die kosmische Perspektive übernimmt: Es erscheint, der Erde entgegengleitend, am linken Bildrand und bildet so die einzige Konjunktion des Films zwischen einem menschlichen Wesen (nicht einer Maschine) und einem Himmelskörper. Das Sternenkind in seiner Fruchtblase rotiert wie ein Planet, und seine riesigen Augen blicken nicht nur auf die Erde unter ihm, seine Heimat und Bestimmung, sondern direkt in die Kamera, wie ein menschgewordener Monolith, der schweigend an das Publikum appelliert, sein Geheimnis zu meditieren.[24]

6. Der Künstler in Aktion

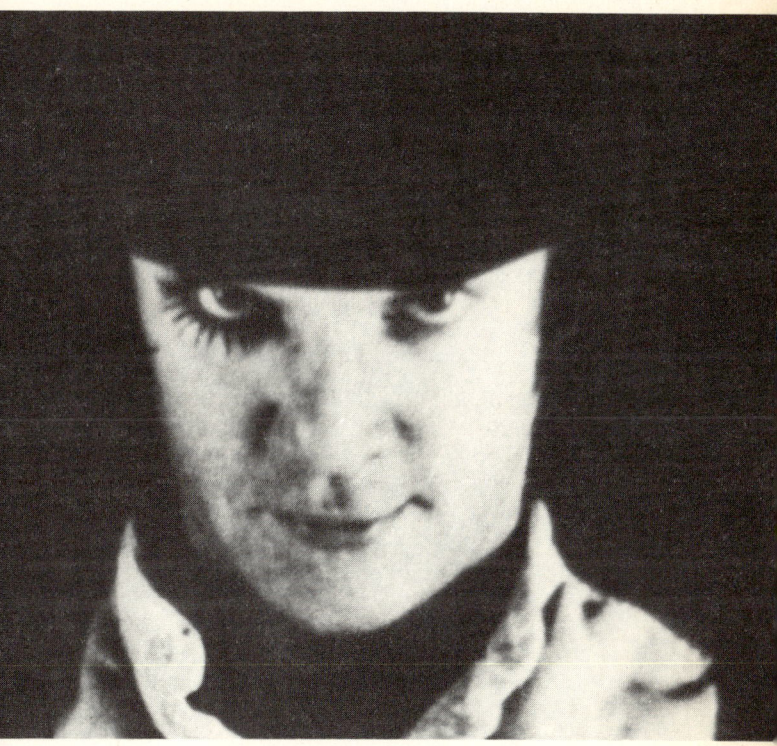

Wie so oft im Filmgeschäft, war es die wirtschaftliche Lage, die Ende der 60er Jahre künstlerische Höhenflüge auf den Boden finanzieller Tatsachen zurückholte und Stanley Kubrick im Augenblick eines großen Erfolgs zwang, sein ehrgeiziges Napoleon-Projekt zurückzustellen. Ohne Zweifel wäre es eine interessante Weiterführung von *2001* geworden, die die Widersprüche der Geschichte ähnlich innovativ behandelt hätte wie *2001* die Geheimnisse des Raums. Doch die akute Krise der großen Studios diktierte kleinere, unabhängiger zu finanzierende Produktionen. Im Sommer 1969 las Kubrick Anthony Burgess' *A Clockwork Orange* (1962; deutsch: *Uhrwerk Orange,* 1972), eine an Swift erinnernde Parabel und sprachliche *tour de force* über den Verlust ethischer Entscheidungsfreiheit durch psychologische Konditionierung, angesiedelt in einem England der nahen Zukunft.[1] Kubrick war nicht nur spontan von dem Roman begeistert– »die erzählerischen Einfälle waren bewundernswert, die Figuren bizarr und aufregend, die Ideen brillant durchgeführt« –, sondern konnte hier, zum ersten Mal in seiner Karriere als Bearbeiter literarischer Vorlagen, mit einer *fertigen* Geschichte beginnen:

> … die Story war von einem Umfang und einer Dichte, die im Film wiedergegeben werden konnten, ohne simplifiziert oder auf ein nacktes Gerüst reduziert zu werden. Es war tatsächlich möglich, fast alle Details der Erzählung in den Film zu übernehmen … Einige meiner Filme begannen mit dem Zusammentragen von Fakten, und aus diesen Fakten schienen sich erzählerische Linien zu entwickeln; *A Clockwork Orange* begann dagegen mit einer fertigen Geschichte, und ich war heilfroh, die Geburtswehen der Entwicklung einer Originalstory überspringen zu können.[2]

Die Sprache des Romans, eine auf slawischen Wortstämmen basierende Kunstsprache namens *Nadsat* (russisch für »Jugend«), ist mehr auf Lautmalerei als auf begriffliche Abstraktion ausgerichtet, so daß sie – auch wenn sie im Film naturgemäß nur eine geringere Rolle spielen konnte als im Buch – der Musikalität des Regisseurs entgegenkommen mußte. Alex, der Held und Ich-Erzähler, zieht spontane Aktion und Phantasie den höheren Weihen des abstrakten Denkens vor, wodurch sein Erlebnishorizont dem visuellen Medium des Films unmittelbar zugänglich wird. Die Struktur der Erzählung, laut Burgess eine »moralische Parabel« und laut Kubrick ein »psychologischer Mythos«, lehnt sich in ihrer Betonung von Zufall, Bewegung und Handlungssymmetrie an den Schelmenroman an und führt ihre zentrale These an mindestens drei Figuren in verschiedenen Kontexten vor. Alex' ständig wiederholte Frage: »Was soll's denn nun sein, hm?« schlägt das Grundthema der Willensfreiheit an und signalisiert gleichzeitig deren intuitive Ausübung, während die Figuren des Gefängnispfarrers und des Schriftstellers F. Alexander die Problematik auf theologische und politische Gebiete ausweiten. Im Januar 1970 war das Drehbuch abgeschlossen (Kubricks erstes Solo als Drehbuchschreiber) und die eigentliche Arbeit konnte beginnen. Kubrick selbst faßte seine Intentionen folgendermaßen zusammen:

> Ich würde sagen, daß es bei *A Clockwork Orange* meine Absicht war, dem Roman treu zu bleiben und zu versuchen, die Gewalttätigkeit von Alex' Standpunkt aus zu sehen – also als Spaß, als das einzige im Leben, was ihm wirklich Freude machte, als eine Art großes Handlungsballett. Es mußte eine Möglichkeit gefunden werden, die Gewalt zu stilisieren, wie es bei Burgess durch die Sprache geschieht. Sicher war die ironische Kontrapunktierung durch Musik eine der Möglichkeiten, das zu erreichen. Alle Gewaltszenen im Film wirken ganz anders, wenn man sie ohne Musikbegleitung sieht.[3]

Die meisten Analysen des Romans konzentrieren sich auf Alex' Sprache und Charakter und auf den darin manifestierten christlichen Glauben des Autors an die Erbsünde, die Bedeutung der freien Willensentscheidung in einer sündhaften Welt und die Gefahren der Verhaltensmanipulation. Als Katholik akzeptiert Burgess die Realität des Bösen im Menschen und glaubt gleichzeitig an die erlösende Gnade des freien Willens. Wird das ursprüngliche Böse geleugnet und, wie in der Verhaltenspsychologie B. F. Skinners, als Funktion der Umwelt externalisiert, so bedeutet dies für Burgess eine gefährliche Vereinfachung des Menschenbildes und einen schleichenden Abbau jeder Moral, durch den »alles im Leben ganz einfach wird, so als wäre man aufgezogen wie ein Uhrwerk und infolgedessen unveränderlich gut, ohne sich noch um ethische Entscheidungen kümmern zu müssen.«[4] Mag Alex auch niederträchtig und als moralisches und soziales Wesen vollkommen verabscheuungswürdig sein, so ist er doch nach Burgess' Ethik unbestreitbar menschlich: »Er verfügt über die drei menschlichen Eigenschaften – Liebe zur Aggression, Liebe zur Sprache und Liebe zum Schönen.« Zu Beginn des Romans ist er noch jung (fünfzehn Jahre) und versteht die Bedeutung seiner Freiheit nicht; er lebt in einem »Naturzustand«, auf den die Hobbessche Definition eines »Krieges aller gegen alle« mustergültig zutrifft und zeigt erst nach dem selbstmörderischen Sündenfall seines Fenstersturzes Anzeichen eines moralischen Bewußtseins. Im letzten Kapitel der englischen Erstausgabe von 1962 (das auch in der deutschen Übersetzung, aber nicht mehr in den späteren englischen und amerikanischen Ausgaben enthalten ist) »wählt« Alex schließlich den anderen Weg: Mit achtzehn Jahren, ausgelaugt vom amoralischen Lebenswandel seiner Jugend, beginnt er, sich nach der bürgerlichen Ordnung von Ehe und Familie zu sehnen. Obwohl dieser Schluß von Anfang an umstritten war (und Kubrick ihn als »aufgesetzt« und »nicht überzeugend« ablehnt), entspricht er der Burgess'schen Überzeugung, daß menschliche Wesen und Gesellschaften Teil eines zyklischen Geschichtsablaufs sind, der zwischen Gut und Böse, Totalitarismus und Freiheit alterniert. Im Roman entscheidet sich Alex (wie ein Mensch) für das, was ihm der natürliche Instinkt (wie einer Orange) nahelegt, statt diese einzigartige Wahlfreiheit in der uhrwerkhaften Konditionierung zum Guten durch Aversionstherapie (die »Ludovico-Technik«) endgültig eingebüßt haben. Im Endeffekt ist er nicht mehr Uhrwerk und nicht mehr Orange, sondern eine durch diesen letzten Akt von Ablehnung und Wahl gereifte Verkörperung des Burgess'schen Menschenbildes.[5]

Sieht man von diesem – inzwischen gestrichenen – Schlußkapitel ab, so folgt *A Clockwork Orange* jener satirischen Taktik, deren klassisches Beispiel Jonathan Swifts *Modest Proposal* aus dem Jahre 1729 ist. So wie der Autor dieses »bescheidenen Vorschlags«, die irische Hungersnot durch Kannibalismus zu beheben, seine moralisch indiskutable Position nur einnimmt, um die so erzeugte Entrüstung des Lesers auf sein eigentliches politisches Anliegen (die englische Ausbeutung Irlands) umzulenken, spricht Burgess durch die sympathische Maske eines Raufbolds, Vergewaltigers und Totschlägers, um seine Argumentation ironisch zu verschärfen. Alex' gleichzeitige Vorliebe fürs »Ultrabrutale« und für ernste Musik, darunter vor allem Beethovens »gloriose Neunte«, illustriert Burgess' Überzeugung, daß künstlerische und kulturelle Erlebnisfähigkeit keine Garantie für ein ethisch verantwortliches Handeln ist: sie stammt aus derselben Quelle wie Alex' antisoziales Verhalten – nämlich der menschlichen Natur – und schließt jenes daher nicht aus. Die Nadsat-Sprache, der Alex einen großen Teil der Sympathie verdankt, die der Leser widerwillig in ihn investiert, erscheint mit ihrem futuristischen Klangbild als geradezu erfrischende Alternative zu den abgedroschenen Phrasen der Vertreter von Ordnung und Moral, egal ob auf der rechten Seite des politischen Spektrums (wie der Gefängnispfarrer und der Innenminister) oder auf der linken (wie F. Alexander). Der Pfarrer glaubt zwar an die Bedeutung der freien Willensentscheidung (»Wenn ein Mensch nicht mehr wählen kann, hört er auf, Mensch zu sein«), doch ansonsten verraten seine lautstarken Höllenpredigten einen zu schlichten Geist und Stil, als daß sie Alex' Lustprinzip oder Burgess' Ironie genügen könnten; der Schriftsteller Alexander wiederum kritisiert zwar die Uhrwerktendenzen des Staates (er schreibt im Roman selbst ein Buch mit dem Titel *Uhrwerk Orange*), unterscheidet sich vom konservativeren und wohl auch realistischeren Katholizismus seines Schöpfers jedoch durch seinen radikalen Eifer und einen idealistischen Glauben an das Gute im Menschen (»einer mit Vernunft begabten und liebesfähigen Kreatur, die ihr hohes Ebenbild in Gottes bärtig-ernstem Angesicht findet ...«).[6] In einer so von satirischer Übertreibung und ironischer Irreführung geprägten fiktionalen Welt kann man die Aussage des Textes nicht an seiner Oberfläche dingfest machen. Wie Nabokov in *Lolita,* operiert Burgess mit einem untergründig kommentierenden Subtext aus literarisch/kulturellen Anspielungen, der es dem wachsamen Leser ermöglicht, sich aus der perversen Perspektive des Erzählers Alex zu befreien und den Thesenroman als Kunststück, die erzählerische Dialektik als formale Entsprechung des Themas der Willensfreiheit zu genießen. Alex fehlt es nicht nur, wie einer kreatürlichen Unschuld, an Gewissen, sondern auch an Wissen und Bildung. Sein Begriff von Geschichte ist egozentrisch und solipsistisch: mit Mühe erstreckt er sich über die drei Jahre seiner Erzählung, in deren Verlauf er die englische Geschichte und Literatur (so Queen Victoria, Disraeli, Shelley, Joyce) zur Staffage seiner Privatmythologie macht. Doch der Autor Burgess ist kein Alex; sein Erzählprojekt richtet sich an Leser, die Sprache und Schönheit höher schätzen als körperliche und seelische Gewalt, was sie ironischerweise gerade zur Identifikation mit Alex und nicht mit den Verhaltensingenieuren und politischen Fanatikern zwingt. Er spricht zu jenen, die sich selbst in Frage gestellt, selbst Entscheidungen getroffen und, im positiven Geist der Ironie, die Herausforderung eines selbstbestimmten Lebens angenommen haben.[7]

Im Gespräch über B. F. Skinners *Jenseits von Freiheit und Würde* gibt Kubrick zu erkennen, inwieweit sein Denken der rigide dualistischen Philosophie von Burgess entspricht und an welchen charakteristischen Punkten er von ihr abweicht.[8] Er verwirft alle utopischen Vorstellungen von der Güte des Menschen als »gefährlichen Trugschluß« und widerspricht vor allem dem Glauben, die menschliche Natur ließe sich mit dem Instrumentarium der Verhaltenspsychologie »erklären« und rational fassen. Skinner selbst – um kein Mißverständnis aufkommen zu lassen – spricht sich grundsätzlich gegen die Konditionierung durch negative Verstärkung (Bestrafung) aus, mit der die Ludovico-Therapie des Romans arbeitet. Er schwärmt jedoch von der Fähigkeit des Menschen, seine Umwelt zu verändern und dadurch letztlich Reiz und Reaktion unter Kontrolle zu bringen: »Verhalten kann verändert werden durch die Veränderung der Umweltbedingungen, deren Funktion es ist.« Einigermaßen unvermittelt kommt er zu dem Schluß, daß – da das Überleben der Menschheit von solchen Veränderungen abhänge – die überkommenen Konzepte von Willensfreiheit und Menschenwürde aufgegeben und »jenseits von Freiheit und Würde« (d. h. jenseits der romantischen Vorstellung vom Guten im Menschen) neu definiert werden müßten. Skinners umstrittenes Buch, das im gleichen Jahr erschien, in dem A Clockwork Orange in die Kinos kam, wird von Kubrick folgendermaßen kommentiert:

… es geht von der Voraussetzung aus, daß Freiheit und Würde des Menschen in einen historischen Widerspruch zum Fortbestand unserer Zivilisation geraten sind. Das ist eine bestürzende, finstere und nicht gänzlich von der Hand zu weisende These, und A Clockwork Orange hat viel mit solchen Überlegungen zu tun.[9]

Man beachte das »finster« und »nicht gänzlich von der Hand zu weisen«: Charakteristischerweise reagiert Kubrick auf Skinners Spekulation – wie auf eine Vielzahl anderer Ideen – gleichzeitig skeptisch und aufgeschlossen, ohne sich von möglichen Konsequenzen oder seinen eigenen philosophischen Vorlieben beirren zu lassen. Wo Burgess, dessen Denken von zyklischen Geschichtstheorien und konservativen Wertvorstellungen geprägt ist, Skinner rundheraus ablehnt, zeigt Kubrick die Faszination des Künstlers vor dem Rätselhaften und Unbekannten. Daß er im Film gegen Skinners Konzept vom Menschen als einer reflexbestimmten Reiz-Reaktions-Kreatur Stellung bezieht, hat dieselben Gründe, aus denen er Bowman als Sternenkind in den Weltraum zurückversetzte: Für Kubrick birgt das innere Universum der Psyche mindestens ebenso viele Geheimnisse wie das äußere des Alls, während sowohl der Skinnersche Behaviorismus als auch Burgess' augustinisch geprägter Katholizismus (für den das Böse die Norm und Güte eine angenehme Überraschung ist) besser in philosophisch-argumentativen Zusammenhängen funktionieren als in künstlerisch-imaginativen. Aus diesem Grund wirkt Burgess' Roman nicht nur didaktisch, sondern – gemessen an der Brillanz seiner sprachlichen Erfindung – thematisch zu simpel und thesenhaft; wie andere Werke des Modernismus (etwa (T. S. Eliots *The Waste Land* oder Joyces *Ulysses*) demonstriert er seine These vom kulturellen und moralischen Verfall durch einen ironischen Gegensatz zwischen Aussage und Stil.

Doch die Natur des Menschen und der Zustand seiner Zivilisation sind hier nicht das einzige Thema. Wie wir immer wieder sehen konnten, liebt es Kubrick, konstruierte und synthetisch »geplante« Situationen mit den Überraschungen des Zufalls zu konfrontieren. Während Skinner solche »Kontingenz« für wissenschaftlich beherrschbar hält und Burgess sie als notwendigen Bestandteil seiner essentiell manichäischen Weltsicht in Kauf nimmt, ist sie für Kubrick ein zentrales dramaturgisches Moment.

Beginnend mit *The Killing* haben seine Filme immer wieder das Zusammenwirken von Planung und Zufall und die daraus entstehenden paradoxen Reaktionen dramatisiert. In ihrem psychologischen Labyrinth aus bewußten und unbewußten Motivationen und ihrer engen Nachbarschaft von Absicht und Zufall belegen sie Kubricks fatalistischen Glauben an die unauflösliche Einheit von Willensentscheidung und Schicksal. Johnny Clay muß an der Logik seines Plans festhalten, obwohl dessen Funktionieren von längst nicht mehr kontrollierbaren äußeren und inneren Mächten in Frage gestellt wird. Colonel Dax entdeckt in *Paths of Glory*, daß ihm in den menschengeschaffenen Irrgärten der Weltkriegspolitik keine Wahlmöglichkeiten offenbleiben und nur noch eine Fassade von zivilisertem Verhalten, von moralischer Form ohne Funktion zählt. Humbert sucht seinen Traum von Lolita und findet statt dessen den perversen Quilty, eine Objektivierung seiner eigenen Schande und ein verhülltes Schicksal. In *Dr. Strangelove* stellt die Parallelität der Fail-Safe-Ideologie ausfallsicherer Systeme auf der einen Seite mit der Weltuntergangsmaschine auf der anderen eine letzte Verhöhnung des Prinzips der freien Wahl dar – einen zum Alptraum gewordenen Behavioristentraum, in dem die Leidenschaft für Kontrolle nicht nur die Zufälligkeiten des Lebens, sondern das

Leben selbst eliminiert. In *2001* beschäftigt sich Kubrick mit der Möglichkeit, daß der Mensch in einer von maschineller Intelligenz beherrschten Zukunft sowohl die Maßstäbe als auch das Engagement für ein moralisches Handeln einbüßen könnte. Mond-Schauers Entdeckung des Knochenwerkzeugs wird als magischer Augenblick gesehen, in dem äußere Lenkung und innere Bereitschaft zusammenfallen, während Floyd nur die territorialen Besitzinstinkte des Hominiden imitiert und nicht dessen Fähigkeit zu innerem Wachstum. Floyd und die Reisenden der *Discovery* haben jene wesentlich menschlichen Eigenschaften fast völlig verloren, die für Kubrick ebenso wichtig sind wie für Burgess: Die Liebe zur Aggression, zur Sprache und zum Schönen ist an Maschinen abgetreten worden, während das menschliche Bewußtsein im Kälteschlaf einer prä-evolutionären Leere überwintert. Erst HALs »Menschlichkeit« (sein Wahnsinn) zwingt Bowman, seine eigene wiederzuentdecken und in seine Erfahrung eines äußeren Universums einzubringen, das sich dem rationalen Verstehen ebenso verweigert wie es das innere Wachstum befruchtet.

Den Roman vom Film und die Rolle des Filmemachers von der des Romanciers zu trennen, ist einer der ersten Schritte zum Verständnis von Kubricks Leistung in *A Clockwork Orange* (Uhrwerk Orange, 1971). Wäre er selbst Schriftsteller und nicht Filmautor, so könnte man von Stanley Kubrick einen ähnlich konstruierten Roman wie den Burgess'schen ohne weiteres erwarten, wenngleich seine Fassung wahrscheinlich weniger theologisch und dafür spekulativer ausfiele. In der Tat kann man paradoxerweise fast von Kubrick-Echos bei Burgess sprechen: (1) Die erzählerische Erfindung und die Doppelungsstrategie des dritten Teils, in dem Alex eben jenen zum Opfer fällt, die im ersten Teil seine Opfer waren, lassen sich mit *Killer's Kiss* und der, allerdings raffinierten, *Lolita* vergleichen. (2) Die Selbstreflexion der Erzählung, etwa im Beispiel von F. Alexanders politischem Roman innerhalb von Burgess' phantastisch-satirischem, weist den Leser in ähnlich ironisch-gebrochener Weise auf den Wahrheitsanspruch der Fiktion gegenüber der Lüge der Realität hin wie Nabokovs Erzählstrategie in *Lolita* und Kubricks *Lolita*-Film. (3) Burgess' höhnische Demaskierung von Zivilisationsfassaden, die durch Alex' Nadsat selbst die moralische Autorität ihres eigenen Erkenntnisinstruments in Frage stellt, erinnert an die Entwertung von Sprache und Formalität in *Paths of*

Glory, Lolita, Dr. Strangelove und *2001.* (4) Die Mischung von Vertrautem und Bizarrem, von gesellschaftlicher Wirklichkeit und subjektiver Wahrheit, entspricht dem surrealen Stil, der sich in Kubricks Filmen der 60er Jahre immer stärker ausprägt. Es paßt in diese Entwicklung, daß die Ich-Erzählerstimme des Romans eine psychologisch/narrative Perspektive zur Verfügung stellt, die noch wesentlich subjektiver und alptraumhafter ist als diejenige von Humbert Humbert bei Nabokov. Kein Gegenspieler von der Bedeutung eines Clare Quilty schränkt Alex' heimtückische Kontrolle über die Erzählung ein; Alex selbst ist das fleischgewordene Alter ego, das abgespaltene Böse, das mit gutgelaunter Niedertracht die Masken der Normalität verspottet, hinter denen sich die Humberts seiner Fiktion und die Leser in Burgess' realer Welt verstecken. Doch wie Humberts Bericht behält auch Alex' Erzählung die Vergangenheitsform bei (ihre Art der »Rückblende«), und obwohl sie sich von Episode zu Episode durch die Zeit voranbewegt, bleibt ihr Inhalt eher subjektiv assoziiert als objektiv und logisch geordnet.

Kubrick beschreibt die Abenteuer seines Helden als einen psychologischen Mythos, der »den Menschen im Naturzustand, in dem er geboren wird, grenzenlos und ununterdrückt« zum Thema hat, und er vergleicht Alex mit Shakespeares Richard III.:

> Alex ist, wie Richard, eine Figur, die man verabscheuen und fürchten sollte, und trotzdem wird man sehr schnell in seine Welt hineingezogen und beginnt, die Dinge mit seinen Augen zu sehen. Es ist nicht leicht zu erklären, wie das zustandekommt, aber sicher hat es mit seiner Offenheit, seinem Witz und seiner Intelligenz zu tun, und mit der Tatsache, daß alle anderen Figuren weniger interessant und in mancher Hinsicht noch schlechter sind als er.[10]

Doch dieser filmische Alex (dargestellt von Malcolm McDowell) ist eine vereinfachte Version von Burgess' Romanheld und auch von Shakespeares grandiosem Schurken. Es ist ein Charakter, der von Intuition und von Gefühlen gelenkt wird, eine mythische Projektion der menschlichen Instinktnatur, die nicht denkt, sondern träumt und handelt: Er trinkt »Milch-plus« (einen Milch-Drogen-Mix) in der Korova-Milchbar, um sich für »ein wenig Ultrabrutalo« anzuspitzen; er schlägt mit seinen »Droogs« einen alten Stadtstreicher (Paul Farrell) zusammen, der besoffen ein Lied grölt (und diese Szene dramatisiert nicht Burgess' Thema vom Krieg zwischen Jugend und Alter, sondern

Alex' willkürliche Aggressivität – außerdem bereitet sie auf die traumlogischen Wiederholungen des dritten Teils vor, in dem der Stadtstreicher und dessen Freunde ihrerseits Alex zusammenschlagen werden); er inszeniert die Prügelei mit Billyboy (Richard Connaught) und dessen Bande, nicht um eine offene Rechnung zu begleichen oder sich die »Dewotschka« zu erobern, die gerade vergewaltigt wird, sondern weil es der Zeitvertreib ist, der ihm den größten Spaß macht; und er rast mit einem gestohlenen Sportwagen durch die Nacht, ohne sich um das Ziel zu kümmern (ein »Heim« ist so gut wie jedes andere), weil er sich in die Lust des sinnlichen Kontakts zwischen Körper und Maschine verliert: »der Durango 95 schnurrte nur so los, richtig Horrorshow, und ein warmes Vibrato verbreitete sich in unserem Bauch«. Wie im Roman, ist »Horrorshow« hier das entscheidende Wort. Für Alex bedeutet es das schlechthin Gute (von der russischen Wurzel *chorosch* für »großartig«, »prima«), und im thematischen Zusammenhang des Films steht es für die Vereinigung von Gewalt (»Horror«) und Ästhetik (»Show«), wie sie in Alex' improvisierter Darbietung der Gene-Kelly-Nummer »Singin' in the Rain« während der Vergewaltigung von Mrs. Alexander (Adrienne Corri) manifest wird (ein Detail, das sich bei Burgess nicht findet).[11] Vor allem zu Beginn des ersten Teils stellt Kubrick die träumerische Spontaneität seines Helden mehr in räumlich/akustischen als in zeitlichen Relationen dar. Sie definiert sich durch das, was Alex sieht und hört oder was von ihm gesehen und gehört wird und läßt in ihrer manischen Egozentrik selten Raum für abstrahierende Abschweifungen über gesellschaftspolitische Zusammenhänge (die sich Alex im Roman oft erlaubt) oder für die satirische Bloßstellung der Verkommenheit anderer Figuren (wie sie Richard III. betreibt). Statt dessen macht Alex rücksichtslos sein Recht geltend, die Welt auf seine subjektive Art zu sehen (und sei es durch die falschen Wimpern seines rechten Auges) und den Ablauf der Ereignisse konsequent auf sein Vergnügen hin zu choreographieren. Seine Bettschublade ist voll von geraubten Armbanduhren, doch seine Handgelenke zieren nur zwei dekorativ blutende künstliche Augäpfel als Manschettenknöpfe. Anders als seine Droogs hat er kein Interesse an Geld (der »pretty Polly«), gesellschaftlicher Stellung oder wirksamer Planung – alles zeitgebundene und praxisbezogene Ersatzbefriedigungen –, sondern sucht die ekstatische Augenblickserfahrung, die »Unbeschreiblichkeit der Himmel«, in denen »Schwerkraft zum Unsinn« wird. »Und die Herrlichkeit wurde Fleisch«, lautet seine sensualistische Formel für die Flucht in eine reine Gegenwart aus »lieblichen Bildern« (seinen Phantasien), Klängen (vom »göttlichen Ludwig Van«) und physischen Empfindungen (der Körperaktion als Selbstdarstellung). In Kubricks Version ist er das Sternenkind des Unbewußten, das, wie ein jugendlicher Quilty, die dunklen Geheimnisse der Innenwelt als Alternative zum »Erwachsenwerden« in einer uhrwerkhaften Gesellschaft begreift und schrankenlos auslebt:

> Unser Unbewußtes findet in Alex ein Ventil, genauso, wie es in den Träumen ein Ventil findet. Es will nicht wahrhaben, daß Alex von autoritären Instanzen geknebelt und unterdrückt wird, so sehr auch unser rationales Bewußtsein in die Notwendigkeit dazu erkennt.[12]

In einer zynischen Wendung zwingt Kubrick seine Zuschauer in die Rolle von Voyeuren, die wie versteckte Humberts aus dem Dunkel des Kinos beobachten und die Wiederkehr des verdrängten Monstrums auf der Leinwand unweigerlich bejubeln werden.

War die Genredefinition für *2001* das Paradox eines »mythologischen Dokumentarfilms«, so könnte man *A Clockwork Orange* als Umkehrung einer psychologischen Fallstudie bezeichnen, die sich vom Inneren des Subjekts nach außen vorarbeitet und dabei eine Welt der Phantasie dokumentiert, die noch ungewöhnlicher sein mag als jene, der Bowman jenseits des Sternentors begegnet. Als Ich-Erzählung aus subjektiver Perspektive – für die Bruce F. Kawin in seinem gleichnamigen Buch den Begriff *mindscreen,* »Innere Leinwand«, geprägt hat – übertrifft sie alles, was Kubrick in *Lolita,* seinem einzigen vergleichbaren Film, versucht hat.[13] Zum einen ist schon Burgess' Romanvorlage in Aufbau und Stil filmischer, als es selbst Nabokovs Drehbuch war, und zum anderen stellten der Inhalt und die Schauplätze von *A Clockwork Orange* im Jahr 1970 keines der Probleme, wie sie zehn Jahre zuvor das *Lolita*-Projekt gefährdet hatten. Die Zensurauflagen des *Production Code* waren zum 1.11.1968 endgültig gefallen, und auch die *Legion of Decency* spielte keine Rolle mehr, so daß die Gewalttätgkeit und die sexuellen Szenen des Romans unverändert bleiben konnten. Daß der Roman in England spielte, ermöglichte es Kubrick, zum erstenmal seit dem Verlassen der USA wieder an Originalschauplätzen zu drehen und der Studioästhetik der drei vorangegangenen Filme einen neuen Realismus entgegenzusetzen, der im Effekt eine noch surrealere Wirkung hervorbrachte: Durch den Zusammenprall von Alex' verzerrender Phantasie und Perspektive mit einer vollkommen glaubhaften und realen Umwelt entsteht der beklemmende Eindruck, daß die privaten Alpträume aus Quiltys Villa oder Dr. Seltsams Bergwerksschächten bereits die Straßen und Sozialbauten unserer täglichen Normalität bevölkern – daß die Krankheit der Seele und die Krankheit der Kultur eins sind.

Obwohl der Film einen Großteil seiner Wirkung dem virtuosen Einsatz der verschiedensten Verfremdungstechniken verdankt, wirkt er paradoxerweise »realistischer« und auch zeitgenössischer als Burgess' Roman. Im Gegensatz zu Skinners These von der verändernden Wirkung der Umwelt auf das Individuum zeigt Kubricks Film, wie Alex und andere die Realität – in ihrer Wahrnehmung – optisch und akustisch verformen und in ein Abbild ihrer Obsessionen verwandeln. Für Alex haben die Schauplätze seines Lebens keinerlei Eigenwert: Ob das Sanktum seines Zimmer in der elterlichen Wohnung (ein »echtes« Zimmer) oder die Korova-Milchbar (eine der vier Studiokulissen des Films), ob Mr. Alexanders Wohn- und Arbeitsraum (aus einer Originalvilla in Radlett bei London) oder sein Badezimmer (eine Kulisse) – für Alex verwandelt sich alles in eine Bühne, auf der er sich selbst und sein Theater der Instinkte inszeniert, das er zur eigentlichen Realität werden läßt. Was ihm der Zufall in die Hände spielt – Menschen, Orte, Gegenstände – wird umstandslos als Requisit oder Bühnenbild benutzt, wodurch Alex (und vielleicht mehr als jede andere menschliche »Kamera« in Literatur und Kino) zu einer fertigen Filmidee in sich wird. Sein Gesichtsfeld und seine Sehweise ändern sich mit seiner seelischen Verfassung (und seiner Konditionierung) ebenso, wie der Filmemacher seinen plastischen Rohstoff Realität verändert und den Erfordernissen von Drehbuch und Budget oder den unerwarteten Wendungen der schöpferischen Inspiration anpaßt. Vor allem in seinem »Naturzustand« vor der Ludovico-Behandlung entspricht Alex' psychische Welt den expressionistischen Stilmitteln, die für den Film typisch sind:

1. karikierend überzogene Schauspielerei, poppige Kostüme;

2. stilisierte Kulissen, die Handlungssymmetrien und Doppelungen betonen (die Korova-Milchbar, Mr. Alexanders Diele

Alex und Arriflex: Stanley Kubrick hinter den Kameras von ›A Clockwork Orange‹

mit parallelen Spiegeln und einem schachbrettartig gemusterten Boden, das ähnlich mit Spiegeln ausgestattete Badezimmer);
3. die Wahl ungewöhnlicher und ironisierender Schauplätze von symbolischer Bedeutung (ein verfallenes Spielkasino für eine Schlägerei, ein Kinosaal für Alex' »Behandlung«);
4. ein visueller Stil von unheimlicher, unterkühlter Modernität, der sich jedoch der dokumentarischen Methoden des *cinéma vérité* bedient (»echte« Nachtaufnahmen in surrealem Gegenlicht, gedreht am fiktiven Originalschauplatz in der Nähe des Thames Embankment, und *Available-light*-Realismus bei In-

nenaufnahmen mit hochlichtstarken Objektiven, die nur von Fotolampen in den Glühbirnenfassungen der originalen Wohnungsbeleuchtung unterstützt werden);

5. Großaufnahmen aus ungewohnten Blickwinkeln und der Einsatz eines Superweitwinkels von 9,8 mm Brennweite, der Bildvordergründe verzerrend betont und bei Innenaufnahmen durch seine steile Perspektive den typisch Kubrickschen »Tunneleffekt« erzeugt;

6. Verwendung der Handkamera und eine Vielzahl subjektiver Einstellungen und sonstiger subjektiver Stilmittel (z. B. direkt in die Kamera blickende Figuren wie in der Eröffnungseinstellung und während der Vergewaltigung von Mrs. Alexander);

7. Formalisierung der Gewalt durch Schnitt, Choreographie und Musik (bei der Kasino-Schlägerei), durch Zeitraffung in Bild und Ton (bei Alex' parodistischer »Orgie« mit den beiden Teenie-Boppern, aufgenommen mit 2 Bildern pro Sekunde) und durch Zeitlupe und Musik (bei Alex' Angriff auf Dim, Dims späterer Vergeltung mit der Milchflasche und Alex' abschließender »Ascot-Phantasie«);

8. hektischer Schnittrhythmus in Augenblicken emotionaler Spannung (z. B., als Alex zu Beethovenscher Musikbegleitung masturbiert oder während der Tötung der Katzen-Lady);

9. die auf dem Moog-Synthesizer realisierten elektronischen Arrangements und Kompositionen von Walter Carlos.[14]

Doch *A Clockwork Orange* bietet mehr als nur diesen Einblick in die mentale Landschaft einer höchst ungewöhnlichen Hauptfigur. Das erzählerische Spektrum umfaßt nicht nur, was Alex sagt (Off-Erzählerstimme), was er sieht (subjektive Kamera und Erzählperspektive) und was er denkt (»innere Leinwand«), sondern auch eine auffällige Reihung von Bildern und Handlungselementen, die auf Kubricks frühere Filme zurückverweisen. In dieser Hinsicht ist *A Clockwork Orange* ein filmisches Palimpsest, in dem Kubrick seine Vergangenheit reflektiert und das Publikum – wie Bowman – in einem fremdartigen Raum nach Zeichen einer unsichtbaren Intelligenz suchen läßt. Schon die erste Einstellung stellt eine bizarre Verknüpfung mit den Schlüssen von *2001* und *Paths of Glory* her, allerdings mit dem Unterschied, daß Alex' starrer Blick in die Kamera mehr an den Leopardenblick über eine prähistorische Wüstenei oder HALs fischaugenverzerrte Überwachung eines futuristischen Totenschiffs erinnert als an die staunenden großen Augen des Sternenkinds im Augenblick der evolutionären Erweckung. Die Welt, der Alex' Blicke gelten, ist so schwarz wie die Wände, die ihn umgeben, doch diesmal dringt die Kamera nicht mit einer Vorwärtsfahrt in die Schwärze ein (wie sie es mit dem Sternenkind getan hatte), sondern fährt zurück, um die symmetrischen Konturen einer Gasse in der Mitte einer Szenerie zu enthüllen, die nicht einladender ist als jene, in der *Paths of Glory* endet. In dieser Welt, für die das Design der Korova-Milchbar wie ein Emblem steht, werden wir Zeugen eines Kampfes auf Leben und Tod, in dem Alex' radikal überzeichnete (und dadurch umso zeichenhaftere) Form der Selbstverwirklichung gegen die Normen einer Gesellschaft steht, die maschinelle Effizienz der menschlichen Phantasie vorzieht und nicht Sternenkinder, sondern HALs hervorbringt, nicht weiträumige Schlösser, sondern die Enge von Schützengräben. Die Bildwelt des ganzen Films ist von diesen Korridoren, Gassen und Tunneln geprägt, durch die sich schon so viele Kubricksche Figuren auf ihren Tod und/oder eine Wiedergeburt zubewegt haben. In den ersten Szenen sehen wir Alex und seine Droogs in statuenhafter Starre vor den dunklen Wänden der Korova-Milchbar und im Gegenlicht des Tunnels einer Fußgänger-Unterführung, in der sie den Stadtstreicher zusammenschlagen: Diese Einstellungen erinnern an das schockartige Bild, das Davy Gordon in *Killer's Kiss* bei seinem Erwachen aus dem Alptraum der Korridor-Fahrt durch die enge Slumstraße sieht; an die sandsackbewehrten Exekutionspfähle, die vor den drei Verurteilten in *Paths of Glory* aufragen; und an die drei Figuren, die Johnny Clays Schicksal am Ende von *The Killing* besiegeln. In einer Szene, die ähnliche Rückwärts-Fahrten in Kubricks Filmen, vor allem aber in *Paths of Glory* assoziieren läßt, folgt Alex dem Kamerawagen auf einer fast 360 Grad durchmessenden Rundreise durch die labyrinthischen Eingeweide eines Schallplattenladens, und in einer weiteren Sequenz erlebt er seine eigene Version des Sternentors, während er am Steuer des Durango 95 durch eine irreal verfärbte Nacht zu fliegen scheint.

Das unterschwellig in den Gewalttätigkeiten des Films mitinszenierte Motiv des archaischen Rangordnungskampfes und somit der evolutionären Regression verbindet *A Clockwork Orange* mit den mythischen Strukturen von *Killer's Kiss, Dr. Strangelove* und *2001*. Alex spielt zu Beginn des ersten Teils die archetypische Rolle des Stammeshäuptlings und Knochenträgers, der seinen Führungsanspruch gegenüber Dim (Warren Clarke) an einer weiteren Kubrickschen Wasserstelle (diesmal einem künstlichen See in einer Trabantenstadt) verteidigt und dabei sogar Mond-Schauers triumphierende Affengestik in Zeitlupe imitiert; wenig später nimmt der Knochen die ironische Gestalt einer Milchflasche an, als Dim und die beiden anderen Droogs ihre Palastrevolution starten und die zweckfreie Autonomie des nächtlichen Überfalls in einen Machtkampf umfunktionieren. Der Kampf zwischen Alex und der Katzen-Lady (Miriam Karlin) ähnelt jenem zwischen Davy und Rapallo in der Schaufensterpuppenfabrik von *Killer's Kiss,* wobei das Ambiente diesmal von einer surrealen Mischung aus erotischen Kunstwerken, schwarzen und weißen Katzen und den gymnastischen Apparaturen des »Reformklubs« geprägt wird und statt so primitiver Waffen wie Brechstange und Axt die Werkzeuge einer dekadenten Zivilisation, vertreten durch eine überdimensionale Penisskulptur und eine vergoldete Beethoven-Büste, zum Einsatz kommen. Die orgiastischen Detonations- und Todesphantasien, in denen Alex im ersten Teil des Films schwelgt, entsprechen den apokalyptischen Schlußbildern detonierender Atombomben in *Dr. Strangelove,* und im dritten Teil wird Alex schließlich selbst das Opfer eines impotenten Wahnsinnigen im Rollstuhl (seines Dr. Strangelove), der von Gelüsten nach Rache und nach politischer Macht so besessen ist, daß er mehr einer Maschine gleicht als einem Menschen. Manche Szenenbilder erinnern an Innenräume aus *Dr. Strangelove* oder *2001,* so etwa das knochenbleiche Interieur von Mr. Alexanders modernistischem HEIM, dessen Weiße zum Schwarz der Korova-Milchbar kontrastiert und an das Innere der Orbitalstation aus *2001* denken läßt. Hier spielt zunächst Alex den unzivilisierten Wilden, der den Schriftsteller und dessen Frau überfällt, und hier wird Alex später auch das Opfer der ebenso primitiven Vergeltung seines nur scheinbar zivilisierteren Doppelgängers (Mr. *Alex*ander).

Daß alle diese Rückbezüge aus dem Geist der Selbstparodie – als Projektionen Kubrickscher Filme auf den Zerrspiegel von Alex' »innerer Leinwand« – zu verstehen sein sollen, scheint mindestens wahrscheinlich, wenn man den Schluß von *A Clockwork Orange* als zynisch auf den Boden irdischer Tatsachen zurückgeholte Travestie des kosmischen Neubeginns am Ende von *2001* versteht: Als Alex, halb ertrunken und zusammengeschlagen, ins HEIM eingelassen wird, geht er zunächst durch das vertraute Ritual von Reinigung (in Mr. Alexanders Badewanne), Nahrungsaufnahme (an Mr. Alexanders gläsernem Tisch) und Schlaf.

Diesmal freilich hören wir keine Spülungsgeräusche aus dem Off, sehen kein Kristallglas zerbrechen, keinen Nymphchenjäger seine schmutzigen kleinen Geheimnisse in ein Tagebuch kritzeln, keine Fruchtbarkeit versprechenden grünen Betten und keine Schwerelosigkeits-Toiletten: Alex sitzt, bekleidet mit demselben rotweißen Hausmantel, den sein Doppelgänger während des Überfalls im ersten Teil getragen hatte, am Tisch (zunächst allein) und ißt, wobei auf dem Soundtrack dasselbe kalte Klirren des Bestecks auf der Tischplatte vorherrscht, das auch das Frühstück der Generäle in *Paths of Glory* und Bowmans letzte Mahlzeit charakterisiert; er trinkt, vom hinzugekommenen Mr. Alexander genötigt, den mit Betäubungsmitteln versetzten Rotwein (die negative Entsprechung zum Milchplus der Korova) und klatscht unvermittelt und unfeierlich mit dem Gesicht in seinen Spaghettiteller.

Wie Bowman, erwacht er als Gefangener in einem fremden Zimmer (möbliert im französischen Landhausstil), doch anders als beim Sternenkind und dessen Kamerafahrt in die Schwärze des Monolithen endet Alex' Flucht in den freien Raum mit seinem selbstmörderischen Fenstersturz, der ihn auf die Erde zurückholt und seine ironische Wiedergeburt in eine Welt ohne Ludovico-Therapie (wie es zumindest scheinen wird) einleitet: Als er, buchstäblich und symbolisch, im Krankenhaus aus seiner Ohnmacht erwacht, findet er sich von den Folgen der Gehirnwäsche »geheilt« und wieder in den alten Alex des ersten Teils zurückverwandelt vor.

Es ist nicht nur seine gewalttätige Aggressivität, die wiederhergestellt worden ist, sondern – und dieser Punkt ist für die ironische Affirmation des Films ausschlaggebend – auch seine Fähigkeit zur freien Willensentscheidung, die zumindest die entfernte Möglichkeit offenläßt, daß er sich eines Tages von der Brutalität ab- und seinen ästhetischen Neigungen zuwenden könnte. Alex mag noch nicht bereit sein für das Mysterium des Monolithen, doch er entkommt zumindest seinem HAL (Mr. Alexander als Doppelgänger) und kehrt in eine Menschlichkeit zurück, deren inneres Entwicklungspotential und schöpferische Phantasie der Maßstab ihrer Zukunftshoffnung sind.

Vor und neben *Barry Lyndon* ist *A Clockwork Orange* der Film Kubricks, der am präzisesten und detailliertesten den Zustand einer spezifischen Kultur dokumentiert. Er evoziert eine nur scheinbar fiktive Welt, deren formalisierte und unmenschliche Atmosphäre mehr an die Disco-Stimmung der späten 70er und frühen 80er Jahre denken läßt, als an die psychedelisch/politischen Träume der späten 60er, denen der Film entstammt. Vor allem im ersten Teil widmet Kubrick den psychologischen Wurzeln der kulturellen Malaise ebensoviel Aufmerksamkeit wie ihren individuellen Ausprägungen in Alex' Charakter. Er demonstriert einen Zusammenhang zwischen der narzißtischen Abschottung des Einzelnen und dem kollektiven Niedergang der Kultur, der das Drama fortsetzt, das sich an Bord der *Discovery* nach HALs Mord an Poole und den drei Kälteschläfern und seiner Aussperrung Bowmans abspielt. HAL erkämpft sich die Kontrolle über eine mechanische Welt, die so leblos ist wie er selbst, um die Illusion seiner maschinellen Unfehlbarkeit aufrechterhalten zu können. In *A Clockwork Orange* bewohnen die Figuren nicht minder künstliche Umgebungen (Spiegelwelten ihres Inneren), in denen sie ihre seelischen Energien an die Perfektionierung einer mechanischen Äußerlichkeit verschwenden. Kubrick visualisiert die Analogie, indem er die sterilen Kunstwelten der Korova-Milchbar, des Alexanderschen HEIMs und des Reformklubs der Katzen-Lady fast ausschließlich mit extrem kurzen Brennweiten aufnimmt, deren perspektivische Verzerrung an den Fischaugen-Blick von HALs Wahnsinn erinnert. Schon lange, ehe Alex zum Frankensteinschen Monstrum eines Uhrwerkstaates abgerichtet wird, ist die soziale Kommunikation zu einem unpersönlichen und unfruchtbaren Verkehr von Männern mit Männern, Frauen mit Frauen und Objekten mit Objekten verkommen. Alex stört diese narzißtische Selbstbezogenheit – und wird zur einzigen regenerationsfähigen Figur des Films –, weil er das Konzept des Außenseiters, des »Anderen« verkörpert: mehr ein Rächer der Gesellschaft als ihr Kind, mehr ihr Doppelgänger als ein Zwilling.

Die bemerkenswerte Innenausstattung der Korova-Milchbar fungiert in diesem Zusammenhang nicht nur als satirische Verhöhnung einer zeitgenössischen Spielart von High-Camp- und Pop-Art-Kitsch, sondern zeigt vor allem die Verlagerung sexueller Phantasien und Funktionen auf unbelebte Objekte. Weiße Frauenkörper aus Kunststoff, den Plastiken des Pop-Künstlers

Allen Jones nachempfunden, posieren in sadomasochistischen Verrenkungen und übernehmen mechanische Funktionen als Tische und Milch-plus-Spender: In einer Szene sehen wir Dim, wie er einer der Figuren zwischen die Beine greift (»darf ich mal, Lucy?«) und den phallischen Hebel betätigt, der die mit Drogen angereicherte Milch aus dem erigierten Nippel einer Plastikbrust strömen läßt, während »Lucys« Arme in einer Geste erotischer Unterwerfung hinter ihrem Rücken zusammengekettet sind. In der ersten HEIM-Sequenz zeigt Kubrick eine häusliche Variation derselben Welt. Die Szene beginnt mit einer Einstellung auf Mr. Alexander im rotweißen Hausmantel, der hinter einer das Bild dominierenden roten IBM-Kugelkopf-Schreibmaschine sitzt; eine Parallelfahrt nach rechts, deren Länge ein Maß der ehelichen Distanz ist, bringt die Kamera zu Mrs. Alexander, die einen enganliegenden orangeroten Bodysuit trägt und fast im schrägen Oval eines modernistischen weißen Sitzmöbels verschwindet, dessen Polsterung die gleichen synthetischen Purpurschattierungen aufweist wie die Perücken der Korova-Puppen. Wie in der Milchbar, erscheinen die Menschen auch hier als untergeordnete Bestandteile einens Design-Alptraums, dessen künstliche Farben und Materialien eine Antithese zum organischen Grün der Natur formulieren. In der Diele dieses von einer Leuchtschrift »HOME« vor der Einfahrt als archetypisch angepriesenen HEIMs bilden einander gegenüberliegende Wandspiegel und ein schachbrettgemusterter Fußboden ein Triptychon, das die statische Symmetrie der Figurengruppen in der Korova wiederaufnimmt. Als Alex mit seinen Droogs hier eindringt, stellt seine Beweglichkeit einen markanten Kontrast zu dieser Totenstarre dar: er ist das einzige Original in einer Welt maschineller Reproduktionen. So wie sein intensiver, wenn auch finsterer Blick und seine Nadsat-Sprache das einzige Lebendige in der unmenschlichen und somnambulen Atmosphäre der Korova-Milchbar waren, spielt er im HEIM – in grausam brutalisierter Form – die Rolle eines unartigen, doch erfindungsreichen Kindes, das wider den Stachel der elterlichen Autorität löckt. Er durchbricht die Statik und das Schweigen, die den Alexanderschen Haushalt prägen, und zwingt Mr. Alexander, mit eigenen Augen anzusehen, wie seine Frau zu einer lebendigen Version der Korovaschen Sexmaschinen verrenkt wird (allerdings mit Schamhaaren von echtem Rot). Obwohl Alex wie ein Pubertierender zuerst nach den Brüsten greift (milchlos, nicht Milch-plus), ist seine Sexualität nicht oral, sondern entschieden phallisch geprägt. Er hat einen Spazierstock mit einem im Knauf versteckten Messer bei sich, trägt eine Gesichtsmaske mit einer überlangen roten Nase (mit der er vor der Kamera und vor Mr. Alexanders Gesicht herumfuchtelt) und unterstreicht seine genitale Autorität mit einem Gürtel, der nach unten in eine Art mittelalterlicher Schamkapsel ausläuft (in der er die Gummibälle versteckt hält, mit denen er Mr. Alexander knebelt). Die ganze Szene ist ebenso schockierend wie phantasievoll und bringt damit Kubricks ironische Pointe zum Ausdruck: Verglichen mit der verdinglichten Sexgymnastik der Korova-Puppen mit ihren grellbunt gefärbten Kunsthaaren oder mit der heterosexuellen Sterilität des HEIMs, in dem Design-Objekte die Stelle der fehlenden Kinder einnehmen, hat Alex' Vergewaltigung der Ehefrau/Mutter die paradoxe Qualität, der einzige »normale« (wenn auch ödipale) Ausdruck unverdrängter Libido zu sein.

In Alex' Tötung der Katzen-Lady wird diese riskante Relativierung auf eine noch krassere Weise wiederholt. Bei ihrem ersten Auftauchen im Film erscheint die Katzen-Lady bereits als »verkehrter Mensch« – nämlich in einer Gymnastikpose, in der ihre Füße nach oben und der Kopf nach unten zeigen, umgeben von einer Landschaft erotischer Gemälde, die ausnahmslos Frauen in den verschiedensten Stadien sexueller (masturbatorischer und lesbischer) Erregung darstellen. Wie Mrs. Alexander, ist sie auf der ästhetischen Leiter etliche Stufen höher angesiedelt als Alex' leibliche Mutter, wodurch ihre symbolische Rolle als ästhetisch-dekadentes Mutter-Imago für den Ästheten Alex um so deutlicher wird. Alex' wirkliche Mutter »Em« (Sheila Raynor) dekoriert ihr Heim beispielsweise mit geschmacklos gemusterten Tapeten in schreienden Farbkombinationen (Stahlblau, Rotorange und Silbermetallic oder Gelb und Orange – natürlich nie Grün), mit billigen Ölgemälden von exotischen und immer gleich (nämlich glutäugig) blickenden Schönheiten oder Polstermöbeln mit einem irritierenden Pepita-Muster, wozu sie selbst leuchtende Orlon-Perücken (wie die Figuren in der Korova-Milchbar) und Miniröcke aus Vinyl trägt, die sowohl ihr Alter als auch ihren mütterlichen Status verschleiern sollen. Selbst ihr Schlafzimmer (gezeigt nur in der einen Szene, in der Alex' Sozialhelfer Deltoid (Aubrey Morris) die Rolle des kastrierenden Vaters übernimmt, als er seinen Schützling mit einem schmerzhaften Griff an die Hoden bestraft) reiht sich mit pink-farbenen Wänden, dem mund- und augenlosen Kunststoffgesicht eines Perückenständers und der parallel zu Deltoid aus einem Wasserglas herausgrinsenden Zahnprothese in den filmischen Katalog häuslicher Alpträume ein und wirkt nicht weniger steril als seine dekadenteren Varianten in der Korova-Milchbar und bei der Katzen-Lady. Während Em – wie Charlotte in *Lolita* – ihr lebensspendendes Potential symbolisch leugnet, ist die Ablehnung ihrer biologischen Rolle bei der Katzen-Lady jedoch total: Sie lebt inmitten lesbisch/narzißtischer Selbstporträts (darunter einem Gesicht mit konzentrischen Mündern innerhalb von Mündern und bleckenden Zähnen, die eine Verbindung zu Ems Prothese herstellen), koloriert sich selbst wie einen Kunstgegenstand (breitaufgetragener dunkler Lippenstift auf einem großen Mund, dunkelrot gefärbte Haare) und verrenkt ihren Körper in mechanische Positionen, die den gymnastischen Folterwerkzeugen ihres »Reformklubs« gleichen und wesentlich abstrakter und künstlicher wirken als die Skulpturen in der Korova. Wie dort, belegt auch diese psychosexuelle Landschaft, das die sexuelle Funktion externalisiert und durch distanzierende Rituale ersetzt worden ist, in denen die Menschen, maschinengleich, ihre selbstgeschaffenen Objekte imitieren. Als Treibhaus eines weiblichen Narzißmus kontert der Reformklub die maskulinen Phantasien der Korova-Milchbar und stellt gleichzeitig deren symbolische Kastration dar: In einer Einstellung scheint ein Stiefel, der von einer Frau auf einem Wandbild fetischistisch liebkost wird, der Penisskulptur auf dem darunterstehenden Tisch einen Tritt zu versetzen. Ehe Alex' demonstrativ phallische Sexualität in die Enklave eindringt, ist dieser Plastikpenis (neben einer vergoldeten Beethoven-Büste) das einzige männlich besetzte Objekt im Reich der Katzen-Lady, die es charakteristischerweise als »bedeutendes Kunstwerk« bezeichnet und damit aus ihrer Lebenspraxis ausgrenzt. Alex holt es auf drastische Weise in die Praxis zurück, indem er das knochenbleiche Kunstwerk in ein Werkzeug und somit eine Waffe verwandelt, mit der er der Katzen-Lady in einem Akt mörderischer Aggression und symbolischer Fellatio das Gesicht zerschmettert. Auf Mond-Schauers Spuren wandelnd, aktualisiert er eine fast gänzlich ins kollektive Unbewußte verdrängte Wurzel seiner Kultur und gibt einem ihrer Artefakte eine erneuerte, wenn auch gewalttätige Funktion. In der paradox-ironischen Logik des Film gewinnt er im selben Maß den Status eines lebensbejahenden Elements, in dem seine Brutalität für die Zuschauer unerträglich wird.

Der unwiderstehliche Sog, den Alex' mythisch-parodistische Abenteuer trotz dieser Brutalität ausüben, resultiert aus der geradezu demagogischen Qualität der Montage, des choreographischen Inszenierungsstils und vor allem der Musikdramaturgie, mit deren Hilfe Kubrick das Publikum zum unfreiwilligen Komplizen seiner schurkischen Hauptfigur macht. Versuchen wir, Alex' Reise durch die Nacht – prototypischer Bestandteil jedes Mythos – unter diesem Gesichtspunkt der filmischen Vielschichtigkeit und Dichte zu paraphrasieren: (1) Der Film beginnt mit der düsteren Feierlichkeit von Henry Purcells »Music for Queen Mary's Funeral«, gespielt auf dem Moog, dessen synthetische Klänge ein angemessen surreales Klima für die Atmosphäre der Korova und Alex' Nadsat-Stimme schaffen; die erste Einstellung nach den Titeln (die auf einfarbig orangerotem Untergrund ablaufen) zeigt die schon diskutierte Großaufnahme von Alex' Augen, deren starrender Blick sich am Ende der Nachtreise, zu Alex' triumphaler Masturbationsphantasie, im Gesichtsausdruck des Beethoven-Porträts auf dem Fenstervorhang seines Zimmers wiederholen wird. Eine langsame Kamerafahrt rückwärts, dem Bewegungsduktus der Musik angepaßt, bringt die drei Droogs und die Plastikfrauen der Korova ins Bild, bis die Figurengruppe schließlich, in der Totalen, von den schwarzen Wänden in die Stimmung eines Totenhauses eingehüllt wird. (2) Zu Beginn der zweiten Szene erscheinen Alex und seine Droogs als Schattenrisse in einem uterinen Tunnel, die Vierlingsherrscher der Nacht, während auf dem Soundtrack nur das nostalgische Lied des Stadtstreichers (»Sweet Molly Malone«) und Alex' aus dem Off darübergesprochener hämischer Kommentar zu hören sind; von hartem Gegenlicht umstrahlt, zollen sie den Bemühungen des Penners ironischen Beifall, ehe sie wie ein Rudel fleischfressender Raubtiere (nicht aus der Morgen-, sondern der Abenddämmerung der Menschheit) auf ihn herabstoßen. (3) Rossinis Ouvertüre zur *Diebischen Elster*, ein tänzerisches Crescendostück par excellence, begleitet uns in ein verfallenes Spielkasino und strukturiert die nun folgende Massenprügelei zwischen Alex' Droogs und der rivalisierenden Gang von Billyboy. Die Kamera zieht von pastoralen Dekorationsdetails aus einer kunstsinnigeren Epoche (einer Blumen-

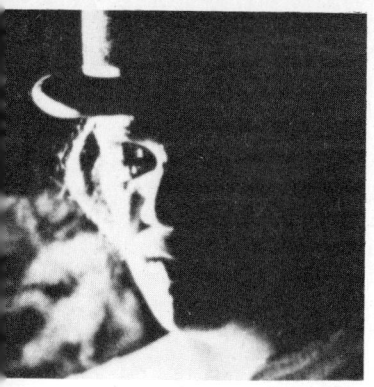 

Unser »demütiger Erzähler«   *... und sein Liebling*

landschaft und einem väterlichen Zeusgesicht) auf die von pur-
purnen Lichtreflexen beleuchtete Bühne auf, in deren Mitte,
flankiert von lachenden Fratzen in Stuck, gerade eine junge
Frau mit großen Brüsten vergewaltigt wird[15]; ein Flügel, ein zer-
trümmerter Roulettetisch und über den ganzen Boden verstreu-
ter Schutt vervollständigen das Ensemble. Die Schlägerei
selbst, eine erstaunlich unblutige Angelegenheit, entwickelt
sich zu einem virtuosen Ballett aus rhythmisch beschwingten
und präzise auf die Musik montierten Stunts, die quasi durch
Rossini ihre Rechtfertigung erfahren: eine choreographisch-
musikalische Sublimierung von Gewalt, die verrät, daß wir eigentlich keine Schlägerei sehen, sondern die Projektion einer
Schlägerei auf Alex' ästhetisierende »innere Leinwand«. (4)
Nach der nächtlichen Amokfahrt im Durango 95 macht Rossini
der unheilverkündenden Türglocke des HEIMs Platz, die das sogenannte »Schicksalsmotiv« aus Beethovens Fünfter intoniert.
Den musikalischen Kontrapunkt zur Vergewaltigung von Mrs.
Alexander liefert der Song »Singin' in the Rain« aus dem gleichnamigen MGM-Musical von 1952, den Alex in Gesang und Tanz
als genießerische Parodie des Gene-Kelly-Originals zelebriert.
Statt eines Regenschirms dient ihm sein Spazierstock sowohl als
Tanzrequisit wie als Waffe, die die Worte des Lieds: »I'm ready
for love« (»ich bin bereit für die Liebe«) mit doppelsinniger
Zweideutigkeit unterstreicht. Mit tänzerischer Eleganz und je-

nem Überschwang, der auch dem Lied eigen ist, verwüstet er die Wohnung, fegt die Schreibmaschine vom Tisch, stürzt Bücherregale um, tritt Mr. Alexander in den Unterleib und schlitzt Mrs. Alexanders Bodysuit über den Brüsten auf. Den visuellen Hintergrund zur eigentlichen Vergewaltigungsszene bildet ein großformatiges modernes Landschaftsbild (ohne Grün), das als später Nachfahre an die pastorale Dekorationsmalerei des Spielkasinos erinnert, deren Ästhetik in der Ludovico-Welt ebenso unwiederbringlich verloren scheint wie die Zufallsfreiheit des Glücksspiels. In den letzten Einstellungen der Szene erscheinen Alex' groteske Maske und Alexanders Gesicht – das durch die Nahaufnahme des Weitwinkelobjektivs und den Knebel in seinem Mund verzerrt wird – in heimlicher Identität als spiegelbildliche Entsprechungen von Täter und Opfer, Selbstdarsteller und Voyeur. (5) Um den Abend zu beschließen, kehren Alex und seine Spielgefährten, »schlaff und abgefuckt«, in die Milchbar zurück, wo eine Frau (eine »Sophisto vom Tele-Studio nebenan«) die ersten Worte von Schillers »Ode an die Freude« aus Beethovens neunter Symphonie singt. Alex lauscht voll Ergriffenheit, während Dim das Privileg der Unerleuchteten in Anspruch nimmt und die Darbietung mit einem furzenden Lippengeräusch kommentiert (womit er sich einen schmerzhaften Schlag von Alex' Spazierstock einhandelt). (6) Schließlich sehen wir Alex, wieder von Purcells Trauermusik des Anfangs begleitet, in die elterliche Wohnung im »städtischen Wohnblock 18A« (gedreht in einer Groß-Londoner Trabantenstadt) zurückkehren. Er passiert ein plump-allegorisches Wandgemälde (»Die Würde der Arbeit«) voller jugendlicher Graffiti und einen wandalisch verwüsteten Hausflur, erleichtert sich auf der Toilette und zieht sich in sein Zimmer zurück, wo er eine Miniaturkassette (»Deutsche Grammophon-Gesellschaft«) mit Beethovens Neunter auflegt. Zu den Klängen des Scherzos als akustischer Wichsvorlage beginnt die Kamera, seine Erregungskurve in einer bemerkenswerten Montagesequenz nachzuzeichnen. Kurze, schnelle Zooms, exakt auf die Musik geschnitten, fahren auf das Beethoven-Porträt auf dem Vorhang zu (bis dessen Augen so groß in die Kamera starren wie Alex' zu Beginn des Films) und tasten das Bild einer einladend lächelnden Nackten mit gespreizten Schenkeln über Alex' Bett ab; ein kurzer Schwenk nach unten zeigt Alex' Haustier, eine Schlange namens Basil, die sich vor dem Bild um einen kahlen

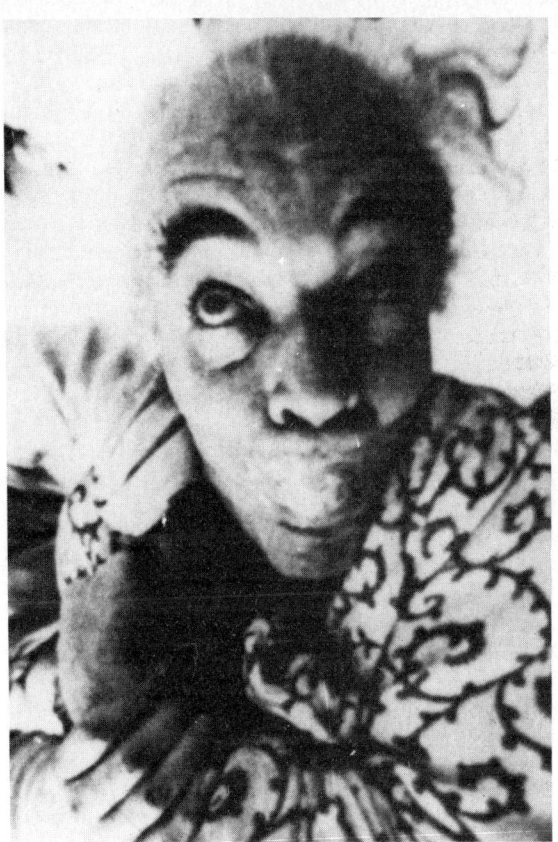

Das Opfer als Voyeur (Patrick Magee)

Ast ringelt und in die gemalte Scheidenöffnung einzudringen scheint. Dann beginnt eine Chorus Line von vier Christus-Statu-etten auf dem Nachttisch (komplett mit Dornenkronen und Nägeln in den Handgelenken, aber rothaarig, mit sichtbaren Genitalien, kämpferisch erhobenen rechten Fäusten und zu einem Tanzschritt ausgestellten linken Füßen) in einer rhythmischen Montage aus unterschiedlich angeschnittenen Nahaufnahmen, die Kreuzigung in eine Tanznummer zu verwandeln. In einer hektischen Folge immer kürzerer Einstellungen verschmelzen die Gesichter von Christus, Beethoven und Alex, bis letzterer als B-Movie-Dracula mit blutigen Fängen über einen orgiastischen Höhepunkt aus Todes- und Zerstörungsbildern, Lawinen und apokalyptischen Explosionen präsidiert.

Wie diese Sequenzen demonstrieren, arbeitet Alex von innen nach außen – von der Phantasie zur Umsetzung in Aktion –, wobei es ihm gelingt, die abgestorbenen Mythen und sterilen Szenerien einer konditionierten Gesellschaft mit einer neuen, subjektiven Wahrheit zu erfüllen. Statt in den Drogen und der Statik der Korova zu versacken oder sich in alkoholisierter Sentimentalität in die Vergangenheit zu flüchten (wie der Penner, der in der Unterführung vor einer ebenso dunklen Wand gezeigt wird wie Alex in der Milchbar), verleiht er seiner inneren Lebendigkeit durch aktionistische Selbstdarstellung eine von keiner äußeren Instanz manipulierte Form. Das Spielkasino, dessen verstaubte Bühne und defekter Roulettetisch auf den Verlust von Phantasie und Zufall – zwei Grundbestandteilen jedes schöpferischen, den Uhrwerkstaat unterlaufenden Aktes – hinweisen, wird für diesen »Träumer« Alex, der das kollektiv Verdrängte individuell zurückholt, zu einem idealen Forum. Nur von seinen eigenen Gefühlen angetrieben, zieht er durch die Nacht, ergreift die Gelegenheiten, die ihm Fortuna zuspielt, und erlebt seine Aktivitäten als theatralische Vereinigung von Musik und Tanz. Die Trennung von Geist und Körper, von Reflexion und Handlung, von psychischen und sozialen Kräften ist ihm ebenso fremd wie die Verlagerung sexueller oder aggressiver Wünsche auf Objekte oder das voyeuristische Vergnügen an der eigenen Erniedrigung. Statt dessen zwingt er Mr. Alexander, die Vergewaltigung seiner Frau mitanzusehen – eine Umkehrung der klassischen Urszene, die den Vater zum Zeugen des ödipalen Augenblicks macht – und ein Maß menschlicher Verirrung zu akzeptieren, das er im dritten Teil des Films selbst mit Alex teilen wird. Charakteristischerweise versucht Alexander nicht, die Augen zu schließen oder seinen Blick abzuwenden: es ist eine »Horrorshow«, die ihn ebensowenig losläßt wie seinen jugendlichen Doppelgänger. Alex mag dem Lied des Stadtstreichers oder Billyboys Gruppenvergewaltigung applaudieren, doch im Kern seines Wesens ist er nicht Publikum, sondern stets der Agierende, der seiner Innenwelt sowohl ästhetische Form als auch die Substanz der Brutalität zu geben versteht: Nicht Sublimieren, sondern Mitmischen heißt die Konstante seines Verhältnisses zur Wirklichkeit. Die christliche Vorstellung des »glückverheißenden Sündenfalls« (der dem Menschen durch die Vertreibung aus dem Paradies die Möglichkeit zur freien Wahl zwischen Verdammnis und Erlösung eröffnet) wird von Alex in eine Zelebration des Lustprinzips und der Befreiung der Libido verwandelt, die Freuds These von der Kulturleistung des Triebverzichts Lügen zu strafen scheint. Die gemalte Eva auf dem Bild über seinem Bett öffnet ihre Schenkel für Basil, weil in dieser futuristischen Parabel das Paradies den ursprünglichen Uhrwerkstaat repräsentiert und die Schlange, wie Alex, zum Symbol des schlechthin Anderen wird. Die körperlich-seelische Ganzheit, die sich in Alex' Übeltaten offenbart, steht in deutlichem Kontrast zur mechanischen Marionettenhaftigkeit von Karikaturen wie Pe (Philip Stone) und Em, Deltoid und Mr. Alexander. Statt Beethovens Musik und die Passion Christi als Objekte ästhetischer bzw. religiöser Meditation zu begreifen, erscheinen sie Alex als emotionale und physi-

Die Kreuzigung als Chorus Line

sche Realitäten. Beethovens Gesicht in Großaufnahme konfrontiert das Publikum – wie Alex' Blick in die Kamera – mit der Innenwelt des Künstlers, während der Christus auf dem Nachttisch in pluralistischer Vierfalt als effektbewußter Entertainer auftritt, der die religiöse Glorifizierung des Leidens verspottet und in trotziger Verkehrung einen Triumph des Körpers über den Geist demonstriert. Weil er in einer dekadenten Welt lebt, in der die Mechanismen der Triebunterdrückung so allgegenwärtig sind, daß das Bewußtsein den Körper und seine Instinkte nicht nur beherrscht, sondern in eine Maschine verwandelt, kann Alex' Menschlichkeit nur in Gewalt und solchen spontanen Improvisationen Ausdruck finden.

Wenig überraschend, ist diese Reise durch die Landschaft und Bilderwelt des Alex'schen Kopfkinos mit einigen ironischen Komplikationen angereichert, die sich vor allem aus der Differenzierung zwischen Alex' Erzählperspektive und Kubricks auktorialer Allwissenheit ergeben. Die Originalität des Aktionskünstlers Alex beschränkt sich auf die relativ einfache Ebene der Verarbeitung vorgefundener Bilder und Klänge zu einer egozentrischen Selbstinszenierung, die weniger intuitiv als vorbewußt, weniger repräsentativ als solipsistisch ist. Vor allem in den Teilen eins und zwei gelingt es ihm nicht, zwischen den Extremen der Unterwerfung unter seine Instinkte oder unter die Verhaltensnormen des Uhrwerkstaates eine Mitte zu finden, die ihm erst den Spielraum für freie Entscheidungen gewähren würde. So dient ihm etwa die Musik Rossinis gleichzeitig als auslösende Inspirationsquelle (»die allerherrlichste Musik kam mir zu Hilfe«) und als strukturbildendes Element für seine »ultrabrutalen« Stegreifinszenierungen (die *Diebische Elster* bei den Schlägereien im Kasino und am künstlichen See sowie bei der Tötung der Katzen-Lady, die Wilhelm-Tell-Ouvertüre bei der heimischen Orgie), und Beethovens Neunte katapultiert ihn in einen Zustand innerer Ekstase (»wie ein Vogel, aus dem kostbaren Metall des Weltraums gesponnen, wie Silberwein, der durch ein Raumschiff schwebt«), der eine private »Horrorshow« auf der Kinoleinwand des Alex'schen Unbewußten auslöst. Er erlebt den Kampf mit Billyboy als eine stilisierte Saloon-Schlägerei, irgendwo zwischen der archetypischen Western-Prügelszene aus *Dodge City* (Herr des Wilden Westens, 1939) und der *West Side Story* (1961) und verwandelt sich auf seiner inneren Leinwand in einen Horror-Star der Hammer-Studios (in diesem

Fall in Christopher Lees Dracula), der eine absurd unpassende Folge von Archivfilm-Katastrophen inszeniert, die eher aus Dino de Laurentiis' Herkules-Schinken der frühen 60er Jahre stammen könnten. Ironischerweise läßt Alex' »Weltraumphantasie« mehr an einen Camp-Klassiker wie die *Rocky Horror Picture Show* (1975) denken als an die außerirdischen Visionen von *2001*.[16] Immer wieder demonstrieren seine Phantasien eine jugendliche Vorliebe für parodistisch angelegte Hollywood-Remakes, die die melodramatischen und sentimentalen Formeln des Trivialfilms ebenso auf den Kopf stellen, wie umgekehrt Kubrick die Erwartungen und Identifikationswünsche seines Publikums frustriert. So gesehen, stellt der erste Teil von *A Clockwork Orange* allenfalls rudimentäre Anfänge von Alex' künstlerischer Evolution vor: einen »Aufbruch der Menschheit«, dessen schöpferische Vitalität umgehend mit den Normierungszwängen einer repressiv-mechanischen Gesellschaft kollidiert. Und hier muß endlich auch die ebenso brillant innovative wie mustergültig disziplinierte schauspielerische Leistung von Malcolm McDowell gewürdigt werden: Mit einer kalkulierten Mischung aus mimischer Expressivität und ins Tänzerische aufgelöster Körpersprache gelingt es ihm, Alex' Entwicklung vom *enfant terrible* des ersten Teils über die Qualen der Konditionierung im zweiten Teil bis zur mühevollen Wiedergeburt im dritten physisch zu objektivieren. Seine Darstellung ist eine der unterschätztesten Schauspielerleistungen der 70er Jahre in einem der am wenigsten verstandenen Filme dieses Jahrzehnts.

Im zweiten und dritten Teil des Films, vom Adagio-Teil der Wilhelm-Tell-Ouvertüre und Alex' Kommentar als »der wirklich zu Herzen gehende und geradezu tragische Teil der Geschichte« charakterisiert, vertauscht unser »Freund und ergebener Erzähler« die Rolle des Täters/Künstlers mit der des Opfers und Voyeurs.[17] Für Alex wie für den Zuschauer bedeutet es eine symbolische Vertreibung aus der schwerelosen Subjektivität eines innerpsychischen Raums in die reale und unheilschwangere Objektivität äußerer Zeit, in der die Logik der Kausalität und die Psychologie von Reiz und Reaktion ebenso unverändert in Kraft sind wie die Konventionen einer linearen Erzähldramaturgie. Es ist das Regime des »Uhrwerks« – im menschlichen Bewußtsein ebenso wie in der Politik –, das allemal versucht, Komplexität zu reduzieren und das ihm Unverständliche auf seine Ebene der Vorhersagbarkeit und der Beherrschbarkeit herabzuholen. So wird bei Alex' Ankunft im Gefängnis als erstes seine Identität durch eine Nummer ersetzt: »Alex DeLarge« (Alexander der Große) verwandelt sich in den datenmäßig erfaßten Anonymus »Sechsdoppelfünf-drei-zwo-eins«, der fügsam hinter einer weißen Linie Aufstellung nimmt und, in der Distanz des Untertans gehalten, die Aufnahmeprozedur durch einen bellenden Oberaufseher (Michael Bates – das amüsanteste Exemplar unter den mechanischen Menschen des Films) über sich ergehen läßt. Er wird seiner Habseligkeiten und seiner Kleidung entledigt (die in einem Pappkarton mit Mottenkugeln verschwindet), einer rektalen Untersuchung unterzogen, nach homosexuellen Neigungen befragt und endlich in einen Badezuber kommandiert, um sich den äußerlichen Schmutz der Individualität vom Leib zu schrubben. Was die innere Reinigung anlangt, so konfrontiert ihn das Gefängnis mit der *Wahl* zwischen der »unwiderleglichen Gewißheit, daß die Hölle existiert« – so des Gefängnispfarrers (Godfrey Quigley) lautstark verkündete »Erkenntnis aus Visionen« – und der biologischen Konditionierung der Ludovico-Therapie. Auf seiner Plattform (Bühne) in der Gefängniskapelle, wo er den Overheadprojektor bedient, wird Alex zum Objekt der homoerotischen Annäherungsversuche »geiler Widerlinge«, während auf der Leinwand hinter ihm der projizierte Text eines Kirchenliedes zu lesen ist, das ironisch vor der Abweichung vom rechten Pfad warnt und die Notwendigkeit von *Kontrolle* behauptet (»Ich war ein wandernd Schaf, / ich war ein irrend Kind, / ich liebte nicht mein Heim, / ich liebte meinen Hirten nicht, / ich wollte nicht behütet sein« – im Original: »I would not be *controlled*«). Bei den Ludovico-Behandlungen sehen wir ihn, in eine Zwangsjacke gefesselt, den Kopf von einer Frankensteinschen Dornenkrone aus Drähten und Elektroden umwunden, die Augen mit Lidklammern künstlich aufgespreizt, in einem Kinosaal sitzen und versimpelte Filmversionen seiner eigenen Vergangenheit betrachten, ohne selbst an den Brutalitäten (der Vergewaltigung einer Dewotschka und einem Überfall mehrerer Droogs auf einen Wehrlosen) teilnehmen zu können. Stets findet er sich in zeitlichen Kategorien als unkorrigierbarer Sünder bzw. Krimineller klassifiziert und zum Opfer eines institutionellen Monolithen (Staat/Kirche/Wissenschaft) gemacht, der ihn seiner eigenen Visionen von Schönheit und Gewalt berauben und in eine Orange mit einem Uhrwerk

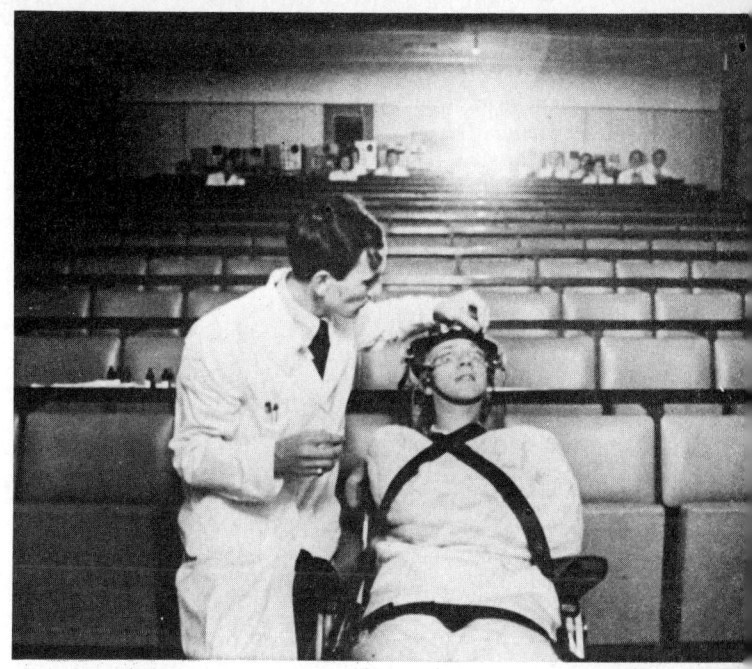

Alex mit der Dornenkrone der Ludovico-Therapie

verwandeln will – für seine Umwelt nur noch ein Objekt, und subjektiv nur noch Voyeur.

Auch nachdem er Alex auf die Erde heruntergeholt und seinen Film auf einen »objektiveren«, weniger expressionistischen Erzählstil zurückgenommen hat, versorgt Kubrick sein Publikum mit assoziativen Signalen, die eine Relativierung der Alex'schen Erzählperspektive erlauben. Insofern verläuft die Demonstration der Gefahren psychologischer Konditionierung in *A Clockwork Orange* zweigleisig, sowohl im sozialen Kontext der Handlung als auch im filmischen der eigenen Erzählstruktur. Auf der ersten Ebene entspricht Alex' Leinwand der unseren, was uns der Gehirnwäsche einer totalen Identifikation mit dem Protagonisten aussetzt. Wenn wir uns der Kontrolle durch den manipulierenden Erzähler nicht entziehen können, werden wir zu *seinen* Opfern und zu Voyeuren unserer *eigenen* psychischen Gestörtheit. Wenn wir uns jedoch statt für Alex für den Erzähler Kubrick entscheiden und die verhüllten, aber allgegenwärtigen Signale des Regisseurs hinter dem Regisseur beachten, so geraten wir in eine Welt der Kontingenz, in der fast alles möglich ist und nichts mehr sicher. Betrachten wir einige Beispiele für diese Differenzierung zwischen Alex' innerer Leinwand und den wahren Absichten des Filmemachers: In Alex' einziger Phantasie im zweiten Teil (also zwischen der Einlieferung ins Gefängnis und der Entlassung aus der Ludovico-Klinik) wird ein von *Sodom und Gomorrha* inspirierter Bibel-Digest (enthaltend die Geißelung Christi; eine blutige Schlachtenszene, in der sich Alex als Kehlenaufschlitzer profiliert; und seine Verführung zweier jüdischer Dienstmägde) in einem demonstrativ clichéhaften filmischen Stil vorgeführt, der parodistisch auf Hollywoods Bibelepen der 50er Jahre abzielt (und mit entsprechend bombastischen Akkorden von Rimski-Korsakow, dem Miklos Rozsa der klassischen Musik, unterlegt ist), während der Inhalt der Szenen mehr an eine Inspiration durch den Marquis de Sade denken läßt als an Cecil B. DeMille.* Ohne Zweifel hat Kubrick hier auch die Gelegenheit genutzt, einige persönliche Dämonen aus der *Spartacus*-Zeit auszutreiben.[18] Von größerer Bedeutung sind jedoch die Parallelen zwischen dieser und anderen Szenen. Die Christusfigur mit dem Holzkreuz und der von Alex im Kommentar mit sadistischem Vergnügen erwähnten Dornenkrone erinnert natürlich an die vier Statuetten in seinem Schlafzimmer, obwohl die Passion diesmal altmodischer (»realistischer«) in Szene gesetzt ist und für die Stirnwunden des Messias sogar jenes nostalgische Kunstblut verwendet wird, das sofort als aufgemalte Farbe zu erkennen ist und in den Zeiten des *Production*

---

* Jedem, der wie Kubrick mit der »Schwarzen Serie« der 40er und frühen 50er Jahre aufwuchs, muß der unverwechselbare Bombast des aus Ungarn gebürtigen Hollywood-Komponisten Miklo Rozsa (geb. 1907) vertraut sein. Seine schwellende Symphonik erhöhte die Spannung in einer Reihe der berühmtesten *Noir*-Filme, darunter *Double Indemnity* (1944), *Spellbound* (1945), *The Killers* (1946), *Brute Force* (1947), *The Naked City* (1948) und *The Asphalt Jungle* (1950). In der 50er und 60er Jahren wandte sich Rozsa der großorchestralen Aufarbeitung der biblischen Geschichte zu und komponierte die Filmmusiken zu *Quo Vadis* (1951), *Ben Hur* (1959) und dem grauenvollen *Sodoma e Gommorha* (1962); vor allem an letzteres Sado-Machwerk könnte Kubrick bei der Auswahl von Rimskis zum Verwechseln ähnlich klingender *Scheherazade*-Musik für Alex' Bibelphantasie gedacht haben. Zu Rozsas jüngsten Arbeiten zählt die Partitur zu Alain Resnais' *Providence* (1977), wo die Musik, wie in *Clockwork,* im Geist der Parodie erklingt.

Code vorgeschrieben war. Später wird Alex in dem *Kinosaal,* in dem seine Konditionierung stattfindet, die Dornenkrone der Ludovico-Therapie tragen, während er Filmaufnahmen von der Mißhandlung eines Mannes betrachtet, deren visueller Stil ebenfalls bedeutend hinter Kubricks Originalität zurückbleibt. Alex findet jedoch Gefallen an der Darbietung (»wie aus Hollywood«) und freut sich besonders, als der »rote rote Vino vom Faß« zu fließen beginnt, der ihn sogar zu der programmatischen Bemerkung inspiriert, »daß die Farben der wirklichen Welt erst wirklich echt aussehen, wenn man sie auf'm Screen sieht«. Auch hier handelt es sich wieder um wenig realistisches Make-up-Blut, das in markantem Kontrast zu einer Szene am Ende des ersten Teils steht, in der Alex während seines Verhörs bei der Polizei geschlagen wird: dort sieht das Blut, das ihm über das Gesicht läuft und an die Wand spritzt, in der Tat »wirklich echt« aus – allerdings eben nicht auf Alex' oder Ludovicos, sondern auf *unserem* »Screen«. Im dritten Teil schließlich wird Alex, nachdem er von seinen inzwischen in den Polizeidienst Ihrer Majestät getretenen ehemaligen Droogs Dim und Georgie (James Marcus) fast ertränkt und zu Tode geprügelt worden ist, von Mr. Alexanders Muskelmann und Faktotum Julian (David Prowse, der Darth Vader in *Star Wars* spielt) ins HEIM getragen wie ein kleines Kind. In dieser Szene gleicht Alex' blutverschmiertes Gesicht genau jenem aus dem Ludovico-Film, nur daß auch hier die rote Farbe ungleich lebensechter wirkt.

Mehr als alles andere zeigen diese auktorialen Täuschungsmanöver, wie Alex das Opfer von Kubricks Ironie wird. Weil er unfähig ist, die Lebensferne und kalkulierte Machart solcher Filme zu durchschauen oder seine instinktiven Reaktionen im Interesse einer freien Phantasie zu unterdrücken, sind Alex' Gefühle schon konditioniert, noch ehe ihm von Dr. Branom (Madge Ryan) das Unlustgefühle erregende Serum injiziert wird. Er macht beispielsweise keine Unterschiede zwischen seinen eigenen Phantasien und denen, die ihm auf einer Leinwand – sei es in einem kommerziellen Kino oder in den Labors der wahnsinnigen Wissenschaftler des Uhrwerkstaates – vorgesetzt werden. Er charakterisiert den ersten Ludovico-Film als »gekonnten Streifen«, »richtig gut« und »wie aus Hollywood«, womit nicht Alex, sondern Kubrick die Zuschauer auffordert, eine Analogie zwischen der Dressur der Ludovico-Technik und den kalkulierten Publikumsreaktionen auf ein archetypisches Hollywood-

Produkt herzustellen.[19] Was Alex an solchen Filmen völlig übersieht, ist natürlich die Tatsache, daß sie in aller Regel zur Identifikation nicht mit dem Übeltäter, sondern mit dessen Opfer
einladen oder sogar zwingen: Ihm als Hobbes'schem Naturkind
fehlt zur Erkenntnis solcher Intentionen grundsätzlich das moralische Bewußtsein. Er reagiert auf Film und Leben gleichermaßen instinktiv und ohne jede moralische Rückkoppelung,
was die Ludovico-Therapie im moralischen Kontext des Films
(und des Romans) als symbolisches Äquivalent eines aufge-
zwungenen Gesellschaftsvertrags erscheinen läßt, das uns nicht
darum weniger beunruhigt, weil es in den dekadenten Landschaften einer nahen, aber imaginären Zukunft angesiedelt ist.
Noch kann sich Kubrick darauf verlassen, daß sein Publikum in
der Gegenwart über die zivilisatorischen Codes verfügt, die ihm
die Unterscheidung zwischen Alex' innerer und seiner realen
Leinwand auch in Augenblicken potenzierter Surrealität erlauben. Anders als Alex, verfügt es über die Freiheit, sich für die
Parodie (wie die enthusiastischen *Clockwork*-Kultisten in den
Mitternachtsvorstellungen) *und* für die ästhetisch/konzeptio-
nelle Dichte des Films zu entscheiden, ohne den jeweils komplementären Aspekt aus den Augen zu verlieren. Ohne beispielsweise über der politischen Satire der Gehirnwäsche zu übersehen, daß Alex durch sie nicht nur zum Opfer wird, sondern auch
am eigenen Leib die fehlende Erfahrung der Identifikation mit
Opfern macht; ohne zu verkennen, daß Alex' Dornenkrone und
blutverschmiertes Gesicht auf unserer Leinwand nicht »realer«
sind als seine inneren Horrorshows und die Konditionierungsfil-
me der Ludovico-Technik; ohne schließlich über der Handlungssymmetrie von Missetat und primitiver Vergeltung durch
den Uhrwerkstaat die fundamentale Ironie aus den Augen zu
verlieren, die in dem stilistischen Ungleichgewicht zwischen den
filmischen Verführungskünsten des Täters Alex und der visuellen (und moralischen) »Normalität« jener Szenen liegt, in denen
Alex zum Opfer wird.
Doch die Bilder erzählen hier nur einen Teil der Story. Als
Alex' Innenleben nach außen gekehrt und unter die vorübergehende Autorität der Wissenschaft gestellt wird, verliert auch
sein Gehörsinn den Kontakt zu jenem Teil seiner Menschlichkeit – der Liebe zum Schönen –, der es ihm eines Tages ermöglichen könnte, statt der Brutalität eine schöpferische Form des
Selbstausdrucks zu wählen. Der zweite Satz aus Beethovens

Neunter wird nicht durch Zufall zum unabsichtlichen Opfer der Aversionsbehandlung, in der er als »Filmmusik« (um Dr. Branom zu zitieren) zu historischen Dokumentaraufnahmen von marschierenden Nazikolonnen und Weltkriegsschlachten dient. Vielmehr stellt ihn schon diese Art der Verwendung auf eine Stufe mit banalen Untermalungsmusiken oder einem dümmlichen Schlager wie »I want to marry a lighthouse keeper« (»Ich will 'nen Leuchtturmwärter als Mann ...«), der zu hören ist, als Alex in die elterliche Wohnung zurückkehrt und entdeckt, daß ihn Pe und Em durch den Untermieter Joe (Clive Francis) als Sohnessurrogat ersetzt haben. Auch auf der musikalischen Ebene greift Kubrick im zweiten und dritten Teil des Films immer wieder auf Motive des ersten zurück, die im veränderten Zusammenhang gleichzeitig als verbindende Klammer und als Mittel zur Relativierung wirken. Der zweite Satz der Neunten taucht beispielsweise erstmals in der Szene auf, in der Alex die Theken des Plattenladens abschreitet und uns – ebenso wie die beiden Teenie-Bopper mit ihren phallischen Dauerlutschern – mit seiner parodistischen Majestät blendet, während die virtuose Kreisfahrt der Kamera und die sichtbar (unter der Rubrik »Underground«!) ausgestellte Platte mit der Filmmusik aus *2001* die versteckte Anwesenheit des Filmemachers verraten. Unweigerlich wird diese Musik im Ludovico-Kino mit filmischer Propaganda (dem Synonym für »Kunst« in einem Uhrwerkstaat) in Verbindung gebracht und zur Untermalung mechanischer Marschkolonnen und vorrückender Panzer eingesetzt. Um sich auf den Charts der Popkultur zu etablieren, müßten Beethovens und Alex' musikalische Talente die gleiche anglo-slawische Vulgarisierung über sich ergehen lassen, wie sie die Vorliebe des einen der beiden Teenies für »Googly Gogol«, »Johnny Schiwago« und »The Heaven Seventeen« bezeugt.

Außer für solche beiläufigen oder satirischen Anspielungen und für die großräumige Strukturierung des Films benutzt Kubrick die Musik auch zur subtilen Unterstreichung von Alex' ironisch-positiver Rolle als Inkarnation einer Lebenskraft, die durch die musikalischen Assoziationen noch hindurchschimmert, als sie schon von der Konditionierung gebrochen zu sein scheint. In der vielleicht eindrucksvollsten Szene des zweiten Teils steht Alex, angestrahlt von einem entmenschlichenden blauen Spotlight, auf einer kulissenlosen Bühne, um einem Publikum von ausgewählten Repräsentanten des Uhrwerkstaats als Opfer und

Voyeur den »Heilerfolg« der Ludovico-Therapie zu demonstrieren. In einem Reiz-und-Reaktions-Vaudeville wird er zunächst von einem Schauspieler gedemütigt (»du wäschst dich wohl nie«), im Stil einer Farce mißhandelt (Ohrfeigen, Nasenzwicken, Ohrenziehen) und zu einer Geste äußerster Unterwerfung gezwungen: »Und euer Freund und tief gedemütigter Erzähler streckte seine rote Yatzika fünf Meter weit raus, um diese ekelhaften Schuhsohlen abzuschlecken.« Die Musik, die Kubrick *auf unserem Soundtrack* ablaufen läßt, um diese Pervertierung einer Schauspielszene ironisch zu kontrapunktieren, ist Terry Tuckers »Overture to the Sun« – ein ungemein elisabethanisch klingendes, tänzerisches Stück, das unterschwellige Assoziationen an eine andere, geographisch nicht weit entfernte Bühnentradition erweckt. Nach freundlichem Applaus und den Verbeugungen des Schauspielers (John Clive) tritt eine blonde, bis auf einen Slip nackte Darstellerin (Virginia Wetherell) auf und konfrontiert Alex, das Publikum im Saal und die Zuschauer im Kino mit der erotischen Objektivierung eines kollektiven Unbewußten. Aus der Dunkelheit des Bühnenhintergrundes kommt sie auf die aus voyeuristischer Froschperspektive aufnehmende Kamera und auf Alex zu, der von ihr »geblendet (ist) wie vom Licht himmlischer Anmut« und nur noch davon träumt, »sie gleich jetzt hier auf dem Boden zu haben und das alte Rein-raus-Spiel zu treiben, richtig ultrabrutalo« – worauf ihn prompt die andressierten Übelkeitsgefühle überwältigen. Auch diese Szene bezieht sich auf die vielen früheren, in denen Alex als Täter austeilte, was ihm jetzt, als Opfer, von den konditionierten Reflexen (und nicht etwa einem moralischen Schuldbewußtsein) heimgezahlt wird. Kubrick unterlegt hier wieder die Synthesizerklänge von Purcells »Music for Queen Mary's Funeral«, die eine gewisse stilistische Einheit mit dem zuvor gehörten Stück von Tucker bewahren, aber durch den impliziten Rückbezug auf die Korova-Milchbar eine ganz anders nuancierte Form von Ironie entfalten. Anders als im ersten Teil kniet Alex jetzt nämlich wie gelähmt vor der ebenso ungerührten wie unberührbaren Erscheinung, will zwar mit beiden Händen nach den Brüsten greifen, wird jedoch durch eine motorische Hemmung wenige Zentimeter vor den verlockend vorstehenden Brustwarzen (einer Erinnerung an die grotesken Milch-plus-Spender der Korova) zurückgehalten: Alex ist – im Kino, wie so viele – zum Voyeur konditioniert worden, der sehen, aber nicht berühren

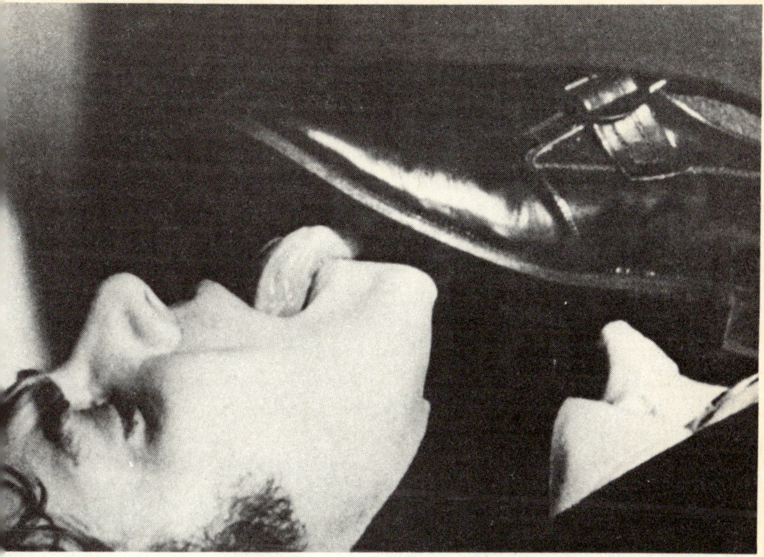

Alex als Opfer und Voyeur

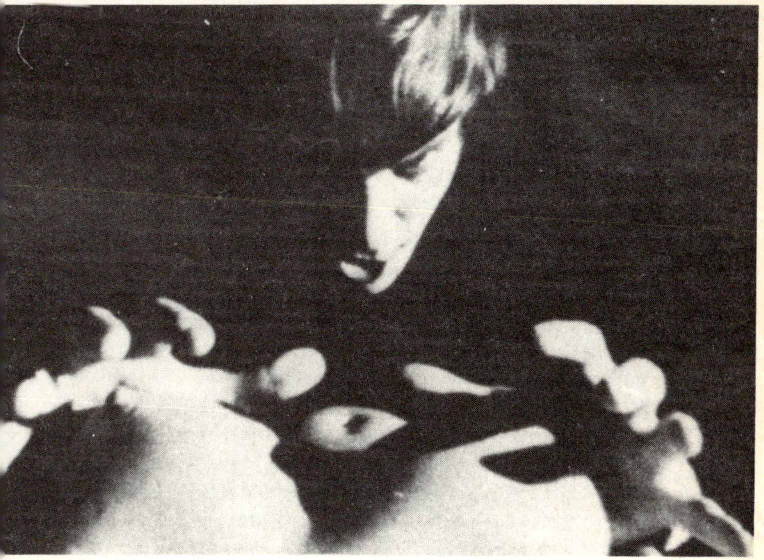

darf. Ein letztes Mal erklingt die »Music for Queen Mary's Funeral« schließlich im dritten Teil, wo sie den Gummiknüppeln der Ex-Droogs Dim und Georgie den Takt angibt, nach dem Alex verprügelt und – in symmetrischer Entsprechung zu seiner Attacke auf Georgie und Dim am und im künstlichen See der Trabantenstadt – in einer Viehtränke untergetaucht wird. Wie Purcells düsterer Kondukt einst Königin Mary in ein reales Reich der Toten geleitete, lokalisiert er Alex in allen drei Teilen des Films in einem symbolischen Reich des Todes.

Auch das Scherzo aus Beethovens Neunter wird der rabiaten – man ist versucht, zu sagen: uhrwerkhaften – Doppelungsdramaturgie des Films dienstbar gemacht. Im ersten Teil inspiriert es Alex zum Christusballett seiner Masturbationsphantasie, während es im dritten, ebenfalls in einem Schlafzimmer, zum Werkzeug von Mr. Alexanders Rache wird. Während Alex gegen den Fußboden dieser Rustikal-Variante eines Louis-seize-Raums trommelt und die unsichtbaren Quälgeister im unteren Stockwerk anfleht, die Musik abzustellen – an sich schon eine Umkehrung der Bowman/Monolith-Symbiose am Schluß von *2001* –, sehen wir seinen Doppelgänger in einer Pose grotesker Glückseligkeit zur Decke hinaufstarren und dabei Alex' Gesichtsausdruck im Augenblick der bevorstehenden orgasmischen Erleuchtung imitieren. Die Kamera zieht von der Großaufnahme dieser Fratze auf, bis eine symmetrische Korridor-Komposition aus zwei auf einem Billardtisch liegenden, gegen die Decke strahlenden Lautsprecherboxen, Mr. Alexander vor dem Tonbandgerät in ihrer Mitte und den drei anderen Verschwörern sichtbar wird; den Vordergrund dominiert die grüne Filzbespannung des Tisches, den Hintergrund ein kostbarer alter Wandteppich mit floralen Motiven. Das plötzliche Auftauchen der bisher so demonstrativ abwesenden Symbolfarbe Grün, die sich hier mit Beethovens Musik verbündet, kündigt Alex' »Wiedergeburt« an, die mit dem durch die Musikfolter ausgelösten Selbstmordversuch beginnt. Demgegenüber erinnert die Symmetrie der Bildkomposition mehr an die sterile Statuarik der Korova-Milchbar, wobei Mr. Alexander in seiner Mimik zwar die Bösartigkeit von Alex' Blick in die Kamera aus der Eröffnungseinstellung wiederholt, die kreative Vitalität dieses Bösen jedoch verfehlt. Was ihn in diesem Augenblick der Rache mit der mechanischen Gestik einer Marionette beseelt, ist allein jene Nekrophilie, die Kubrick auch in der Gestalt des Dr.

Strangelove mit einem roboterhaften Rollstuhlfahrer symbolisiert hat.

Diese Szene markiert gleichzeitig den Höhepunkt der vielschichtigen Parallelisierung von Alex und Mr. Alexander, die sich seit Beginn des Films entwickelt hat. Alex und Alexander sind durch eine Vielzahl von Polaritäten aufeinander bezogen: Jugend/Alter; »primitiver« Heranwachsender / »zivilisierter« Erwachsener; »Aktionskünstler«/Schriftsteller; visuelle Vorstellungskraft/verbale Manipulationskunst; Beethoven als Inspiration/Beethoven als Dekoration (die Türglocke im HEIM); phallische Virilität/geistige und körperliche Impotenz; Bewegung und Dynamik/Unbeweglichkeit und statisches Sitzen (erst hinter der Schreibmaschine, dann im Rollstuhl). In den beiden HEIM-Sequenzen im ersten und dritten Teil lassen sich folgende Wiederholungen/Doppelungen feststellen: (a) Identische Kameraeinstellungen für die Außenaufnahme, die das beleuchtete »HOME«-Schild und im ersten Teil die Ankunft der Droogs im gestohlenen Sportwagen, im dritten Teil die Ankunft des durchnäßten und mißhandelten Alex zeigt. (b) Identische Kamerafahrten bei den jeweils ersten Einstellungen im Inneren des HEIMs, die beide auf Mr. Alexander hinter seiner Kugelkopf-IBM (einer roten im ersten Teil, einer blauen im dritten) beginnen und dann parallel nach rechts zu einer sitzenden Figur in Rot führen (erst der lesenden Mrs. Alexander im Bodysuit, dann dem mit Hanteln trainierenden Faktotum Julian in Shorts). (c) Identische Kameraeinstellungen in der Diele, wo im ersten Teil die maskiert eindringenden Droogs und im dritten der ohnmächtig gegen die sich öffnende Tür sinkende Alex von einander gegenüberliegenden Wandspiegeln vervielfacht werden. (d) In der ersten HEIM-Sequenz sieht und hört Alexander als geknebeltes Opfer zu, wie Alex den Musicalsong »Singin' in the Rain« zum besten gibt und dabei frohgemut zur Vergewaltigung schreitet; in der zweiten Sequenz hört er ihn dasselbe Lied, von unheimlichem Nachhall verfremdet, in der Badewanne singen und erkennt daran seinen früheren Peiniger. (e) Im ersten Teil trägt Mr. Alexander einen rotweißen Hausmantel, den sich im dritten Teil des Films der frischgebadete Alex anzieht, ehe er sich zu Tisch setzt und dem mit Drogen versetzten Wein und den Spaghetti zuspricht.

Von Kopf bis Fuß eingegipst wie in einen Kokon, in dessen Innerem sich die Metamorphose vollzieht, erwacht Alex in einem

Krankenhausbett aus dem Schlaf des Todes, um seine Rehabilitation von der Ludovico-Therapie und dem Wahnsinn seines »zivilisierten« HAL zu vollenden. Der Film demonstriert die ironische Wiedergeburt – die Wiederherstellung von Alex' gewalttätig/kreativen Instinkten – zunächst durch einen psychologischen Assoziationstest, bei dem Alex spontan auf Bilder reagieren muß, die ihm die Psychiaterin Dr. Taylor (gespielt von Pauline Taylor) auf einem kleinen Kofferbildschirm vorführt. Obwohl das künstlerische Niveau dieser primitiven Strichzeichnungen noch niedriger ist als das der Ludovico-Filme, vermag Alex nicht mehr als Voyeur, sondern als Künstler zu reagieren, der den Psycho-Comics kreativ-kindliche (seinem »Neugeborenenstatus« entsprechende) Dialogzeilen unterlegt. Auch die Kamerabewegung und die Farben suggerieren einen Neuanfang – freilich in einer unveränderten Welt: Die Fahrt, die Dr. Taylors Auftritt begleitet, entspricht jener, der Alex durch den Schallplattenladen folgte, und auch die synthetische Buntheit ihres Kleides (blau und orange) knüpft an das visuelle Reizklima des ersten Teils an. Zusammen mit dem vertrauten Vinylrot von Ems geschmacklosem Minikleid beim späteren Besuch der Eltern oder dem »Iß mich«-Präsentkorb, den sie als Versöhnungsgeste mitbringen, stellt sie eine Farbwelt wieder her, die nur durch das bürokratische Grauweiß des Gefängnisses und der Ludovico-Klinik unterbrochen war. In gedeckten Farben erscheint schließlich auch der Repräsentant dieser Institutionen, der Innenminister (Anthony Sharp), um den wieder entkonditionierten Alex mit einem staatlichen Schweigegeld zu bestechen, das es ihm in Zukunft erlauben wird, sorgenfrei seiner Gewalttätigkeit nachzugehen. Kubrick inszeniert diesen zynischen Interessenausgleich als archaisch-direktes Tauschgeschäft zwischen zivilisierter Heuchelei und primitiver Ursprünglichkeit: In einer Szene, die nicht aus Burgess' Romanvorlage stammt (und die Treue des Regisseurs zu seinen Lieblingsmotiven beweist), muß der Minister jeden Satz, den Alex anzuhören geruht, mit einem Bissen des gerade servierten Krankenhausessens erkaufen, den er dem eingegipsten Naturkind in den verlangend aufgesperrten Mund schiebt. Unter allen rituellen Mahlzeiten in Kubricks Filmen – etwa dem Hinrichtungsfrühstück in *Paths of Glory,* dem Kriegsbunkerimbiß in *Dr. Strangelove,* Mond-Schauers erster Fleischmahlzeit oder Bowmans letztem Essen – formuliert diese Szene aus *A Clockwork Orange* am gültigsten eine Buñuelsche Konjunktion zwischen der Kultur und dem Unbehagen in ihr.

Als gelte es, die so restituierte »Normalität« zu feiern, schließt Kubrick seinen Film in einem Wirbel aus Bildern und Musik. Eine riesenhafte Stereoanlage wird im Krankenzimmer aufgebaut und eine wartende Meute von Pressefotografen stürmt herein, um die unheilige Allianz zweier lächelnder und zynischer Droogs zu dokumentieren – der eine befriedigt, daß für seine zeitlichen Bedürfnisse gesorgt ist (staatliche Anstellung, gutes Gehalt), der andere bereit, um des politischen Überlebens willen die sprichwörtliche andere Wange hinzuhalten. Der Film gibt uns keine Sicherheit, daß Alex nicht womöglich ein unsanftes Erwachen und das Erscheinen eines Uhrwerk-Mephisto bevorsteht, der seinen ausbedungenen Preis einfordert. Doch für den Augenblick erlaubt es Kubrick seinem Publikum, die Triumphgefühle des Protagonisten zu teilen und die Befreiung von Alex' Phantasie und Beethovens Neunter aus der Tyrannei der Techniker der Zeit mitzuerleben. In der letzten Einstellung des Films – auf Alex' Leinwand ebenso wie auf unserer – visualisiert Kubrick den Jubel seines Helden (»Ich war geheilt, all right!«) erstmals als Spiel von Phantasie *und* Aktion: In feierlicher Zeitlupe treiben Alex und ein nacktes Mädchen mit schwarzen Handschuhen und Strümpfen (Katya Wyeth) auf einem Feld von künstlichem Schnee das »alte Rein-raus-Spiel«, während zwei Reihen von beifällig beobachtenden, im Ascot-Stil der Aristokratie des Fin de Siècle gekleideten Zuschauern einen in die Tiefe des Raums weisenden Korridor bilden und den beiden Aktionisten applaudieren.[20] Anders als frühere Visionen in Alex' Vorstellungswelt oder auf Kubricks innerer Leinwand impliziert diese eine Evolution in eine paradoxe, doch ermutigende Zukunft, die jenseits der schwarzen Wände der Korova-Milchbar aus der ersten Einstellung des Films liegt. Der Hintergrund der letzten Einstellung ist blendend weiß, und das Geschehen vereinigt viktorianische Förmlichkeit mit sexueller Freiheit, die Enge der Zeit mit der Grenzenlosigkeit des inneren Raums. Er läßt Platz für die Hoffnung – vielleicht für Kubrick ebenso wie für sein filmisches Double –, daß dieser Pfad ins leere Weiß nicht zurückgekrümmt ist in die Ausweglosigkeit der Zeit; daß er zumindest auf der Tabula rasa einer Kinoleinwand endet, die darauf wartet, daß der Künstler in Aktion tritt und das Licht seiner Schöpfung auf sie projiziert.

7. Odyssee in der Zeit

Für seinen nächsten Film wählte Stanley Kubrick eine literarische Vorlage, die der viktorianischen Welt aus der Schlußszene
von *A Clockwork Orange* entstammt: William Makepeace
Thackerays *The Luck of Barry Lyndon* (1844/56, deutsch: *Barry
Lyndon,* 1961), eine weitläufige und verschlungene Ich-Erzählung nach dem Muster eines Schelmenromans des 18. Jahrhunderts.[1] Im Gegensatz zu Burgess' *Uhrwerk*-Roman lieferte ihm
Thackeray keine »fertige« Geschichte und – obwohl es sich
ebenfalls um eine Ich-Erzählung handelt – auch keine filmisch
umsetzbare subjektive Perspektive. Bei der Abfassung des
Drehbuchs ließ Kubrick fast die Hälfte der Romanepisoden ent-

fallen, ohne jedoch die historische Breite der Erzählung nennenswert zu beeinträchtigen. Seine Geschichte vom Aufstieg und Fall des Barry Lyndon überspannt mehr als ein Vierteljahrhundert (ca. 1760–1789) und macht die Vereinfachung der Handlung und der Charakterzeichnung durch eine erhöhte Aufmerksamkeit für das historisch/kulturelle Umfeld der Figuren wett. Im Kontext von Kubricks vorangegangenen Filmen schließt *Barry Lyndon* (Barry Lyndon, 1975) mehr an die philosophisch/ästhetischen Konstellationen von *Paths of Glory* und *2001* an als an die subjektiven Spiegelwelten von *Lolita* oder *A Clockwork Orange*. Nicht zuletzt dürfte ihm dieser Stoff als weniger aufwendige (trotz eines Budgets von 11 Millionen Dollar) Alternative zum bis heute nicht verwirklichten Napoleon-Projekt erschienen sein, die dennoch die erwünschte Gelegenheit bot, den Weltraum- und Zukunftsspekulationen von *2001* eine ähnlich ambitionierte Odyssee in den historischen Raum der Vergangenheit an die Seite zu stellen.

Thackerays Roman überspannt mehr als ein halbes Jahrhundert (ca. 1760–1817) und schildert Leben und Tod des Barry Lyndon vor einem historischen Hintergrund, der mit dem Siebenjährigen Krieg beginnt und über die großen Revolutionen in Amerika und Frankreich in eine neue Ära der Geschichte hineinreicht.[2] Als Kontrapunkt zu Barrys fiktiven »Memoiren«, die aus der verklärenden und verzerrenden Rückschau des »gichtigen hohen Alters« erzählt werden, entwickelt Thackeray ein breit angelegtes Zeitpanorama, in dem sich das »mörderische Tagewerk der Könige« (z. B. Friedrichs des Großen) mit den Extravaganzen gesellschaftlicher Dekadenz zu einem spöttisch-melancholischen Monumentalgemälde menschlicher Irrationalität verbindet. Was in der Vordergrundhandlung am Beispiel Barrys aufgezeigt wird, erweist sich auch im Hintergrund als treibende Kraft der Geschichte: Barrys Niedergang und elendes Ende – er stirbt im Schuldturm des Fleet-Gefängnisses im Säuferwahn – symbolisiert und »erklärt« den Untergang des historisch überlebten Gesellschaftssystems von Feudalismus und Absolutismus. Das moralische Engagement, das in dieser »Romanze aus dem vergangenen Jahrhundert« – so der Untertitel – spürbar ist, stellt Thackeray in die geistige Tradition der Aufklärung und unterscheidet ihn vom sozialen und psychologischen Realismus seiner Zeitgenossen Charles Dickens oder George Eliot; ebenso läßt sich der Rückgriff auf das »altmodische« Genre des

Schelmenromans – dessen Blütezeit mit der des Absolutismus zusammenfiel – als Parodie auf die Vorliebe des 19. Jahrhunderts für »persönliche« Geschichte (Tagebücher, Memoiren, Briefe, ekstatisch-subjektive Poesie) verstehen: Im Unterschied zu Nabokov und Burgess stellt Thackeray mit seinem irreführenden Erzähler nicht die Realität und die Möglichkeit ihrer Abbildung in Frage, sondern die individualistischen Exzesse der romantischen Imagination. Sein Roman betrauert weniger die charakterlichen Schwächen und die menschliche Tragödie seines Protagonisten als den Verlust des Glaubens der Aufklärung an eine rationale Ordnung der Dinge – ein Verlust, der den nach-freudschen und nach-einsteinschen Künstlergenerationen von Nabokov, Burgess und Kubrick als endgültig unwiederbringlich erscheinen muß.

Für den Drehbuchautor Kubrick muß die filmische Umsetzung von Thackerays Roman Probleme aufgeworfen haben, die mit keiner seiner früheren Filmadaptionen zu vergleichen sind. Anders als in *Lolita* oder *A Clockwork Orange* ist Thackerays Erzähler eine rasch durchschaubare Figur, die den Leser nicht mit der Subtilität, sondern mit der tolldreisten Frechheit ihrer Geschichtsklitterungen fasziniert. Barrys Selbstinszenierung projiziert keine visuell verführerischen Phantasien auf eine »innere Leinwand«, sondern bedient sich konventionalisierter Sprachformeln aus dem Repertoire höfischer Ehrbegriffe und Verhaltensnormen, mit deren Hilfe ein katastrophaler Lebenslauf aus Falschspiel, Untreue, Roheit und Lügen in eine musterhafte gesellschaftliche Karriere umgemünzt wird. Wenn Barry den Familienschmuck seiner Frau verschleudert, um Spielschulden zu begleichen, so lobt er sich dafür mit der Begründung, daß er sich auch (!) am Spieltisch stets als Mann von Ehre erwiesen habe, und eine Schilderung seines Vaters liest sich folgendermaßen:

Harry Barry, mein Vater, der in den vornehmsten Kreisen des Königreichs England wie des Königreichs Irland bestens bekannt war, hatte sich, wie so viele Söhne vornehmer Familien, juristischen Studien gewidmet ... Zweifellos wäre er dank seiner ungewöhnlichen Talente und seines überragenden Genies eine Zierde seines Berufs geworden, hätten nicht seine gesellschaftlichen Fähigkeiten, seine Vorliebe für alle Arten von exklusivem Sport und seine ungewöhnlich charmanten Manieren ihn zu etwas Höherem bestimmt ...[3]

Im Klartext bedeutet das nichts weiter, als daß Harry Barry mehr dem Glücksspiel zugetan war als der höheren Bildung und

sich lieber bei der Schickeria seiner Zeit aufhielt als in Anwalts-
kanzleien oder juristischen Bibliotheken. Und wie der Vater, so
der Sohn: Von der ersten bis zur letzten Seite seiner Pseudo-Le-
bensbeichte bleibt Barry der unbeugsamen Überzeugung, daß
es Reichtum, Titel und Eleganz – die *Äußerlichkeiten* des Lebens – sind, die der Reise des Menschen durch die Zeit Substanz
verleihen:

> Wir trugen damals Seide und Spitzen ... Damals benötigte ein Mann
> von Welt mehrere Stunden zu seiner Toilette, und er konnte bei ihrer
> Auswahl Geschmack und Genie beweisen. Was für eine Pracht wurde
> in den Salons oder bei Galavorstellungen in der Oper entfaltet! Wel-
> che Summen wurden an den bezaubernden Faro-Bänken gewonnen
> und verloren! ... Die Zeit der vornehmen Herren ist für immer dahin.
> Heute gehört die Welt den Soldaten und Matrosen, und ich werde
> ganz traurig, wenn ich an das Leben vor dreißig Jahren denke.[4]

Es fällt nicht schwer, Barrys veräußerlichte Moral, seine Prahl-
sucht, Beschönigungen und Aufschneidereien zu erkennen, und
schon nach wenigen Seiten der Lektüre wird der Leser gelernt
haben, zu unterscheiden, was der Ich-Erzähler *sagt* und was der
Autor *meint*. Um jeden Zweifel auszuschließen, hat Thackeray
in der ersten Ausgabe des Romans (1844) noch einen fiktiven
Herausgeber mit dem schönen Namen George Savage Fitz-
Boodle eingeführt, der sich in gelegentlichen Einschaltungen
die Freiheit nimmt, die Moral von der Geschichte auszubuchsta-
bieren:

> ... daß weltlicher Erfolg nicht notwendig die Frucht eines tugendhaf-
> ten Lebenswandels ist; daß er, wenn auch gelegentlich auf ehrliche
> Weise erworben, doch ungleich öfter durch Schurkerei und Selbst-
> sucht zustande kömmt; und daß der Zorn, der uns über den Aufstieg
> eines Halunken und das allzu häufige Unglück ehrenwerter Männer
> packt, auf einer oberflächlichen und unvernünftigen Vorstellung da-
> von beruht, aus welchem Stoff das Glück gemacht ist.[5]

Die Neuausgabe von 1856 verzichtet auf solche Deutlichkeiten
und überläßt es Barry selbst, seine Schäbigkeit zu offenbaren.
Entscheidend für die Möglichkeit einer filmischen Umsetzung
bleibt jedoch, daß diese auktoriale Ironie fast völlig auf die Vermittlung durch Sprache angewiesen ist und den Film mit einem
Selbstkommentar Barrys belastet hätte, der an Umfang und Gewicht weit über Alex' Erzählstimme in *A Clockwork Orange*
hinausgegangen wäre.

Kubrick beraubt Barry also seiner Erzählerrolle und nimmt damit eine entscheidende Umgewichtung vor: Während die Unredlichkeit des Erzählers im Roman stets eine Distanz zwischen Leser und Handlung schafft, die jeder Identifikation mit dem Helden vorbeugt und Barry als letztlich komische Figur – wenn auch mit einem tragischen Schicksal – erscheinen läßt, stellt der Film seinen Protagonisten »objektiver« dar. Barrys Schwächen wirken gemildert und die positiven Seiten, die er wie jeder literarische Schelm aufzuweisen hat, treten hervor: Er ist, vor allem im ersten Teil seiner Geschichte, spontan und mutig, verliebt sich Herz über Kopf und achtet die Regeln des gesellschaftlichen Dekorums geringer als seine Leidenschaft (z. B., als er dem Nebenbuhler Quin vor versammelter Tischgesellschaft ein Weinglas ins Gesicht wirft). Erst mit seinem sozialen Aufstieg beginnt diese emotionale Integrität zu schwinden. In den veräußerlichten Wertmaßstäben seiner Zeit befangen, vergeudet er seine Talente an falsche Ziele, die ihm nicht die erhoffte Befriedigung bringen und ihn immer weiter in die falsche Richtung vorantreiben. Als er in Berlin als Polizeispitzel in die Dienste des Chevaliers de Balibari eintreten soll (der selbst nichts Besseres ist als ein irischer Falschspieler), ist die Konditionierung seiner Gefühle bereits vollzogen:

> Es war vielleicht unklug von mir, doch *angesichts der Pracht seiner Erscheinung und seiner aristokratischen Haltung* war es mir unmöglich, mich ihm gegenüber zu verstellen … Ich brach in Tränen aus …[6]

Barrys Emotionen sind enteignet: Was sie kontrolliert, ist weder ein moralisches Bewußtsein (das ihm von Anfang an gefehlt hat) noch eine echte Empfindung (zu der er früher durchaus fähig war), sondern allein die verlockende Fassade von Eleganz und gesellschaftlichem Rang, nach dem er für sich selbst giert und den er ironischerweise gerade durch Verstellung erreichen wird: Während er in seiner Jugend echte Gefühle an seine oberflächliche Cousine Nora verschwendete, macht er der reichen Witwe Lyndon nur noch den Hof, um über sie »Titel und Würden des Barry Lyndon zu erwerben«. Sein äußerer Aufstieg stellt sich als innerer Abstieg dar, bei dem die Erosion seines Charakters mit einem fortschreitenden Verlust des Realitätsbezugs Hand in Hand geht, der schließlich sein Ende in Schulden (in die er sich im vergeblichen Kampf um einen Pairssitz gestürzt hat) und Alkoholismus besiegelt.

Dreharbeiten zu ›Barry Lyndon‹

Derart objektiviert und von Fitz-Boodles moralisierenden Anmerkungen und Thackerays auktorialer Ironie befreit, wird Barrys Lebenslauf als der eines Opfers kenntlich (was im Roman durchaus angelegt ist, jedoch von der Gesellschaftssatire in den Hintergrund gedrängt wird). Kubricks dramaturgische Reorganisation des Stoffes geht jedoch noch weiter: Nachdem er Barry von der belastenden Subjektivität seiner Erzählperspektive befreit hat, verstärkt er seine tragische Rolle als Opfer nicht nur der gesellschaftlichen Verhältnisse seiner Zeit, sondern der Zeit schlechthin, indem er ihn mit der distanzierenden Objektivität eines allwissenden Erzählers konfrontiert. Natürlich fungiert diese Erzählerstimme (im Original gesprochen von Michael Hordern) auch als dramaturgisches Hilfsmittel bei der Bewältigung der Stoffmassen, die in diesem dreistündigen Panorama einer untergehenden Welt bewegt werden: Sie erklärt historische Hintergründe (z. B. den Siebenjährigen Krieg), interpretiert seelische Vorgänge in den Figuren (z. B. bei Barrys tränenreichem Abschied von der Mutter, von dem er sich rasch erholt, weil »kein junger Bursche mit 20 Guineen in der Tasche lange traurig ist«) und hilft bei komplizierten Handlungsintrigen einfach, Erzählzeit zu sparen (z. B. bei Barrys Flucht aus Berlin in der Maske des Chevaliers de Balibari). Vor allem aber dramatisieren ihre Kommentare das unausweichliche und schicksalhafte Verrinnen der Zeit, das den Aufstieg und Fall des Barry Lyndon (Ryan O'Neal) mit einer Stimmung von tragischer Ironie und Vergeblichkeit umgibt. Als Barry beispielsweise im ersten Teil des Films seine »Feuertaufe« auf einem unbedeutenden Nebenschauplatz des Siebenjährigen Kriegs erlebt, kommentiert der Erzähler mit einer Bemerkung, die weit über den punktuellen Anlaß in der Zeit hinausreicht:

Obwohl dieses Treffen in keinem Geschichtsbuch aufgezeichnet wurde, war es denkwürdig genug für jene, die daran teilnahmen.

Barry verliert bei diesem Scharmützel seinen Freund, Hauptmann Grogan (Godfrey Quigley), der mit ungezählten anderen auf einem der zahllosen vergessenen Schlachtfelder der Geschichte zurückbleibt. Im zweiten Teil des Films wird die erzählerische Vorausdeutung auf zukünftige Schicksalsschläge zum effektivsten Mittel solcher Vergänglichkeitsbeschwörung. Während wir Barry noch im Park von Schloß Hackton mit seinem geliebten Sohn Bryan in romantisch verklärendem Gegenlicht spielen sehen, erfahren wir vom Erzähler, daß »das Schicksal beschlossen« habe, ihn »arm, einsam und kinderlos« sterben zu lassen. An der Formelhaftigkeit dieses Kommentars (»das Schicksal hatte beschlossen«), der an die Vanitas-Rhetorik des Barock erinnert, läßt sich Kubricks tiefgreifende Umdeutung der Romanvorlage abermals demonstrieren. Der Wortlaut der Formulierung findet sich auch bei Thackeray – dort freilich im Munde des fiktiven Erzählers Barry, der damit subjektive Betroffenheit und Verständnislosigkeit angesichts eines offenbar sinnlosen Unglücks zum Ausdruck bringt. Vom allwissenden Erzähler des Films gebraucht, gewinnen dieselben Worte ein ganz anderes Gewicht und machen die Sinnlosigkeit von Barrys Kampf um sein Lebensglück zu einer objektivierten Tatsache. Die fatalistische Weltsicht, die sich in dieser erzählerischen Manipulation offenbart, findet in vielen Filmen Kubricks ihre Parallele. Gleichzeitig nimmt sie jedoch die literarischen Traditionen des Schelmenromans beim Wort, der in seiner barocken Blütezeit stets die Nichtigkeit alles Irdischen zum Thema hatte – freilich unter dem tröstlichen Hinweis auf eine Entschädigung im Jenseits, die Kubrick seinem Opfer nicht mehr in Aussicht stellen kann. Etwas plakativ formuliert, stellt sich Kubricks Erzählprojekt in *Barry Lyndon* in zeitlicher Vierschichtigkeit dar: Ein Filmemacher des 20. Jahrhunderts realisiert einen Roman des 19. Jahrhunderts, der im 18. Jahrhundert spielt und ein Genre des 17. Jahrhunderts aufgreift, auf dessen Rhetorik und philosophische Perspektive die Regie ihrerseits Bezug nimmt. Die Kinoleinwand verwandelt sich in einen Schacht durch die Zeit, der sowohl viktorianische Rührseligkeit (Bryans Sterbeszene!) wie den rationalistischen Witz der Aufklärung (in vielen Kommentaren des Erzählers im ersten Teil) und die Weltzweifel einer düstereren, der unseren am ehesten verwandten Epoche gegenwärtig macht. Was am Ende des Films von dieser Odyssee durch die Zeit zurückbleibt, ist ein umfassenderes Bewußtsein von Vergänglichkeit, als es sich allein am Lebensbeispiel Barry Lyndons erwerben ließe. Das unwiderlegliche und lastende Fazit ziehen die Schlußtitel des »Epilogs«, die von den Personen der Filmhandlung eine lakonische Aussage machen, die irgendwann im 21. Jahrhundert auch für uns Zuschauer zutreffen wird: »... gut oder böse, schön oder häßlich, arm oder reich – jetzt sind sie alle gleich.«[7]

Auch in der Auswahl und Anordnung der Handlungsepisoden hat Kubrick seinen *Barry Lyndon* unter die dominierende Perspektive von Tod und Vergänglichkeit gestellt. Bereits der erste Teil des Films, der eigentlich Barrys vielversprechenden Aufstieg aus irischer Namenlosigkeit zu englischen Würden behandelt, ist vom Tod buchstäblich eingerahmt: Er beginnt mit einer aus großer Entfernung aufgenommenen Totalen, in der eine winzige Figur – Barrys Vater – im Duell fällt, und endet mit einer peinigenden Großaufnahme des Todeskampfes von Sir Charles Lyndon, den Barry beerben wird. Während wir den Körper des Sterbenden sich noch in Krämpfen winden sehen und die kreatürlich-komischen Quietschlaute hören, mit denen er sein Leben aushaucht, nimmt die distanzierte Stimme des Erzählers Sir Lyndon bereits in die endlose Totenliste der Geschichte auf:

Aus einem Bericht im *St. James Chronicle:* Gestorben, in Spa, im Königreich Belgien, der höchst ehrenwerte Sir Charles Reginald Lyndon, Ritter des Bath-Ordens, Mitglied des Parlaments und langjähriger Gesandter Ihrer Majestät an verschiedenen europäischen Höfen. Er hinterläßt einen Namen, der geliebt und geachtet ...

Während die Verlesung des Nachrufs langsam ausgeblendet wird und auf der Leinwand der schwarze Hintergrund für den Zwischentitel des zweiten Teils erscheint, wird uns bewußt, daß dieser »geliebte und geachtete« Name schon in der nächsten Szene von einem Emporkömmling und Glücksritter namens Redmond Barry usurpiert werden wird. Ironischerweise zeigt dann der zweite Teil, der mit Barrys Hochzeit mit Lady Lyndon (Marisa Berenson) beginnt und mit der Trennung der Eheleute endet, wie Barry den Namen der Lyndons wieder verliert und als derselbe Niemand in die Vergessenheit entlassen wird, als der er seine Filmlaufbahn begonnen hatte. Auch diese Symmetrie der Handlungskonstruktion, in der Barrys Abstieg ebensoviel Raum einnimmt wie sein Aufstieg im ersten Teil, ist ein Werk des Drehbuchautors, das bei Thackeray kein Vorbild hat: Von den 19 Kapiteln des Romans schildern allein 17 Barrys gesellschaftlichen Aufstieg, während zwei Kapitel genügen, ihn alles wieder verlieren zu lassen. Kubricks Aufwertung der Abstiegsphase akzentuiert wieder das Leitthema der Vergänglichkeit und ist um so bemerkenswerter, als sie ein beträchtliches dramaturgisches Risiko eingeht. Während der erste Teil des Films eine Vielzahl von Personen und Aktionen durch halb Europa verfolgt, kommt die äußere Handlung im zweiten Teil weitgehend zum Stillstand: Die Schauplätze reduzieren sich im wesentlichen auf die Parkanlagen und Prunkgemächer von Barrys erheirateter Residenz (Schloß Hackton), die Figuren auf seine unmittelbare familiäre und gesellschaftliche Umgebung und die Dramatik der Geschehnisse verlagert sich völlig nach innen. Barrys Sturz vollzieht sich nicht als jäher Zusammenbruch, sondern als zeitlupenhaft gedehnter, schleichender Niedergang, der die Unaufhaltsamkeit des vom Erzähler beschworenen »Schicksals« nur um so nachdrücklicher demonstriert.

Daß Aufstieg und Fall in *Barry Lyndon* als unausweichlich komplementäre Lebensphasen gesehen werden, wird nicht nur aus dem quantitativen Gleichgewicht beider Teile deutlich, sondern mehr noch aus der inneren Symmetrie charakteristischer Motivverflechtungen. Stirbt Barrys *Vater* im ersten Teil in einem Duell, das durch eine Meinungsverschiedenheit über »den Kauf einiger Pferde« (so die Erzählerstimme) ausgelöst wurde, so verursacht im zweiten Teil Barrys Kauf eines Pferdes den Tod seines *Sohnes* Bryan.[8] Ist es im ersten Teil das Duell mit dem Nebenbuhler Quin (Leonard Rossiter), das Barry zwingt, Irland zu verlassen, so führt im zweiten Teil sein Duell mit dem Stiefsohn/»Nebenbuhler« Bullingdon (Leon Vitali) zu seiner Vertreibung aus England. Verschafft sich Barry nach seinem Eintritt in die Armee durch die Prügelei mit dem großmäuligen Toole (Pat Roach) Respekt, so ist es später die Prügelei mit Bullingdon, durch die er jeglichen Respekt einbüßt. Wird Barry bei seiner ersten Reise von einem amüsierend höflichen Straßenräuber (Arthur O'Sullivan) ausgenommen und gezwungen, seinen Weg zu Fuß fortzusetzen, so tritt er seine letzte Reise, wieder mittellos geworden, als gehunfähiger Krüppel an. Selbst im kurzen Leben des kleinen Bryan (David Morley) inszeniert Kubrick solche Spiegelungen, wenn er ihn bei seiner *Geburtstags*feier denselben von Widdern gezogenen Wagen kutschieren läßt, der bei seinem *Begräbnis* seinen Sarg transportieren wird. Fast alle diese Korrespondenzen sind Hinzufügungen Kubricks, die sich in der Romanvorlage überhaupt nicht oder allenfalls in Andeutungen finden. Mag diese Wiederholungstaktik auch durch Anthony Burgess' Vorbild in *A Clockwork Orange* angeregt sein und dem Bedürfnis des Regisseurs nach stringenten Drehbuchkonstruktionen Rechnung tragen, so fungiert sie im Zeit- und Genrekontext von *Barry Lyndon* doch in erster Linie als historisches Zitat: Sie spielt auf die im Ursprung mittelalterliche Vorstellung des »Rades der Fortuna« an, die man als die heimliche Ideologie des klassischen Schelmenromans bezeichnen könnte. Der Lebenslauf wird als Kreisbewegung eines Rades imaginiert, das von der Schicksalsgöttin in Bewegung gehalten wird und das Individuum aus dem Nichts nach oben und in zwangsläufiger Symmetrie vom Höhepunkt wieder hinunter ins Nichts befördert. Es ist das Walten dieser Gesetzmäßigkeit, das in *Barry Lyndon* die letztgültige »Erklärung« für die Geschicke des Helden darstellt: Moderne Motivierungs- und Begründungsversuche psychologischer oder selbst soziologischer Art prallen an der bis zur Undurchdringlichkeit ästhetisierten und durchformalisierten Oberfläche des Films ab. Auffälliges Signal für dieses Versagen der Psychologie vor dem Schicksal sind, zumal im zweiten Teil, die maskenhaft starren, nur in extremen

Momenten – wie beim Tod Bryans – Gefühle preisgebenden Gesichter, in deren geschminkten und gepuderten Larven sich die historische Distanz spiegelt, die diese vorromantische und vorpsychologische Welt des 18. Jahrhunderts von der unseren trennt. Kubrick reizt diesen Abgrund der Zeit, der tiefer ist, als es die zwei Jahrhunderte vermuten lassen, bewußt aus, wenn er Barry (abermals im Gegensatz zur Romanvorlage) gegen Ende des zweiten Teils eine moralische Reifung durchmachen läßt, die den Schelmenroman in das »moderne« Genre des Entwicklungsromans überzuführen scheint: Barry verwandelt sich vom notorischen Ehebrecher in einen wenn nicht liebenden, so doch loyalen Gatten und hingebungsvollen Vater seines leiblichen Sohnes und bringt im Schlußduell mit seinem Stiefsohn die unvermutete menschliche Größe auf, zur Seite zu feuern und das letzte überlebende Kind seiner Frau zu schonen. Er versucht – in den Kategorien der Handlung gesprochen – das fatale Rad anzuhalten, doch es gelingt ihm nicht: Bullingdon setzt die Kreisbewegung des Schicksals an seiner Stelle fort, indem er sich so verhält, wie Barry es früher selbst getan hätte, und seinen Stiefvater niederschießt. Charakteristischerweise geht der Erzähler mit keinem Wort auf Barrys seelisches Wachstum ein; er meldet sich erst wieder, als es den endgültigen Abstieg und das spätere Elend des Helden zu resümieren gilt. Die Mechanik des Weltlaufs, deren Stimme und Interpret der Erzähler ist, kann von ihren Opfern nicht beeinflußt werden. Barry bleibt ans Rad gefesselt: Er *muß* fallen, und auch Kubrick kann ihm aus dem unüberbrückbaren Abstand der Jahrhunderte nicht helfen.

Daß diese düstere Beschwörung von Schicksalsmacht, Vergänglichkeit und historischer Ferne auf der Leinwand tatsächlich funktioniert und nicht zu einer akademischen Etüde in vergangenen Bild- und Gedankenwelten gerät, rührt von der Konsequenz her, mit der Kubrick sein riskantes Programm sinnlich konkretisiert hat: Fast mehr noch als mit Bild und Wort erzählt *Barry Lyndon* seine Geschichte in Musik und Licht. Vor allem die (publizistisch weidlich ausgeschlachtete) Verwendung von Kerzenlicht für die Ausleuchtung nächtlicher Innenaufnahmen kann als Schulbeispiel dafür dienen, wie handwerklicher Perfektionismus unversehens in eine ästhetisch-inhaltliche Qualität umschlagen kann, der er normalerweise allenfalls zu dienen vermag. Sicher ist Kubrick nicht der erste Regisseur, der mit Kerzenlicht experimentiert hat. Ihm allein ist es jedoch – zusammen mit seinem Kameramann John Alcott – gelungen, nicht nur kleine Lichtinseln aus dem Dunkel zu schälen, sondern die Räume mit einer gleichmäßigen Grundhelligkeit zu erfüllen, die erstmals im Film einen augenrichtigen Eindruck von den Beleuchtungsverhältnissen in der vortechnischen Welt gibt.[9] Überraschenderweise ist das Ergebnis dieser Bemühung um Authentizität jedoch nicht Realismus, sondern eine seltsam irreale, schwebende Lichtstimmung, die (ähnlich wie die Patina auf einem alten Ölgemälde) zu einem »objektiven Korrelat« der zeitlichen Distanz wird, die uns von den gefilmten Szenen trennt. Die eigentümlich weiche – jedoch nicht weichzeichnerhafte – Definition des für diese Aufnahmen verwendeten Spezialobjektivs, die hauchdünne Schärfenzone bei Blende 0,7 und die zwischen golden und rötlich-violett changierenden, unwirklichen Farben legen gleichsam einen Schleier über die Szene, der das Geschehen ebenso verfremdet wie die oft schier grotesken, an Totenmasken erinnernden Make-ups der im Kerzenschein agierenden Figuren. Zusätzlich verstärkt werden solche Assoziationen des Lichts mit der Botschaft des Films durch seinen dramaturgisch wohlüberlegten Einsatz. Mit Ausnahme einiger in konventionelle Nahaufnahmen aufgelöster Zwiegespräche (Barry mit Grogan; mit Lieschen; mit Bryan) beleuchtet das Kerzenlicht ausschließlich Räume, in denen der grauen Eminenz des Films – Fortuna – gehuldigt wird: das Spielzimmer des Chevaliers de Balibari in Berlin; einen Spielsalon in einer ungenannten Fürstenresidenz; einen Spielsaal im belgischen Heilbad Spa (wo Barry am Spieltisch seinen höchsten Einsatz kennenlernt – Lady Lyndon); und schließlich die Gemächer des Lyndonschen Familienbesitzes Hackton, wo sich die frustrierte Lady beim Kartenspiel mit ihren Gesellschaftsdamen von ihrer Ehe ablenkt und Barry das Glück der Liebe in den Armen von Konkubinen und das Glück des Vergessens im Alkohol sucht. Neben der besonderen Qualität des Lichts hat Kubrick in *Barry Lyndon* eine malerische Bildästhetik verwirklicht, die im Vergleich zur expressionistischen Kamera von *A Clockwork Orange* eine Kehrtwendung um 180 Grad darstellt. Vor allem die Kerzenschein-Soireen erinnern sofort an Adolf von Menzels Gemälde mit Szenen aus dem Leben am Hof Friedrichs des Großen, die von einer ähnlichen impressionistischen Diffusität überzogen sind. Doch auch die bei Tageslicht gedrehten Aufnahmen beziehen sich unverkennbar auf malerische Vorbilder wie Thomas Gainsboroughs oder John Constables Landschaften und William Hogarths Genreszenen (unter denen eine – die »Orgie« aus dem berühmten Zyklus *The Rake's Progress* – das unmittelbare Vorbild für Barrys Belustigungen mit zwei Konkubinen abgegeben hat). Die Liste künstlerischer Anreger oder direkter Zitate ließe sich sicher noch erweitern[10]; wichtiger als einzelne Identifizierungen ist jedoch das Prinzip der vermittelten Darstellung, das Kubrick wiederum dazu dient, die zeitliche Distanz zwischen seiner Filmhandlung und unserer Zuschauergegenwart zu betonen. Während konventionelle Historienfilme diese Distanz – sei es aus Ungeschicklichkeit oder Absicht – ignorieren, indem sie Schauspieler mit unverkennbar heutigen Physiognomien in Kostüme stecken und so abfilmen, als trügen sie immer noch Jeans, nimmt Kubrick in *Barry Lyndon* jede Anstrengung auf sich, das unwiederbringliche Vergangensein der Vergangenheit nicht nur bewußt, sondern erfahrbar zu machen. Daß diese Anstrengungen auch der Genauigkeit des äußeren Erscheinungsbildes der rekonstruierten Epoche gelten, gehört zum Handwerk und ist nur insofern bemerkenswert, als der *Oberfläche* der Dinge in *Barry Lyndon* eine zentrale Bedeutung zukommt. Veräußerlichung und Maskierung sind zwei grundlegende Charakterzüge der im Film porträtierten sozialen und historischen Welt. Daß Barrys Ambitionen diesem Kult des Uneigentlichen gelten – dessen Tage überdies bereits gezählt sind –, macht die Ironie der Handlung aus, die nur zur Wirkung kommen kann, wenn die verlockenden Fassaden mit entsprechender Authentizität vorgeführt werden. Kubrick hat sich auch bei der Ausstattung des Films an Beispielen aus der zeitgenössischen Malerei orientiert und überdies ausschließlich an Originalschauplätzen gedreht, die erst durch den optischen Zugriff der Kamera jener Kulissenhaftigkeit überführt werden, die Barry selbst nie zu durchschauen vermag.*

---

* So wurden beispielsweise die Kostüme für den Film nicht von Kostümbildnern entworfen oder einem Fundus entnommen, sondern samt und sonders nach Vorbildern aus zeitgenössischen Gemälden geschneidert. Zum Thema »Originalschauplätze«: Es wurde ausschließlich in historischen Räumen gedreht, wobei die fiktive Residenz Hackton jedoch synthetisch aus Innenaufnahmen in vier verschiedenen englischen Landsitzen (Wilton, Petworth, Longleat, Howard Castle) montiert wurde. Bei den Außenaufnahmen wurde das Authentizitätsprinzip aus praktischen Gründen durchbrochen: die meisten der in Deutschland spielenden Szenen wurden in Irland abgedreht.

Besonders am Einsatz von Sprache und Musik in *Barry Lyndon* läßt sich Kubricks gewachsene Beherrschung des Gesamtkunstwerks Film demonstrieren.

Schon seine frühesten Arbeiten – selbst *Fear and Desire* und *Killer's Kiss* mit ihrer überanstrengten Plot-Mythologie – sind von einer visuellen Raffinesse, die auf die filmisch-räumliche Komplexität späterer Filme wie *Paths of Glory, Dr. Strangelove, 2001* und *A Clockwork Orange* vorausweist. Erst mit *2001* ist es Kubrick jedoch gelungen, eine Klangästhetik zu realisieren, die der räumlich/dramaturgischen Brillanz des Films adäquat ist. *Paths of Glory* dilettiert ansatzweise in musikalischem Kontrapunkt (z. B. der Strauß-Walzer vor der Hinrichtung) und euphemistischer Herrschaftssprache, während *Dr. Strangelove* ein Gleichgewicht des Schreckens zwischen trivialen Schlagern (»Try a Little Tenderness« und »We'll Meet Again«) und einem auf grausige Weise komischen Weltuntergangsjargon herzustellen versucht.

2001 etabliert demgegenüber eine paradox gegenläufige Parallelisierung von Sprache und E-Musik, bei der das Medium der Kommunikation regrediert und zu einem ausgestorbenen Fossil wird, während die Musik (Strauss und Ligeti in bezug auf den Monolithen) die Aufgabe übernimmt, die evolutionären Geheimnisse des Weltraums zu übersetzen.

In *A Clockwork Orange* steht Alex' Nadsat als subversive Kraft der sprachlichen Autorität des Uhrwerkstaates gegenüber und eröffnet den Zugang zu einer intuitiven Welt der Phantasie, deren eigentliches Medium die sowohl parodierende als auch Alex' kreative Improvisationen anstiftende Musik ist. In *Barry Lyndon* finden wir eine ähnliche Konstellation vor wie in *2001:* Die Sprache wirkt – jedenfalls bei der Hauptfigur – bis an die Grenze des Verstummens zurückgenommen, während der Musik eine entscheidende Aufgabe bei der Strukturierung der Handlung und der emotionalen Verstärkung der fatalistischen Botschaft des Films zufällt.

Von Anfang an ist Barry dem Erzähler – dem Interpreten des »Schicksals« – hilflos ausgeliefert. In seiner ersten Szene im Film kann er sich der angebeteten Nora (Gay Hamilton) nur stammelnd verständlich machen, während der Off-Erzähler wohlformulierte Ironien über ihn ausgießt. Ähnlich geht es ihm bei seiner kurzen Romanze mit einem deutschen Mädchen nach seiner Desertion, wo er mit geringem Erfolg in der Fremdsprache zu radebrechen versucht.* Die rasanten Ereignisse des ersten Teils laufen über weite Strecken wie ein Stummfilm mit Musikbegleitung ab, in dem Barry wortlos agiert, während die Rolle der Zwischentitel vom höchst eloquenten Erzähler übernommen wird. In perfekter Erfüllung der dramaturgischen Handlungskonstruktion erreicht Barry den Gipfel seiner Beredsamkeit in der Mitte des Films, auf dem Höhepunkt seines Glücks, als er mit Sir Charles Lyndon als erfolgreicher Nebenbuhler Gehässigkeiten austauscht. Von da an bewegt er sich wieder – unterbrochen nur durch Gespräche mit seinem Sohn Bryan – auf das endgültige Verstummen am Schluß zu, wo er, ähnlich wie am Anfang, nur noch Stammellaute hervorbringt. In gewisser Weise hängt Barrys gesellschaftliches Scheitern auch mit seiner Unfähigkeit zusammen, sich dem geschliffenen, ebenfalls eine Maskenfunktion übernehmenden Diskurs der adeligen Welt anzupassen, in die er hinaufgeheiratet hat. Wenn Barry mit seinem Stiefsohn Bullingdon »kommuniziert«, so geschieht das fast ausschließlich (in drei Szenen) dadurch, daß er ihm Prügel verabreicht; Bullingdon dagegen vermag – noch nachdem ihn Barry windelweich geschlagen hat – in zwar zornbebender, doch rhetorisch brillanter Rede seinen Haß zu formulieren.

Am deutlichsten wird Barrys sprachliches Ausgesperrtsein bei seinen Versuchen, einen Pairssitz zu erwerben. Lord Wendover (André Morell), den er sich zum Gönner macht, bis er diese Gunst durch sein rabiates Verhalten gegenüber Bullingdon wieder verliert, wiegt Barry mit seinen rhythmisch abgemessenen Satzperioden in der Illusion, das Schicksal ließe sich durch äußere Formvollendung irreführen:

> Wenn ich mich einer Person annehme, Mr. Lyndon, dann ist diese Person in Sicherheit. Dann steht er oder sie vollkommen außer Frage. Meine Freunde sind die besten Leute. Ich sage nicht, daß sie die tugendhaftesten sind, oder auch die am wenigsten tugendhaften; oder die klügsten, oder die dümmsten; oder die reichsten, oder von der höchsten Geburt. Sondern die Besten. In einem Wort, Menschen, über die es nicht die Spur eines Zweifels gibt.

---

* Die Szene ist in der Originalfassung zweisprachig; auch die Differenzierung zwischen dem breiten irischen Dialekt der frühen Szenen und dem geschliffenen *King's English* der englischen Adelsclique konnte in der deutschen Synchronisation nicht nachvollzogen werden. (Anm. d. Übers.)

In Wahrheit bleibt diese Welt für Barry unzugänglich, so hoch auch die finanziellen Opfer sein mögen, die er in sie investiert. Als Barry zu einer Massenaudienz bei Hofe vorgelassen wird, ist es Wendover, der dem König Barry vorstellt und in die einschlägigen Floskeln die empfehlende Bemerkung einflicht, Mr. Lyndon habe ein Regiment zum Kampf gegen die Rebellen in Nordamerika ausgerüstet. Barry selbst steht wortlos dabei und muß sich ohne Möglichkeit einer verbalen Entgegnung die königliche Spitze gefallen lassen, er hätte gleich mitgehen sollen. Nachdem Barrys hochfliegende Pläne endgültig gescheitert sind und die Schuldenlast über ihm zusammenbricht, verwandelt sich *Barry Lyndon* wieder weitgehend in einen Stummfilm. Die einzige längere Textpassage, die einem der wortkargsten Titelhelden seit der Erfindung des Tonfilms noch zu sprechen bleibt, ist bezeichnenderweise die Lügengeschichte, die sein Sohn auf dem Sterbebett von ihm hören will. Barry bringt sie unter Tränen hinter sich und verstummt. Unterbrochen nur noch von den Katastrophenmeldungen des Erzählers, berichtet von da an die Musik von seinem endgültigen Untergang.

Kubricks Musikauswahl für *Barry Lyndon* beachtet den historischen Rahmen, der durch den Zeitraum der Handlung, die barocke Schicksalsmythologie und die Entstehungszeit des zugrundeliegenden Romans vorgegeben ist. Die beiden jüngsten Stücke sind der langsame Satz aus dem Es-Dur-Klaviertrio (op. 100, Deutsch-Verzeichnis 929) von Franz Schubert, der die erste und die letzte Szene des Films mit Lady Lyndon strukturiert, und ein »Deutscher Tanz« (Nr. 1 in C-Dur aus D 90) desselben Komponisten, der zu den Festlichkeiten an Bryans achtem Geburtstag erklingt. Abgesehen von irischer Folklore für die frühen Szenen des Films stammen alle übrigen Musiktitel aus dem 18. Jahrhundert. Im strengen Sinn zeitgenössisch – also um den Beginn des letzten Jahrhundertdrittels komponiert – sind eine Kavatine von Giovanni Paisiello, deren schwebende Melodik in einer eigens für den Film geschaffenen Orchestrierung zur unwirklichen Atmosphäre zweier Kerzenlichtszenen am Spieltisch beiträgt; ein Marsch aus Mozarts *Idomeneo,* der bei Barrys Ankunft in Berlin erklingt; und der Friedrich dem Großen zugeschriebene »Hohenfriedberger Marsch«, der ironischerweise gespielt wird, als sich der desertierte Barry in gestohlener Offiziersuniform durch die preußischen Linien in eine trügerische Sicherheit bringt. Die wichtigste dramaturgische Funktion übernimmt jedoch eine Komposition des (musikalischen) Barock: eine Sarabande von Georg Friedrich Händel, die sich als zentrales Musikmotiv durch den Film zieht. In der düsteren Pracht eines großbesetzten Streichorchesters, in dem Celli und Kontrabässe dominieren und eine hinzutretende Pauke gravitätisch und unerbittlich den Takt schlägt, läßt sie bereits während des Ablaufens der Haupttitel ein vor-Beethovensches Schicksalsmotiv anklingen; in einem abrupt synkopierten Arrangement heizt sie die Spannung bei Barrys erstem und in seinem letzten Duell an und unterstreicht die Zusammengehörigkeit beider Szenen im Kreislauf des Films; in einer elegischen Version für Solocello und Streicher übernimmt sie schließlich in der zweiten Hälfte des zweiten Teils eine ähnliche Funktion wie der Erzähler und deutet mit ihrer resignierend-melancholischen Begleitung zu Szenen scheinbarer Idylle auf die schon beschlossenen zukünftigen Schicksalsschläge voraus. Eine ähnliche Rolle spielt der wie eine Variation der Händel-Sarabande klingende dritte Satz des e-Moll-Cellokonzerts von Vivaldi, der die ersten Szenen nach Barrys und Lady Lyndons Eheschließung mit einer musikalischen Trauerstimmung unterlegt, die die Substanzlosigkeit der äußeren Pracht des Lebens auf Schloß Hackton entlarvt. Neben solchen kommentierenden, strukturierenden und emotionalisierenden Funktionen und der Vertiefung der historischen Dimension des Films übernimmt die Musik zumal im zweiten Teil von *Barry Lyndon* die Aufgabe, die drastische Verlangsamung des Erzähltempos zu stützen. Erst die getragene Stetigkeit des musikalischen Ablaufs bindet die statischen Bildtableaus zusammen und verleiht ihrer Aufeinanderfolge jenen Anschein von Zwangsläufigkeit, der sich in Barrys unaufhaltsamem Niedergang schließlich auch objektiviert. Mit Ausnahme des »Deutschen Tanzes« zu Bryans Geburtstag erklingt im ganzen zweiten Teil von *Barry Lyndon* kein einziges Musikstück in raschem Tempo oder in einer Dur-Tonart, und selbst der Satz aus Johann Sebastian Bachs c-Moll-Cembalokonzert, den Lady Lyndon in einem Hauskonzert vor geladenen Gästen auf Schloß Hackton zum besten gibt, ist mit »Adagio« überschrieben. Es ist diese von der Musik regierte und von Kamera und Montage nachvollzogene Langsamkeit, die der Meditation des Films über die Zeit eine letzte wichtige Dimension hinzufügt: *Barry Lyndon* dokumentiert nicht nur die äußere Fassade, das Licht, die musikalische Kulisse und das Weltgefühl einer vergangenen

Epoche, sondern – im zweiten Teil – auch ihr langsameres Zeit-empfinden. Daß diese erzählerische Zeitlupentechnik für den heutigen Betrachter (der in einer seit zwei Jahrhunderten ständig sich beschleunigenden Umwelt lebt) eine heilsame Herausforderung darstellt, haben einige verständnislose Kritiker mit ihrem Vorwurf der Langweiligkeit (»Borey Lyndon«) unfreiwillig bestätigt.

In diesem Zusammenhang läßt sich auch über die Faszination spekulieren, die gerade das 18. Jahrhundert auf Kubrick auszuüben scheint. Für die Vergänglichkeitsklage, die in *Barry Lyndon* angestimmt wird, ist zweifellos der Aspekt der untergehenden Welt, der Zeitenwende, ausschlaggebend. Charakteristischerweise spielt der Film explizit auf die beiden historischen Ereignisse an, die das Ende der Feudalgesellschaft, in und an der Barry zugrunde geht, markieren: die amerikanische und die französische Revolution. Ebenso charakteristisch ist im Hinblick auf diese Endzeitstimmung, daß der Film alle zukunftsweisenden Zeiterscheinungen ausspart und in die Vergangenheit seiner sterbenden Kultur zurückblickt: Sein 18. Jahrhundert ist weniger die Epoche der Aufklärung, in der sich unsere moderne Gedankenwelt formiert und an deren Ende der große kulturelle Umbruch der industriellen Revolution (mit ihrer »Beschleunigung der Zeit«) einsetzt, als vielmehr ein später Ausläufer des Barock (was durchaus der subjektiven Befindlichkeit der großen Mehrzahl der damals lebenden Menschen entsprechen dürfte). Das Revolutionsjahr 1789, das in der letzten Szene des Films als Datum auf einer Bankanweisung auftaucht, wird so zu einer Art historischer Wasserscheide, von der aus die Zeit entweder in unsere Gegenwart oder zurück in die Vergangenheit fließt. Die diesem magischen Grat vorgelagerten Jahre – die Jahre von Barry Lyndons Glanz und Unglück und auch die Epoche jenes Louis-seize-Stils, der das Publikum von *2001* verwirrt hat – sind, paradox formuliert, der uns nächstgelegene Zeitraum von historischer Ferne, und in eben diesem Sinne werden sie von Kubrick offensichtlich auch zitiert. Mit diesem Moment der zeitlichen Distanz verknüpft sich jedoch ein weiterer Aspekt, der gerade an *2001* deutlich wird. In der visuellen Erscheinung und in der kalten Stimmung (eine Kälte, die man in *Barry Lyndon* wiederfindet) erscheint Bowmans Louis-seize-Raum durchaus als Äquivalent zur technischen Umwelt des 21. Jahrhunderts. Hier wie dort ist der Mensch der Gefangene einer

Umgebung, deren Gefängnischarakter im hohen Grad ihrer Formalisierung besteht. Die Analogie zur Welt des Barry Lyndon, in der die äußerliche Formalisierung des Lebens dazu dient, dessen innere Leere zu überdecken, liegt auf der Hand. Formalistisch ästhetisierte Umgebungen, ob futuristisch wie in *2001* und in *A Clockwork Orange* oder historisch wie in *Barry Lyndon* oder dem Barockschloß von *Paths of Glory,* sind in Kubricks Filmen immer Indizien einer Verdrängung elementarer Konflikte und Instinktregungen: Figuren, die sich eine solche Welt erschaffen oder wählen, haben in Kubricks filmischem Mythos a priori weniger Zugang zum Bereich des Mysteriösen und Schöpferischen: Sie bleiben in der Eigendynamik ihrer Schutzkonstrukte gefangen wie die Militärs aus *Dr. Strangelove* in ihrer rationalistischen, das geistige Erbe der Aufklärung verhöhnenden Fail-safe-Ideologie. Für dieses Gefangensein ist die Vorstellung des Schicksalskreislaufs, die *Barry Lyndon* beherrscht, nicht nur eine historische Entsprechung, sondern auch ein poetisches Bild.

Innerhalb der zweiteiligen Struktur von *Barry Lyndon* mit ihrem Gleichgewicht zwischen komischer und tragischer Ironie verklammert Kubrick die zentralen Themen seines Films durch eine Reihe von ritualisierten Tätigkeiten, deren Wiederkehr in wechselnden Kontexten die Handlungssymmetrie betont und variiert: Duellieren, Liebeswerben, Kartenspielen und Schuldenzahlen. Alle vier stellen in ihrem rituellen Charakter eine Formalisierung des Verhaltens dar, die der ästhetischen Formalisierung der Umwelt entspricht, und alle vier dramatisieren den grundlegenden Konflikt zwischen menschlichem Willen und den Mächten des Schicksals, hinter dem sich, ins Historische gewendet, die alte Kubricksche Antinomie zwischen Planung und Zufall verbirgt. Die Inszenierung dieses Konflikts, die Umsetzung seiner zeitlichen Struktur in räumlich-filmische Realität, enthüllt jedoch eine Komplexität, die weit über die Schicksalsmechanik der Dramaturgie hinausreicht, und alles konstruktive Kalkül vergessen macht. Schon die Eröffnungsszene – das in einer Totalen aufgenommene und vom Erzähler mit gönnerhafter Allwissenheit kommentierte Duell, in dem Barrys Vater stirbt – rückt das zeitgebundene Treiben der Menschen in einen visuellen Gegensatz zum zeitlosen Raum der Natur: Winzige Figuren verlieren sich in einem grandiosen Landschafts- und Himmelspanorama, in dem ein Spektrum von Farben (von oben

Barrys erstes Duell: eine Fälschung ... (Ryan O'Neal, Leonard Rossiter)

nach unten: Gold, Grau, Rosa, Blau, Braun, Grün) das malerische Licht des Films ankündigt, während die Exposition des Erzählers einen ironischen Kontrapunkt zur pittoresken und verbalen Förmlichkeit des Duelles liefert. »Ohne Zweifel hätte er es in seinem Beruf zu großem Ansehen gebracht ...«, malt die Stimme aus dem Off noch die rosigen Zukunftsaussichten des Duellanten aus, während aus dem Hintergrund bereits der Countdown des Todes erklingt (»Gentlemen, spannen Sie die Pistolen. Eins, zwei, drei ...«) und wir im selben Augenblick die Schüsse hören und eine der Figuren lautlos in sich zusammensinken sehen, in dem der Erzähler seinen Satz vollendet: »... wäre er nicht bei einem Duell wegen des Kaufs einiger Pferde ums Leben gekommen.« Von Beginn des Films an zwingt uns Kubrick, menschliche Tragödien aus einer gleichzeitig historischen und filmischen Distanz wahrzunehmen und den inneren Widerspruch zwischen ritualisierter Form (dem Duell) und verdecktem Inhalt (der Opferung eines Menschenlebens für eine

245

Belanglosigkeit) zu realisieren. Auch Barrys Duell mit Hauptmann Quin, das breiter ausgespielt wird und die spezifische Brutalität des Rituals in Großaufnahme zeigt, hat eine solche ironische Substanz. In einer späteren Kerzenlichtszene im Militärlager werden Barry und das Publikum von Hauptmann Grogan (Barrys Sekundanten im Duell) erfahren, daß die Pistolen nur mit einem harmlosen Stück Tauwerk geladen waren und daß der Feigling Quin allein aus Angst in Ohnmacht fiel: Das Ritual erfüllt seinen Wahrheitsanspruch nicht; hinter der Fassade seiner Formalität werden die Triebkräfte sichtbar, die auch im zweiten Teil als Handlanger des Schicksals gegen Barry agieren werden, nämlich ökonomische Interessen. Die Brady-Familie ist auf die Eheschließung ihrer Tochter Nora mit dem wohlhabenden Quin aus finanziellen Gründen angewiesen und macht sich die Leerform des Duells zunutze, um den lästig verliebten Barry auf elegante Weise loszuwerden. Gegen Ende des ersten Teils wird es Barry auf dem Weg, auf den er so gelenkt worden ist, selbst zur Meisterschaft in der Ausnützung der gesellschaftlichen Formalismen für seine eigenen Zwecke gebracht haben – freilich ohne sich dadurch auch der entfremdenden Macht der Rituale entziehen zu können.

Die drei Liebes- und Werbungsszenen des ersten Teils zeichnen diese Entwicklung Barrys vom irischen Naturkind zum im übelsten Sinne formvollendeten Gentleman nach. In der Halsband-Szene mit Nora sehen wir Barry gleichzeitig zum erstenmal beim Kartenspiel (»Killarney«) – eine visuelle Verbindung von Liebe und Glücksspiel, der der Film bis zur Verführung Lady Lyndons am Spieltisch treu bleiben wird und die dort wie hier von böser Vorbedeutung ist. Im Gegensatz zu allen späteren Werbungs- und Glücksspielszenen ist diese erste jedoch konventionell ausgeleuchtet und noch nicht der entwirklichenden Surrealität des Kerzenlichts unterworfen, was innerhalb der höchst bewußten Dramaturgie der filmsprachlichen Mittel in *Barry Lyndon* auf die (»das Tageslicht nicht scheuende«) Unschuld des Helden verweist. Auch die Eröffnung der Szene unterstreicht sofort Barrys Unerfahrenheit: Die erste Einstellung beginnt mit der Großaufnahme einer Statuette, die ein Kind darstellt, und zieht in einem Rückwärts-Zoom auf, bis Nora und Barry von beiden Seiten ins Bild kommen; in einer späteren Szene wird Nora ihren jugendlichen Anbeter selbst als »Kind« bezeichnen. Die fast kindliche Unbeholfenheit, mit der Barry auf Noras Verführungsversuch (sie versteckt ihr Halsband zwischen ihren Brüsten und läßt es von Barry suchen) reagiert, zeigt den späteren Virtuosen der Verstellung noch völlig unmaskiert und durch keinerlei eingeübtes Verhaltensmuster geschützt. Wehrlos wie er ist, fällt er der berechnenden Nora ebenso zum Opfer wie dem ironischen Spott des Erzählers (»Erste Liebe! Welche Wandlung vermag sie in einem Jüngling zu bewirken!«) und erwirbt sich beim mitleidenden Zuschauer einen Sympathievorschuß, der im Verlauf seiner gesellschaftlichen Karriere restlos verbraucht werden wird ...

Die zweite Liebesszene des Films greift einige Elemente der ersten auf, um vor dem gleichgebliebenen Hintergrund einen veränderten Barry zu präsentieren. Es erklingt abermals – schon weniger passend – Seán O'Riádas folkloristisches Liebesthema (»Women of Ireland«), und wie in der Nora-Szene ist von drau-

Das Kerzenlicht als Komplize der Lüge: »Lieutenant Fakenheim« bei seinem deutschen Lieschen (Ryan O'Neal, Diana Körner)

ßen das heimelige Geräusch fallenden Regens zu hören. Zusammen mit Lieschen (Diana Körner, die eine klischeegefährdete Rolle mit bewegender Authentizität erfüllt) und deren Baby sitzt Barry wieder an einem Tisch, der allerdings nicht zum Kartenspielen, sondern als Eßtisch dient und nur von Kerzenlicht erhellt wird, das hier – in Unkenntnis späterer Szenen – noch romantisch wirkt, aber bereits zum Komplizen einer Lüge wird: Barry trägt nun eine gestohlene Offiziersuniform, mit deren Hilfe ihm die Desertion aus britischen Diensten und die Flucht nach Deutschland geglückt ist, und er hat sich auch die zu dieser Maske gehörende Identität und Selbstsicherheit zu eigen gemacht. Gegenüber Lieschen, deren Mann im Feld steht und bei der ein leichtes Abenteuer zu erhoffen ist, gibt er sich als »Lieutenant Fakenheim«* aus und antwortet auf ihre teilnahmsvolle Frage nach den Gefahren des Krieges: »Ich bin Offizier und muß meine Pflicht tun!« Kubrick und Ryan O'Neal demonstrieren, wie leicht es bei Barrys innerer Bereitschaft fällt, der Magie von Ritual und äußerer Fassade zu erliegen. Das helle Tageslicht des folgenden Morgens bringt freilich eine gewisse Ehrenrettung für Barry, die zeigt, daß er seinen Weg zum Gentleman noch nicht vollendet hat: Bei der Verabschiedung von Lieschen wird offenbar, daß er ihr, offensichtlich nach gelungener Verführung (nach dem *Ablegen der Uniform*), seine wahre Identität doch noch anvertraut hat. Einen Augenblick lang steht die Szene auf der Kippe zur Sentimentalität, bis der Off-Erzähler sein Gewohnheitsrecht des letzten Wortes in Anspruch nimmt und die subjektive Einmaligkeit der Empfindungen ihrer objektiven Alltäglichkeit überführt: Lieschens Herz, so läßt er sich gewohnt ironisch vernehmen, gleiche doch den umliegenden Städten in diesem Krieg – so oft belagert schon und ach, so oft erobert ...

Barrys Werbung um Lady Lyndon in der mondänen, mit samtigdiffusem Kerzenlicht förmlich narkotisierenden Dekadenz eines belgischen Spielsaals zeigt den sozialen Aufsteiger endgültig in einer Sphäre, in der emotionale Vorbehaltlosigkeit (wie gegenüber Nora) oder verspätete Einsicht (wie bei Lieschen) nicht mehr möglich scheinen. Als musikalisches Leitmotiv erklingt nun der Lady Lyndon zugeordnete Triosatz von Schubert, der den Lyrismus von »Women of Ireland« durch eine

---

* Ein sprechender Name, von *to fake*, fälschen ... (Anm. d. Übers.)

Stimmung von düsterer Eleganz ersetzt. In Seide und Spitzen gekleidet, maniküt und frisiert wie eine Figur aus einem Wachsmuseum, das Gesicht in Schminke erstarrt und unfähig, ein Gefühl widerzuspiegeln, verfolgt Barry die nicht minder puppengleiche Lady Lyndon auf eine von frostig blauem Mondlicht erhellte Terrasse hinaus, wo sie sich umwendet und seine Avancen in einem Ritual der Liebe erwidert, das das Auge entzückt und das Herz in einen Eisklumpen verwandelt. Wenig später sehen wir Barry in seiner neuerworbenen Arroganz und Fühllosigkeit einen anderen von Kerzen erleuchteten Raum betreten, in dem Lady Lyndons greiser und hinfälliger Mann seinerseits an einem Spieltisch sitzt und, mit Barrys physischer Überlegenheit konfrontiert, seine Partie mit der Zeit in den klonischen Krämpfen eines Schlaganfalls verliert.

Wie die Folge der drei Werbungsszenen, erzählt auch Barrys militärische Karriere in englischen und preußischen Diensten die Geschichte einer Selbstentfremdung durch die äußerlichen Formalismen von Ritual und Dekorum. Schon der junge Redmond Barry wird vom Glanz paradierender Uniformen geblendet und durch den Verlust Noras an den Rotrock Quin mit dem Charisma von Tressen und Würdenzeichen vertraut gemacht. Nachdem er auf seiner Flucht wegen der vermeintlichen Tötung Quins Straßenräubern in die Hände gefallen ist und das mütterliche Fluchtgeld von 20 Guineen nebst seinem Pferd verloren hat, schenkt er den Versprechungen eines englischen Truppenwerbers, der nicht nur Sold (1 Shilling pro Tag auf Lebenszeit), sondern auch Ruhm und Ehre in Aussicht stellt, um so bereitwilligeren Glauben. Kaum trägt Barry jedoch den ersehnten Rock des Königs, so findet er sich in einer militärischen Geometrie gefangen, deren inszenatorisches Vorbild die vor dem Schloß aufmarschierten Menschenquader und -korridore aus *Paths of Glory* und die römischen Kohorten in *Spartacus* sind. Mehrere Zoom- und Tele-Einstellungen zeigen Barry als winzigen Mitmarschierer in einem wogenden Mosaik aus Gesichtern oder bei der Vollstreckung der preußischen Spezialität des Spießrutenlaufens an einem schon blutig geschlagenen Delinquenten, den er mit unbewegter Miene durch das Spalier seiner Peiniger geleitet. Ein filmischer Höhepunkt dieser Viktimisierung des Menschen durch Geometrie ist die Attacke von Barrys Regiment auf eine französische Einheit, bei der Kubrick die Phalanx der Angreifer in einer endlosen Parallelfahrt ungeschützt auf die feuerbereiten Verteidiger zumarschieren und sich salven- und reihenweise niedermähen läßt – eine brutale Demonstration formalistischer Kriegsästhetik des 18. Jahrhunderts auf Kosten der Menschen und der taktischen Vernunft. Während die Phalanx nach rechts aus dem Bild marschiert und Kubrick auf den Schwenk verzichtet, der das eigentliche Kampfgetümmel zeigen würde, schleppt Barry den tödlich verwundeten Grogan in einen rauchverhangenen und schlammigen Graben, der an die Schützengräben des Colonel Dax erinnert: Barry aber weint über dem Körper seines sterbenden Freundes, der ihm, ohne sich der Ironie bewußt zu sein, den Rest der 100 Guineen vermacht, die er für seine Rolle beim Zustandekommen der Nora Brady/Quin-Ehe (also für den Betrug an Barry als dessen Sekundant beim Duell) erhalten hatte – ein Rest überdies nur, weil er den größten Teil der Summe am Vorabend seines Todes der Glücksgöttin geopfert, sprich beim Kartenspielen verloren hat. Auf solche Weise zeigt sich Wahrheit in einem Labyrinth aus Geldgier und Ehrgeiz, Konvention und Förmlichkeit, den zivilisierten Masken des Krieges und seiner tödlichen Absurdität.

Indem Kubrick die rigide Formenstarre des Militärwesens in ihrem dialektischen Spannungsverhältnis zur Anarchie von Krieg und Kriegsdienst zeigt, gibt er einen vorausdeutenden Hinweis auf die analoge, aber weniger leicht durchschaubare Rolle der Verhaltenskonventionen in jener Adelsgesellschaft, der Barrys ganzer Ehrgeiz gilt. Barrys Faustkampf mit dem vorlauten Regimentskameraden Toole etabliert beispielsweise einen visuellen Gegensatz zwischen der geometrisch-rechteckigen Formation der Zuschauerreihen und den hektischen Bewegungen der Handkamera, die hier ebenso wie bei Barrys späterer Prügelei mit Lord Bullingdon die Brutalität des Geschehens hautnah aufzeichnet. Die zweite Schlachtenszene des Films wird mit einer Einstellung durch den rechteckigen Rahmen eines Fensters eröffnet – eine eindeutige Anspielung auf den Sehschlitz, der in *Paths of Glory* den ersten Blick auf das Niemandsland gewährt –, ehe sich das Geschehen in Konfusion und Explosionen auflöst. In der chaotischsten und hektischsten Phase des Kampfes setzt Barry instinktiv sein Leben aufs Spiel, um den in einem brennenden Haus eingeschlossenen Hauptmann Potzdorf (Hardy Krüger) zu retten. Später wird er von einem preußischen Oberst vor dem in exakter Hufeisenformation an-

Barry (unmittelbar rechts von Hauptmann Potzdorfs Pferd), gefangen in militärischer Geometrie (Hardy Krüger, Ryan O'Neal)

getretenen Regiment mit zwei *Frederics d'or* für seinen Mut belohnt und gleichzeitig, Zuckerbrot und Peitsche, wegen seines skrupellosen Verhaltens außerhalb des Schlachtfelds getadelt. Barry gibt sofort eine Probe dieser Skrupellosigkeit, die ihm im Verlauf seiner inzwischen mehrjährigen Militärzeit zur zweiten Natur geworden ist: Den Sympathievorschuß des Lebensretters nutzend, schmeichelt er sich bei Hauptmann Potzdorf ein und legt damit tatsächlich den Grundstein für seinen Aufstieg in die höheren Sphären. Nach Kriegsende findet er sich im Auftrag von Potzdorfs Onkel, dem preußischen Polizeiminister, in die Dienste des Chevaliers de Balibari (Patrick Magee) entsandt, den er bespitzeln soll, dessen aristokratische Erscheinung ihn jedoch verführt, sich ihm anzuvertrauen und das falsche Spiel statt dessen mit seinem Auftraggeber zu betreiben. Kubrick inszeniert diese erste Begegnung Barrys mit einem leibhaftigen Vertreter der bewunderten Kaste als ebenso dramatische wie entlarvende Folge von Schuß und Gegenschuß. Die Szene beginnt mit einer Anspielung auf das Louis-seize-Zimmer von

2001: der Totalen eines frühklassizistisch eingerichteten Raumes, in dem, wie Bowman mit dem Rücken zur Kamera, ein Edelmann an einem höchst formell gedeckten Tisch seine Mahlzeit einnimmt. Auf der gegenüberliegenden Seite des Zimmers tritt Barry durch eine Tür ein, die symmetrisch zwischen zwei weißen Pilastern in Wandmitte zentriert ist und durch diese geometrische Anordnung Barrys Herkunft aus der geometrisierten Welt des Militärs assoziieren läßt. Der Erzähler demonstriert ein weiteres Mal seine Autorität über die Handlung, indem er den weiteren Verlauf der Szene vorwegnimmt (»wie wir gleich sehen werden«) und auf diese Weise das Interesse der Zuschauer von der Äußerlichkeit des Plots auf den eigentlichen visuellen Gehalt der Mise en scène umlenkt. Und nun, nachdem wir vom Erzähler wissen, daß Barry von der äußeren Erscheinung des Chevaliers wie geblendet ist, folgt endlich der Gegenschuß, der uns Balibaris verführerischen Glanz von vorne zeigt. Die Einstellung ist eine exakte Replik – schräg von oben über den Tisch auf den dahinter Sitzenden – der entsprechenden Einstellung auf Bowman in *2001,* doch diesmal zeigt sie uns eine von Perükke, dicken Puderschichten, künstlichem Rouge, einer schwarzen Augenklappe und zwei Schönheitspflästerchen entstellte Fratze, in der die ganze untergangsgeweihte Dekadenz des späten Feudalabsolutismus Gesicht geworden zu sein scheint. Daß Barry, wie vom Erzähler angekündigt, in diesem gespenstischen Anblick seine ganze Zukunftshoffnung personifiziert sieht und tatsächlich in Tränen der Rührung ausbricht, macht die Szene nur noch schockierender – und daß sich der Chevalier im weiteren Fortgang der Handlung als Hochstapler und professioneller Falschspieler erweist, setzt ihr rückblickend ein ironisches Glanzlicht auf. Im Hintergrund der Einstellung ist, ganz der Zimmerausstattung in *2001* entsprechend, ein Bett zu erkennen, das hier jedoch nicht in der Symbolfarbe Grün bezogen ist, sondern einen Baldachin in der Komplementärfarbe Rot aufweist – ein letztes visuelles Signal dafür, daß Barrys Übergang aus der Welt des Militärs in die der Aristokratie keine symbolische Wiedergeburt und keinen moralischen Neubeginn darstellt, sondern nur den Tausch einer Maske (als Potzdorfs Protegé und Spitzel) mit einer anderen (als Balibaris Schützling und Assistent im Falschspiel), die ebenso wie jene auf Lüge und Verstellung basiert. Nur die Ästhetisierung der Oberfläche hat endlich ein Maß erreicht, das Barry als Garant innerer Substanz genügt, während es sich dem Zuschauer in der erschreckenden Puderlarve eines professionellen Glücksspielers präsentiert.

Kubrick setzt auf die Symbolkraft dieses Gesichts, wenn er Barrys endgültige Aufnahme in die Kreise des Chevaliers dadurch sinnfällig macht, daß er ihn – bei seiner Flucht aus Berlin – in Balibaris Maske schlüpfen läßt. Auch bei den alptraumhaften Spielszenen am Faro-Tisch, an denen Barry nun als Helfershelfer des Chevaliers teilnimmt, konzentriert sich die Kamera auf die totenmaskenähnlich geschminkten Gesichter der fürstlichen Spielpartner, die im surrealen Licht der Kerzen noch unheimlicher wirken als Barrys neuer Gönner bei seinem ersten Auftritt. Spätestens in diesen Szenen am Spieltisch erreicht Kubricks Film eine spezifische Qualität, die sich aus der Wechselwirkung zwischen der dargestellten Welt und den Mitteln der Darstellung ergibt. Die grandiose ästhetische Geschlossenheit, die diese Szenen im Zusammenwirken von Licht, Kamera, Musik (der

›Corriger la fortune‹: der Chevalier de Balibari und sein gelehriger Schüler bei der Arbeit (Patrick Magee, Ryan O'Neal)

Paisiello-Kavatine), Dekor, Maske und Handlungsmotiv (Glücksspiel) gewinnen, ist eine perfekte Analogie zur formalistisch-distanzierenden Lebensphilosophie der geschilderten sozialen Schicht und gleichzeitig deren entlarvende Kritik. Die virtuose Nutzung aller filmästhetischen Möglichkeiten zur Vorführung einer in ästhetisierender Oberflächlichkeit erstarrten Gesellschaft schafft eine Dialektik von Form und Inhalt, die *Barry Lyndon* weit über vergleichbare Kostüm- und Historienfilme hinaushebt. Ein Großteil der traditionellen Charakteristiken dieses von Griffith und den frühen Italienern begründeten, von Eisenstein und den russischen Theoretikern der epischen Montage weiterentwickelten und durch die vor allem technischen Glanzleistungen von Abel Gance und Cecil B. DeMille zur kommerziellen Blüte gebrachten Genres läßt sich auch an Kubricks Film aufzeigen. Anders als in *Barry Lyndon* ist es in den Klassikern des Genres – worauf Kubrick selbst hingewiesen hat – jedoch fast nie gelungen, die selbstbewußt vorgezeigten technologischen und formalen Errungenschaften auch in eine wirklich zwingende Beziehung zu den Inhalten zu setzen. Kubricks Ansicht, daß die Filme von Eisenstein »nur aus Stil ohne Gehalt« und die von Chaplin »nur aus Gehalt ohne Stil« bestehen, bringt – zusammen mit der nachstehenden Ergänzung – zum Ausdruck, was ich für sein primäres Ziel als Filmkünstler und für seine tatsächliche Leistung in *Barry Lyndon* halte: »Wenn es gelingt, Stil und Gehalt zu kombinieren, hat man offensichtlich den besten aller möglichen Filme.«[11]

Ein weiteres Beispiel für die außerordentliche Bewußtheit, mit der das filmsprachliche Vokabular in *Barry Lyndon* eingesetzt wird, sind die langsam aufgezogenen Zooms, die vor allem zu Beginn des ersten Teils die häufigste Szeneneröffnung darstellen. Sie erinnern an das zeremoniöse Sich-Öffnen eines Theatervorhangs, etablieren mit ihrem erst sukzessiv in der Zeit gewährten Überblick über die Szene das episch-breite Erzähltempo des Films und erlauben es Kubrick, sich in seine Schauplätze hinein- oder auch wieder aus ihnen herauszubewegen, ohne die scheinbare Harmonie des Raums zu zerstören oder den unaufhaltsamen Fluß der filmischen wie der erzählten Zeit durch Schnitte zu fragmentieren. Vor allem aber ermöglichen sie innere Montagen, die nicht nur, wie in dem bereits geschilderten Beispiel der ersten Nora/Barry-Szene, einen spezifischen Szeneninhalt verdeutlichen, sondern die zentrale Aussage des

Films wie im Keim in sich enthalten. Immer wieder zoomt die Kamera von handlungsrelevanten Details (Noras Hände in denen von Quin; Barry beim Holzhacken; Pistolen, die für ein Duell geladen werden) zurück, bis sie in ihrer aktuellen Bedeutung aufgehoben werden und sich in einem malerischen, an Gainsborough oder Constable erinnernden Landschaftspanorama verlieren. Es macht Barrys Tragik aus (und entspricht einem archetypischen Muster des Verlusts der Unschuld), daß er die Offenheit dieses natürlichen und zeitlosen Raums mit den geschlossenen Labyrinthen einer aristokratischen Gesellschaft vertauscht, die ihm Dauer zu versprechen scheint, während sie in Wahrheit nicht nur dem Wechsel ihrer Moden, sondern dem Prozeß der Geschichte unterworfen und zum Untergang verurteilt ist. Je mehr sich Barry seiner Herkunft entfremdet und dieser Welt annähert, desto seltener werden die anfangs so prominenten Szeneneröffnungen mit einem Rückwärts-Zoom. Statt dessen beginnt die Kamera gegen Ende des ersten Teils meist sofort mit der Totalen, mit der sie ihre Eröffnungseinstellungen ursprünglich beendet hatte: Der visuelle Kontakt zum lebendigen Detail ist verlorengegangen und durch den distanzierten Blick auf ein artifizielles Arrangement ersetzt, das eher an die Schloßgärten und Spiegelkabinette von Resnais' *L'année dernière à Marienbad* (Letztes Jahr in Marienbad, 1961) erinnert als an ein buntbewegtes Epochengemälde wie Tony Richardsons *Tom Jones* (Tom Jones – Zwischen Bett und Galgen, 1963), das thematisch und historisch am ehesten mit *Barry Lyndon* zu vergleichen wäre. Spätestens in den geometrisierten Gartenlabyrinthen des mondänen Badeortes Spa, in denen die menschlichen Figuren nur noch die Funktion von prächtig herausgeputzten Dekorationselementen übernehmen, hat Kubricks Film jene Unberührbarkeit und Starre erreicht, die seinen zweiten Teil bestimmen und Barrys Schicksal besiegeln werden.

Mehr als jeder andere Kubrick-Film zuvor dramatisiert der zweite Teil von *Barry Lyndon* gerade in seiner Statik und Verlangsamung das unaufhaltsame Verrinnen der Zeit. Flankiert von zwei aufragenden Kerzen präsidiert der Hausgeistliche der Lyndons, Reverend Runt (Murray Melvin), über eine fürstliche Trauungszeremonie und läßt in einer moralisierenden Predigt über die Heiligkeit der Ehe und die fleischlichen Lüste (mit einem strengen Seitenblick auf Barry) seine Antipathie gegenüber dem neuen Gatten seiner Lady durchblicken, während der Erzähler das erste exakte Datum des Films angibt (den 15. Juni 1773). Schon in der folgenden Szene demonstriert Barry, daß er die geheiligte Institution mehr als Besitzverhältnis begreift, als er seiner frischangetrauten Frau in der Enge des Kutschencoupés seinen Pfeifenrauch wortlos mitten ins Gesicht bläst, nachdem sie ihn gebeten hatte, das Rauchen einzustellen. Das egozentrische Selbstbewußtsein, das Barry auf dem Gipfel seines Glücks ausstrahlt, scheint so unerschütterlich wie die symmetrische Fassadenpracht seiner neuen Umgebung, in der sich sein Leben als formalisierter Traum in Zeitlupe abspielt. Der distanzierte Blick der Kamera – der offensichtlich dem stolzen und selbstentfremdeten Besitzerblick Barrys entspricht – zeigt die Bewohner von Schloß Hackton mit nichts Wichtigerem beschäftigt als damit, die Zeit totzuschlagen und ihr Vergehen durch die ständige Wiederholung formvollendeter Rituale zu leugnen. Wir sehen sie, von livrierten Dienern mit kostbar gerahmten Spiegeln und Waschschüsseln umgeben, bei der Toilette oder bei der Auswahl von Seiden und Brokatstoffen für die Kleider der neuesten Mode; bei Spaziergängen und Bootsfahrten in gepflegten Parkanlagen; bei sportlichen Gesellschaftsspielen untertags oder am Kartentisch bei Nacht oder an von einer Heerschar von Bediensteten üppig gedeckten Tafeln mit dem Verzehr vielgängiger Menüs beschäftigt. Es fällt Barry nicht schwer, sich den Spielregeln der Nobilität anzupassen und zu lernen, daß in dieser Welt nicht das Was, sondern das Wie ausschlaggebend ist: daß eheliche Seitensprünge in der Exklave eines Herrenabends zu erfolgen haben oder die Bestechung eines Edelmannes den Vorwand des Kunstsammelns erfordert.* Lady Lyndon verbringt währenddessen ihre Zeit in der Abgeschiedenheit, die Barry für sie vorzieht (der Erzähler

---

* Eine kleine satirische Episode, in der Barry einen namenlos bleibenden Adeligen besticht, indem er ihm zu exorbitanten Preisen Kunstwerke abkauft, kann als Beispiel für die Feinarbeit des Drehbuchautors Kubrick dienen. Wir sehen Barry mit Kennermiene ein Gemälde betrachten (»Ich bewundere die Art, wie der Künstler die Farbe Blau verwendet ...«), das, wie der Besitzer erläutert, von »Ludovico Cardi, einem Schüler von Alessandro Allori« stammt und die »Anbetung der Heiligen Drei Könige« darstellt. Mit Ludovico Cardi (bekannter als Ludovico Cigoli, 1559–1613) hat Kubrick einen Maler entdeckt, dessen Vorname eine Anspielung auf die Ludovico-Therapie aus *A Clockwork Orange* erlaubt, was das von Barry so teuer bezahlte Gemälde als mechanistisch-seelenlose Kunst entlarvt. Tatsächlich wird auch Cardis Lehrer, Alessandro Allori (1535–1607), in einigen Kunstlexika als wenig origineller

Die Hochzeit, der Aufstieg, das Licht ... (Patrick Magee, Ryan O'Neal, Marisa Berenson)

selbst drückt es mit diesen ironischen Worten aus), beschäftigt sich mit ihren beiden Kindern, spielt Karten mit ihren Gesellschaftsdamen, vervollkommnet sich in Gesellschaft des Reverends und Lord Bullingdons im Cembalospiel, schminkt, schmückt und kleidet sich wie ein bewunderungswürdiges Kunstobjekt[12] und sitzt mit ihrem Buchhalter Graham (Philip Stone) an einem riesigen, mit Papieren übersäten Tisch, an dem sie unermüdlich die Bankanweisungen unterschreibt, mit denen Barrys Extravaganzen bezahlt werden. Doch so statisch das äu-

Imitator der Florentiner Meister geführt, was die Ironie der Szene verstärkt – ebenso wie der Titel des Gemäldes, der auf eines der notorischsten und totgemaltesten Motive der Kunstgeschichte verweist. Die Farbe Blau ist ikonographisch mit der Jungfrau Maria assoziiert: Daß Barry sie bewundert, spielt auf seine irisch-katholische Herkunft an (um derentwillen ihn Kubrick ja auch mehrfach in blauer Kleidung auftreten läßt). Um das Maß innerer Bezüge in diesem Zehn-Sekunden-Dialog voll zu machen, wiederholt der Edelmann schließlich noch einen entlarvenden Fehler, den vor ihm bereits General Broulard in *Paths of Glory* gemacht hatte: Er nennt seine Gemälde *(paintings)* unfachmännischerweise »Bilder« *(pictures)*. Möglicherweise war Kubricks Frau Christiane, selbst eine anerkannte Malerin, an diesem Kabinettstück nicht ganz unbeteiligt.

ßere Leben auf Schloß Hackton auch abläuft – die Zeit läßt sich nicht anhalten: Sie verfließt in den unaufhaltsamen, getragenen Rhythmen des Vivaldischen Cellokonzerts und der Händelschen Sarabande, im Glockengeläut einer fernen Kirche oder, am beunruhigendsten, im demonstrativen Ticken zahlreicher Uhren, das immer wieder im Hintergrund zu hören ist (z. B. als Barry und Bryan in einem Buch über Vögel lesen oder als Barrys Mutter [Mary Kean] den bigotten Reverend aus dem Haus weist). Es ist der Tod des kleinen Bryan – jener »Kampf mit dem grimmigen, unbesiegbaren Feind«, um den Erzähler zu zitieren –, der die träumerische Immobilität des herrschaftlichen Lebens durchbricht und Barry und Lady Lyndon erstmals mit der bisher so erfolgreich verdrängten Vergänglichkeit konfrontiert: Er verwandelt die dauerhafte, aber unverstandene künstlerische Pracht, die bisher ihren Müßiggang dekoriert hat, in eine offene Verhöhnung ihrer Sterblichkeit.

Während die Figuren des zweiten Teils in einer illusionären Zeitlupe dahinleben, sieht der Zuschauer eine rasche Folge von Ereignissen, die Lebenszeit strukturieren: eine Hochzeit, eine Geburt, Auflösungserscheinungen einer Ehe, einen Geburtstag, Barrys fieberhaften Kampf um einen Pairssitz, einen weiteren Geburtstag und einen Tod. Die Erinnerung an *2001* und seine rührend absurden Geburtstagsriten innerhalb einer gargantuesken Weltraumtechnologie drängt sich auf, doch die Geburtstage in *Barry Lyndon* deuten nicht auf die Wiedergeburt eines Sternenkinds im freien Raum voraus, sondern beschreiben eine unentrinnbare Gefangenschaft in der Zeit. Der Schicksalskreis, der diese Gefangenschaft symbolisiert, offenbart sich im tragisch-ironischen Anblick der Kinderkutsche, die ein Jahr zuvor Bryans Geburtstagsgeschenk gewesen war und nun seinen Sarg trägt, nachdem er bei einem Sturz von dem Pferd zu Tode gekommen ist, das sein diesjähriges Geburtstagsgeschenk sein sollte. Bryans Sterbeszene an seinem letzten Geburtstag zeigt ihn mit bandagiertem Kopf auf demselben Bett liegend, an dem ihm Barry in einer früheren Szene eine höchst ambivalente, an Brutalität und abgeschlagenen Köpfen nichts zu wünschen übrig lassende Gutenachtgeschichte über seine kriegerischen Heldentaten bei der Erstürmung einer Festung erzählt hatte. Nach allem, was wir von Barrys Militärzeit wissen, ist diese Geschichte pure Aufschneiderei, was ihre Grausamkeit um so entlarvender macht und überdies durch die Tatsache unterstrichen wird, daß Kubrick sie bei Kerzenlicht, dem verläßlichen Signal für Lüge und Verstellung im Zeichensystem des Films, erzählen läßt. Aus Barrys Lüge wird Wahrheit und aus dem Kerzenschein Tageslicht, als Bryan seinen Vater auf dem Sterbebett bittet, ihm ausgerechnet dieses blutige Schauermärchen noch einmal zu erzählen. Es ist das letzte, was er auf dieser Welt von seinen Eltern hört, und sowohl an Barrys haltlosem Schluchzen als auch am bisher so puppenhaften und nun völlig zerstörten Gesichtsausdruck von Lady Lyndon ist das Zerbrechen der Fassaden abzulesen und die jähe Selbsterkenntnis eines an die Unwahrhaftigkeit verschenkten Lebens. Sich mit einer aus Eitelkeit erlogenen, grausamen und vielleicht gerade deshalb von seinem Kind als gültiges Vaterbild akzeptierten Geschichte vom einzigen verabschieden zu müssen, was er jemals aufrichtig geliebt hat, hält Barry einen Spiegel vor, an dem er zerbrechen müßte, wenn er nicht von seinem Schmerz wie betäubt wäre.[13] Er sucht diese Betäubung fortan im Alkohol – seine unglückliche Frau in Melancholie und hysterischer Religiosität –, doch ungeachtet solchen äußeren Verfalls ist mit Bryans Tod der Keim für die plötzliche moralische Evolution gelegt, die Barry bei seinem späteren Duell mit seinem Stiefsohn zeigen wird.

Waren amouröse Werbungsszenen und Glücksspiele die geeigneten Leitmotive für die aufsteigende Handlungskurve des ersten Teils, so bedient sich Kubrick im zweiten Teil des Rituals des Schuldenzahlens, um den Niedergang nicht nur des Barry Lyndon, sondern einer ganzen Kultur in ein Bild zu komprimieren. Wie die Werbung um Nora, um Lieschen und um Lady Lyndon und wie die diversen Faro-Partien des ersten Teils findet auch das Begleichen der Schulden, die Barry in seinem ehrgeizigen und ergebnislosen Kampf um die Pairswürde angehäuft hat, an einem Tisch statt: Immer wieder zeigt uns Kubrick seine Protagonisten in sitzender Passivität bei äußerlich undramatischen Tätigkeiten, um die innere Lähmung des Lebens in der hermetischen Welt der Paläste visuell anzudeuten. Dabei stellt die Analogie der Bildmotive eine unterschwellige Verknüpfung her, die Lady Lyndons resigniertes Unterschreiben ungezählter Bankanweisungen nicht nur als konkrete Tilgung finanzieller Schulden, sondern als symbolisches Abzahlen einer existentiellen Schuld erscheinen läßt. Barry und Lady Lyndon bezahlen für ihre Oberflächlichkeit, für ihre passive Bereitschaft, sich der Lebenslüge ihres Standes hinzugeben, und weil sie der ästhetischen Vollkommenheit ihrer Umwelt und der Zeitlosigkeit ihrer Kunstwerke nicht als schöpferische Betrachter zu entsprechen vermögen, bezahlen sie wahrscheinlich mehr, als ihr gerechter Anteil wäre. Je häufiger das Kratzen von Lady Lyndons Federkiel auf dem rauhen Papier der Zahlungsanweisungen zu hören ist, je dominierender der Schriftzug »H. Lyndon« (ihr Vorname lautet *Honoria*) als visuelles Motiv wird, desto deutlicher wird dem Zuschauer bewußt, daß solche trivialen Dokumente alles sind, was von Abermillionen menschlichen Schicksalen zurückbleibt – in unserer Zeit ebenso wie im fernen 18. Jahrhundert. Barry und Lady Lyndon haben nichts geschaffen, was ihren Träumen und Verzweiflungen Ausdruck verleihen und der Vergänglichkeit widerstehen könnte. Barrys Sohn, seine Hoffnung auf physische Unsterblichkeit, stirbt und seine ehrgeizigen Zukunftspläne – die Hoffnung auf einen Ruhm, der seinen Tod überdauern würde – verlieren sich in einem Labyrinth aus unbezahlten Rechnungen und Mahnschreiben. Zusätzlich zu seiner historischen Dimension gewinnt der Einbruch der Ökonomie in die Ästhetik so auch ein menschliches Pathos, das man selten auf der Leinwand dargestellt findet und das sich in den insgesamt vier Schuldenszenen des zweiten Teils mit einer emotionalen Spannung auflädt, die es Kubrick schließlich in der Schlußszene erlaubt, die ganze Tragödie des Films in der banalen Verrichtung des Ausstellens einer Bankanweisung kulminieren zu lassen.

Vor allem durch Barrys archetypischen Konflikt mit seinem Stiefsohn Bullingdon gelingt es Kubrick, auch *Barry Lyndon* mit einer mythischen Substruktur zu unterfüttern, wie sie in *Dr. Strangelove, 2001* und *A Clockwork Orange* ungleich deutlicher hervortritt. Während Barry als irischer »Raufbold« und Emporkömmling in die Maske eines englischen Gentleman schlüpft, ohne seine Aggressivität dahinter verbergen zu können, verkörpert Bullingdon den geborenen Gentleman von hochkultivierter Wesensart, hinter der sich – besser getarnt – das gleiche Aggressionspotential versteckt. Bullingdons offene (in einer Attacke auf Bryan und im Schlußduell) und verhüllte (verbale) Aggressionen gegen Barry wiegen in der Handlungssymmetrie des Films sowohl Barrys entsprechende Skrupellosigkeit im ersten als auch sein Verhalten gegenüber dem Stiefsohn im zweiten Teil auf: Bullingdon zahlt heim, was er selbst und was andere von seinem Stiefvater an buchstäblichen oder symbolischen

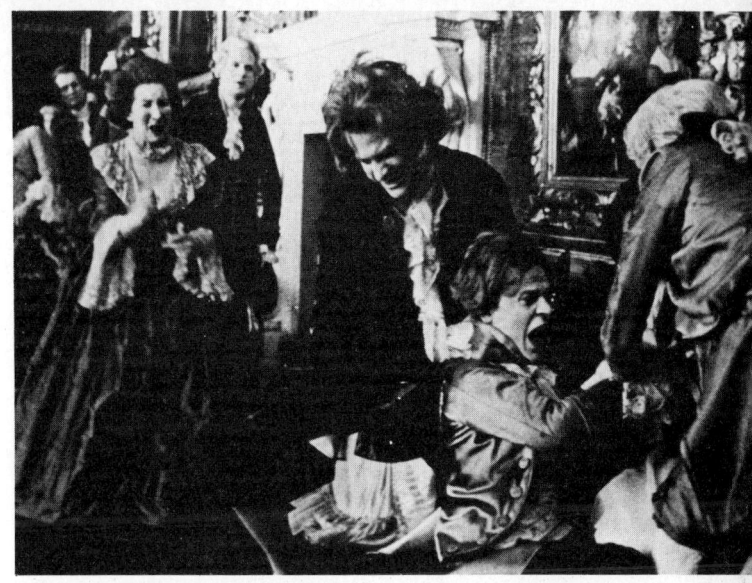

Ende eines Hauskonzerts: Barry und sein Alter ego Bullingdon messen die Kräfte (Marie Kean, Ryan O'Neal, Leon Vitali)

Prügeln empfangen haben. In einer Szene, die sich bei Thackeray nicht findet, unterbricht Bullingdon beispielsweise ein Hauskonzert auf Schloß Hackton, wie Barry im ersten Teil die Verlobungsfeier von Nora und Hauptmann Quin unterbrochen hatte, als er dem Nebenbuhler sein Weinglas ins Gesicht schleuderte, statt dem Ritual Genüge zu tun und als fairer Verlierer auf das Glück der zukünftigen Eheleute anzustoßen. Neben diesem deutlichen dramaturgischen Bezug gibt es jedoch einen charakteristischen Unterschied: Barrys Revolte gegen den Verhaltenskodex war der spontane Gefühlsausbruch eines liebeskranken Jünglings, während Bullingdons Provokation einen Teil eines kühl kalkulierten Rachefeldzugs darstellt. Und während Barry seinen Protest auf die ihm allein zu Gebote stehende gewalttätige Art ausdrückte, zieht der junge Adelige alle Register einer symbolischen Inszenierung: Er läßt den kleinen Bryan, der das Ganze für ein amüsantes Spiel hält, in seine viel zu großen Schuhe schlüpfen und ihn damit lautstark und die Musik störend über das Parkett poltern, ehe er Barry mit wohlge-

setzten (und schon dadurch demütigenden) Worten der Erb-
schleicherei bezichtigt. Das Publikum sitzt höflich erstarrt, als
wolle es das ganze Ausmaß seiner kultivierten Selbstbeherr-
schung demonstrieren, bis Barry die Gewalt über sich verliert
und auf Bullingdon losgeht. Mit seiner wütenden Attacke vor
den Augen derer, die er eigentlich beeindrucken und von seinem Anspruch auf einen Pairssitz überzeugen wollte, setzt sich
Barry weniger in moralisches Unrecht, als daß er den Sinn dieser Gesellschaft für Förmlichkeit und Dekorum verletzte. Anders als sein Kontrahent hat er es nicht gelernt, seine Instinkte
verbal zu verkleiden und auf die sozial akzeptierte Weise zu ar-
tikulieren. Bezeichnenderweise gibt Kubricks Kamera bei dieser Szene ihre statische Objektivität erstmals im zweiten Teil auf
und mischt sich – wie schon in der Garnisonsprügelei des ersten
Teils – mitten unter die Kämpfenden. Die Festversammlung
versinkt in allgemeinem Chaos, als die männlichen Gäste Barry
von seinem Opfer zu trennen versuchen und dabei auf dem glat-
ten Parkett den Halt verlieren und durcheinanderstürzen, während die Damen angesichts solcher ungehemmten Zurschaustel-
lung menschlicher Aggressivität kreischend die Flucht ergrei-
fen. So sehr diese Szene die unveränderte Existenz des alten
Redmond Barry unter der Maske des Gentilhomme bezeugt, so
sehr demonstriert sie mit Bullingdons unversöhnlichem Durch-
setzungswillen auch die Umkehrung der Personenkonstellatio-
nen des ersten Teils. Das Rad der Fortuna hat seine Drehung
fast vollendet und konfrontiert den stürzenden Barry mit einem
Gegner, in dem er mehr von sich selbst wiederfindet, als ihm
lieb sein kann. Ähnlich wie Bowmans Kampf mit HAL und Alex' selbstzerstörerische Flucht vor Alexander hat auch diese
Auseinandersetzung mit einem Alter ego den Charakter einer
unbewußten Befreiungstat, durch die Barry zwar seinen gesellschaftlichen Niedergang besiegelt, sich gleichzeitig aber auch
von seinem falschen Leben in dieser Gesellschaft emanzipiert.
Er muß paradoxerweise fallen, ehe er sich als Figur mit einem
Minimum an moralischer Substanz erweisen kann – auch wenn
ihm, als Gefangenem der Zeit, eine Bowmansche oder Alex-
'sche Wiedergeburt im offenen Raum verwehrt bleibt.
Während sich Barrys Schicksalskreis zu schließen beginnt und
seine späte moralische und emotionale Wandlung sich allmählich vorbereitet, kehrt Kubrick die formale Tendenz des ersten
Teils um, indem er seinen Protagonisten aus der Welt des schö-

nen Scheins und der inneren Häßlichkeit herausgleiten und in ihren luxuriösen Umgebungen zum Fremdkörper werden läßt. Barrys letzte Szene auf Schloß Hackton – nach seinem Zusammenbruch nach Bryans Tod – zeigt ihn volltrunken und besinnungslos zusammengesunken in betont anti-ästhetischer Pose in einem kerzenbeschienenen Salon. Seine Körperhaltung erinnert an eine namenlose Figur, die man in der Todesszene von Sir Charles Lyndon, ebenfalls bei Kerzenlicht, am linken Bildrand liegen sah – doch Barry wird, wie ein unpassender Einrichtungsgegenstand, von zwei Dienern gepackt und durch eine Tür hinausgetragen, deren zwanghaft symmetrische Anordnung (sie wird von 2 Kandelabern, 2 Vasen, 2 Gemälden flankiert) den Vorgang zu verspotten scheint. Das Endspiel beginnt mit der Wiederkehr einer Musik des Anfangs, der Duell-Variante der Händelschen Sarabande, die zuerst bei Barrys Auseinandersetzung mit Hauptmann Quin erklang. Sie begleitet Bullingdons Auftritt in der frühmorgendlichen, rauch- und alkoholgeschwängerten Katerstimmung eines Herrenklubs, die er, von der umfangreichsten Kamerabewegung des ganzen Films (einer langen Rückwärts-Fahrt) begleitet, mit seiner Duellforderung an Barry unterbricht. Als wäre er direkt aus Hackton hierher getragen worden, liegt Barry hingesackt und eingenickt in einem Stuhl, umgeben von anderen Betrunkenen, von Kartenspielern, die mitten in der Bewegung erstarrt scheinen und von hoch an den Wänden hängenden Gemälden, die die allgemeine Paralyse duplizieren. Aus diesem Hogarthschen Ambiente wechselt der Film, weiterhin von der Händel-Sarabande begleitet, zum Schauplatz des Duells: einer ehemaligen Kirche (mit kreuzförmigen Fenstern und Deckengewölbe), die nun als Zehntscheune – ein Bildsymbol des Feudalismus – dient und mit ihrem Bodenstreu, den Getreidesäcken und den herumflatternden und gurrenden Tauben auf Barrys ländliche Herkunft zurückverweist, während sie gleichzeitig zum Hintergrund der einzigen Szene wird, in der er wirklichen Adel beweist. Die letzte Episode in Barrys Filmexistenz spielt schließlich in der Dachkammer eines Dorfgasthofs, wo er resigniert auf einem Bett liegt, mit seiner Mutter Karten spielt und zum fernen Läuten einer Kirchenglocke über den Verlust seines Beins und sein ruiniertes Leben meditiert.

Eine solche dramaturgische Aufbereitung von Barrys Sturz beweist – neben manchem anderen – Kubricks erstaunliche Fähigkeit, den erzählerischen Erfordernissen seines Mediums und dessen fast epistemologischem Glauben an die Unverletzlichkeit des realen Raums (dramaturgisch gesprochen: der Schauplätze) eine mythische Dimension abzugewinnen. Im vorliegenden Fall impliziert er, daß Barry, nachdem er die öffentliche Demütigung (nicht wegen eines moralischen Defekts, sondern wegen mangelnder äußerer Form) erfahren und seinen Sohn verloren hat, wieder in die verdrängte Aktualität der Zeit zurückfindet und dabei die Fähigkeit zur ethisch verantwortlichen Willensentscheidung gewinnt. Wie Bowman und Alex vor ihm, kommt Barry aus einem tödlichen Kälteschlaf – hier in Gestalt eines träumerischen und untergangsgeweihten Feudalästhetizismus – und »erwacht« metaphorisch (als zusammengesunkene Gestalt in einem Stuhl) aus diesem Zustand der Erstarrung. Stimuliert durch das Eingreifen des Schicksals (Bryans Tod) und seiner Instinkte (der Angriff auf Bullingdon) gelingt Barry die Flucht aus einer Welt, in der die Menschen ihr schöpferisches Potential und ihre moralische Komplexität verleugnen, indem sie die dekorative Kunst und die Gemälde imitieren, die sie so überreich umgeben. Kubrick überträgt die Statuarik der gemalten Porträts an den Wänden in Maske, Kostüm, Bewegungsduktus und Posen auf seine Filmfiguren, um auf diese Weise eine seelische Vereisung zu dokumentieren, in der die Visionen der Kunst das Bewußtsein nicht mehr bereichern, sondern lähmen. Barry selbst wird zu einem Versatzstück in dieser nach außen gekehrten Seelenlandschaft (zum Beispiel, wenn er und sein Sohn als zwei winzige Figuren unter einem riesigen Gemälde mit einer Idealdarstellung höfischen Gesellschaftslebens sitzen oder als er hingesackt in Hogarth-Pose auf seine Erweckung wartet), während der Film die Paläste der Zivilisation immer eindeutiger mit den Regressionen des Selbst assoziiert. Dementsprechend verbindet Bullingdons Rückkehr »um Satisfaktion zu forden« den Ehrenkodex der Nobilität mit primitivem Vergeltungsdrang, so wie die Rituale der Ehre im ersten Teil ihre geheime Basis in der kupplerischen Geldgier einer Familie oder dem betrügerischen Geschick eines irischen Falschspielers am Kartentisch hatten. Am Ende sitzt Fortuna am längeren Hebel und teilt dem zum Krüppel geschossenen und zum Verlassen des Landes gezwungenen Barry in seiner Dachkammer ein Spiel aus, das nicht mit Glück und nicht mit Manipulation noch zu gewinnen wäre.

Im großen Schlußduell zwischen Barry und Lord Bullingdon kulminiert die Reihe der rituellen Aktivitäten, die Kubricks Film – ganz anders als Thackerays Roman, wo sich auch dieses Duell nicht findet – strukturieren. Die Szene beansprucht fast neun der 185 Minuten seiner Laufzeit und bringt zum erstenmal in *Barry Lyndon* die Erzählzeit mit der erzählten Zeit zur Deckung: Barrys Reise durch die unwirkliche Pracht der Paläste endet in der existentiellen Wirklichkeit der Zeit. Dabei tritt er in vielfacher Hinsicht seiner eigenen (und des Films) Vergangenheit gegenüber: in der Konfrontation mit dem Doppelgänger Bullingdon, der Barrys Charakterzüge angenommen hat und dessen Rolle zu Beginn der Handlung nachspielt; im Schauplatz der ehemaligen Kirche und jetzigen Zehntscheune, die nicht nur an das ländliche Irland der frühen Szenen des ersten Teils erinnert, sondern auch an die Hochzeitskirche der ersten Szene des zweiten Teils, in der so glanzvoll begann was nun so schäbig endet; schließlich in der Inszenierung des Duells, die an das korrespondierende Duell Barrys mit Quin anknüpft. Wie damals erklingt die Duell-Sarabande; wie damals zeigt die erste Einstel-

Ein von Gemälden eingerahmter Korridor betrunkener Figuren führt Bullingdon zu Barry, um die Forderung zu überbringen (Leon Vitali)

lung eine Großaufnahme zweier Pistolen, die schußfertig gemacht werden; wie damals (als er auf diese Weise betrogen wurde) kämpft Barry mit einer fremden Waffe (in diesem Fall der Pistole Bullingdons); und wie damals nimmt er die linke Position ein – was jedoch nicht nur seinen (vermeintlichen) Sieg über Quin assoziieren läßt, sondern auch den Tod seines Vaters, der im Duell in der ersten Einstellung des Films ebenfalls auf der linken Seite stand. Und die Regeln, nach denen der Kampf mit Bullingdon ausgefochten wird, sind unbarmherziger und räumen Fortuna mehr Mitsprache ein: Die beiden Kontrahenten feuern nicht gleichzeitig, sondern nacheinander, und als beleidigte Partei hat Bullingdon das Recht, durch Münzwurf zu bestimmen, wer als erster schießen darf. Umgeben von den flatternden und gurrenden Tauben, überwacht ein nur als »Sir Richard« identifizierter Unparteiischer das Prozedere der Auslosung und des Markierens der Zehn-Schritt-Distanz, während zwei Sekundanten und ein stummer Zeuge das Geschehen und sein absurdes, wenn auch glaubwürdiges verbales Ritual verfolgen (»Mr. Barry, sind Sie bereit, Lord Bullingdons Feuer zu empfangen?«). Als der aufgeregte, von der Situation sichtlich überforderte Bullingdon seine Pistole beim Spannen versehentlich auslöst und mit dem ungezielten Schuß die scheinbar sichere Chance vergibt, die ihm das Glück bei der Auslosung zugespielt hatte, verzichtet Barry darauf, den unverdienten Vorteil zu nutzen. Während sein Gegner sich vor Angst übergibt – was ein peinlich berührtes Räuspern und Blickesenken bei den Sekundanten hervorruft –, feuert er demonstrativ zur Seite und erfüllt zum ersten und einzigen Mal im ganzen Film ein aristokratisches Verhaltensstereotyp mit emotionalem und moralischem Sinn. Doch Bullingdon, noch bebend vom überstandenen Schrecken und mit noch kotzebeträufeltem Kinn, schlägt die noble Geste der Versöhnung aus, besteht auf »Satisfaktion« und krönt sein schäbiges, die Institution des Duells und die damit verbundene Vorstellung von »Ehre« endgültig diskreditierendes Verhalten, indem er seinen zweiten Schuß auf Barry abgibt, noch ehe Sir Richard ganz bis drei gezählt und das Feuer freigegeben hat. Es ist ein Showdown nicht nur für Barry, der brüllend vor Schmerz mit zerschmettertem Bein zurückbleibt, sondern auch für den Ehrenkodex der Nobilität, der von einem ihrer gebürtigen Angehörigen als ebenso überlebt entlarvt wird wie das Gesellschaftssystem, dem er entstammt. Vielleicht ist es in diesem Zusammenhang von Bedeutung – und dann könnte Barrys moralische Überlegenheit in dieser Szene *auch* als resignierendes Sich-Fügen in das Schicksal/den historischen Prozeß verstanden werden –, daß Barrys einzige verbale Äußerung in den langen neun Minuten des Duells in einem wiederholten »Ja« besteht.

Die beiden abschließenden Szenen verknüpfen Barrys Schicksal mit Lady Lyndons Leid und demonstrieren prägnanter als jeder seiner anderen Filme Kubricks künstlerische Intelligenz und seine persönliche Vision. Er beschließt Barry Lyndons Geschichte mit dem einzigen Stehkader des Films, mit der einzigen Wiederholung des Schubert-Trios, das die Verführung Lady Lyndons im ersten Teil begleitet hatte, und mit den letzten Worten des Erzählers (»er sah Lady Lyndon niemals wieder«). Die standkopierte Einstellung zeigt den amputierten Barry (ein einbeiniges Double für Ryan O'Neal) von hinten beim Besteigen einer Kutsche, genau im haltlosen Augenblick zwischen Festklammern und Fallen, nicht mehr gestützt von seinem Glück und nicht mehr fähig zur Eleganz äußerer Form. Und so wie Barry eingefroren in der Ungewißheit des Raums zurückbleibt, sehen wir Lady Lyndon in der folgenden Szene eingesperrt in einem Raum der Erstarrung. Diese drei Minuten Film auf dem Papier zu rekonstruieren, ist der größte Tribut, den man der Meisterschaft von *Barry Lyndon* zollen kann: (1) Schnitt zu einer Innenaufnahme auf Schloß Hackton, einer der übermenschlich großen, kalten Räume, statisch und »wie gemalt«; durch ein großes Fenster flutet von links Licht herein; rechts im Hintergrund der Totalen steht ein Tisch auf dem spiegelnden Parkett, an dem drei Personen sitzen und eine steht. Die räumlich ausbalancierte Bildkomposition zeigt die epochentypische Dominanz ästhetischer Kontrolle über den menschlichen Gehalt. Die elegische Musik des Schubert-Trios aus der letzten Szene spielt weiter. (2) Schnitt zu einer Nahaufnahme (es wird kein Wort gesprochen) von Lady Lyndon, die langsam und methodisch Bankanweisungen unterschreibt. Wir hören das vertraute Geräusch der kratzenden Feder, das zögernd unterbrochen wird, als Bullingdon mit vielsagendem Blick ein weiteres Papierstück präsentiert. Die Kamera konzentriert sich mehr auf die Gesichter als auf die Aktivität. (3) Schnitt zu einer Großaufnahme der Bankanweisung, von einer langsamen Zoom-Fahrt herangeholt. Wir lesen: »Pray pay Redmond Barry for Annuity 500 guineas, and debit to my account« (»Bitte zahlen Sie Redmond

Barry als Jahresrente 500 Guineen, zu Lasten meines Kontos«). Während die Feder rechts unten den Namenszug »H. Lyndon« anbringt, erkennen wir in der linken Ecke das Datum: »11 Dec 1789«. (4) Schnitt auf Lady Lyndons Gesicht, auf einen abwesenden, leeren Blick; nach einem von der Musik akzentuierten Augenblick des Innehaltens, der unterdrückten Emotion, nimmt sie das rituelle Unterschreiben weiterer Geldpapiere wieder auf. (5) Schnitt zur Totalen der ersten Einstellung, statisch wie zuvor, kleine Menschen in einem großen Raum, während die letzte Klaviernote verklingt. (6) Schnitt zum schwarzen Untergrund, auf dem der Epilog (»... jetzt sind sie alle gleich«) und die Schlußtitel erscheinen, die wieder von Händels Sarabande in der düsteren Streicherfassung mit Pauke begleitet werden.

In der äußeren Struktur des Films vollendet diese bemerkenswerte Szene die Dominanz der Zeit über den zweiten Teil, der mit spezifischen Daten beginnt und endet.[14] Durch die Wahl des Jahres 1789 als Schlußpunkt seiner Erzählung – bei Thackeray kommt dieses Datum nicht explizit vor – reißt Kubrick eine historische Perspektive auf, die Barrys Scheitern rückblickend zu symbolischer Repräsentanz erhebt: Die Französische Revolution markiert das Ende des Gesellschaftssystems, dessen Opfer Barry wurde, und den Beginn – worauf die Schubert-Musik verhüllt hindeuten mag – der Epoche des romantischen Individualismus, die wir mit dem 19. Jahrhundert verbinden, deren endgültiges Ende jedoch erst in unserer Gegenwart zu kommen scheint. Die Einordnung in einen geschichtlichen Verlauf und die implizite Parallelisierung von Endzeiten stellt im Kosmos eines Filmemachers, dessen Utopie weit jenseits der Historie im Weltraum von *2001* angesiedelt ist, jedoch nur einen Nebenaspekt dar und kann gewiß nicht die ungeheuere emotionale Wirkung erklären, die diese banale Schlußszene auszuüben in der Lage ist. Das tragische Gefühl, das das Publikum am Ende von *Barry Lyndon* überwältigt, hat seine Wurzel und Berechtigung weniger im konkreten Geschehen auf der Leinwand, das bemerkenswert untragisch endet (allein die Barry gewährte Unterhaltszahlung beträgt mehr, als er auf dem irischen Bauernhof seiner Jugend je hätte verdienen können, und die Trennung von Eheleuten ist kaum ein ungewöhnliches Phänomen), als vielmehr in der modellhaften Vorführung von Vergänglichkeit, die hier das eigentlich Gemeinte ist. Lady Lyndons abwesender

Blick in die sie umgebende Leere, der mit Schuberts elegischem Triosatz die wohl intensivste Symbiose zwischen Bild und Musik in Kubricks bisherigem Gesamtwerk eingeht, bringt die Erinnerung an all die enttäuschten Hoffnungen, gescheiterten Pläne, in Einsamkeit und Geld erfrorenen Gefühle der vergangenen drei Kinostunden zurück und konfrontiert uns, am Beispiel zweier fiktiver Schicksale und einer in historischer Ferne versunkenen Epoche, mit der quälendsten Erfahrung auch unseres eigenen Lebens – der Unerbittlichkeit der Zeit.

8. In den Labyrinthen der Erinnerung

Nach *Barry Lyndon,* dem Meisterwerk, das die in es gesetzten kommerziellen Erwartungen nicht erfüllte, wandte sich Kubrick einem zeitgenössischen Roman des amerikanischen Horror-Spezialisten Stephen King zu. Als Reißer innerhalb seines Genres ebenso ernstzunehmen wie Thackerays obskurer Schelmenroman aus dem 19. Jahrhundert, hat *The Shining* (1977; deutsche Ausgabe: *Shining,* 1982) einem Filmemacher wesentlich mehr zu bieten als nur die Aussicht auf finanzielle Erholung durch einen breiten Publikumserfolg.[1] Überraschend ist eigentlich weniger Kubricks Wahl als vielmehr die Tatsache, daß er so lange auf seinen ersten »Horror«-Film warten ließ. Er selbst beschreibt die populäre Mythologie des Genres und ihre psychologische und emotionale Wirkung folgendermaßen:

> Eines der Dinge, die Horrorgeschichten leisten können, ist die Demonstration der Archetypen des Unbewußten; sie gewähren uns einen Blick ins Dunkel, ohne daß wir uns ihm direkt auszusetzen bräuchten. Außerdem appellieren Geistergeschichten natürlich an unsere Obsession mit der Unsterblichkeit. Wenn man sich vor einem Gespenst fürchten kann, muß man die Möglichkeit zugeben, daß es existiert. Und wenn ein Gespenst existiert, dann mag auch unser Ende nicht in der Vergessenheit liegen.[2]

Schon in *Killer's Kiss* hatte Kubrick in der Paarung Davy Gordon (als Symbolfigur menschlicher Verdrängung) und Vincent Rapallo (als Bestie aus dem Dunkel) auf die klassische Konstellation des Horror-Genres, die psychologische Allegorie des Doppelgängers oder Alter egos, zurückgegriffen. In einem vorzüglichen Essay über das Thema beschreibt Robin Wood die traditionelle Horror-Formel als »Bedrohung der Normalität durch das Monstrum« und das Doppelgängermotiv als die Variante, in der »die Normalität und das Monstrum sich als zwei Aspekte derselben Person« erweisen.[3] So offensichtlich Kubricks Faszination durch dieses Motiv ist, so sehr entfernen sich seine zunehmend an Nabokovs Kombination aus Spiel und Metaphysik erinnernden Doppelgänger-Spekulationen von dem archetypischen Grundmuster, wie es etwa Robert Louis Stevenson im (schon über zehnmal verfilmten) *Seltsamen Fall des Dr. Jekyll und Mr. Hyde* (1886) vorgelegt hat. In der selbstbewußten parodistischen Verfügungsgewalt des Modernismus mischen Kubricks Filme das groteske Potential des Themas mit banaler Alltäglichkeit, die Konventionen der vom Schauerroman geprägten romantischen Bekenntnisliteratur (à la De Quinceys *Bekenntnisse eines englischen Opiumessers*) mit der Morbidität von Poes »William Wilson«. Humbert liest den »göttlichen Edgar« (Poe), vertraut seine zwiespältigen Gefühle für Lolita seinem Tagebuch an und verstrickt sich in einem düsteren Schicksal in der Maske des proteischen Quilty, der sich, wie das von Christopher Lee gespielte Monstrum auf der Drive-in-Kinoleinwand, langsam vor seinem weltläufigen Schöpfer/Doppelgänger enthüllt, während uns Alex in *A Clockwork Orange* den »demütigen Erzähler« einer Geschichte vorspielt, die das Publikum zum Akzeptieren seiner gewalttätigen Freiheit als einer bewußt gewählten Alternative zu den monströsen Schöpfungen des Staates zwingt. In *Dr. Strangelove* wird die Polarität zwischen dem Normalen und seinem Schatten in Peter Sellers' brillanter Darstellung des Titelhelden als wahnsinniger Wissenschaftler *und* als wiedererwecktes Monstrum aufgehoben, und *2001* präsentiert uns die futuristische Parabel einer Menschheit, die aus ihrem evolutionären Schlummer erwacht und sich ihr Schicksal aus der ebenso zuvorkommenden wie mörderischen Kontrolle einer monströsen Maschine zurückerobert. Wie Buñuel, der die Ikonographie des Grauens in *El ángel exterminador* (Der Würgeengel, 1962) und sogar in *Le charme discret de la bourgeoisie* (Der diskrete Charme der Bourgeoisie, 1972) zitiert, läßt Kubrick die Normalität und ihre Bedrohung konvergieren, bis beider Unterscheidbarkeit zum surrealen Sinnbild der psychischen Realität wird. Die alptraumhafte Reise durch den Urwald von *Fear and Desire* oder Davy Gordons atavistischer Kampf mit seinem Nebenbuhler/Alter ego in der Schaufensterpuppenfabrik nehmen bereits die raffinierteren Doppelungsstrategien der späteren Filme vorweg, die unser primitives Erbteil in der formalistischen Maske der Zivilisation und, in paradoxer Umkehrung, die Spuren kultureller Evolution in der ungerichteten Aggressivität des Wilden zeigen. *Lolitas* Humbert legt seine europäische Kulturfassade ab und wird »menschlicher«, als er mit der Mordwaffe in der Tasche in Quiltys chaotisches Labyrinth eindringt, genau wie Barry Lyndon seine Fähigkeit zur moralisch bewußten Entscheidung erst gewinnt, nachdem er aus dem Alptraum der Kultur verstoßen und mit Bullingdons ritualisierter Rache konfrontiert ist; Muffleys unerschütterliche Nüchternheit verschmilzt mit Dr. Seltsams Wahnsinn und beides erweist sich als vom selben Dunkel genährt; in *2001* verliert sich Bowman in einem Erinnerungsraum des 18. Jahrhunderts, um in den Dekorationselementen des menschlichen Kulturimpulses aus der menschlichen Zeit zu entfliehen; Colonel Dax aus *Paths of Glory* wartet zu lange, ehe er das Monstrum hinter der barocken Pracht des Schlosses erkennt; und Alex, der primitive Künstler in *A Clockwork Orange,* wird gleichzeitig zum Auslöser des latenten Atavismus im kultivierten Mr. Alexander und zum symbolischen Erlöser einer Kultur aus ihrem Verfall in Voyeurismus und Sublimierung.

Dergleichen paradoxe Komplikationen inspirieren den konventioneller gestrickten Roman von Stephen King wohl kaum; dennoch kann das Verständnis seiner psychologischen und thematischen Logik einige der komplexeren Absichten des Films aufhellen. Anders als das Drehbuch, das Kubrick in Zusammenarbeit mit der amerikanischen Romanautorin Diane Johnson verfaßte, lokalisiert Kings Text seine Rätsel und Mehrdeutigkeiten nicht in der Charakterisierung der Hauptfigur Jack Torrance.[4] Durch die allwissende Erzählperspektive des Romans wird quasi auch der Leser mit dem »Shining«, einer paranormalen Hellsichtigkeit, begabt und in die Lage versetzt, alle psychischen Nuancen rational und analytisch zu verstehen. Freilich erklärt das Buch nie, wann und auf welche Weise Jacks fünfjähriger Sohn Danny seine Fähigkeit zur außersinnlichen Wahrnehmung erworben hat und wo seine Visionen im Gespensterhaus (dem Overlook-Hotel) herkommen. Dannys Zweites Gesicht und die Heimsuchungen des Hauses sind im Roman stillschweigend akzeptierte Gegebenheiten, die dem konventionellen Glaubensartikel des Horror-Genres, der Ohnmacht des Verstandes vor den Mysterien von Seele und Natur, Geltung verschaffen (schon eines der Motti des Romans, Goyas »Der Schlaf der Vernunft gebiert Ungeheuer«, deutet dies »Mehr Dinge im Himmel und auf Erden« an). Und obwohl Jack sowohl seine als auch Dannys unerwünschte Hellsichtigkeit mit aller Kraft zu ignorieren versucht, ähnelt sein unaufhaltsamer Sturz in den Wahnsinn mindestens so sehr einer psychologischen Fallstudie wie einer mythischen Reise ins Herz der Dunkelheit. Im Roman wird Jacks Entwicklung zum mörderischen Amokläufer mit seiner problematischen Beziehung zu seinem Sohn, seinem Versagen als Vater, Ehemann und Lehrer/Schriftsteller und mit seiner Trunksucht in Verbindung gebracht und als symbolische Bestrafung seiner selbst in Gestalt der Familie psychologisiert. (Beispielsweise erfahren wir schon sehr früh im Buch von Jacks Gewalttätigkeit gegenüber einem früheren Schüler und gegenüber Danny, dem er einmal einen Arm gebrochen hat, und als Jack mit seiner Frau Wendy schläft, kann er kaum dem sadistischen Drang widerstehen, ihr Schmerzen zuzufügen.) King erweitert und kompliziert dieses psychologische Drama durch einen symbolischen Überbau, der triviale Horrorklischees (zu den Vorbildern des Romans in dieser Hinsicht zählen Poes »Maske des Roten Todes«, Shirley Jacksons *The Haunting of Hill House* und

Don Siegels SF-Horror-Film *Invasion of the Body Snatchers* [Die Dämonischen/Invasion der Körperfresser, 1956]) mit einer geschickt implizierten sozialpsychologischen Kritik an den USA der Nachkriegszeit verbindet. (Jacks außersinnliche Visionen im Roman versetzen ihn auf ein Maskenfest im Overlook am 29. August 1945 zurück; im Film ist es ein Ball in den 20er Jahren.) In diesem Kontext wird Jacks Geschichte symptomatisch für den Rückzug der USA aus der Konfrontation des Kalten Krieges in ein geistiges Klima des apokalyptischen Narzißmus und der ethischen Verweigerung. Wie ein gesichtsloser, allgegenwärtiger kafkaesker Staat bemächtigt sich das Overlook Jacks Seele und verpflichtet ihn als seinen lebenslänglichen Hausverwalter und offiziellen Biographen. Er verliert das Interesse am menschlichen Aspekt seiner eigenen Schriftstellerei (z. B. beginnt er die Figuren seines unvollendeten Stücks zu hassen) und an den Bindungen zu seiner Familie, wodurch er eigentlich zum Alter ego seines Autors King wird, dessen Zuneigung zu den von ihm geschaffenen Charakteren es ihm nur erlaubt, am Ende der Geschichte Jack Torrance und die Geister des Overlook umkommen zu lassen. Während er die Geschichte des Hotels in einer Sammlung von Zeitungsausschnitten nachliest, wird Jack nicht nur von der dämonischen Vergangenheit des Hauses eingeholt, sondern ruft mit seinem Wahnsinn selbst die Geister des Overlook und eine persönliche Erblast seines Vaters herauf. Thematisch deutet King mit dieser symbiotischen Lebensgemeinschaft zwischen Mensch und Hotel die heimliche Sehnsucht Amerikas nach einer Flucht in die Zeitlosigkeit an (ähnlich dem immerwährenden Fest der tausend Auserwählten in Poes Geschichte), in der die komplexen Anforderungen der sogenannten Kernfamilie und die moralische Verantwortlichkeit des Einzelnen von einem unreflektierten Glauben an den Sinn technokratischer »Arbeit« (Jacks obsessives Pflichtbewußtsein als Hotelhausmeister) und individualistischen Genießens abgelöst sind. Selbst wenn dieser Abriß seiner Tiefenstruktur den Roman »bedeutender« erscheinen läßt, als er es ist, so kann er doch belegen, daß sich Hawthornes neu-engländische Mischung aus puritanischer Arbeitsethik und Schauerromantik für die fiktive Darstellung der Seelenlage mehr als einer amerikanischen Generation nutzbar machen läßt.

Ausschlaggebend für die Spannung und den Effekt von Kings Roman ist der Konflikt zwischen der Familie und dem Monstrum, zwischen den Normen, die Jacks Erziehung ihn zu respektieren gelehrt hat, und seinem Drang, sich von dieser Hemmung zu befreien und seine verzerrte Libido auszuleben. Im Hintergrund stehen, für den Roman wie für den Film, jene schlagzeilenträchtigen Geschichten aus dem wirklichen Leben im amerikanischen Totenhaus, in denen brave Familienväter inmitten bürgerlichster Alltäglichkeit plötzlich und ohne erkennbaren Anlaß die Waffe aus dem Schrank holen und ihre Lieben (und in der Regel auch sich selbst) niedermetzeln. In Kings Version wird die Familie – der Grundpfeiler von Normalität und Ordnung – sowohl vom Vater (ihrem Schöpfer und Zerstörer) als auch vom Hotel (Amerikas jüngerer Vergangenheit) bedroht, während der Sohn auf einer allegorischen Ebene mehr als Erlöser denn als Antichrist agiert. Dannys Fähigkeit des »Shining« ermöglicht es ihm, Gedanken zu lesen (z. B. gerät er jedesmal in Panik, wenn seine Mutter an Scheidung denkt), verschwundene Gegenstände wiederzufinden und Ereignisse aus Zukunft und Vergangenheit zu »sehen«. Anfangs führt King den Leser in die Irre, indem er Danny als Satanskind und Ursache der paranormalen Vorgänge erscheinen läßt, während in Wirklichkeit das Hotel der besessene Organismus ist, der der Fähigkeiten des Jungen und des Wahnsinns von Jack nur bedarf, um ein in ihm schlummerndes Böses wieder zu erwecken. Da er selbst seine Visionen nicht immer versteht, erschafft sich Danny ein fünfzehnjähriges Alter ego namens »Tony« (im Buch lautet Dannys zweiter Vorname »Anthony«), das ihm nicht nur Dinge »zeigt« oder von ihnen »erzählt«, sondern ihm ansatzweise auch ihre Bedeutung übersetzt. Kurz vor dem Ende des Romans, als das Schicksal der Familie auf Messers Schneide steht, hat Danny eine Traumvision, in der er durch eine von Poe inspirierte Uhr im Ballsaal in ein Schattenreich nach dem Muster von Carrolls *Alice im Wunderland* stürzt, wo er endlich in »Tonys« Gesicht die verschmolzenen Gesichtszüge von sich selbst und seinem Vater erkennt. Nachdem Jack und das Hotel vernichtet und die bösen Geister durch einen explodierenden Heizungskessel ausgetrieben sind, löst der Roman diese Vater/Sohn-Doppelung nicht völlig auf, sondern deutet an, daß das väterliche Erbe in irgendeinem versteckten Winkel in der Seele seines Kindes weiterlebt, während sich nach außen eine neue Familie mit Hallorann (dem schwarzen Küchenchef des Overlook) als neuem Partner für Wendy und Vater für Danny formiert.

Für Kubrick muß an Kings Roman, neben seiner handlichen Personenkonstellation und den zahlreichen Möglichkeiten, eigene symbolische und konzeptionelle Strukturen einzubringen, vor allem der formale Konflikt zwischen linearer Erzählkonvention und nichtlinearer, als »paranormal« akzeptabel gemachter Traumlogik faszinierend gewesen sein. Wie kaum anders zu erwarten, enthält sein titelgleicher Film, *The Shining* (Shining, 1980), wenig Indizien, die die Vermutung zuließen, daß Kubrick selbst an »Shinings« und seltsame Begegnungen dritter oder sonstiger Art glaubt. Statt dessen demonstriert er eine Filmästhetik, die das Genre gegen den Strich kämmt und die Erwartungen der Zuschauer im selben Augenblick auf den Kopf stellt, in dem sie sie zu erfüllen scheint. Charakteristisch ist schon, daß Kubrick zahlreiche der suprarationalen Episoden des Romans gestrichen hat – darunter etliche, die für einen konventionellen Horror-Film die visuell vielversprechendsten gewesen wären. Kubricks Konzept setzt auf die reale Oberfläche des Surrealen, an der die Regungen des Unbewußten eine plausible und empirische Gestalt gewinnen, die dem Umgang des Filmemachers mit krassen Effekten äußerste Ökonomie auferlegt. Neben dem explosiven Finale, auf das King von Anfang an hinarbeitet und vorausdeutet, hat Kubrick folgende bezeichnende Details des Romans entfallen lassen: (1) ein leeres Wespennest, das sich auf mysteriöse Weise wiederbelebt und Danny angreift; (2) einen imaginären Zoo aus zu Tiergestalten (Kaninchen, Hunde, Löwen) zugeschnittenen Hecken, die natürlich im gegebenen Moment lebendig werden und das Hotel verteidigen; (3) einen Wasserschlauch, der zu einer Schlange wird und Danny bedroht; (4) einen eigenwilligen Aufzug, der sich selbsttätig bewegt und Überbleibsel (eine Maske, Konfetti) des Balls aus dem Jahr 1945 enthält; (5) ein Roque-Spielfeld (eine Krocket-Variante, die nicht auf Gras, sondern auf einem Kiesplatz gespielt wird), von dem Jack den Schläger hat, den er im Roman als Waffe verwendet; und ein maßstabgetreues Modell des Overlook-Hotels, in dem Danny die Anwesenheit einer dämonischen Macht verspürt. Daneben haben Kubrick und seine Mitarbeiterin Diane Johnson mehrere Schlüsselepisoden des Romans mehr oder weniger einschneidend verändert. Im Buch sieht Danny in Zimmer 217 die aufgedunsene Frauenleiche in der Badewanne und, zum ersten Mal, das Wort REDRUM (die Spiegelschrift von *murder,* »Mord«) auf den Badezimmerspiegel geschrieben. Im Film, wo aus Raum 217 die Nummer 237 geworden ist, erlebt Jack Torrance im selben Badezimmer eine psychosexuelle Projektion, die ihm der Roman vorenthält. Die Gespräche Jacks mit Lloyd, dem gespenstischen Barkeeper, und mit Delbert Grady, dem früheren Hausmeister des Hotels, sind größtenteils aus dem Roman in dem Film übernommen, hier jedoch in ein authentisches Jazz-Age-Ambiente bzw. eine beunruhigende rote Herrentoilette verlegt; in beiden Fällen erweitert und kompliziert der Film die Doppelungsstrategien, die im Roman angelegt sind. Aus dem Maskenball des Buches ist eine förmliche Tanzparty geworden, von der sich herausstellt, daß sie am 4. Juli 1921 im Overlook stattfindet und bei der ein alter Schlager (»Midnight with the Stars and You«) über zwei spezifische Themen des Films, Erinnerung und Traum, gesungen wird. Am Ende schließlich erschlägt Jack Hallorann mit einer Axt (während der Koch im Roman die Attacke mit dem Roque-Schläger überlebt) und erleidet – statt der explosiven Vernichtung im Buch – einen einsamen Tod durch Erfrieren im Labyrinth, nachdem Wendy und Danny mit Hilfe einer Pistenraupe die Flucht geglückt ist.

Dies alles soll keineswegs bedeuten, daß sich der Film den ungeschriebenen Gesetzen des Genres total verweigert; allerdings verhält er sich nie unreflektiert, benutzt die Stereotypen weniger als daß er sie, oft augenzwinkernd, zitiert oder bettet die Konventionen des Grauens so realistisch und plausibel in seine Dramaturgie ein, daß sie fast unbemerkt bleiben. Gleich zu Beginn werden überreichlich und teilweise irreführend Spuren ausgelegt, die jeden horrorerfahrenen Kinogänger hellhörig machen. Der Hotelmanager Stuart Ullman (Barry Nelson) vertraut Jack (Jack Nicholson) im Einstellungsgespräch an, daß ein früherer winterlicher Hausverwalter namens Charles Grady 1970 im Overlook die Nerven verloren und erst seine Familie mit der Axt und anschließend sich selbst durch einen Schuß in den Mund umgebracht habe, worauf Jack erwidert, daß seine Frau »für Horror-Filme und Gruselgeschichten schwärmt« und das sicher faszinierend finden werde. Wir erfahren von Ullman, daß die Saison des Hotels vom 15. Mai bis zum 30. Oktober dauert (anders als im Roman), was bedeutet, daß die Familie Torrance am Traditionstag der Gespensterfolklore, nämlich an Halloween, im Overlook einzieht. Beim ersten Rundgang durch die Küche mit Hallorann (Scatman Crothers) vergleicht Wendy

(Shelly Duvall) das Hotel mit einem Labyrinth und bemerkt später, als es sich rasch zu leeren beginnt, hier sei es »wie auf einem Geisterschiff«. Auf der Anreise haben die Torrances über das Schicksal der Donner-Gruppe (ein verirrter Siedlertreck aus der Pionierzeit) und über Kannibalismus diskutiert, den Jack als notwendiges Mittel »zum Überleben« bezeichnet (Wendy will ihren Mann bitten, nicht in Gegenwart von Danny [Danny Lloyd] darüber zu sprechen, doch der Kleine hat »schon im Fernsehen davon gehört«). Während der Hotelbesichtigung am Saisonschlußtag bekommt Wendy nun von Hallorann die reichlichen Vorräte in den Kühl- und Speisekammern gezeigt, die das Thema des überlebenswichtigen Kannibalismus vom physischen auf den psychischen Sektor verlagern. In einer anderen Szene in der Küche, in der Hallorann mit Danny über das »Shining« spricht, hängen von einem Gestell im Hintergrund unheilverkündend die großen Messer, von denen Wendy eines als Verteidigungswaffe gegen Jack benutzen wird, als sie ihren wahnsinnig gewordenen Mann im Konservenlagerraum einsperrt und ihm später einen Schnitt über den Handrücken beibringt, als er sich mit der Axt Zutritt zur Hausmeisterwohnung verschafft. Große Fleischmesser in einer Hotelküche wären natürlich noch kein beunruhigender Anblick – würde Danny nicht im selben Augenblick, in dem wir sie bemerken, den Koch fragen, ob es mit dem Hotel »irgend etwas Böses« auf sich habe. Natürlich erinnert Wendys riesiges Messer auch an einen anderen Film über die amerikanische Familie und Schizophrenie (und ein Hotel), nämlich Hitchcocks *Psycho* (1960), auf den auch eine Kameraeinstellung auf eine schemenhafte nackte Gestalt hinter einem Duschvorhang in Zimmer 237 anspielen wird. Ebenfalls aus *Psycho*, wenn nicht aus *The Birds* (Die Vögel 1963) desselben Regisseurs, könnten die Anspielungen auf Vögel und eine ungreifbare, raubvogelhafte Bedrohung stammen, die in *The Shining* immer wiederkehren: Der Flug der Kamera in den Eröffnungseinstellungen des Films gleitet durch die Rocky Mountains und sticht auf Jacks gelben Volkswagen herunter wie ein geheimnisvoller Raubvogel; unwirkliche Vogelstimmen begleiten mehrere Außenaufnahmen des Overlook, und in der Penderecki-Musik, die mehreren Horrorszenen unterlegt ist, dominieren Kreischlaute, die an Vögel denken lassen; in Ullmans Büro thront auf dem Fensterbrett die Skulptur eines Adlers mit ausgebreiteten Schwingen, und Jack trägt ein grünes T-

Jack Torrance (Jack Nicholson) bei seiner Erinnerungsarbeit im Zentrum des Overlook-Labyrinths

Shirt mit dem schwarzen Adler-Emblem eines Sportklubs (»Stovington Eagles«) in der Szene, in der er im Bett frühstückt, Wendy von seinem Déjà-vu-Gefühl erzählt (er glaubt, das Hotel bereits von früher zu kennen) und spielerisch ihre Angst vor dem unheimlichen Gebäude verspottet. Ullman gibt das Gerücht weiter, das Overlook sei (in den Jahren 1907–09) über einer indianischen Begräbnisstätte errichtet worden, was uns zu der falschen Erwartung verführt, die überlebensgroßen Geistertänzer aus der Imitation eines Navajo-Sandbildes über dem Kamin in der Colorado-Halle (wo Jack an seinem »Buch« arbeitet) könnten zum Leben erwachen und die Familie Torrance heimsuchen. Eine zutreffende Vorausdeutung findet abermals in der Küche statt, als Wendy beim Zubereiten des Abendessens die Fernsehnachrichten aus Denver sieht, in denen von der Verurteilung eines Mörders zu »Lebenslänglich« (eine verhüllte Anspielung auf Jacks Sehnsucht, der unsterblichen Gemeinschaft des Overlook anzugehören), von einer »Frau aus Aspen«, die »auf einem Jagdausflug mit ihrem Mann« vermißt wird, und von dem Schneesturm die Rede ist, der wenig später das Hotel einschneien und während Jacks Wandlung zu einer mörderischen Bestie von der Außenwelt isoliert wird.[*]

Bei Jacks Amoklauf mit der Axt durch das Hotel und das verschneite Labyrinth (dessen Hecken ominöse *dreizehn* Fuß hoch sind) erinnern sein übertriebenes Hinken und Fuß-Nachziehen (die Folgen eines Treppensturzes) an all die verkrüppelten und buckligen Kinomonster der 30er Jahre, und auch Wendys Visionen von Spinnweben und Skeletten (darunter den kurios-komischen Überresten von Delbert Grady, der seinen »Gästen« aus einer Schüssel serviert) zitieren einen der bärtigsten Schauereffekte, den das Genre zu bieten hat.

Trotz oder vielleicht auch wegen solcher gelegentlichen Rückgriffe auf Vertrautes stellt Kubricks Film eine Herausforderung an die Erwartungen und die Integrationsfähigkeit des Publikums dar, die Kings Roman seinen Lesern erspart. Zu Beginn der Handlung entwickelt Kubrick Jacks Charakter aus einer scheinbar objektiven Perspektive – mit Ausnahme der einen Visionsszene, in der sich Wendy und Danny im Heckenlabyrinth außerhalb des Hotels befinden und Jack vor dem Modell des Labyrinths in der Hotellobby steht und plötzlich – in einer langsam heranfahrenden subjektiven Zoom-Einstellung – die winzigen, individuellen Schatten werfenden und sich bewegenden Figuren seiner Frau und seines Sohnes im Modellabyrinth sieht. Vor seiner ersten Unterhaltung mit Lloyd, dem mephistophelischen Barkeeper (dargestellt von Joe Turkel), bleibt Jacks Innenleben – ganz im Gegensatz zum Roman – weitgehend unerklärt, soweit das Publikum nicht via Dannys Subjektivität und anderer

---

[*] Die vorliegende Analyse von *The Shining* bezieht sich auf die ursprüngliche, 144minütige Fassung, die in den USA gezeigt wurde. In einer von Kubrick für den europäischen Markt vorgenommenen Kürzung auf 119 Minuten, die auch der deutschen Fassung zugrunde liegt, ist die hier geschilderte Küchenszene nicht mehr enthalten. Weitere Kürzungen betreffen einige der gliedernden Zwischentitel; ein Gespräch zwischen Wendy und einer Kinderärztin vor der Abreise der Familie aus Boulder, in dem eine frühere Verletzung Dannys durch seinen Vater zur Sprache kommt; einige retardierende Momente bei Halloranns Reise von Miami zum Overlook; eine Frühstücksszene zwischen Wendy und Danny am Morgen nach seinem Schockerlebnis in Zimmer 237, in der »Danny nicht mehr da ist« und nur noch »Tony« spricht; und einige Horrorvisionen Wendys im dramatischen Finale. Eine ca. zweiminütige Schlußszene, in der Wendy nach ihrer geglückten Flucht von Ullman im Krankenhaus besucht wird, hatte Kubrick bereits nach einer Voraufführung des Films gestrichen. Ein detaillierter Vergleich der verschiedenen Fassungen findet sich im Londoner *Monthly Film Bulletin*, November 1980. (Anm. d. Übers.)

versteckter Signale seine eigenen visionären Schlüsse zieht. Folgende Fährten sind ausgelegt:

1. Durch Dannys imaginären Freund »Tony« (eine Stimme, die in seinem Mund wohnt und sich in seinem Magen versteckt) und seine »Shinings« – die Blutwoge aus dem Aufzugsschacht, die beiden Grady-Töchter, Hand in Hand vor der Kamera stehend, und REDRUM – visualisiert der Film nicht nur drei austauschbare Horrorbilder, sondern deutet (optisch und akustisch) spezifische Inhalte von Jacks Unbewußtem und dessen dämonische Reinkarnation im »kollektiven Unbewußten« des Hotels an.

2. Die Grady-Töchter, die wie Zwillinge aussehen, aber in Wahrheit zwei kleine Doppelgängerinnen sind (ihr Alter von 8 bzw. 10 Jahren wird im Einstellungsgespräch von Ullman erwähnt), stellen die Verbindung zwischen Jack und dem früheren Hausverwalter (Charles Grady) her, der seine Familie 1970 mit der Axt niedermachte (in einer blutigen Vision sieht Danny die Leichen der beiden Mädchen und die Axt in einem Korridor des Hotels liegen); der Blutschwall, der sich aus den Aufzugstüren ergießt, erscheint Danny zum erstenmal durch einen Badezimmerspiegel in der Wohnung in Boulder, unmittelbar nachdem ihm »Tony« erzählt hat, daß Jack die Stelle bekommen hat und im nächsten Augenblick Wendy anrufen wird.

3. Im weiteren Verlauf erscheinen sowohl die Blutschwall Vision als auch REDRUM als parallel einmontierte »Shinings« immer dann, wenn Danny auf eine neue Eskalation im Wahnsinn seines Vaters mit Angst reagiert (z. B., als Jack nach Wendys Vorschlag, das Hotel zu verlassen, einen Wutanfall bekommt oder während der Szene, in der sich Wendy ihres mordlüsternen Mannes mit einem Baseballschläger zu erwehren versucht).

4. Das dicke, altertümlich aussehende Buch mit Zeitungsausschnitten, die das Hotel betreffen – ein entscheidendes, langwierig eingeführtes und immer wieder verwendetes Requisit des Romans –, wird im Film nicht nur als dramaturgisches Vehikel, sondern auch als assoziatives Bildsymbol verwendet: Beispielsweise beginnt Jack erst mit der Arbeit an seinem eigenen »Buch«, nachdem das Ausschnittbuch zum erstenmal auf dem Tisch neben seiner Schreibmaschine aufgetaucht ist; in einer Weitwinkeleinstellung in der Szene, in der Jack erstmals zornig auf Wendys Unterbrechung seiner Arbeit reagiert (»Hör mir mal gut zu: Wenn ich hier sitze, und du hörst mich tippen, auch wenn du mich nicht tippen hörst, verdammt noch mal, egal, was

du hörst oder nicht hörst, wenn ich hier drinnen sitze, bedeutet das, daß ich arbeite und nicht gestört werden will – ist das einigermaßen einleuchtend?«), sehen wir die Ausschnittsammlung unscharf im Vordergrund liegen, was den Schluß zuläßt, daß sein obsessives und einsames Tippen (er reißt das Papier aus der Maschine, sobald Wendy den Raum betritt), seine Gefühlsausbrüche und seine Abwesenheitszustände mit der Entdeckung der heimlichen Vergangenheit des Overlook zu tun haben.

5. Mit seinen eingeklebten Zeitungsspalten wird das Ausschnittbuch nicht nur zu einer inhaltlichen, sondern auch zu einer visuellen Entsprechung für das Labyrinth.

6. Bei seiner späteren Konfrontation mit Delbert Grady (Philip Stone) in der roten Herrentoilette des Goldenen Salons behauptet Jack, ihn aufgrund von Zeitungsfotos (aus dem Ausschnittbuch) wiederzuerkennen. Mit dieser Szene erzeugt Kubrick eine zusätzliche Doppelung, die sich bei King nicht findet: im Film gibt es nicht nur zwei Grady-Töchter, sondern auch zwei Väter namens Grady – *Delbert,* einen Kellner auf der Party von 1921, der von seiner Frau und seinen Töchtern erzählt, daß sie sich irgendwo im Hotel befinden, und *Charles,* den Hausverwalter, der sich selbst und seine Familie im Winter 1970 umgebracht hat.

7. Die verschiedenen Doppelungen implizieren, daß es auch *zwei* Jack Torrances gibt – den einen, der in der Gegenwart den Verstand verliert und im Labyrinth erfriert; und den anderen, der aus dem Gruppenfoto aus dem Jahr 1921 herauslächelt, das an der Wand des Goldenen Korridors im Overlook-Hotel hängt.

An die Stelle der Heckentiere, des Miniaturhotels und des Roque-Platzes aus dem Roman tritt im Film das Heckenlabyrinth (im Drehbuch mit einer Seitenlänge von 100 yards [91 Meter], in der tatsächlichen Ausführung auf dem Studiogelände von Elstree etwas kleiner), das zu einem Sinnbild von Jacks Verwirrung und zu einem formalen Modell für den Film wird.[5] Wie im Schachspiel verbinden sich auch im Labyrinth Plan und Fehler, Konstruktion und Täuschung, Freiheit und Zwang, Zufall und Notwendigkeit – Gegensatzpaare, die in fast jedem Kubrick-Film eine Rolle spielen. Labyrinthe sind höchst artifizielle menschliche Kulturprodukte, deren ebenso einfache wie komplexe Bestimmung ein zweigleisiges und gegenläufiges Doppelspiel bedingt: zum einen kommt es darauf an, das Zentrum in der Mitte zu *suchen;* zum anderen muß man sich dabei an den Rückweg ins Freie *erinnern.* Insofern verkörpert das Labyrinth die Widersprüche zwischen einer Bewegung nach innen (»reine«, nicht vom Leben verseuchte, formalistische Kunst, »Elfenbeinturm«) und einer Flucht nach außen (Chaos, Unendlichkeit, Kontingenz). In den Fiktionen von Jorge Luis Borges finden sich beispielsweise häufig Figuren, die nach einem »Zentrum« ihrer Existenz suchen, nur um dabei zu entdecken, daß das Leben keine Essenz hat, sondern in der labyrinthisch ineinandergewebten Vielfalt der Überschneidungen zwischen objektiven und subjektiven Welten besteht.[6] Bereits das Schloß in *Paths of Glory* gleicht einem Labyrinth (Türen und verwinkelte Korridore, entworfene Form aus der Entfernung und Verwirrung im Inneren), in dem sich nur General Broulard mit einiger Entschiedenheit bewegt, doch selbst er steht in Beziehung zu unsichtbar bleibenden äußeren Mächten. Weitaus häufiger läßt Kubrick seine Figuren in den seelischen Labyrinthen ihrer Ambitionen und Begierden scheitern: Davy Gordons romantische Leidenschaft für ein Taxi-Girl wird von den obskuren Objekten seiner Begierde und den Täuschungsmanövern Rapallos verwirrt, während sowohl Humbert als auch Barry Lyndon das »Zentrum« ihrer jeweiligen Suche – das Nymphchen bzw. Reichtum und Würden – für kurze Zeit erreichen, nur um dort festzustellen, daß es einem leeren Raum ohne Türen gleicht. In *The Shining* wird das Konzept des Labyrinths sowohl thematisch als auch ästhetisch (d. h. sowohl auf der Leinwand als auch zwischen Leinwand und Publikum) nutzbar gemacht. Es übersetzt nicht nur Jacks Wahnsinn (das Unbewußte als Labyrinth, in dem sich das Bewußtsein verirrt), sondern inspiriert auch den Grundriß und das Dekor des Hotels (selbst das Teppichmuster vor Zimmer 237 gleicht einem Labyrinth) sowie die Ereignisse, die sich dort abspielen; als wäre dies noch nicht genug, enthält der Film darüber hinaus ein Labyrinth im Labyrinth (das Modell im Inneren des Hotels), das das »eigentliche« Labyrinth von draußen verdoppelt. Bezeichnenderweise zieht es Jack vor, im Hotellabyrinth zu bleiben statt die Umgebung zu erkunden (nach der Besichtigungstour am Saisonschlußtag sehen wir ihn bis zum Finale im verschneiten Heckenlabyrinth kein einziges Mal außerhalb des Hauses). Wie ein wahnsinniger Gott sitzt er im Zentrum dessen, was ihm mit zunehmendem Recht als seine Schöpfung erscheinen muß, und arbeitet an seinem Buch des

Vergessens: Symbolisch möchte er sich selbst, den Jack Torrance der Gegenwart, auslöschen und sich nicht an den Ausweg aus dem Labyrinth, sondern an die Beherrschung seiner hermetischen Zeitlosigkeit »erinnern«. Im Gegensatz dazu werden sowohl Wendy als auch Danny im Film stets mit äußeren Welten, mit Unbestimmtheit und Bewegung im Freien, assoziiert, was von Anfang an darauf hindeutet, daß sie die Suche nach dem Ausweg aus dem Labyrinth aufnehmen und Jacks Wahnsinn entweder entkommen oder, falls ihre Erinnerung versagt, mit dem Rücken an der Wand einer Sackgasse stehen werden. Stets sehen wir Wendy und Danny in aktiver Auseinandersetzung mit den Labyrinthen, die sie schon bald zu beherrschen lernen: Bereits bei der ersten Führung durch die Küche spricht Wendy – die Mutter als Märchen- und Archetypenkennerin – davon, »Brotkrumen zu streuen«, und Danny wird wenig später bei einer Rundfahrt mit seinem Dreirad gezeigt, die ihn durch alle Korridore rund um die Colorado-Halle führt, wo Jack unbeweglich in seinem Zentrum sitzt; später erforschen Wendy und Danny das Heckenlabyrinth und vollenden damit eine symbolische Welterkundung, die den inneren und den äußeren Raum, das Eindringen in den Bereich des Kalküls und die Rückkehr in die unkalkulierbare Vielfalt der Wirklichkeit umfaßt. Jack imitiert demgegenüber, was bei Borges der »Tod-im-Leben« des »Nordens« (d. h. des nordeuropäisch geprägten Intellektualismus) genannt wird: die Sehnsucht nach einer durchrationalisierten Welt ohne jene Abgründe des nicht mehr Verstehbaren, die bei einigen Verzweiflung auslösen und bei anderen ein Gefühl der Befreiung. Jack stirbt bei Kubrick einen Tod durch Vereisung (und nicht durch Feuer wie bei King), weil er diesem »Norden« angehört und nicht einem »Süden«, der das Labyrinth durchquert und die Irrwege, Risiken und Zufälligkeiten dieses Prozesses als schöpferisch begreift. Im Zentrum zu verharren und sein Buch dort schreiben zu wollen kann nur zu der Stasis führen, die sich an Jacks Text erweisen wird und die nicht nur zum Tod, sondern auch in den Wahnsinn führt.

Innerhalb der labyrinthischen Anlage von *The Shining* entfaltet Kubrick eine Reihe von Doppelungs- und Spiegeleffekten, die weit über den zugrundeliegenden Roman hinausgehen. Das Risiko des Irrwegs akzeptierend, müssen wir uns zunächst einen Überblick über das Vorhandene verschaffen, ehe wir uns dessen möglicher Bedeutung zuwenden können. Neben den schon re-

Das Einstellungsgespräch (Barry Dennen, Barry Nelson, Jack Nicholson)

sümierten Figuren-Doppelungen fallen folgende versteckte Polarisierungen auf:

1. Jacks Einstellungsgespräch mit Ullman (von dessen routinierter Freundlichkeit sich Jacks gezwungen wirkende Nonchalance deutlich abhebt) hat eine Parallele in Wendys Gespräch mit einer Ärztin (Anne Jackson), deren professionelle Mütterlichkeit schockiert auf die beiläufig, aber mit leichtem Zögern gegebene Erklärung für eine alte Verletzung (eine ausgerenkte Schulter) reagiert, die Danny von seinem betrunkenen Vater zugefügt worden war.

2. Beim Einstellungsgespräch leistet Jack und Ullman ein Hotelangestellter namens Bill Watson (Barry Dennen) Gesellschaft, dessen einzige Funktion in der Vervollständigung der symmetrischen Bildkomposition und in einer gewissen äußerlichen Ähnlichkeit mit Jack zu bestehen scheint (beide sitzen sich im Bildvordergrund schräg und spiegelgleich gegenüber, während der Hotelmanager die Mitte einnimmt); bei der Hotelbesichtigung am Saisonschlußtag komplettiert Watson abermals

eine Paarung von zwei mal zwei Figuren (Ullman, Wendy, Jack, Watson), die im Gänsemarsch durch die Colorado-Halle und am Heckenlabyrinth vorbei zum Geräteschuppen mit der Pistenraupe gehen, wo sie sich in zwei Paare (Wendy und Watson links, Jack und Ullman rechts) auflösen.

3. Interessanterweise entspricht diese Vierergruppe den vier gemalten Figuren im imaginären Kreis des Navajo-Sandbildes über dem Kamin, wobei Jack und Wendy die privilegierte Position im »Zentrum« einnehmen und von Ullman und Watson flankiert werden.

4. Zweimal ist Ullman bei der Verabschiedung von jeweils *zwei* weiblichen Hotelangestellten zu sehen; als die Torrance-Familie gerade zu ihrer Wohnung geführt wird, blickt Jack einem dieser Mädchenpaare mit unverhohlenem sexuellen Interesse nach.

5. In der Küche bekommt Wendy von Hallorann die Fleischvorräte in der Tiefkühlkammer und einen Lagerraum für Vollkonserven gezeigt, jedoch keinerlei Lebensmittel, die dazwischenfallen (Milch, Eier, Butter usw.). Auch die verschiedenen Wetterberichte betonen Extreme, so in der Nachrichtensendung aus Denver, die Wendy beim Kochen verfolgt, und in den TV-Nachrichten, die Hallorann in seinem Schlafzimmer in Miami sieht (dort ist vom Zusammentreffen einer Hitzewelle in Florida mit einem Wintereinbruch in den Rocky Mountains die Rede). Dementsprechend sehen Wendy und Danny im Fernsehen den Film *Summer of '42* (Frühling einen Sommer lang, Robert Mulligan, 1971), während draußen ein winterlicher Schneesturm tobt, und Jack wird mitten im Winter auf den Ball zurückversetzt, der im *Juli* 1921 stattfand.

6. In Halloranns Zimmer in Miami sind zwei gegenüberliegende (einander spiegelnde) Wände mit jeweils einem schwarzen Pin-up-Girl dekoriert; wir sehen diese Symmetrie unmittelbar bevor Hallorann ein »Shining« erlebt, das zwischen Dannys und Jacks getrennten Besuchen in Raum 237 stattfindet.

7. Das grüne Badezimmer von Raum 237 wird von zwei Versionen derselben nackten Frau bevölkert; die eine ist eine aufgedunsene alte Vettel/Wasserleiche, die sich offensichtlich aus der Wanne erhebt, um Danny zu strangulieren; die andere eine erotisch lockende Sirene, die Jack »verführt« und sich dabei plötzlich wieder in die halbverfaulte und lachende Alte zurückverwandelt.

8. Dannys Visionen übersetzen Inhalte von Jacks Unbewußtem, stehen mit ihren Horrorbildern jedoch gleichzeitig in Kontrast zu Jacks eigenen Visionen aus der Vergangenheit des Hotels, die nicht blutig, sondern nostalgisch sind. Auch Dannys Beziehung zu Comic-Figuren und Kuscheltieren (in einer Einstellung ganz zu Anfang sehen wir sein Gesicht neben dem eines Teddybär-Kissens) nimmt Jacks groteske Metamorphose am Ende vorweg (wo er sich selbst als »Großen Bösen Wolf« bezeichnet, der die »kleinen Schweinchen« holen kommt).

9. Jack selbst hat zwei Visionsszenen, eine mit jedem seiner beiden Doppelgänger im Overlook, nämlich dem Barmixer Lloyd (einem Amerikaner), und Delbert Grady (den sein Akzent als Engländer preisgibt).

10. Der Film zeigt insgesamt *vier* »Badezimmer«, von denen zwei mit der Familie Torrance *und* mit Bildern des Mordens assoziiert sind (in der Wohnung in Boulder durch Dannys Blutschwall-Vision, im Overlook durch Jacks Axt), während die beiden anderen (das grüne und die rote Herrentoilette) mit Jacks Regression in den Wahnsinn und in die Vergangenheit des Hotels korrespondieren.

11. Der Film enthält nicht nur *zwei* buchstäbliche Labyrinthe (das Heckenlabyrinth außen und das Modell innen), sondern auch das metaphorische Labyrinth des Hotels, das wiederum in *zwei* Teile zerfällt, einen alten (Vergangenheit) und einen renovierten (Gegenwart); die schon ziemlich heruntergekommene Wohnung der Familie Torrance liegt im Angestelltenflügel im »alten« Teil, wo sich auch der Flur (mit einem abgetretenen blauen Teppich und verblichenen gelben Tapeten) befindet, in dem die Grady-Töchter ermordet wurden; demgegenüber ist die »öffentliche« Hälfte des Hotels in einer Mischung aus »modernen« Design-Elementen, authentischer und imitierter Indianerfolklore und labyrinthischen Mustern (z. B. auf dem Teppichboden vor Zimmer 237) gehalten; vom Goldenen Salon mit seinen goldfarbenen Tapeten und Dekorationen, grünen Stühlen und rotvioletten Polstermöbeln erwähnt Ullman ausdrücklich, daß er erst kürzlich renoviert worden sei.

12. Zu guter Letzt spielen Spiegel in einer Vielzahl von Szenen an verschiedenen Schauplätzen eine wichtige Rolle, so in den vier Badezimmern; im Schlafzimmer von Wendy und Jack im Overlook (wo der Spiegel den auf dem Bett sitzenden Jack schizophren verdoppelt und später Dannys REꓷЯUM in MURDER

[»Mord«] verwandelt); in der Diele der Torrance-Wohnung (wo Jack bei seiner Rückkehr aus Zimmer 237 zuerst im Spiegel erscheint); in Halloranns Schlafzimmer in Miami; an der Wand des Korridors, der zum Goldenen Salon führt (vor beiden seiner »Shinings« im Goldenen Salon sehen wir Jacks Reflexion in den Korridorspiegeln); hinter der Bar im Salon; und unmittelbar hinter der Tür in Zimmer 237.

Mit der möglichen Ausnahme von *2001* enthält kein Kubrick-Film vor *The Shining* eine ähnliche Fülle von potentiell bedeutungsvollen Details oder lädt zu derart vielen Spekulationen ein (wobei der naheliegende Vorwurf der Beliebigkeit schon damit zu relativieren ist, daß das gesamte Overlook-Hotel des Films im Studio aufgebaut, jedes Ausstattungsdetail also *ausgewählt* wurde – sei es bewußt oder unbewußt). Man muß den Film mehrere Male sehen, ehe er seine Geheimnisse preiszugeben beginnt, und obwohl sich das Puzzlespiel seines Labyrinths zu verschiedenen Deutungsmustern zusammenlegen läßt, bleiben immer Bausteine übrig, die die Vermutung zulassen, daß noch etwas mehr dahintersteckt. Wie Bowman in seinem Erinnerungsraum haben wir das (persönliche und filmische) Déjà-vu-Gefühl, uns in einer vertrauten Umgebung zu befinden, die jedoch aus den gewohnten Koordinaten von Raum und Zeit weit genug verschoben ist, um neue Beobachtungen oder auch nur Spekulationen zu erlauben.

In dieser Hinsicht haben Kubricks Filme schon immer vom »Shining« gehandelt, von den Schwierigkeiten des *Sehens,* der inspirierten Erkenntnis und Auswahl dessen, was für die Schöpfung des Künstlers oder das analytische Verständnis dieser Schöpfung von Bedeutung ist.

Die erzählerische Struktur von *The Shining* entwickelt sich mit dem Abstieg des Films aus einer geordneten und linearen Welt der Zeit in die Regressionen der Erinnerung und das Labyrinth eines bedrängten Bewußtseins. In vieler Hinsicht ähnelt sie einer Version von *2001,* in der Bowman am Ende nicht in die Offenheit des Alls versetzt wird, sondern sich ganz in die tödliche Starre seines Erinnerungsraums zurückzieht. Die Zwischentitel auf schwarzem Untergrund, durch die Kubrick seinen Film gliedert, betonen den zeitlichen Verlauf und geben keine Aufschlüsse über den Raum, wie der folgende Abriß der äußeren Struktur des Films zeigt:

Man sieht, wie sich die Folge der Ereignisse von Monaten zu Tagen zu Stunden beschleunigt und in einem Prozeß der Reduktion und der Intensivierung auf den Punkt in der Zeit zustrebt,
an dem der Wahnsinn aus den Fesseln der Rationalität befreit
wird. Wie schon so oft in seinen Filmen unterminiert Kubrick
das Vertrauen des Publikums in eine kausale Ordnung der Dinge, indem er den Anschein dieser Ordnung – hier die realistische
Alltäglichkeit der Exposition (Teil 1 unseres Schemas) – in eine
ferne Erinnerung verwandelt, die so illusionär scheint wie Jacks
wahnhafte Suche nach der Unsterblichkeit im Tod. Auch hinter

*Jack Torrance (Jack Nicholson) bei seiner Erinnerungsarbeit im Zentrum
des Overlook-Labyrinths*

der Folge der Zwischentitel im zweiten und dritten Teil mit ihrer Beschleunigung auf das Ende zu verbirgt sich mehr als nur konventionelle Spannungsdramaturgie: Zum einen verspotten die Titel mit ihren scheinbar exakten und bedeutungsvollen, in Wirklichkeit aber zufälligen und unbestimmten Zeitangaben unsere Sehnsucht nach Ordnung und Überschaubarkeit; zum anderen scheinen sie untergründig von den zwanghaften Doppelungen und Polarisierungen gesteuert, mit denen der Film auf die beunruhigenden Doppelgänger-Erfahrungen seiner Hauptfiguren reagiert (die Progression der Wochentage – Dienstag, Donnerstag, Samstag usw. – erfaßt jeden *zweiten* Tag, und die achte Vormittagsstunde *halbiert* sich zur vierten Stunde nachmittags). Auch in der Tiefenstruktur des Filmes finden sich zeitliche Unklarheiten und Mehrdeutigkeiten, die den Zuschauer desorientieren: Wendy berichtet der Ärztin, daß »Tony« zur selben Zeit erstmals auftauchte, als Jack seinem Sohn in einem Wutanfall in alkoholisiertem Zustand die Schulter ausrenkte. Wie wir später – in Jacks erstem Gespräch mit Lloyd – erfahren werden, liegt dieser Vorfall *drei Jahre* zurück. Wendy jedoch übersieht nicht nur den Zusammenhang zwischen der Gewalttätigkeit ihres Mannes und dem Auftauchen von »Tony«, sondern zeigt sich gegenüber der Ärztin auch deshalb beunruhigt, weil Jack nun schon seit *fünf Monaten* keinen Alkohol mehr angerührt habe. Unser Schluß, daß das Fehlverhalten unter Alkoholeinfluß der Anlaß zum Einstellen des Trinkens gewesen sein und der Vorfall mit der Schulter deshalb ebenfalls ca. fünf Monate zurückliegen müsse, wird erst in der viel späteren Szene zwischen Jack und dem Barkeeper widerlegt, die sich jedoch ihrerseits in ihrem Realitätsgehalt und ihrer zeitlichen Relation zu den übrigen Ereignissen der Handlung kaum einordnen läßt: Wahrscheinlich wird man sie zunächst als wahnhafte Projektion Jacks, also als psychische Realität, verstehen, um am Ende des Films rückblickend zu erkennen, daß es sich um ein paranormales Ereignis gehandelt haben muß, bei dem die Frage, ob es 1921 oder in der Gegenwart spielt, nichts mehr zur Klärung der zeitlichen Strukturen des Films beitragen kann. Je stärker die Zeit durch die scheinbare Autorität der Zwischentitel komprimiert wird, desto mehr weitet sie sich in Wahrheit aus und führt die rationalen Versuche ihrer Gliederung ad absurdum.

In den Einstellungen der Titelsequenz bewegt sich die Kamera mit der Leichtigkeit eines Vogels und der Geschwindigkeit einer

Maschine durch die Gebirgslandschaft der Rocky Mountains (gedreht von einem zweiten Team im Glacier-Nationalpark in Montana). Unten windet sich Jacks gelber VW-Käfer auf einer schmalen Straße durch ein von Bäumen gesäumtes Labyrinth (speziell in der zweiten Einstellung) und ähnelt dabei Dannys Spielzeugautos und dem gelben Tennisball auf den labyrinthischen Mustern (in Braun und Orange mit einem *roten* Zentrum) des Teppichbodens vor Zimmer 237, den eine spätere Einstellung aus der Vogelschau zeigen wird. Die schwerelose Kamera vermittelt das Gefühl der dreidimensionalen Bewegungsfreiheit des Raumes, eine ambivalente Assoziation an Sternentore *(2001)* oder Weltuntergangsflüge *(Dr. Strangelove),* während die Titelmusik (von Wendy Carlos und Rachel Elkind) den gregorianischen Totenhymnus des *Dies Irae* zitiert und auf die Welt der Korridore und zweidimensionalen Labyrinthe vorbereitet, aus denen keine Kameraeinstellung mehr nach oben in die Freiheit des Raums blicken wird. Der erste Teil kartiert dieses Gelände mit irreführender Übersichtlichkeit. Das Einstellungsgespräch zwischen Ullman und Jack läuft als entspannte Folge von Frage und Antwort, Erklärung und Bestätigung ab – das Musterbild eines rationalen Diskurses zwischen vernünftigen Menschen. Ullman »erklärt« die Aufgaben des Hausmeisters und daß sie »keine übermäßige Arbeit« bedeuten, sondern allenfalls durch die monatelange Isolation zu seelischen Belastungen führen könnten (»Trapperfieber«). Jack lächelt und bemüht sich, die lockere Selbstsicherheit auszustrahlen, die bei Bewerbungen zum Erfolg führt, obwohl seine Aufmerksamkeit gespannt und wie ein leichter Trancezustand zu wirken beginnt, als der Hotelmanager mit ebenso lächelnder Leutseligkeit die Geschichte jenes früheren Hausmeisters anfügt, der »einen vollkommen normalen Eindruck« machte, aber seine Familie nichtsdestoweniger mit einer Axt erschlug und »die Leichen schön ordentlich in einem Zimmer im Westflügel aufstapelte«, ehe er sich mit einer Schrotflinte in den Mund schoß. Natürlich hat Ullman eine perfekt plausible und beruhigende Erklärung für diese drastische Abweichung vom normalen Verhalten zur Hand (»eine klaustrophobische Reaktion«), während uns Jacks offensichtliches Interesse (als würde einer seiner eigenen Alpträume erzählt) und sein allzu eilfertig demonstriertes Verständnis bereits darauf vorbereiten, daß der Film seinen Wahnsinn wesentlich komplexer definieren wird. Am Ende der Handlung wird die Grady-Geschichte eine zusätzliche Bedeutung dadurch angenommen haben, daß sie nicht nur auf Jacks Schicksal vorausdeutet, sondern auch ein Doppelungsmuster ausfüllt, das dem zwischen Jack und der lächelnden Figur auf dem Foto von 1921 entspricht (so wie Jack einen Doppelgänger in Gestalt seiner 1921-Persona hat, war Charles Grady mit seinem Alter ego Delbert konfrontiert). Doch alle diese späteren Zusammenhänge wirken im Kontext der Exposition so unwirklich, als gehörten sie zu einer anderen Welt. Die latente Gesprächsstruktur aller Szenen des ersten Teils, die den Eindruck erweckt, als wäre kein Problem unbenennbar und damit nicht potentiell lösbar, erinnert an den *cinéma-vérité*-ähnlichen Realismus gewisser Psychodramen von Truffaut (z. B. *Les quatre cent coups* [Sie küßten und sie schlugen ihn, 1959] oder Ingmar Bergman *(Scener ur ett aektenskap* [Szenen einer Ehe, 1974], *Ansikte mot ansikte* [Von Angesicht zu Angesicht, 1975]). Ist es Imitation oder Parodie? Nicht nur im Einstellungsgespräch, sondern auch bei allen weiteren Gesprächsszenen des ersten Teils (zwischen Wendy und der Ärztin, Jack und Wendy im Wagen, Danny und Hallorann in der Küche) unterhöhlt Kubrick die filmische Normalität mit etwas Beunruhigenderem als nur Dannys genrekonformen Horrorvisionen. Alle Charaktere haben – auf die alltäglichste, selbstverständlichste Weise – von einer Vergangenheit aus Horror und Brutalität zu berichten, vor deren Hintergrund Ullmans geordnete und beherrschte Welt fast als unnormal und jedenfalls als gefährdeter erscheint, als er selbst es wahrhaben will. Charles Gradys Massaker und Selbstmord, Jacks frühere Gewalttätigkeit gegenüber seinem Sohn, der Kannibalismus der Donner-Gruppe und die Gefahren in Raum 237 sowie weitere »Dinge, die nicht alle gut sind« aus Halloranns Gespräch mit Danny über die Vergangenheit des Overlook vermischen sich untrennbar mit dem Small Talk über die bevorstehende »gute Zeit« im Hotel, über mögliche »neue Freunde« für Danny, über das »neue Manuskript«, das Jack in der Abgeschiedenheit schreiben will und über den »neuen Anfang« für die ganze Familie Torrance. Dannys tatsächliche neue Freunde werden zwei tote Mädchen sein, die ihn bitten, mit ihnen zu spielen »für immer und immer und immer«, während sich Jacks »gute Zeit« als denkbar schlechter Trip in die Vergangenheit entpuppen wird, der das »neue Manuskript« in einen Stapel von Papier verwandelt, auf dem sich nur noch ein einziger zwanghaft wiederholter

Gedanke findet. Wirklich bedeutungsvoll waren am Ende des Films nicht die alles erklärenden Gespräche des Anfangs, sondern die unerklärlichen Unterhaltungen der Seele mit ihren düsteren, aber kaum noch imaginären Freunden.

Die zeitliche Desorientierung und inhaltliche Doppelbödigkeit der frühen Szenen wiederholt sich bei der Hotelbesichtigung am Saisonschlußtag auch in der räumlichen Organisation des Films. Wie das Einstellungsgespräch dient diese Führung innerhalb der Exposition dazu, einen Überblick über Schauplatz und Voraussetzungen der Handlung zu geben. Und abermals wird unter dem Vorwand des Erklärens eine Verwirrung gestiftet, die tiefer reicht als Dannys Vision der Grady-Töchter im Speisesaal des Hotels oder die verständliche Tendenz des Publikums, nach ersten Anzeichen zukünftigen Horrors Ausschau zu halten. Natürlich zeigt uns der Rundgang die meisten der Schauplätze und Objekte, die für die spätere Handlung von Wichtigkeit sein werden; gleichzeitig vermeidet er es jedoch, uns einen Überblick über das Ganze zu gewähren. Wo befindet sich beispielsweise die Colorado-Halle in Relation zur Küche? Oder zum Goldenen Salon? Oder Zimmer 237 oder der Hausmeisterwohnung?* Wie

---

* Natürlich wird es nach mehrmaligen Sehen des Films leichter möglich, Kubricks Labyrinth vor dem geistigen Auge zu rekonstruieren und die Parallelen, Assoziationen und Wiederholungen im Zusammenspiel von Schauplätzen und Aktionen zu verstehen. Hier eine Kurzführung ohne Verwirrspiele:

1. Die Hotellobby mit der Rezeptionstheke, die dahinterliegende Küche, der Goldene Korridor und der Goldene Salon nehmen das *Erdgeschoß* des Overlook ein; das Modellabyrinth steht auf einem Tisch vor der Fensterfront gegenüber Ullmans Büro in der Lobby und erscheint im Hintergrund mehrerer Szenen (z. B. bei Jacks Ankunft; als er Wendy anruft, um ihr zu sagen, daß er die Stelle bekommen hat; als Wendy in »Ein Monat später« einen Frühstückswagen schiebt; und als Hallorann, der genau denselben Weg von der Küche durch den Goldenen Korridor in die Lobby nimmt, ermordet wird).

2. Die Colorado-Halle liegt im *Zentrum* des *ersten Stockwerks* und Zimmer 237 scheint in einem der Seitenflügel zu liegen, die sich von beiden Schmalseiten der Halle aus erstrecken. Dannys Dreirad-Rundfahrt um die Halle (in »Ein Monat später«) beginnt in einem Service-Korridor hinter der Wand, an der sich der Kamin und die Imitation des Navajo-Sandbilds befinden, führt links um die Ecke in einen Arkadengang, der an der Schmalseite der Halle hinter Jacks Arbeitstisch und vor den Aufzugschächten vorbeiführt, biegt dann abermals links in die eigentliche Halle ein und verschwindet in dem symmetrisch gegenüberliegenden Arkadengang auf der anderen Seite, von wo es nach links zum Ausgangspunkt zurückgeht.

3. Die Hausmeisterwohnung der Torrances befindet sich offensichtlich im *zweiten Stock* auf der Rückseite des Hauses im sogenannten »Angestellten-« oder »Westflügel« und liegt in unmittelbarer Nähe des Korridors (gelbe Tapete mit blauem Blumenmuster), in dem Danny die Leichen der Grady-Töchter sieht. *(Forts. nächste Seite)*.

Wendy in der riesigen Hotelküche haben wir das Gefühl, uns in einer realistisch vertrauten und doch labyrinthisch unüberschaubaren Umgebung zu befinden, die die äußerlichen Konventionen des Gespensterhauses vermeidet und dessen Funktionen dadurch umso besser erfüllt. Wie das Heckenlabyrinth und wie der Film selbst folgt der Bau der Overlook ganz unverkennbar einem exakten Plan, der jedoch nur seinen unsichtbar bleibenden Schöpfern verständlich ist. Ullman erwähnt im Einstellungsgespräch, daß das Grady-Massaker im »Westflügel« stattfand, während er später von der Hausmeisterwohnung sagt, daß sie im »Angestelltenflügel« des Hotels liege. Verschiedene Kameraeinstellungen in der Diele und vor der Tür dieser Wohnung machen im Verlauf des Films unmißverständlich klar, was Ullman den Torrances instinktiv vorenthält: daß nicht nur »Angestellten-« und »Westflügel« identisch sind, sondern daß das Gemetzel auf den Fluren vor der Hausmeisterwohnung stattfand und daß die Familie Torrance ihre sechsmonatige Isolation in derselben Wohnung verbringen muß, in der Charles Grady den Verstand verlor. Auch in den Relationen und in der Ausstattung der Räumlichkeiten, mit denen uns die Exposition »vertraut« macht, sind Anzeichen jener schizophrenen Polarisierung zu erkennen, die wir schon in den Extremen der Wetterberichte und Speisekammern konstatiert haben. Die geschmackvollen folkloristischen Ornamente der Colorado-Halle stehen gegen das überladenkitischige Design des Goldenen Salons. Der Großzügigkeit der Lobby steht die auffällige Enge des Büros des Hotelmanagers gegenüber, vor dessen Eingang links ein abstraktes Gemälde (rot und blau mit Andeutungen eines menschlichen Gesichts) und rechts zwanghaft korrekt arrangierte Farbfotos mit Landschaftsaufnahmen aus den vier Jahreszeiten hängen. Im Inneren des Büros setzt sich diese Links/Rechts-Opposition fort: Auf der linken Seite befinden sich eine vielfarbige, puzzleartige Bezirkskarte, eine abstrakte Plastik (verzerrte Figuren) und mehrere sepiagetönte alte Fotos aus der Vergangenheit *des Hotels;* an der gegenüberliegenden Wand,

---

4. Das *Heckenlabyrinth* befindet sich natürlich *hinter* dem Hotel. Alle Außenaufnahmen der Vorderfront des Hotels wurden von einem zweiten Team gedreht und zeigen die Timberline Lodge im Mount-Hood-Nationalpark in Oregon. Die Rückfront dieses Hotels wurde, ebenso wie das (fiktive) Labyrinth, in Lebensgröße auf dem Studiogelände in Elstree aufgebaut; dort wurden auch die Winteraufnahmen mit den meterhohen Schneewehen vor dem Hotel gedreht.

genau der Opposition zwischen Chaos und Ordnung vor dem Zimmer entsprechend, hängen sauber gerahmt und exakt ausgerichtet einige Bilder und Dokumente aus *Ullmans* Vergangenheit (darunter eine Pfadfinder-Urkunde, die der Zuschauer, wenn er sich zwei Stunden später noch an sie erinnern sollte, nur als Hohn begreifen kann). Und neben solcher subtilen Etablierung visueller Schizophrenie haben Kubrick und sein Production Designer Roy Walker in der Ausstattung des Chefbüros auch noch grimmigen Humor zu bieten: In einem Metallbehälter direkt neben einer kleinen amerikanischen Flagge auf dem Schreibtisch findet sich, außer Bleistiften und Kugelschreibern, ein Miniaturmodell einer Axt …

Obwohl Wendy und Jack im ersten Teil als »normales« heterosexuelles Paar eingeführt werden (sie nennen sich »Liebling« und drücken ihr Zusammengehörigkeitsgefühl auch körpersprachlich aus), zeigt der Film auch in ihrer Beziehung von Anfang an Polaritäten, in denen sich die später zum Ausbruch kommenden latenten Störungen des Ehe- und Familienlebens manifestieren. Shelley Duvall ist keine sexuell attraktive Frau und betont in ihrer Darstellung mehr Wendys beschützende Mütterlichkeit als ihre (im Roman dominierende) Rolle als Jacks erotische Partnerin, was teilweise die Bedeutung von Jacks Begegnung mit der mysteriösen Nackten im Badezimmer von Raum 237 zu erklären hilft. Wir erfahren von Wendy nicht nur, daß sie »für Horror-Filme und Gruselgeschichten schwärmt« (bei King liest sie Schauerromane und hört Musik von Bartók), sondern sehen sie in ihrer ersten Szene im Film Salingers *Fänger im Roggen* lesen und Virginia Slims rauchen, während Jack in der Hotellobby *Playgirl* liest und später Marlboro raucht. An der Oberfläche ordnen solche Details den betreffenden Charakteren sexuelle Rollenklischees zu und erhöhen die realistische Plausibilität der Darstellung; in einer tieferen Bedeutungsschicht nehmen sie die sexistische Allegorie des Films vorweg. Jack erscheint zunächst als Musterbild eines aufgeklärten Liberalen – Schriftsteller und Lehrer, informell in Kleidung und Verhalten, ein potentieller Leser des *New York Review of Books* – und Wendy als ernsthafte Kandidatin für das Phantasma der Neuen Frau. Doch in Wahrheit ist er nichts anderes als ein heimlicher Sexist und sie nicht mehr als eine emsig-ergebene Hausmaus und leidenschaftliche Mutter, die sowohl auf Jacks Schmeicheleien als auch auf die Kompensationen seiner tiefreichenden männlichen Unsicherheit hereinfällt. Vor allem in den frühen Szenen wird Wendy visuell in ihrer Mutterrolle definiert: Ihre Welt hat einen zentralen Schauplatz – die Küche, nicht das Schlafzimmer – und ist mit Gegenständen, oder vielmehr Produkten, ausstaffiert, die zum Management eines amerikanischen Durchschnittshaushalts einfach dazugehören (Frühstücksflocken und Milchtüten, superweiße Waschmittel und Q-Tips). An Jack ist nicht nur eine leise Irritation angesichts der banalen häuslichen Rituale zu verspüren, sondern etwas Gefährlicheres, als ihm selbst bewußt ist. Während der Fahrt zum Overlook reagiert er auf Wendys Irrtum bezüglich der Donner-Gruppe (sie glaubt, die Siedler wären in Colorado, in der Nähe des Overlook, ums Leben gekommen) herablassend und kann kaum der Versuchung widerstehen, seine Frau lächerlich zu machen; seine Bemerkung über die Notwendigkeit des Kannibalismus und die Reaktion auf Dannys Eröffnung, daß er darüber aus dem Fernsehen Bescheid wisse, sind bereits offen sarkastisch (»Siehst du! Unser Sohn! Hat alles schon im Fernsehen gesehen ...«). Jack Nicholson setzt sowohl sein Gesicht (vor allem den Mund und die schurkischen Augenbrauen) als auch die Sprache ein, um auf diese schizoide Fehlfunktion in Jacks Charakter hinzuweisen: Als sich Danny etwa beklagt, daß er hungrig sei, bellt Nicholson seine Antwort in einer slangartigen, primitiven Verkürzung heraus (»you *shoulda* eaten your breakfast«, »hättest du halt dein Frühstück gegessen«), die Jacks Rolle als Intellektueller Lügen straft. Danny ist demgegenüber – abgesehen von seiner Fähigkeit des »Shining« – ein Inbegriff kindlicher Normalität: Er ißt Sandwiches mit Erdnußbutter und Gelee, trinkt Milch, sieht sich Roadrunner-Comics im Fernsehen an und lebt in einer kleinen Welt, die von Micky-Maus- und Peanuts-Figuren, Tierbüchern, Baseballschlägern, Spielzeugautos, Astronauten, Dreirädern und Stofftieren bevölkert wird. Diese alltägliche Kinderwelt macht in der surrealen Umgebung des wiedererweckten Overlook eine grotesk-satirische Verwandlung durch:

1. Als Jack im zweiten Teil auf dem Weg zu seinem »Shining« über dem Modellabyrinth die Lobby durchquert, schleudert er einen gelben Tennisball an einem Stoffteddy und Dannys Dreirad vorbei, das genau an der Stelle (in einem Navajo-Kreisornament) steht, an der Halloran ermordet werden wird.

2. Unmittelbar bevor Danny durch die plötzlich nicht mehr ver-

schlossene Tür von Zimmer 237 geht, kommt Jacks Tennisball von nirgendwo durch den Flur gerollt und bleibt im Kreis von Dannys Spielzeugautos auf dem Labyrinthmuster des Teppichs liegen.

3. Wendy benutzt Dannys Baseballschläger, um sich gegen die ersten mörderischen Attacken ihres Mannes zu verteidigen.

4. Nachdem Wendy ihren Mann zunächst außer Gefecht gesetzt und im Konservenlagerraum des Hotels eingesperrt hat, nimmt Jack dort eine Notmahlzeit zu sich, die mehr dem Naschen eines Kindes als dem Essen eines Erwachsenen gleicht – Erdnußbutter, geröstete Erdnüsse (wie er sie auch an der Bartheke im Goldenen Salon geknabbert hat), Oreo-Plätzchen und Kekse.

5. Als Jack schließlich die Wohnungstür mit der Axt aufbricht (und dabei den Blick auf den Grady-Korridor im Hintergrund freigibt), verhöhnt er seine Rolle als Familienvater mit der wahrscheinlich witzigsten Dialogzeile des Films – »Wendy! Ich bin wieder *zuhaus!*« –, was auf seine folgende Personifizierung des Großen Bösen Wolfs und das karikierende Zitat aus Johnny Carsons *Tonight Show* (»Heeeeere's Johnny!«) vorbereitet.

6. In der Verfolgungsjagd des Finales übernimmt das Monstrum Jack die parodistische Rolle des Comic-Helden Wile E. Coyote (»Der Kojote ist hinter dir her!«) aus der Roadrunner-Serie, der Danny (»Wenn er dich kriegt, gibt's dich nicht mehr!«) durch das verschneite Heckenlabyrinth hetzt, wo er vom überlegenen Tempo und Einfallsreichtum des Jungen schachmatt gesetzt wird (»Der Kojote macht 'ne traurige Figur …«). Auf der symbolischen Ebene wird das Overlook-Hotel für Jack zu seiner eigentlichen Heimat und zum Schauplatz eines Familienlebens, in dem Büchsen mit »Pfirsichen in Stücken« oder Heinz-Ketchup mehr an Massaker als an Mahlzeiten denken lassen; in dem Mutter und Kind mit dem Kannibalismus eines Vaters konfrontiert sind, der seine normale Familie opfert, um das Leben der paranormalen Familie zu erhalten; und in dem ein Heim (die Hausmeisterwohnung und ihre Insassen) zerstört werden soll, um ein anderes wieder zum Leben zu erwecken. Paradoxerweise trägt das Monstrum von *The Shining* gleichzeitig die Züge maskuliner Brutalität und die eines Hofnarren, der in der luxuriösen Gesellschaft des vergangenen Overlook seinen Platz einnimmt und ein Publikum zu befriedigen versucht, das Ullman patriotisch als »nur die besten Leute« umschreibt.

Jacks latenter Wahnsinn bricht erst am letzten Tag des zweiten

Teils (»Mittwoch«) an die Oberfläche, als sein Unbewußtes gleichzeitig mit dem des Hotels »erwacht« und in drei bemerkenswerten Szenen ein eigenes Leben zu führen beginnt: in der Szene mit Jack und Lloyd im Goldenen Salon; in Zimmer 237 (Jack und die nackte Frau); und in der Szene in der roten Herrentoilette des Goldenen Salons (mit Jack und Grady). Vor diesen entscheidenden symbolischen Begegnungen baut Kubrick eine Reihe von visuellen und akustischen Signalen auf, die das Verständnis erleichtern können. Wie die musikalische Entwicklung des Films, die – nach der Titelmusik – mit Béla Bartóks erweiterter Tonalität beginnt (*Musik für Saiteninstrumente, Schlagzeug und Celesta* zu Jacks Labyrinth-Vision und mehreren Einstellungen mit dem Ausschnittbuch in »Ein Monat später« und »Dienstag«) und über Ligetis Mikropolyphonie (*Lontano* zu Jacks Trancezuständen in »Donnerstag« und »Samstag«) zu den schreienden Kreischlauten und Clustern von Penderecki fortschreitet (»Jakobs Erwachen« *[sic!]* prägt vor allem *Jacks* traumatisches *Erwachen* im Badezimmer von 237 am »Mittwoch«), bildet auch die visuelle Rhetorik des zweiten Teils Jacks Regression nach und projiziert sie gleichzeitig auf einen mythischen Hintergrund.* Der »Gesprächsrealismus« des ersten Teils geht in die Surrealität des zweiten und des dritten Teils über, so wie Jacks gelber VW die Gestalt eines Tennisballs annimmt, der sich zu Dannys Spielzeugautos auf dem Teppichlabyrinth gesellt und, in einer anderen Szene, seinen Besitzer mit dem Symbolismus des imitierten Navajo-Sandbilds in Verbindung bringt. In einer Einstellung schwenkt die Kamera von der Schreibmaschine mit einem eingespannten, aber leeren Blatt Papier (das Ausschnittbuch ist noch nicht auf dem Tisch aufgetaucht) nach oben, um den Ursprung eines lauten, schlagenden Geräuschs zu enthüllen: Wir sehen einen mißmutigen Jack in der Mitte der Colorado-Halle seinen gelben Tennisball

---

* Ein besonders interessanter Aspekt von Kubricks Musikauswahl für *The Shining* sind die Anklänge an die »Sternentor«-Passage und die Schlußszene von *2001*. Ligetis Orchesterwerk *Lontano* operiert mit denselben stilistischen Mitteln, die er in den *Atmosphères* (der »Sternentor«-Musik) entwickelt und auch in der »Monolithenmusik« des *Requiem* angewandt hatte. Krzysztof Pendereckis hochdissonante Kakophonien erfüllen die filmmusikalischen Erfordernisse des Horrors vielleicht auf zu unmittelbare Weise: sie verdoppeln den Schrecken der Bilder eher, als daß sie mit ihm in einen Dialog träten. In dieser Hinsicht und auch, was die rhythmische Polyphonie von Bild und Musik angeht, bleiben Kubricks drei vorangegangene Filme von *The Shining* unerreicht.

»Heeeeere's Johnny!«

gegen das Sandbild über dem Kamin schleudern, das ein orna-
mentales Motiv zeigt, dessen reine Maskulinität für die Navajo-
Kunst völlig untypisch ist. Vier männliche Figuren (die eckigen
Köpfe symbolisieren Männlichkeit) stehen aufrecht und ge-
schützt im symbolischen Kreis des Bildes, der eine traditionsge-
mäße Öffnung nach Osten aufweist. Die Farbe Gelb ist in der
Navajo-Kunst meistens dem Mann zugeordnet, während die
Frau durch die Farbe Blau vertreten wird.[7] (Interessanterweise
bringt die Mythologie mehrerer Indianervölker Gelb mit dem
Tod und Blau mit dem Himmel [Glück, Liebe] in Verbindung.)
In Kubricks Film beginnt Jacks Spektrum bei den warmen Far-
ben (Braun, Grün und Gelb) und entwickelt sich im Verlauf der

Handlung immer weiter nach *Rot* (z. B. trägt er gegen Schluß in allen Szenen eine dunkelrote Jacke; er unterhält sich mit Grady in der knallroten Herrentoilette; und Dannys Blutschwall- und REDЯUM-Visionen sind mit dem Unbewußten seines Vaters verknüpft); umgekehrt beginnen sowohl Wendy als auch Danny mit Blau und Rot und enden – insbesondere Wendy – bei Grün und Braun. In dem Maß, in dem sich der Film Jacks Wahnsinn und der Auferstehung der Overlook-Dämonen nähert, wandelt sich auch sein Licht von Blau zu Gelb. Dominiert anfangs das einfallende Tageslicht, so wird später – realistisch motiviert mit der Dunkelheit des Winters – mit dem Glühlicht der Lampen des Hotels ausgeleuchtet, das nicht gegengefiltert wird, sondern die Bilder mit einem gelblichen Farbstich verfremdet. Eine Tischlampe neben Jacks Schreibmaschine taucht das Papier und das Ausschnittbuch in einen gelben Schimmer; Jacks Gesicht wird vom Kunstlicht und von der Reflexion der goldfarbenen Tapeten mit einem gelblichen Widerschein übergossen, als er bei Lloyd an der Bar steht; als er auf seinem Amoklauf mit der Axt vor dem Badezimmer ankommt, werden er und die Flurwände von einer Lampe in gelbes Licht getaucht, während Wendy im blendend weißen Inneren des Badezimmers einen blauen Hausmantel trägt; und als Jack schließlich in die Lobby hinunterhinkt und Hallorann ermordet, erscheint das ganze Hotel in ein trübes Gelb getaucht. Vor allem der Goldene Salon – die Heimat von Jacks *anderer* Familie – und der vorgelagerte Goldene Korridor (in dem Jacks Foto aus dem Jahr 1921 hängt) werden dank der Farbe ihrer Tapeten und Dekorationen zum Zentrum dieser gelben Lichtsymbolik und, in Verbindung mit dem rotvioletten Plüsch ihrer Polstermöbel und der geisterhaft roten Toilette, zu einem Äquivalent der Korova-Milchbar aus *A Clockwork Orange*. Will man die Farbsymbolik der Navajo-Kunst auf die Lichtdramaturgie des Films anwenden – wozu nicht nur das Sandbild, sondern die Allgegenwart indianischer Motive im Overlook-Hotel und die Erwähnung der indianischen Begräbnisstätte zu berechtigen scheinen –, so sind sowohl Jacks Wahnsinn als auch die Vergangenheit des Overlook mit einem entschieden maskulinen Ethos assoziiert, das nicht nur die gesellschaftliche Normalität der Mann/Frau/Kind-Familie, sondern das Grundmuster psychisch/sexueller Dualität überhaupt in Frage stellt. Ähnlich wie HAL in *2001* sehnt sich auch Jack nach der Beherrschung einer homogenen, sterilen, nur von

Männern (Lloyd, Delbert und Charles Grady) bevölkerten und hermetisch abgeschlossenen Welt, die sowohl die existentielle Realität der Zeit als auch die potentielle Offenheit des Raums verleugnet. Wie das Raumschiff *Discovery* ist das Overlook-Hotel ein geschlossenes System, und wie HAL ist auch Jack von seiner »Aufgabe« (dem Gegenpol zum »Privatleben« mit seiner Frau) besessen. Sowohl HAL als auch Jack verbergen ihre Regressionen hinter einer Fassade zivilisierter Förmlichkeit (HALs gewählte Ausdrucksweise und Jacks Zuordnung zu Delbert Grady und dem festlichen Ball von 1921) und werden dabei von den Farben Rot und Gelb begleitet: die rote Iris und die gelbe Pupille von HALs allgegenwärtigem Auge erinnern nicht nur an den Leopardenblick aus dem Dunkel des Pliozän, sondern finden in der sexistischen Kolorierung von Jacks Seelenkrankheit eine neue, menschliche Inkarnation.

Im Mittelteil von *The Shining* hat sich Jacks latente, zu Beginn nur in den versteckten Polarisierungen der Mise en scène gegenwärtige Schizophrenie des Films bereits auf allen Ebenen bemächtigt. Kubrick filmt Jacks Frühstück im Bett (in »Ein Monat später«) in einer zweiteiligen Einstellung, deren erste Hälfte nur Jacks Reflexion im Schlafzimmerspiegel zeigt, während die zweite Hälfte auf den »realen« Jack schwenkt. Der Inhalt der Szene entwickelt sich jedoch genau gegenläufig zu ihrer visuellen Aufbereitung: Der gespiegelte Jack, der mit der linken Hand zu essen scheint und dessen T-Shirt mit einer spiegelverkehrten Aufschrift verwirrt, unterhält sich mit Wendy über normale Alltagsdinge (zu spät ins Bett gegangen und noch keine Einfälle fürs Schreiben), während der echte Jack im realen Raum außerhalb des Spiegels von seinem Déjà-vu-Gefühl erzählt und davon, daß er sich »auf Anieb ins Overlook verliebt« habe. Wenig später (»Montag«) kommt Danny zu seinem unrasiert und selbstversunken auf demselben Bett sitzenden Vater ins Zimmer und nimmt dabei eine Position zwischen dem Spiegelbild und dem realen Jack ein (der in dieser Szene, in der er zum letzten Mal die Vaterrolle zu spielen versucht, einen blauen Bademantel trägt). Selbst in dem anrührenden, vertrauensvollen Gespräch, das sich nun entwickelt, macht Kubrick das makabre Erwachen von Jacks dunklerem Ich und der Vergangenheit des Hotels spürbar. Während auf dem Soundtrack die unheimliche Bartók-Musik seiner Labyrinth-Vision wiederkehrt, pendelt Jacks Aufmerksamkeit zwischen dem auf seinem Schoß sitzenden Danny (»ich liebe dich, Danny, ich liebe dich mehr als alles andere auf dieser großen Welt«) und den sich immer wieder dazwischendrängenden Visionen und Stimmen aus dem anderen Reich: er erzählt, daß er nicht mehr schlafen könne, weil er »zu viel zu tun« habe (die Arbeit mit dem Ausschnittbuch) und verwendet schließlich dieselben Worte wie die toten Grady-Töchter in Dannys früherem »Shining«, als er sagt, daß er am liebsten »für immer und immer und immer« im Overlook-Hotel bleiben würde. In zwei Schlüsselszenen wird Jacks bedrohliche, gottähnliche Isolation im *Inneren* des Hotels Wendys und Dannys spielerischem Forscherdrang in der *Außenwelt* gegenübergestellt. Die erste ist die schon geschilderte Labyrinthvision, in der Jack am Modell den Weg von Wendy und Danny durch das Heckenlabyrinth verfolgt; bei der zweiten sehen wir Mutter und Sohn am »Donnerstag« im Schnee vor dem Hotel spielen, während Jack aus einem Fenster der Colorado-Halle – mit dem Navajo-Sandbild genau in seinem Rücken – wie in Trance grinsend hinunterstarrt und kaum wahrzunehmen scheint, was er sieht. Je höher die Schneewehen *draußen* anwachsen, desto isolierter werden auch die Torrances im *Inneren,* als die Kommunikation sowohl innerhalb der Familie als auch mit der Außenwelt zusammenzubrechen beginnt. Jack sitzt unansprechbar im leeren, aber symmetrischen Zentrum des Hotels, wo er das Ausschnittbuch studiert und dessen kollektives Unbewußtes in das Idiom seines persönlichen Unbewußten übersetzt. Danny fährt mit seinem Dreirad durch endlose Korridore und sieht blutige Visionen, in denen die Verwirrungen der Seele seines Vaters Gestalt annehmen; und Wendy versucht mit geringem Erfolg, ihrer Einsamkeit durch Kontakte mit der Welt außerhalb des Hotels Herr zu werden (sie sitzt vor dem Fernseher und führt, nachdem die Telefonleitungen durch den Schnee unterbrochen sind, ein nichtssagendes Funkgespräch mit einem Ranger der Forstaufsicht, der ihre Isolation spürt und ihr rät, das Radio immer angeschaltet zu lassen). War die realistische Alltäglichkeit der frühen Szenen noch eine Fassade, die die latenten Störungen zu verdecken versuchte, so ist die Lebensroutine im abgeriegelten Overlook gegen Ende des zweiten Teils bereits ein Ausdruck dieser Störungen. Die Dämonen haben ihr Refugium hinter den Spiegeln verlassen – und das Grinsen des Jack Torrance, das gegenüber Ullman Zuversicht und Selbstvertrauen zu signalisieren suchte, hat sich zu einer Fratze verwandelt, die den ausbre-

Danny übersetzt das Unbewußte seines Vaters in ein Spiegelbild des Wahnsinns

chenden Wahnsinn ankündigt und unsere Verwirrung verhöhnt.

Auf dem Höhepunkt des zweiten Teils verleiht Kubrick den
wiederholten Motiven von »Shining«, Déjà vu, Traum und
Erinnerung eine so unbezweifelbare filmische und psychische
Realität, daß die Welt des Normalen ihrerseits zu einer fernen,
unwirklichen Erinnerung wird. Der Film begann mit Ullmans
Rekapitulation der Charles-Grady-Tragödie und ließ Danny
seine Visionen als oft undeutliche Traumerinnerungen beschreiben, so wie auch Jack nur vage bewußt war, schon einmal
im Overlook gewesen zu sein. Bevor seine *Erinnerung* deutlich
werden kann, muß Jack *vergessen:* Er muß sein Versagen und
seine Fehlleistungen als Vater, als Ehemann und als Intellektueller vergessen; er muß die Verantwortung vergessen, die ihn an
Wendy und Danny bindet; er muß sich selbst als den Jack Torrance der Gegenwart, den Lehrer/Schriftsteller des ersten Teils,
vergessen, um sich an sein anderes Selbst *erinnern* zu können,
das im Gedächtnis des Overlook schlummert und auf seine Befreiung wartet. Das ganze Hotel wird schließlich mit Jacks Erinnerung identisch, die ihm die Vergangenheit nicht so zeigt, wie
sie war, sondern so, wie er sie gerne gehabt hätte. Danny sieht
die Wahrheit – den »Horror« – der makabren Sehnsucht seines
Vaters nach dem Zentrum des Labyrinths und der sterilen Perfektion des Todes, während Jack selbst seine Erinnerung im
nostalgischen Stil einer festlichen Party der 20er Jahre besetzt.
An der Bartheke des Goldenen Salons sitzend, blickt Jack direkt in die Kamera und fordert uns – nicht nur Lloyd – dazu auf,
seine Vision zu teilen, nicht nur zu trinken und fröhlich zu sein,
sondern in seine Erinnerung und seine Krankheit einzutauchen:
die Erinnerung an ein alkoholgeschwängertes und gewalttätiges
Stereotyp von Männlichkeit, in dem Jack seinem sexistischen
Drang zur verbalen Degradierung Wendys (»das Scheißweib«;
»die alte Samenbank dort oben«) ebenso ungehindert nachge-
ben kann wie seinem egoistischen Groll angesichts seiner moralischen Überforderung als Vater (»ich würde ihm kein Haar
krümmen, kein einziges Härchen ... ich *liebe* den kleinen
Dreckspatz, ich tue alles für ihn, verdammt noch mal ...«). In
seinem bemerkenswerten, virtuos an der äußersten Grenze zum
Outrieren angelegten Vortrag fängt Jack Nicholson nicht nur
die Selbsttäuschung und das Selbstmitleid des Wahnsinnigen,
sondern die grimassierende Überkompensation eines männli-

chen Identitätsverlustes ein, der sich im atavistischen Jargon des Thekengesprächs – »du schenkst ein und ich sauf aus, Lloyd, einen nach dem anderen« – vor der rationalen Erkenntnis seiner selbst zu retten versucht. Das Ende seiner Trockenperiode zelebrierend, schlürft Jack den ersten Schluck Bourbon (*Jack Daniels* natürlich), rollt seine Augen in monströser Seligkeit nach oben und demonstriert dem totenstarren, mephistophelisch blickenden Barkeeper jene fatale Gewalttätigkeit gegenüber seinem Sohn, die drei Jahre zurückliegt:

> Alle meine Papiere und Schulhefte hatte das kleine Aas durcheinandergebracht und ich wollte ihn doch bloß wegziehen [*er markiert eine unbeherrschte Bewegung*]. Ein vorübergehender Verlust von Muskelkoordination, nichts mehr. Ein paar Extra-Kilopond Energie pro Sekunde pro Sekunde [*er deutet mit zwei Fingern den Maßstab der Winzigkeit an, schlägt seine Hände dann blitzartig gegeneinander*].

Er erklärt seinem gespenstischen, aber formell gekleideten Spiegelbild (Lloyds Jackett hat dieselbe dunkelrote Farbe wie Jacks Lederjacke), daß Wendy ihm diese Brutalität nie »vergessen« werde (sie hat ihn ja auch soeben beschuldigt, Danny stranguliert zu haben), was auf die unmittelbar bevorstehende Kulmination der Handlung vorausdeutet, in der Jack sich selbst *vergessen* und sich nur noch an den so lange verdrängten Wunsch *erinnern* wird, die schrankenlose Herrscherrolle zu spielen. Bei seinem »Shining« im grünen Badezimmer von Raum 237 erlebt Jack eine Erinnerung an einen Augenblick verbotener Erotik, während Danny gleichzeitig in seinem Bett noch einmal die groteske Auferstehung der Wasserleiche einer alten Frau aus derselben Badewanne vor sich sieht. Auf der symbolischen Ebene denunzieren beide Versionen der nackten Frau (Sirene/alte Vettel) die Integrität von Wendys Rolle als Ehefrau und Mutter, was auch durch die Parallelmontagen der Danny-, Wendy- und Jack-Handlungen in dieser komplexen Szene veranschaulicht wird. Danny wird durch die mysteriöse Erscheinung des gelben Tennisballs in Zimmer 237 hineingelockt, während Jack gleichzeitig in der Colorado-Halle einen Alptraum hat, in dem er seine Familie mit der Axt erschlägt. Als sich Danny der unerklärlich offenstehenden Zimmertür mit dem baumelnden *roten* Schlüssel nähert, ruft er nach Wendy (»Ma? Bist du da drin?«), die sich in diesem Augenblick jedoch im Keller befindet, wo sie *Jacks Arbeit* an den Heizungskesseln verrichtet. Während Danny sich im Zimmer aufhält und – offenbar – von der alten Frau gewürgt wird, wacht Jack unter Angstschreien aus seinem Traum auf und macht damit Wendy auf sich aufmerksam, die zu ihm eilt, seinen Alptraum erzählt bekommt und unmittelbar darauf die nicht wegzuleugnenden Würgemale am Hals ihres Sohnes sieht. So wie Jack leugnet, damit zu tun zu haben (und vom Ärger über die Anschuldigung in den Goldenen Salon und zur ersten Materialisierung Lloyds getrieben wird), so verleugnet er auch die Wahrheit seines Alptraums, als er bei seinem Lokaltermin in Raum 237 sowohl die junge Nackte (Lia Beldam) umarmt als auch vor der lachenden, verfaulenden Alten (Billie Gibson) voller Ekel flieht – hinaus aus einem weiteren Kubrickschen Badezimmer, in dem sich masturbatorische Phantasie und Tod vereinen (wir erinnern uns an Humbert in der Badewanne, wo er unmittelbar nach Charlottes Tod von Lolita träumt).* Nach seiner Rückkehr erzählt er der in Tränen aufgelösten Wendy, daß er das Zimmer menschenleer vorgefunden habe und daß Danny sich seine Würgemale selbst beigebracht haben müsse. In anderen Worten: Jack *vergißt* den lila/grünen Horror des Raums 237 und der in der Wanne lebendig verfaulenden Leiche und *erinnert* sich nur an die erotische Offenbarung (die junge Frau und die assoziationsträchtigen Teppichmuster); er *vergißt* seinen »Vertrag« mit Wendy und *erinnert* sich nur an die

---

* Die Konfrontation Jacks mit den beiden nackten Frauen im Bad von Zimmer 237 wird nicht nur von Dannys Erinnerung an sein Erlebnis mit der Alten, sondern, als dritter Ebene, auch von einer ebenfalls parallel eingeschnittenen Szene in Halloranns Schlafzimmer in Miami kontrapunktiert, die eine weniger komplexe und wesentlich gesündere männliche Welt als diejenige des Jack Torrance enthüllt. Hallorann nimmt an den Ereignissen in Raum 237 via »Shining« teil und wird dabei auf seinem Bett ausgestreckt zwischen zwei Pin-up-Bildern nackter schwarzer Schönheiten gezeigt: Es ist das voyeuristische Dekor einer normalen und beherrschten männlichen Phantasiewelt, während Jacks zwei Frauen im Badezimmer die Extreme von Lüsternheit und Ekel innerhalb einer destabilisierten, nicht mehr beherrschbaren Libido personifizieren. Diesen Befund stützen auch die Dekorationen der Schauplätze: Hallorann, bekleidet mit einem *blauen* Pyjama, befindet sich in einem in Orangetönen gehaltenen Zimmer, das allenfalls eine Spur zu symmetrisch eingerichtet ist (Lampen beiderseits des Fernsehers, beiderseits des Betts), was hier jedoch eher geordnet/übersichtlich wirkt als schizoid (wie Ullmans Büro). Zimmer 237 zeigt sich demgegenüber in gespenstischen Schattierungen von Lila und Grün, zwingt also die beiden Extremfarben in Kubricks Ikonographie (Korova-Dekadenz und das Wiedergeburtsversprechen eines Louis-seize-Raums) zusammen; hinzu kommen eine Wandtapete, die an Gitterstäbe denken läßt, und ein Teppichboden, auf dem sich ein sexuell deutbares Ornament (eine in einen Kreis eindringende phallische Form) zu einem Labyrinthmuster erweitert.

heimliche Verabredung, die er mit seiner anderen Hälfte im Zentrum des Hotellabyrinths getroffen hat. Während Danny die Blutschwall-Vision und die spiegelverkehrte REDЯUM - Schrift sieht, steigert sich Jacks Ärger zu besinnungsloser Wut, als Wendy vorschlägt, das Overlook zu verlassen: er kündigt die Loyalität zu seiner ursprünglichen Familie auf (»endlich hab ich mal *eine Chance,* und du hast nichts Besseres zu tun, als sie mir zu vermasseln«) und bekennt seine neue Zugehörigkeit zum Overlook (»mir macht *das Arbeiten hier* Spaß«). Als er aus der Hausmeisterwohnung hinausstürmt, sehen wir, daß ihn sein Weg in die Zeitlosigkeit des Goldenen Salons durch den Korridor (gelbe verblichene Tapeten) des Grady-Massakers führen wird.

Sentimentale Tanzmusik lockt ihn in den Goldenen Salon der Erinnerung zurück, um dort eine Befreiung aus den Zwängen der Zivilisation am *Unabhängigkeitstag* (4. Juli) 1921 zu feiern. Lloyd begrüßt ihn als alten Bekannten (»schön, daß Sie wieder da sind«), und im selben Augenblick, in dem Jack antwortet (»ich bin gern bei euch«), beginnt die Kapelle ein Lied über Liebe, Erinnerung und zeitlose Hingabe zu spielen (»Your eyes held a message tender, / Saying ›I surrender all my love to you‹, / Midnight brought us sweet romance, / I know, all my whole life throught, / I'll be remembering you«). Für Jack bedeutet »Shining« mehr Erinnerung als außersinnliche Wahrnehmung, mehr einen nostalgischen Traum von Unsterblichkeit und Behagen als einen Hinweis auf ein verborgenes Böses. So wie seine Erinnerung mit Dannys grausiger Vision der Wahrheit kollidiert, kollidiert er selbst – unpassend gekleidet, unrasiert, vulgär, *the ugly American* – mit der festlichen Eleganz dieses großen Schwarz-Weiß-Balls (300 Gäste) und mit Delbert Grady, der mit einem Tablett voller Likörgläser in den Saal kommt, in Jack hineinläuft und ihn mit *gelbem* Eierlikör überschüttet. In der roten Herrentoilette, wo die Flecken entfernt werden sollen, wird die Szene in einer Folge von Schuß und Gegenschuß aufgelöst, die Jack und Grady als das jeweilige Spiegelbild des anderen visualisiert. Dementsprechend verwechselt Jack diesen Grady mit Charles Grady (»Sie waren der Hausverwalter!«) und beschuldigt ihn, seine Familie ermordet zu haben. (Während der ganzen Szene ist leise im Hintergrund ein Song mit dem Titel »Home« zu hören.) Grady scheint zunächst ahnungslos – »seltsam, Sir, ich kann mich daran überhaupt nicht erinnern« –, doch dann kehrt die *Erinnerung* wieder und er konfrontiert Jack mit einer neuen Wahrheit: »Sir, ich bitte Sie sehr um Vergebung, aber Sie sind hier der Hausverwalter. *Von Anfang an* waren Sie es ...« Auf der Ebene der psychologischen Allegorie wird damit gesagt, daß der Jack Torrance und der Charles Grady der Gegenwart das Overlook »verwalten«, indem sie seine Vergangenheit durch die Wiedererweckung (Erinnerung) des Verdrängten neu beleben. Und sobald diese Erinnerung im Zentrum des Labyrinths gefunden ist, wird rasch vergessen, wie man dorthin gelangt ist. In seinem ersten »Shining« an der Bartheke des Goldenen Salons *erinnert* sich Jack im Gespräch mit Lloyd an den frauenfeindlichen Jargon frustrierter Männlichkeit (und Lloyd selbst sagt: »Frauen! Man kann nicht mit ihnen leben, und man kann nicht ohne sie leben!«); von Delbert Grady in der Herrentoilette lernt er bereits eine euphemistisch verhüllende Ausdrucksweise für denselben Sachverhalt, die sich dem nostalgisch ästhetisierten Ambiente anpaßt und ein sublimierendes *Vergessen* jenes alten Jack Torrance bedeutet, der den Weg ins heimliche Zentrum des Labyrinths gefunden hatte. Grady erzählt, daß es seinen beiden Töchtern im Overlook nicht gefiel (eine versuchte sogar, das Hotel in Brand zu stecken), bis er sie »zur Ordnung rief« (»und als meine Frau mich von meiner Pflicht abzuhalten suchte, *gab ich ihr eine Lektion*«). Als Jack später im Konservenlager eingeschlossen ist (nachdem ihn Wendy bei seiner ersten Attacke mit Dannys Baseballschläger bewußtlos geschlagen hatte), redet er nicht mehr davon, seiner Frau »den Schädel zu zertrümmern« und »den Kopf abzuhacken«, sondern verspricht dem draußen wartenden Grady, sich »um seine Probleme zu kümmern« ... Grady verpflichtet ihn durch die geschlossene Tür hindurch, »aufs schärfste durchzugreifen«, und versteht es glänzend, Jacks angeschlagenes Ego zu motivieren, indem er von Wendy sagt, daß »ihr Einfallsreichtum dem Ihrigen um einiges überlegen« zu sein scheine. Dann befreit er Jack aus seinem Gefängnis und stellt damit zum ersten Mal eindeutig klar, daß die »Shinings« nicht nur subjektive Projektionen Jacks oder Dannys sind, sondern offensichtlich materielle Realität besitzen.

Mit dem dritten Teil sind Jacks »Bewerbungen« bei seinen erinnerten Freunden im Overlook und sein eigentlicher Besichtigungsrundgang durch die Vergangenheit des Hotels abgeschlossen. Sein unbewußtes Ich ist aus einem langen Schlaf erwacht und versucht nun, wie der Minotaurus, sein Labyrinth von allen fremden Eindringlingen zu befreien. In vieler Hinsicht bezieht sich der dritte Teil wie eine groteske Reflexion in einem Zerrspiegel auf den ersten Teil zurück. Hallorann bewegt sich beispielsweise durch eine Außenwelt, die in Jacks Wahnsinn eingehüllt zu sein scheint. Nach der Landung in Denver ruft er Durkins Garage (Larry Durkin wird von Tony Burton gespielt) in Sidewinder an, wo es wegen des schweren Schneesturms am späten Vormittag noch nachtdunkel ist. Er passiert eine Unfallstelle, an der ein *roter* VW unter einem umgestürzten Sattelschlepper zerquetscht worden ist (im Roman fährt Jack einen *roten* Volkswagen). Um »4 Uhr nachmittags« ist er mit einer geliehenen Pistenraupe durch einen düsteren und unheimlichen Korridor von Bäumen unterwegs, der zu einer vergrößerten Version des Heckenlabyrinths zu gehören scheint. Im Overlook sieht sich Danny inzwischen dieselbe Roadrunner-Serie im Fernsehen an wie in der Wohnung in Boulder im ersten Teil, wo er sich erstmals mit seinem Alter ego »Tony« unterhielt; bei dieser Wiederholung ist es jedoch nur noch »Tony«, mit dem sich Wendy unterhalten kann (»Danny ist nicht hier, Mrs. Torrance«), während ihr Sohn vom roten Wahnsinn seines Vaters eingehüllt wird. Wendy greift sich einen Baseballschläger (Spielzeug/Waffe) und geht in die Colorado-Halle – nun das innerste Heiligtum des Monstrums – hinunter, wo sie erstmals das Manuskript zu sehen bekommt, das den Charakter von Jacks »Arbeit« im Zentrum des Labyrinths enthüllt. In einer an *2001* erinnernden Einstellung steigt Wendys entsetztes Gesicht wie ein bleicher Himmelskörper hinter den horizontalen Linien von Jacks Geisteskrankheit nach oben (das eingespannte Papier und der Wagen der Schreibmaschine bilden eine doppelte Linie am unteren Bildrand) und dringt in einen Raum ein, der am oberen Bildrand abermals von einer doppelten Linie (dem Balkon des zweiten Hotelstockwerks) begrenzt wird. Von Panik ergriffen, beginnt sie den Hunderte von Seiten starken Papierstapel neben der Maschine durchzublättern und findet endlos immer nur den einen Satz: »All work and no play makes Jack a dull boy« (wörtlich: »Nur Arbeit und kein Spiel macht Jack zu einem stumpfsinnigen Burschen«*). Tippfehler und wechselnde typographische

---

* Für die deutsche Fassung wurde die Szene mit dem Satz »Was du heute kannst besorgen, das verschiebe nicht auf morgen« nachgedreht. (Anm. d. Übers.)

Anordnungen dieser manischen Litanei bilden die Entwicklung von Jacks Geisteskrankheit nach und verdeutlichen den spezifischen Gebrauch, den der Film vom Konzept des Labyrinths macht. Die Sequenz der hastig durchgeblätterten, vollgetippten Seiten nimmt nicht nur selbst die Züge eines horizontalen Irrgartens an, in dem sich ein schicksalhaftes seelisches Gefangensein spiegelt, sondern bringt Jacks Wahnsinn auch mit einem Bild von Reduktion und zwanghafter Wiederholung zur Deckung. Auf einer Seite ist der Text beispielsweise in der Form einer kopfstehenden Pyramide getippt, die Jacks Charakter und seine ganze Welt in das eine Wort »boy« zusammendrängt, so als sollte dieses Wort für *The Shining* eine ähnliche Rolle spielen wie Kanes »Rosebud« in dem Meisterwerk von Orson Welles. Jacks besessene Verleugnung innerer und äußerer Komplexität, seine Regression in das einzige Zentrum seiner Erinnerung (seines Unbewußten) beschränkt ihn auf ein immer engeres Repertoire horizontaler Pfade (der Goldene Korridor) und ständig wiederholter Bewegungsmuster im Grundriß seines Labyrinths. Wendy dagegen findet metaphorisch (so wie später real ihr Sohn) den *Rückweg* aus dem Labyrinth, als sie sich in der langen Einstellung, in der sie sich mit dem Baseballschläger gegen Jack verteidigt und ihn schließlich bewußtlos schlägt, *rückwärts* durch die ganze Colorado-Halle und die Treppe hinauf bewegt, was innerhalb der visuellen Korrespondenzen des Films ihre von Hallorann eskortierte Vorwärtsbewegung durch das Labyrinth der Küche im ersten Teil umkehrt. Jack hat sich von der Illusion der Ordnung und der Zeitlosigkeit im Zentrum des Labyrinths verführen lassen, während wir dessen Wahnsinn und tödliche Erstarrung in Gestalt seines Manuskripts und entlarvender Tippfehler wie *worm* (Wurm) statt *work, bog* (Sumpf) statt *boy* und *adult* (erwachsen) statt *a dull* vor Augen haben.

Erst als Jack das Hotel verlassen hat, um Danny durch das verschneite Heckenlabyrinth zu hetzen, beginnt auch Wendy, von Erscheinungen heimgesucht zu werden, die das Overlook in ein traditionelles Gespensterhaus verwandeln. In der vielleicht am wenigsten überzeugenden Sequenz des Films sehen Wendy und das Publikum nicht nur den Wahrheitsbeweis für Dannys frühere »Shinings«, sondern auch die erschreckende Wirklichkeit von Jacks Erinnerungen, die nun nicht mehr von nostalgischem Etikettenschwindel verklärt werden (da Jack das innere Labyrinth gegen ein äußeres vertauscht hat). Dannys Kinderwelt und

Showdown im verschneiten Labyrinth (Jack Nicholson)

Wendys harmlose Vorliebe für Gespenstergeschichten verwandeln sich in das surreale Märchenbild eines Teddybären mit Schweinsgesicht und Wolfszähnen, der an einem Gentleman im Frack Fellatio vornimmt, in Cocktails trinkende und telefonierende Skelette, einen Hotelgast mit gespaltenem Schädel (»Tolle Party, nicht wahr?«) und Kaskaden von Blut, die aus einem Aufzugsschacht hervorbrechen wie aus der durchtrennten Arterie eines Ungeheuers. Wendys Reise durch und schließliche Befreiung aus diesem inneren Labyrinth des Overlook entspricht Dannys Hetzjagd in und aus dem Heckenlabyrinth und dient offensichtlich auch dazu, dem Film zu einer Reihe von visuellen und emotionalen Horroreffekten zu verhelfen, wie sie das Publikum vermutlich längst erwartet. In ihrer fast demonstrativen Unverbundenheit mit der so detailreich entwickelten psychologischen Geschichte des Jack Torrance und auch mit dem Grady-Strang der Erzählung (der die Psychologie, via Danny, ans Okkulte ankoppelt) verweigern diese Erscheinungen jedoch die eigentlich fällige »Erklärung« der Ereignisse in Zimmer 237 oder im Goldenen Salon und tragen auch zum Verständnis der Schlußeinstellung mit dem Foto aus dem Jahr 1921 nichts bei.

(Dies gilt im Grunde auch für Dannys Blutschwall-Vision, die als einziges von Wendys »Shinings« mit dem übrigen Film verbunden ist, dort jedoch auch keinen erkennbaren Zusammenhang mit den auf Grady oder Jack Torrance beziehbaren Ereignissen aus der Vergangenheit des Overlook hat.) Mit diesem Beharren auf Irritation und der Verweigerung einer konventionellen Auflösung ähnelt das Ende von *The Shining* dem von *2001*. Der Film erweist sich schließlich selbst als Labyrinth, in dessen innerstem Zentrum der Zuschauer mit der Unangemessenheit seiner Erwartungen und dem zwangsläufigen Scheitern eines kausalitätsfixierten Denkens an den Mysterien schon der Seele und umso mehr des Übernatürlichen konfrontiert wird.

Was also ist die »Bedeutung« des Endes von *The Shining*? Auf der elementarsten psychologischen Ebene bedeutet es, daß Jack Torrance im Heckenlabyrinth erfriert und stirbt, weil er vergessen hat, richtig mit den fundamentalen Widersprüchen seines Charakters umzugehen. Statt auf die Suche zu gehen und Entdeckungen zu machen, zu wählen und das Risiko des Scheiterns wie die Möglichkeit des Erfolgs zu akzeptieren, zieht er es vor, bewegungslos im Zentrum einer geschlossenen Welt zu sitzen und sich in gottgleicher Kontemplation der Schönheit seiner eigenen Schöpfung und seinen Visionen hinzugeben. Wie Barry Lyndon auf seinem Weg durch das formalistische Labyrinth des 18. Jahrhunderts vergißt Jack, sich sowohl seine eigene wie die Vergangenheit des Overlook genau anzusehen und die Störungen und Komplexitäten wahrzunehmen, die sich hinter der Oberfläche des Charakters oder der Zivilisation verbergen. Statt dessen verwandelt er beides in ein groteskes Zerrbild der Dauerhaftigkeit: Er versucht, seine Familie (seine Heimat) in der Gegenwart zu zerstören, weil sie einen »Vertrag« bedeutet, der nicht nur Verantwortung gegenüber anderen und sogar gegenüber einem anderen Geschlecht (der menschlichen Welt *außerhalb* des maskulinen Ich) impliziert, sondern eine ständige moralisch/emotionale »Arbeit«, in der es keine Garantien gibt und wenig Sicherheiten. Jacks »Liebe« zum Hotel – statt zu Wendy und Danny – ist eine neue Variante jener perversen Sucht nach der Unsterblichkeit des Todes, die auch in der Nekrophilie und Verdinglichung des Dr. Strangelove oder in HALs Versuch wirksam ist, seine Illusion maschineller Unfehlbarkeit vor menschlicher Einmischung zu bewahren. Jack erforscht eine aus dem Labyrinth des Overlook zu neuem Leben erweckte

Welt der Vergangenheit und lernt sogar, eine gewisse Kontrolle über sie auszuüben, während er gleichzeitig übersieht, daß er damit, auf der psychologischen Ebene, jene *äußeren* Welten verdrängt, die nicht nur das Risiko der Ungewißheit, sondern auch das Potential der Hoffnung für ihn bereithielten. Wie Johnny Clays Flucht in eine Welt außerhalb des zeitlich/räumlichen Schachbretts seiner Planung, führt Jacks abschließende Reise in das äußere Labyrinth in eine Umgebung, die seiner Sucht nach Kontrolle oder Erinnerung widersteht. Während Bowman durch seinen Erinnerungsraum wanderte, nur um als evolutionär verwandeltes Wesen wieder in die Weite des Raums zurückversetzt zu werden, vertauscht Jack in tragischer Ausweglosigkeit ein geschlossenes Labyrinth mit einem anderen. Am Ende wird er zu einer einsamen, von Angst gepeinigten Kreatur, aus deren Gebrüll im Labyrinth die Qual herauszuhören ist, nach dem realen Heim nun auch das selbst imaginierte zu verlieren. Als er sich schließlich erschöpft zu Boden sinken läßt, weist sein Blick, wie schon so oft im Labyrinth des Hotels, auf der Leinwand nach rechts – doch diesmal zeigt er ihm eine Landschaft eisiger Erstarrung, eine weiße Vision des Nichts, das ihn im Zentrum des Labyrinths erwartet hat. Wie so viele andere in Kubricks Filmen vergißt Jack Torrance, daß in einem offenen Universum von unendlicher Potentialität die Sucht nach Zeitlosigkeit gleichbedeutend wird mit einer Liebesaffäre mit dem Tod.

Im Epilog führt uns Kubrick ins Overlook-Hotel zu einem letzten, langen Blick der Kamera zurück, der paradoxerweise die Kontinuität filmischer Zeit behauptet und gleichzeitig ihre traditionell erklärende und ordnende Funktion verleugnet. Ähnlich wie jene Welles'sche Fahrt in die Feuer von Xanadu und zur Bedeutung von Rosebud, bestätigt Kubricks Kamera ihre Allwissenheit und Freiheit mit einer Bewegung durch den Raum, die so zielgerichtet ist wie es schon die ersten Einstellungen des Vorspanns waren. Doch hier werden die Zuschauer aufgefordert, sich an mehr zu erinnern als nur an ein Teil – das »Rosebud« – des Puzzle-Labyrinths. Die Kamera beginnt ihre Reise an jenem Punkt vor der Theke der Hotelrezeption, an dem wir Jack Torrance erstmals sahen und an dem Hallorann später von diesem Jack ermordet wurde. Quer durch die Lobby bewegt sie sich – quälend langsam für jene, die am Ende dieser Einstellung eine einfache Erklärung der Ereignisse erwarten – auf ein Bild an der Wand des Goldenen Korridors zu, das seinerseits im Zentrum eines Labyrinths hängt. Auf ihm sehen wir schließlich ein strahlendes Ebenbild des grinsenden Monstrums aus dem Heckenlabyrinth, das grüßend aus der Mitte einer festlichen Gesellschaft von Partygängern der Vergangenheit aufblickt, allseits umgeben und gefangen von einem in drei Reihen arrangierten Bildertext aus 21 Fotos.* Diese Einstellung beschließt nicht nur die filmische Geschichte des Jack Torrance, sondern kehrt eine frühere psychologische Konstellation um. In den Labyrinthen des ersten und des zweiten Teils parallelisierte Kubrick den Schriftsteller/Lehrer Jack mit Jack dem Monstrum, die Normalität mit ihrem Schatten, die Gegenwart mit einer gräßlichen Erinnerung, die verdrängt, aber nicht vergessen war. Nun präsentiert sich die Vergangenheit im Bild der Normalität (das Foto vom »4 Juli 1921«) und die Gegenwart zeigt die Fratze des Wahnsinns (die groteske, eisige Totenmaske im Heckenlabyrinth). Und während die nostalgische Musik des Balls im Goldenen Salon abermals erklingt, erinnert uns *The Shining* an das Ende eines anderen Films, an Kubricks eigenen *Barry Lyndon:* Wie dort, appelliert die Schlußeinstellung, das starre Bild aus der Vergangenheit, an *unsere* Erinnerung – nicht die Erinnerung an ein kollektives Unbewußtes, sondern an die kollektive Erfahrung des Menschlichen, die begraben liegt in *unserer* Geschichte und in *unseren* Ausschnittsammlungen. Mehr als irgend etwas anderes ist dies vielleicht Kubricks Traum von unserer Kultur – eine Spur zu hinterlassen.

---

* Hierzu einige – teils augenzwinkernde – Spekulationen über die Rolle, die Zahlen im Labyrinth/Puzzle von *The Shining* zu spielen scheinen: Danny trägt einen Pullover mit der aufgestrickten Zahl 42, und er sieht sich mit Wendy den Robert-Mulligan-Film *Summer of '42* an. Zweiundvierzig ist das Doppelte von 21 (1921; 21 Bilder an der Wand des Goldenen Korridors). Das Spiegelbild von 21 ist 12, und KDK 12 lautet das Funkrufzeichen des Overlook; auch die beiden Zwischentitel des dritten Teils (8 Uhr vormittags; 4 Uhr nachmittags) addieren sich zu 12, was bedeutet, daß der Film die Ziffernfolge von *2001* – wenn man die Nullen wegläßt – sowohl wiederholt als auch umkehrt. In *2001* erfahren wir, daß HALs Geburtstag (der Tag, an dem er in Urbana, Illinois, in Betrieb genommen wurde) der 12. Januar 1992 ist, was nicht nur die Ziffernfolge des Filmtitels umkehrt (12), sondern auch, als Quersumme der Jahreszahl (1+9+9+2), erneut 21 ergibt. In *The Shining* hat Kubrick das Zimmer 217 des Romans in Zimmer 237 verwandelt (ein Produktionsbericht erklärt es als juristische Notwendigkeit: es mußte eine Zimmernummer gewählt werden, die in der Timberline Lodge, dem realen Hotel der Außenaufnahmen, nicht existiert). Die Ziffern 2, 3 und 7 ergeben addiert: 12. Numerisch gesprochen, ist *The Shining* ein *2001* im Rückwärtsgang. Zwei Ziffern genügen für ein Labyrinth ...

Filmographie

1951   Day of the Fight

Regie/Kamera/Schnitt/Ton: Stanley Kubrick
Kommentar: Douglas Edwards
Dauer: 16 Minuten
Originalverleih: RKO Radio
(in der Bundesrepublik Deutschland nicht verliehen)

> Dokumentarfilm über den Arbeitsalltag eines Berufsboxers: Der Mittelgewichtler Walter Cartier wird am Tag eines wichtigen Kampfes beobachtet. Zusammen mit seinem Bruder und Manager besucht er die Frühmesse, verbringt den größten Teil des Tages mit nervenzermürbendem Warten, fährt zur offiziellen Gewichtsabnahme, später zur Boxarena, wartet abermals in seiner Kabine, geht in den Ring, kämpft, siegt durch K.o., kehrt in die Kabine zurück: »Das Ende eines ganz normalen Arbeitstags« (Kommentartext).

1951   Flying Padre

Regie/Kamera/Schnitt/Ton: Stanley Kubrick
Dauer: 9 Minuten
Originalverleih: RKO Radio
(in der Bundesrepublik Deutschland nicht verliehen)

> Dokumentarfilm über Reverend Fred Stadtmueller, den »fliegenden Priester« der Pfarrgemeinde von Mosquero, New Mexico, die eine Fläche von 400 Quadratmeilen umfaßt: Die Kamera zeigt ihn am Steuerknüppel seiner Piper Cub, bei einer Beerdigungszeremonie in einem abgelegenen Prärienest und beim Transport einer Mutter mit ihrem kranken Kind in das Hospital der nächstgelegenen Stadt.

1953   The Seafarers

Regie/Kamera/Schnitt: Stanley Kubrick
Buch: Will Chasan
Produzent: Lester Cooper
Erzähler: Don Hollenbeck
Dauer: 30 Minuten

> PR-Dokumentarfilm in Farbe im Auftrag der Internationalen Seemannsgewerkschaft innerhalb der American Forces of Labor: die Seeleute, ihr Arbeitsalltag, ihre Freizeit und der Vorteil, Gewerkschaftsmitglied zu sein ...

1953   Fear and Desire

Produktionsgesellschaft: Stanley Kubrick Productions
Produzent: Stanley Kubrick
Beteiligter Produzent: Martin Perveler
Regie/Kamera/Schnitt: Stanley Kubrick
Buch: Howard O. Sackler
Dialogregie (Nachsynchronisation): Toba Kubrick
Musik: Gerald Fried
Darsteller: Frank Silvera (Mac), Kenneth Harp (Corby), Virginia Leith
(das Mädchen), Paul Mazursky (Sidney), Steve Coit (Fletcher), David
Allen (Erzähler)
Format: 35 mm, schwarzweiß
Dauer: 68 Minuten
Originalverleih: Joseph Burstyn (nicht mehr im Verleih)
(in der Bundesrepublik Deutschland nicht verliehen)

Ein Krieg, irgendwo und irgendwann. Ein Trupp von vier Soldaten (Leutnant Corby,
Unteroffizier Mac und die Gemeinen Fletcher und Sidney) ist hinter den feindlichen
Linien bruchgelandet und versucht, sich zur Küste durchzuschlagen. Sie begegnen einer feindlichen Patrouille, die sie aus dem Hinterhalt niederschießen; dann einem
jungen Mädchen, das sie an einen Baum fesseln, um nicht verraten zu werden. Während drei der Männer am Fluß ein Floß bauen, versucht der als Bewacher zurückge-
lassene Sidney, sich an dem Mädchen zu vergehen, das die Gelegenheit zur Flucht
nutzt und von Sidney in Panik erschossen wird. Währenddessen haben die anderen
den Befehlsstand eines gegnerischen Generals entdeckt und beschlossen, ihn auszu-
heben. Während Mac ein Ablenkungsmanöver inszeniert, pirschen sich Corby und
Fletcher an und stellen fest, daß sie im General und seinem Adjutanten ihre eigenen
Spiegelbilder vor sich haben; sie töten sie. Der verletzte Mac liest im Wald den von
dem Unglück mit dem Mädchen völlig verwirrten Sidney auf und schlägt sich mit ihm
an Bord des Floßes zur Küste durch, wo sie bereits von Corby und Fletcher erwartet
werden, denen ihre einsame Heldentat im feindlichen Hinterland nicht die erhoffte
Befriedigung gebracht zu haben scheint.

1955   Killer's Kiss (Der Tiger von New York)

Produktionsgesellschaft: Minotaur
Produzenten: Stanley Kubrick, Morris Bousel
Regie/Kamera/Schnitt: Stanley Kubrick
Buch: Stanley Kubrick, Howard O. Sackler
Musik: Gerald Fried
Choreographie: David Vaughan
Darsteller: Frank Silvera (Vincent Rapallo), Jamie Smith (Davy Gor-
don), Irene Kane (Gloria Price), Jerry Jarret (Albert), Ruth Sobotka
(Iris), Mike Dana, Felice Orlandi, Ralph Roberts, Phil Stevenson

316

(Gangster), Julius Adelman (Besitzer der Schaufensterpuppenfabrik),
David Vaughan, Alec Rubin (Versammlungsteilnehmer)
Format: 35 mm, schwarzweiß
Dauer: 64 Minuten
Originalverleih: United Artists
Deutscher Verleih: Lehmacher (nicht mehr im Verleih)

Eine Bahnhofshalle in New York: Der Boxer Davy Gordon wartet und erinnert sich
an die vergangenen Tage. Rückblende: Davy in seinem schäbigen Appartement am
Abend eines wichtigen Kampfes. Er beobachtet ein unerreichbares blondes Gegenüber auf der anderen Seite des Hinterhofs: Gloria. Beide verlassen gleichzeitig das
Haus, verfehlen sich knapp. Davy fährt zu seinem Kampf, Gloria wird von dem alternden Gangster Rapallo abgeholt, in dessen Tanzdiele »Pleasureland« sie als Taxi-
Girl arbeitet. Am Abend verliert Davy seinen Kampf, der im Fernsehen übertragen
und im Hinterzimmer des Pleasureland von Rapallo gesehen wird, während er Gloria
zu verführen versucht. In sein Zimmer heimgekehrt, beobachtet Davy, wie gegenüber Gloria nach Hause kommt und sich auszieht. Das Telefon unterbricht ihn: Sein
Onkel aus Seattle tröstet Davy über den verlorenen Kampf und lädt ihn ein, auf seiner Ranch zu leben. Nachts träumt Davy von einer alptraumhaften Fahrt durch
Slumstraßen und wird durch einen Schrei geweckt: Gegenüber versucht Rapallo,
Gloria zu vergewaltigen. Über die Dächer eilt Davy zu Hilfe, vertreibt Rapallo, beru-
higt Gloria, wartet, bis sie eingeschlafen ist. Den nächsten Tag verbringen sie zusammen und beschließen, das Angebot des Onkels anzunehmen und gemeinsam nach
Seattle zu gehen. Gloria erzählt von ihrer Schwester Iris, die ihre Tänzerinnenkarrie-
re aufgab, um durch eine reiche Heirat nach dem Tod der Mutter die Familie zu versorgen, und später Selbstmord beging. Für abends verabreden sie sich vor dem Pleasureland: Davy erwartet seinen Manager Albert mit seiner letzten Gage. Als Albert
kommt, wird er von zwei von Rapallo beauftragten Killern für Davy gehalten und ermordet. Gloria und Davy, die Albert verfehlt hatten, kehren in ihre Zimmer zurück,
um für die Reise zu packen. Kaum haben sie sich getrennt, wird Gloria von Rapallos
Männern verschleppt, während sich Davy von der Polizei als mutmaßlicher Mörder
Alberts verfolgt sieht. Er flieht, nimmt die Verfolgung Rapallos auf, stellt ihn
schließlich im Lagerraum einer Schaufensterpuppenfabrik, wo er Gloria gefangen-
hält. Die beiden Männer liefern sich einen Kampf auf Leben und Tod. Davy tötet Rapallo und wird von der Polizei festgenommen, bis es ihm gelingt, Notwehr glaubhaft
zu machen. Dadurch von Gloria getrennt, geht er schließlich allein zum Bahnhof und
erwartet nicht, Gloria wiederzusehen. Aber sie kommt ....

1956   The Killing (Die Rechnung ging nicht auf)

Produktionsgesellschaft: Harris-Kubrick Productions
Produzent: James B. Harris
Regie: Stanley Kubrick
Drehbuch: Stanley Kubrick, nach dem Roman *Clean Break* von Lionel
White
Zusätzliche Dialoge: Jim Thompson
Kamera: Lucien Ballard
Schnitt: Betty Steinberg

Art Director: Ruth Sobotka-Kubrick
Musik: Gerald Fried
Ton: Earl Snyder
Darsteller: Sterling Hayden (Johnny Clay), Jay C. Flippen (Marvin Unger), Marie Windsor (Sherry Peatty), Elisha Cook (George Peatty), Coleen Gray (Fay), Vince Edwards (Val Cannon), Ted de Corsia (Randy Kennan), Joe Sawyer (Mike O'Reilly), Tim Carey (Nikki Arane), Kola Kwariani (Maurice), James Edwards (Parkwächter), Jay Adler (Leo), Joseph Turkel (Tiny)
Format: 35 mm, schwarzweiß
Dauer: 83 Minuten
Originalverleih: United Artists
Deutscher Verleih: Atlas (nicht mehr im Verleih)

Johnny Clay, soeben aus der Haft entlassen, plant seinen größten Coup: einen Überfall auf die Wettbürokasse der Pferderennbahn von Bay Meadows. Der Plan sieht vor, durch zwei inszenierte Zwischenfälle für Verwirrung zu sorgen: ein Scharfschütze (Nikki Arane) soll das führende Pferd während des Rennens erschießen und ein Berufsringer (Maurice) soll in der Bar des Rennplatzes eine Massenschlägerei provozieren. Der Barkeeper (Mike O'Reilly) ist eingeweiht, ebenso der Wettbüro-Kassierer George Peatty, der auch seine untreue Frau Sherry, der er hörig ist, ins Vertrauen zieht. Sherry und ihr junger Liebhaber Val beschließen, nach gelungenem Überfall die Beute an sich zu bringen. Zwar wird am Tag des Rennens Nikki in eine Schießerei mit der Polizei verwickelt und getötet, doch ansonsten verläuft der Überfall planmäßig. Die Beteiligten treffen sich in der Wohnung von Marvin Unger, einem väterlichen Freund von Johnny, um dort die Beute zu teilen. Während sie noch auf Johnny und das Geld warten, werden sie von Val überrascht. Es kommt zu einer wilden Schießerei, der alle Verschwörer zum Opfer fallen. Nur George entkommt schwer verletzt, erreicht gerade noch die eigene Wohnung, erschießt Sherry, stirbt. Johnny, durch die Vorfälle gewarnt, verabredet sich mit seiner Freundin Fay am Flughafen, um sofort außer Landes zu gehen. Sein Koffer voller Banknoten wird nicht als Handgepäck anerkannt, fällt auf dem Flugfeld vom Gepäckkarren und platzt auf: das Geld wirbelt im Propellerwind davon, Johnny wird von FBI-Agenten gestellt.

1957   Paths of Glory (Wege zum Ruhm)

Produktionsgesellschaft: Harris-Kubrick Productions
Produzent: James B. Harris
Regie: Stanley Kubrick
Drehbuch: Stanley Kubrick, Calder Willingham, Jim Thompson, nach dem Roman von Humphrey Cobb
Kamera: Georg Krause
Schnitt: Eva Kroll
Art Director: Ludwig Reiber
Musik: Gerald Fried
Ton: Martin Müller

Darsteller: Kirk Douglas (Colonel Dax), Ralph Meeker (Corporal Paris), Adolphe Menjou (General Broulard), George Macready (General Mireau), Wayne Morris (Lieutenant Roget), Richard Anderson (Major Saint-Auban), Joseph Turkel (Soldat Arnaud), Timothy Carey (Soldat Ferol), Peter Capell (Militärrichter), Susanne Christian (deutsches Mädchen), Bert Freed (Sergeant Boulanger), Emile Meyer (Priester), John Stein (Hauptmann Rousseau), Ken Dibbs (Soldat Lejeune), Jerry Hausner (Gastwirt), Harold Benedict (Hauptmann Nichols)
Format: 35 mm, schwarzweiß
Dauer: 86 Minuten
Originalverleih: United Artists (presented by Bryna Productions)
Deutscher Verleih: atlas film + av (16 mm)

Stellungskrieg in Frankreich, 1916. In einem als Stabsquartier dienenden Schloß hinter den französischen Linien überredet der oberkommandierende General Broulard den Abschnittskommandanten, Generalmajor Mireau, zum Angriff auf eine uneinnehmbare deutsche Stellung, den »Ameisenhügel«. Mireau gibt den Befehl an Colonel Dax weiter, der ihn als unsinnig bezeichnet, sich aber dem Druck des ehrgeizigen Mireau beugen muß. Bei einem nächtlichen Erkundungsunternehmen verschuldet Leutnant Roget den Tod eines seiner Untergebenen. Corporal Paris, der einzige Zeuge, droht mit Anzeige, muß sich jedoch der Einsicht beugen, daß seine Aussage neben der eines Offiziers keinen Glauben finden würde. Der Angriff am nächsten Morgen scheitert unter schweren Verlusten der ersten Angriffswelle, während die zweite Welle vom deutschen Sperrfeuer in den Gräben zurückgehalten wird. Mireau befiehlt seiner Artillerie, die eigenen Linien unter Feuer zu nehmen. Der Artilleriekommandant weigert sich, den Befehl zu befolgen, solange er ihn nicht schriftlich erhält. Nach dem endgültigen Scheitern des Angriffs will Mireau ein Exempel statuieren und zunächst hundert, dann – nach Einspruch Broulards – je einen Mann aus jeder Kompanie wegen Feigheit vor dem Feind anklagen lassen. Die Kompaniechefs sollen die Auswahl treffen, was Roget dazu benutzt, den Mitwisser Paris loszuwerden. Der Kriegsgerichtsprozeß gegen die drei Ausgewählten – Paris, Arnaud, Ferol – findet im Prunksaal des Schlosses statt und erweist sich als abgekartetes Spiel, bei dem der als Verteidiger auftretende Dax gehindert wird, Entlastungsargumente vorzubringen. Die Männer werden zum Tod verurteilt. Abends feiern die Offiziere im Schloß einen Ball, bei dem Dax Broulard von dem verbrecherischen Artilleriebefehl Mireaus in Kenntnis setzt, ohne etwas zu erreichen. Am nächsten Morgen findet die Exekution statt, mit deren Durchführung Dax Leutnant Roget beauftragt hat. Erst beim anschließenden Frühstück der Generäle konfrontiert Broulard Mireau mit Dax' Aussage und kündigt eine öffentliche Untersuchung an. Mireau verläßt den Raum, um sich zu erschießen. Broulard bietet Dax den freigewordenen Posten mit der Bemerkung an, darauf habe er es doch von Anfang an abgesehen gehabt. Dax lehnt empört ab und kehrt mit einem neuen Einsatzbefehl zu seinen Männern zurück, die in einer Kantine johlend eine gefangene Deutsche begrüßen, die gezwungen wird, ein Lied zu singen. Hilflos und verängstigt singt sie das Lied vom treuen Husaren. Das Johlen verstummt. Dax befiehlt, den Männern noch fünf Minuten Zeit zu lassen.

1960   Spartacus (Spartacus)

Produktionsgesellschaft: Bryna
Executive Producer: Kirk Douglas
Produzent: Edward Lewis
Regie: Stanley Kubrick
Drehbuch: Dalton Trumbo, nach dem Roman von Howard Fast
Kamera: Russell Metty
Spezialaufnahmen: Clifford Stine
Schnitt: Robert Lawrence, Robert Schultz, Fred Chulack
Production Design: Alexander Golitzen
Art Director: Eric Orbom
Ausstattung: Russell A. Gausman, Julia Heron
Titel: Saul Bass
Historische Beratung: Vittorio Nino Novarese
Kostüme: Peruzzi, Valles, Bill Thomas
Musik: Alex North
Musikalische Leitung: Joseph Gershenson
Ton: Waldo O. Watson, Joe Lapis, Murray Spivack, Ronald Pierce
Regieassistenz: Marshall Green
Darsteller: Kirk Douglas (Spartacus), Laurence Olivier (Marcus Cras-sus), Jean Simmons (Varinia), Charles Laughton (Gracchus), Peter Ustinov (Batiatus), John Gavin (Julius Cäsar), Tony Curtis (Antoni-nus), Nina Foch (Helena), Herbert Lom (Tigranes), John Ireland (Cri-xus), John Dall (Glabrus), Charles McGraw (Marcellus), Joanna Barnes (Claudia), Harold J. Stone (David), Woody Strode (Draba), Peter Broc-co (Ramon), Paul Lambert (Gannicus), Robert J. Wilke (Hauptmann der Wache), Nicholas Dennis (Dionysius), John Hoyt (römischer Offi-zier), Fred Worlock (Laelius), Dayton Lummis (Symmachus)
Format: 70 mm (Super-Technirama), Farbe (Technicolor)
Dauer: ursprünglich 196 Minuten, gekürzt auf 184 Minuten
Originalverleih: Universal Pictures
Deutscher Verleih: UIP (70 mm, 35 mm CS, 16 mm CS)
(Erhältlich auf Videokassette von CIC-Taurus, jedoch auf Normalfor-mat 1:1,33 reduziert; die Filmmusik erschien auf Schallplatte MCA 2068)

Der thrakische Sklave Spartacus kommt in den libyschen Steinbrüchen einem zusam-mengebrochenen Leidensgenossen zu Hilfe und wird dafür, wegen Aufsässigkeit, zum Tode verurteilt. Der römische Kaufmann Batiatus rettet ihn, indem er ihn für seine Gladiatorenschule kauft. Spartacus wird ausgebildet und verliebt sich in die Sklavin Varinia, die als Prostituierte für die Gladiatoren gehalten wird. Als der Patri-zier Crassus Varinia kauft und Spartacus sieht, wie sie bei ihrem Abtransport miß-handelt wird, löst er eine Revolte der Gladiatoren aus, die sich unter massenhaftem Zulauf zu einem Aufstand entwickelt. Ein von Crassus' Günstling Glabrus kommandiertes römisches Heer wird von der Sklavenarmee geschlagen. Glabrus muß die Nachricht von seiner Niederlage selbst überbringen und wird in die Verbannung geschickt. Crassus beginnt, für seine Ernennung zum Ersten Konsul zu intrigieren: nur in dieser Position könne er Rom von Spartacus befreien. Unterdessen marschiert die Sklavenarmee nach Brundusium, um an Bord von Piratenschiffen Italien zu verlassen. Varinia, die entkommen konnte, ist wieder zu Spartacus gestoßen und teilt ihm mit, schwanger zu sein. In Brundusium sieht sich Spartacus von den Piraten – die von Crassus bestochen wurden – im Stich gelassen und von zwei römischen Legionen in die Zange genommen. Er befiehlt den Marsch auf Rom, wo Crassus inzwischen zum Konsul ernannt wurde. In der Entscheidungsschlacht haben die Sklaven das römische Heer unter Crassus schon fast besiegt, als die beiden aus Brundusium herangeführten Legionen die Wende bringen. Varinia kommt auf dem Schlachtfeld mit einem Sohn nieder, wird von Crassus entdeckt und von ihm aufgenommen. Als Spartacus von den Römern identifiziert werden soll, melden sich alle Gefangenen mit seinem Namen. Crassus läßt sie alle entlang der Via Appia kreuzigen. Als Varinia die Anträge des Crassus zurückweist, rächt sich dieser, indem er Spartacus und Antoninus (einen seiner ehemaligen Sklaven, der den Aufstand den unverkennbaren Sympathien seines Herrn vorgezogen hatte) auf Leben und Tod gegeneinander kämpfen läßt. Der Sieger soll gekreuzigt werden. Spartacus tötet Antoninus, um ihm diese Qual zu ersparen. Vor dem Kreuz an der Via Appia, an dem Spartacus stirbt, hält ein Reisewagen: Varinia ist nach einer Intrige freigekommen und mit Batiatus auf dem Weg nach Aquitanien. Zum ersten und zum letzten Mal zeigt sie Spartacus seinen Sohn, der in Freiheit aufwachsen wird.

1962   Lolita (Lolita)

Produktionsgesellschaft: Seven Arts/Anya/Transworld
Produzent: James B. Harris
Regie: Stanley Kubrick
Drehbuch: Vladimir Nabokov, nach seinem Roman
Kamera: Oswald Morris
Schnitt: Anthony Harvey
Art Director: William Andrews
Ausstattung: Andrew Low
Musik: Nelson Riddle
Titelmusik: Bob Harris
Ton: H. L. Bird, Len Shilton
Regieassistenz: Roy Millichip, John Danischewsky
Darsteller: James Mason (Humbert Humbert), Sue Lyon (Lolita Haze), Shelley Winters (Charlotte Haze), Peter Sellers (Clare Quilty), Diana Decker (Jean Farlow), Jerry Stovin (John Farlow), Suzanne Gibbs (Mona Farlow), Gary Cockrell (Dick Schiller), Marianne Stone (Vivian Darkbloom), Cec Linder (Arzt), Lois Maxwell (Krankenschwester Mary Lord), William Greene (Mr. Swine), C. Denier Warren (Mr. Potts), Isobel Lucas (Louise), Maxine Holden (Empfangsdame im Krankenhaus), James Dyrenforth (Mr. Beale), Roberta Shore (Lorna), Eric

Lane (Roy), Shirley Douglas (Mrs. Starch), Roland Brand (Billy), Colin Maitland (Charlie Holmes), Irvin Allen (Krankenwärter), Marion Mathie (Miss Lebone), Craig Sams (Rex), John Harrison (Tom)
Format: 35 mm, schwarzweiß
Dauer: 153 Minuten
Originalverleih: Metro-Goldwyn-Mayer
Deutscher Verleih: Metro-Goldwyn-Mayer (nicht mehr im Verleih)
(Filmmusik erschienen auf Schallplatte MGM SE 4050)

Humbert Humbert dringt in ein chaotisch verwahrlostes, großzügiges Landhaus ein, stellt den betrunkenen Bewohner Clare Quilty wegen seines Verhaltens gegenüber Lolita zur Rede und erschießt ihn. Rückblende – vier Jahre vorher: Humbert, ein vager Literat und Lehrbeauftragter für französische Literatur, kommt nach Amerika, um in Beardsley College zu unterrichten. Für die Semesterferien quartiert er sich im Haus der üppigen und bildungsbeflissenen Witwe Charlotte Haze in Ramsdale ein, nachdem er deren halbwüchsige Tochter Lolita gesehen hat. So sehr Humbert, von jeher den »Nymphchen« verfallen, Lolita nachstellt, so sehr versucht Charlotte, die seine Neigung zu ihrer Tochter nicht bemerkt, ihn zu verführen. Schließlich gesteht sie ihm ihre Liebe brieflich; Humbert bricht bei der Lektüre in lautes Lachen aus – und nimmt den Heiratsantrag an, um Lolita nahe zu sein. Charlotte schickt ihre Tochter in ein Ferienlager, um mit Humbert allein zu sein, entdeckt jedoch bei der Lektüre seines Tagebuchs bald den wahren Sachverhalt. Sie wirft sich vor ein Auto. Humbert holt Lolita aus dem Lager ab, erzählt, daß ihre Mutter plötzlich erkrankt sei, und übernachtet mit ihr in einem Hotel, in dem wegen eines Polizeikongresses nur ein Zimmer frei ist. Von einem vermeintlichen Polizisten anzüglich auf seine Begleiterin angesprochen, bestellt Humbert demonstrativ ein Klappbett, das nachts unter ihm zusammenbricht. Am Morgen wird er von seiner Stieftochter verführt. Als Lolita auf der ziellosen Weiterreise darauf besteht, ihre Mutter anzurufen, gesteht ihr Humbert, daß Charlotte tot ist. Beide siedeln nach Beardsley über, wo Humbert seiner Arbeit nachgeht und Lolita mit seiner Eifersucht verfolgt. Der angebliche Schulpsychologe Dr. Zempf sucht Humbert auf und läßt durchblicken, daß ihm das Verhältnis zwischen Vater und Tochter suspekt sei. Abermals gehen Humbert und Lolita auf eine ziellose Reise durch Amerika, fühlen sich dabei bald von einem mysteriösen schwarzen Wagen verfolgt. Lolita erkrankt an schwerer Grippe und kommt in ein Krankenhaus. Humbert wird nachts im Hotel von einem Unbekannten angerufen, der ihm eine polizeiliche Untersuchung seines Verhältnisses zu Lolita androht. Als Humbert im Krankenhaus ankommt, ist Lolita verschwunden – angeblich von einem Onkel abgeholt. Humbert randaliert und entgeht nur knapp der Zwangsjacke. Zwei Jahre später erhält er einen Brief von Lolita: Sie ist verheiratet, schwanger, in Geldnot, bittet um Hilfe. Humbert sucht sie auf und findet eine verblühte, aufgedunsene Mrs. Schiller vor, die ihm erzählt, ihn nie geliebt zu haben und schon vor ihm von dem Stücke- und Drehbuchschreiber Clare Quilty, einem Bekannten ihrer Mutter, verführt worden zu sein. Auch während ihrer Liaison mit Humbert habe sie sich mit Quilty getroffen, und Quilty sei mit dem mysteriösen Polizisten, mit Dr. Zempf, dem Verfolger im Auto, dem nächtlichen Anrufer und dem angeblichen Onkel identisch gewesen. Nach ihrem Verschwinden aus dem Krankenhaus habe sie zunächst mit ihm zusammengelebt. Humbert bricht zusammen. Er bittet Lolita, zu ihm zurückzukehren. Sie lehnt ab. Unter Tränen gibt er ihr all sein Geld, setzt sich ins Auto, fährt zu Quilty und erschießt ihn. Schlußtitel: Humbert Humbert starb im Gefängnis an Koronarthrombose, während er seinen Mordprozeß erwartete.

1964   Dr. Strangelove, or How I Learned to Stop Worrying and Love the Bomb (Dr. Seltsam, oder Wie ich lernte, die Bombe zu lieben)

Produktionsgesellschaft: Hawk Films
Produktion und Regie: Stanley Kubrick
Beteiligter Produzent: Victor Lyndon
Drehbuch: Stanley Kubrick, Terry Southern, Peter George, nach dem Roman *Red Alert* von Peter George
Kamera: Gilbert Taylor
Schnitt: Anthony Harvey
Production Design: Ken Adam
Art Director: Peter Murton
Spezialeffekte: Wally Veevers
Musik: Laurie Johnson
Luftfahrttechnische Beratung: Captain John Crewdson
Ton: John Cox
Darsteller: Peter Sellers (Group Captain Lionel Mandrake, Präsident Muffley, Dr. Strangelove), George C. Scott (»Buck« Turgidson), Sterling Hayden (General Jack D. Ripper), Keenan Wynn (Colonel Bat Guano), Slim Pickens (Major T. J. »King« Kong), Peter Bull (Botschafter De Sadesky), Tracy Reed (Miss Scott), James Earl Jones (Lieutenant H. R. Dietrich, D.S.O.), Glenn Beck (Lieutenant W. D. Kivel, Bordnavigator), Shane Rimmer (Captain G. A. »Ace« Owens, Kopilot), Paul Tamarin (Lieutenant B. Goldberg, Funker), Gordon Tanner (General Faceman), Robert O'Neil (Admiral Randolph), Roy Stephens (Frank), Laurence Herder, John McCarthy, Hal Galili (Soldaten in Burpleson)
Format: 35 mm, schwarzweiß
Dauer: 94 Minuten
Originalverleih: Columbia Pictures
Deutscher Verleih: Warner-Columbia (35 mm), Bruno Schmidt (16 mm)
(Filmmusik erschienen auf Schallplatte Colpix 464 S)

Luftstützpunkt Burpleson: General Ripper informiert seinen englischen Executive Officer Mandrake, daß er unter Inanspruchnahme einer Notvollmacht (»Plan R«) den Angriff seiner strategischen Bomberstaffel auf die Sowjetunion befohlen habe; der Stützpunkt sei abzuriegeln, jede Kommunikation nach draußen zu unterbinden. Befehlsgemäß nehmen die Maschinen, darunter die B 52 von Major Kong, Kurs auf ihre Ziele und schalten ihre Funkgeräte auf einen Sperrcode. Luftwaffengeneral Turgidson, der gerade ein Schäferstündchen mit einem *Playboy*-Aktmodell verbringt, wird auf der Toilette von dem Angriff informiert. Im Kriegsbunker des Pentagon tritt ein Krisenstab zusammen. Eine telefonische Botschaft wird verlesen, in der Ripper den Präsidenten Muffley auffordert, den Überraschungseffekt des Angriffs zu nutzen und mit allen Kräften zuzuschlagen – dann seien der Sieg gewiß und die Reinheit der natürlichen Säfte gesichert. Muffley erkennt die Äußerung eines Geisteskranken. Turgidson rät dennoch, dem Vorschlag zu folgen, um dem unweigerlichen Vergeltungsschlag der Sowjets zuvorzukommen. Muffley weigert sich, läßt den Sowjetbotschafter De Sadesky ins Pentagon kommen und ruft den Sowjetpremier Kissoff an. Inzwischen hat Mandrake in Burpleson beim Konfiszieren privater Kofferradios entdeckt, daß alle Sender Tanzmusik spielen: offensichtlich kein Kriegszustand. Er stellt Ripper zur Rede, der zugibt, den Angriff eigenmächtig befohlen zu haben. Sein Grund: die von den Roten gesteuerte Kampagne zur Fluorisierung des Trinkwassers, wodurch die Körpersäfte vergiftet würden. Im Kriegsbunker gibt Muffley den Befehl, Burpleson zu erobern und den Sperrcode von Ripper in Erfahrung zu bringen. Währenddessen telefoniert er mit Kissoff und erfährt erstmals von der Existenz einer sowjetischen »Weltuntergangsmaschine«, die bei einem Angriff automatisch ausgelöst wird, nicht zu entschärfen ist und die Erde für 100 Jahre mit Strahlung verseucht. Im Krisenstab weist der deutschstämmige Rüstungsexperte Dr. Strangelove darauf hin, daß diese Maschine sinnlos ist, solange niemand von ihr weiß. De Sadesky klärt auf: die Bekanntgabe sei für den Parteikongreß am kommenden Montag geplant gewesen. Unterdessen hat der Angriff auf Burpleson begonnen. Ripper verteidigt sich mit einem MG, erzählt von seinen Schwierigkeiten beim Geschlechtsverkehr und begeht schließlich Selbstmord, um den Sperrcode nicht unter Foltern preiszugeben. Inzwischen beginnt die sowjetische Luftabwehr, die amerikanischen Bomber, deren Routen ihr vom Pentagon mitgeteilt worden sind, anzugreifen. Kong kann der auf ihn gezielten Rakete ausweichen, doch seine Maschine wird beschädigt: Funkausfall, Treibstoffverlust. Captain Mandrake gelingt es, aus Rippers Kritzeleien den Code zu rekonstruieren. Er will ihn dem Pentagon übermitteln, doch die Telefone sind tot. Für die öffentliche Telefonzelle fehlt es an Kleingeld. Colonel Guano, der Mandrake nach Eroberung des Stützpunkts gefangengenommen hat, überwindet sich, einen Cola-Automaten aufzuschießen. Das Pentagon erhält den Sperrcode, und alle Maschinen, die noch nicht abgeschossen sind, werden zurückgerufen. Außer derjenigen Kongs. Kissoff ruft Muffley an und beschwert sich, daß trotz erfolgten Rückrufs ein Bomber auf Kurs bleibt. Muffley empfiehlt, alle sowjetischen Jäger auf das Zielgebiet der Maschine zu konzentrieren. Doch Kong wird von zunehmenden Treibstoffverlusten gezwungen, das nächstgelegene Ausweichziel anzusteuern. Durch Tiefflug entgeht er dem sowjetischen Radar und erreicht das Ziel. Als die Luke des Bombenschachts klemmt, öffnet Kong sie an Ort und Stelle und reitet auf der Bombe johlend ins Ziel. Im Kriegsbunker entwickelt Dr. Strangelove den Plan, einen »Kern der menschlichen Art« in tiefen Bergwerksschächten über die hundertjährige Strahlungsperiode zu retten. Die Auswahl müsse, abgesehen von den Führungseliten, ein Computer treffen. Aus zuchthygienischen Gründen sei ein Verhältnis von zehn Frauen auf jeden Mann wünschenswert. Vorfreude Turgidsons. Immer erregter werdend, erhebt sich Strangelove aus seinem Rollstuhl und salutiert mit Hitlergruß vor Muffley. Zu den Klängen eines sentimentalen Schlagers – »wir werden uns wiedersehn, irgendwo, irgendwann« – detoniert die Weltuntergangsmaschine und löscht das Leben auf der Erde aus.

1968 2001: A Space Odyssey (2001: Odyssee im Weltraum)

Produktionsgesellschaft: Metro-Goldwyn-Mayer
Produzent: Stanley Kubrick
Regie: Stanley Kubrick
Drehbuch: Stanley Kubrick, Arthur C. Clarke, nach der Kurzgeschichte

»The Sentinel« von Arthur C. Clarke
Kamera: Geoffrey Unsworth
Zusätzliche Aufnahmen: John Alcott
Konzeption und Gesamtleitung der Spezialeffekte: Stanley Kubrick
Überwachung der Spezialeffekte: Wally Veevers, Douglas Trumbull, Con Pederson, Tom Howard
Schnitt: Ray Lovejoy
Production Design: Tony Masters, Harry Lange, Ernie Archer
Art Director: John Hoesli
Musik: Richard Strauss, Johann Strauß, Aram Chatschaturjan, György Ligeti
Kostüme: Hardy Amies
Ton: Winston Ryder
Darsteller: Keir Dullea (David Bowman), Gary Lockwood (Frank Poole), William Sylvester (Dr. Heywood Floyd), Daniel Richter (Mond-Schauer), Douglas Rain (Stimme von HAL), Leonard Rossiter (Smyslow), Margaret Tyzack (Elena), Robert Beatty (Halvorsen), Sean Sullivan (Michaels), Frank Miller (Mission Control), Penny Edwina Carroll, Mike Lovell, Peter Delman, Dany Grover, Brian Hawley
Format: 70 mm (Super-Panavision), Farbe (Metrocolor und Technicolor)
Dauer: 141 Minuten
Originalverleih: Metro-Goldwyn-Mayer
Deutscher Verleih: UIP (70 mm, 35 mm CS, 16 mm CS)
(Erhältlich auf Videokassette von MGM-EuroVideo, jedoch auf Normalformat 1:1,33 reduziert und um 6 Minuten gekürzt; Filmmusik erhältlich auf Schallplatte MGM 665 096; eine ungekürzte Super-8-mm-CS-Kaufkopie des Films wurde in der Bundesrepublik Deutschland angeboten von Ufa/Büscher-Film.)

»Aufbruch der Menschheit«: Ein Rudel pflanzenfressender Hominiden des Pliozän in der afrikanischen Trockensteppe; bedroht von Leoparden und einem Nachbarstamm, der ihnen die einzige Wasserstelle streitig macht, ernähren sie sich mühsam von Wurzeln und Gräsern. Über Nacht erscheint ein geheimnisvoller schwarzer Monolith, unter dessen Einfluß ihr Anführer, Mond-Schauer, einen Knochen als Werkzeug und als Waffe zu gebrauchen lernt: Die Konkurrenten können vertrieben oder erschlagen und Tapire zur Stillung des Hungers erlegt werden. Triumphierend schleudert Mond-Schauer den Knochen in die Luft.
Schnitt: Knochenförmige Satelliten im Erdorbit, vier Millionen Jahre später. An Bord der Pan-Am-Fähre *Orion* ist der Raumfahrtfunktionär Dr. Heywood Floyd unterwegs zur Orbitalstation 5, wo er in das Raumschiff *Aries* umsteigt, das ihn zur Mondbasis Clavius bringen soll. Vor seinem Weiterflug erzählt er sowjetischen Kollegen von einer Epidemie, die dort ausgebrochen sei. Nach seiner Ankunft enthüllt sich der wahre Grund: Im nahegelegenen Krater Tycho ist ein schwarzer Monolith ausgegraben worden, der offensichtlich von außerirdischen Besuchern stammt. Mit Halvorsen, dem Leiter der Station, und anderen Astronauten fliegt Floyd zur Gra-

bungsstelle. Während sie sich gegenseitig vor dem Monolithen fotografieren, trifft das Licht der aufgehenden Sonne dessen Spitze: Ein heftiger Strahlungsimpuls wird ausgelöst, der die Kopfhörer der Astronauten mit einem gellenden Geräusch erfüllt.

»Unternehmen Jupiter – 18 Monate später«: Das Raumschiff *Discovery* auf dem Weg zum Planeten Jupiter; an Bord sind die Astronauten Bowman und Poole, drei Wissenschaftler im Kälteschlaf und als sechstes Besatzungsmitglied ein HAL-9000-Computer, der sprechen und menschliche Gefühle simulieren kann. Als der als unfehlbar geltende HAL einen Defekt an einem Sendeaggregat meldet, der von einem Zwillingscomputer auf der Erde nicht verifiziert werden kann, beginnen Bowman und Poole, an ihm zu zweifeln. Um nicht von ihm gehört zu werden, ziehen sie sich in eine der Raumgondeln für Außeneinsätze zurück und erwägen, HAL bei Bestätigung seines Irrtums abzuschalten. Mit einem seiner allgegenwärtigen Fernsehaugen kann HAL das Gespräch durchs Gondelfenster von ihren Lippen ablesen. Als Poole sich im Weltraum befindet, um das fragliche Aggregat wieder einzubauen, kappt HAL mit Hilfe der fernsteuerbaren Gondel seine Versorgungsleitungen und schleudert ihn ins All hinaus. Bowman verläßt die *Discovery*, um Poole zu retten. HAL benutzt seine Abwesenheit, um die drei Wissenschaftler in den Kühlkammern zu töten, und verweigert Bowman bei dessen Rückkehr den Einlaß ins Schiff. Über eine Notluftschleuse gelingt es Bowman als einzigem Überlebenden, in die *Discovery* zurückzukehren und HAL abzuschalten, der als letztes Lebenszeichen eine Magnetbandaufzeichnung abspielt, auf der Heywood Floyd den bisher geheimgehaltenen Zweck des Unternehmens offenbart: die Spur der außerirdischen Intelligenzen zu verfolgen, die vor vier Millionen Jahren einen Monolithen auf dem Mond vergraben haben, dessen Strahlung auf Jupiter ausgerichtet ist ...

»Jupiter – und dahinter die Unendlichkeit«: Im Jupiterorbit angekommen, verläßt Bowman in einer Raumgondel die *Discovery*. Der Monolith taucht in der Umlaufbahn auf und saugt Bowman in das transdimensionale »Sternentor« hinein. Nach einem psychedelischen Trip durch eine Welt aus unwirklichen Farben und Formen findet er sich in einem Zimmer wieder, das im Louis-seize-Stil des 18. Jahrhunderts eingerichtet ist. Von den Geräuschen unsichtbarer außerirdischer Beobachter umgeben, sieht er sich selbst rapide altern und schließlich als Greis vor dem schwarzen Monolithen liegen. Er hebt seine Hand zu ihm auf und wird in einen leuchtenden Astralfötus verwandelt: das »Sternenkind«, das zu einem neuen Anfang zur Erde zurückkehrt.

1971   A Clockwork Orange (Uhrwerk Orange)

Produktionsgesellschaft: Warner Brothers/Hawk Films
Produktion und Regie: Stanley Kubrick
Executive Producers: Max L. Raab, Si Litvinoff
Beteiligter Produzent: Bernard Williams
Drehbuch: Stanley Kubrick, nach dem Roman von Anthony Burgess
Kamera: John Alcott
Schnitt: Bill Butler
Production Design: John Barry
Art Director: Russell Hagg, Peter Shields
Musik: Ludwig van Beethoven, Edward Elgar, Gioacchino Rossini, Terry Tucker, Henry Purcell, James Yorkston, Arthur Freed, Nacio Herb

Brown, Nikolai Rimski-Korsakow, Erika Eigen
Elektronische Arrangements und Originalkompositionen: Walter Carlos
Songs gesungen von: Gene Kelly, Erika Eigen
Kostüme: Milena Canonero
Bilder und Skulpturen: Herman Makkink, Cornelius Makkink, Liz Moore, Christiane Kubrick
Produktionsassistenz: Andros Epaminondas
Produktionsleitung: Jan Harlan
Ton: Brian Blamey
Darsteller: Malcolm McDowell (Alex DeLarge), Patrick Magee (Mr. Alexander), Michael Bates (Gefängnisaufseher), Warren Clarke (Dim), John Clive (Schauspieler), Adrienne Corri (Mrs. Alexander), Carl Duering (Dr. Brodsky), Paul Farrell (Stadtstreicher), Clive Francis (Untermieter Joe), Michael Gover (Gefängnisdirektor), Miriam Karlin (Miss Weber, die Katzen-Lady), James Marcus (Georgie), Aubrey Morris (Mr. Deltoid), Godfrey Quigley (Gefängnispfarrer), Sheila Raynor (Em), Madge Ryan (Dr. Branom), John Savident (Verschwörer), Anthony Sharp (Innenminister), Philip Stone (Pe), Pauline Taylor (Psychiaterin Dr. Taylor), Margaret Tyzack (Verschwörerin), Steven Berkoff (Polizist), Lindsay Campbell (Polizeiinspektor), Michael Tarn (Pete), David Prowse (Julian), Jan Adair, Vivienne Chandler, Prudence Drage (jüdische Dienstmägde), John J. Carney (Kriminalbeamter), Richard Connaught (Billyboy), Carol Drinkwater (Krankenschwester Feeley), Cheryl Grunwald (vergewaltigtes Mädchen), Gillian Hills (Sonietta), Barbara Scott (Marty), Virginia Wetherell (Schauspielerin), Katya Wyeth (Mädchen in der »Ascot-Phantasie«), Barrie Cookson, Gaye Brown, Peter Burton, Lee Fox, Craig Hunter, Shirley Jaffe, Neil Wilson
Format: 35 mm (Breitwand 1:1,66), Farbe (Warnercolor)
Dauer: 137 Minuten
Originalverleih: Warner Brothers
Deutscher Verleih: Warner-Columbia
(Dialogregie der deutschen Synchronfassung: Wolfgang Staudte)
(Filmmusik erhältlich auf Schallplatte Warner WB 46 127)

London in naher Zukunft. Alex und seine »Droogs« Dim, Georgie und Pete bei einem typischen Abendvergnügen: Sie animieren sich mit einem Drogengetränk in der Korova-Milchbar, verprügeln einen Penner, liefern sich eine Schlacht mit Billyboys konkurrierender Bande, provozieren mit einem gestohlenen Wagen Unfälle, überfallen das Haus (»HEIM«) des Schriftstellers Alexander und vergewaltigen dessen Frau. In die elterliche Wohnung heimgekehrt, beschließt der musikliebende Alex den Abend mit Beethovens Neunter. Nach einem Besuch des Sozialhelfers Deltoid am nächsten Morgen reißt Alex in einem Plattenladen zwei Teenies auf und feiert eine Orgie. Als er die Droogs wiedertrifft, findet er eine Palastrevolution im Gange, kann seine Autorität jedoch mit Brachialgewalt wiederherstellen. Gemeinsam überfallen sie das Haus der »Katzen-Lady«, die noch die Polizei verständigen kann, ehe sie von Alex mit einem riesigen Plastikpenis erschlagen wird. Auf der Flucht wird

Alex von Dim aus Rache mit einer Milchflasche niedergeschlagen und von der Polizei verhaftet.

Zu 14 Jahren verurteilt, tritt Alex seine Haftstrafe an. Er schmeichelt sich beim Gefängnispfarrer ein und erfährt von einem Reformprogramm, das Gefängnisse überflüssig machen soll, der »Ludovico-Technik«. Bei einem Besuch des Innenministers gelingt es ihm, Aufmerksamkeit zu erregen und als Versuchsperson ausgewählt zu werden. In der Ludovico-Klinik wird er mit Hilfe von Filmen und Injektionen konditioniert, auf gewalttätige Gelüste mit Übelkeit zu reagieren. Beethovens Neunte, als Filmmusik verwendet, fällt ebenfalls der Konditionierung zum Opfer. Nach einer Demonstration des »Heilerfolgs« vor Publikum wird Alex, zwei Jahre nach seiner Verhaftung, als freier Mann entlassen.

Bei seinen Eltern findet er seine Stelle von einem Untermieter besetzt vor. Heimatlos irrt er durch London, begegnet dem Penner vom Anfang und muß sich wehrlos verprügeln lassen. Zwei Polizisten, die einschreiten, entpuppen sich als Dim und Georgie, die ebenfalls seine Wehrlosigkeit ausnützen und ihn mißhandeln. Alex schleppt sich zum nächsten Haus und findet sich im HEIM von Mr. Alexander wieder, der als Folge des früheren Überfalls gelähmt und verwitwet ist. Alexander, ein politischer Fanatiker, will Alex' Schicksal als Waffe gegen die Regierung benutzen und sich gleichzeitig rächen: Mit Beethovens Neunter treibt er Alex in einen Selbstmordversuch, der jedoch mißlingt. Alexanders Pressefeldzug veranlaßt die Regierung, Alex' Konditionierung während seiner Bewußtlosigkeit rückgängig machen zu lassen. Als er erwacht, ist er wieder der alte. Der Innenminister kommt zu Besuch, läßt sich mit Alex fotografieren und erkauft sein Schweigen mit der Zusicherung eines staatlichen Postens, der es ihm erlauben wird, in Zukunft unbehelligt seiner Gewalttätigkeit nachzugehen.

1975   Barry Lyndon (Barry Lyndon)

Produktionsgesellschaft: Warner Brothers/Hawk Films
Produktion und Regie: Stanley Kubrick
Beteiligter Produzent: Jan Harlan
Drehbuch: Stanley Kubrick, nach dem Roman von William Makepeace Thackeray
Kamera: John Alcott
Schnitt: Tony Lawson
Production Design: Ken Adam
Art Director: Roy Walker
Musik: J. S. Bach, Friedrich der Große, G. F. Händel, W. A. Mozart, Giovanni Paisiello, Franz Schubert, Antonio Vivaldi, Seán O'Riáda, Folklore
Arrangements und musikalische Leitung: Leonard Rosenman
Kostüme: Ulla-Britt Søderlund, Milena Canonero
Ton: Rodney Holland
Regieassistenz: Brian Cook
Darsteller: Ryan O'Neal (Redmond Barry, später Barry Lyndon), Marisa Berenson (Lady Lyndon), Patrick Magee (Chevalier de Balibari),

Hardy Krüger (Hauptmann Potzdorf), Marie Kean (Mrs. Barry), Gay Hamilton (Nora Brady), Melvin Murray (Reverend Runt), Godfrey Quigley (Captain Grogan), Leonard Rossiter (Captain Quin), Leon Vitali (der ältere Bullingdon), Dominic Savage (der junge Bullingdon), Diana Körner (Lieschen), Frank Middlemass (Sir Charles Lyndon), André Morell (Lord Wendover), Arthur O'Sullivan (Straßenräuber »Captain« Freny), Philip Stone (Graham), Steven Berkoff (Lord Ludd), Anthony Sharp (Lord Hallum), Roger Booth (König Georg III.), Michael Hordern (Erzähler)
Format: 35 mm (Breitwand 1:1,66), Farbe (Eastmancolor)
Dauer: 185 Minuten
Originalverleih: Warner Brothers
Deutscher Verleih: Warner-Columbia
(Dialogregie der deutschen Synchronfassung: Wolfgang Staudte)
(Filmmusik erhältlich auf Schallplatte Warner WB 56 189)

Irland, um 1760. Redmond Barry, dessen Vater im Duell gefallen ist, verliebt sich in seine Cousine Nora, die aus finanziellen Gründen dem englischen Offizier Quin versprochen ist. Barry streckt Quin im Duell nieder, muß fliehen, wird von Straßenräubern um sein Geld gebracht und tritt in die englische Armee ein. Dort trifft er seinen Freund und Sekundanten Grogan wieder, der ihn aufklärt, daß das Duell nur vorgetäuscht war und Nora jetzt mit Quin verheiratet ist. Barrys Regiment wird auf den Kontinent verschifft und nimmt am Siebenjährigen Krieg teil. Bei einem Scharmützel mit französischen Truppen stirbt Grogan. Barry desertiert in einer gestohlenen Offiziersuniform, erlebt ein Abenteuer mit einem deutschen Mädchen, begegnet verbündeten preußischen Truppen und wird von deren Hauptmann Potzdorf enttarnt. Um der Strafe zu entgehen, läßt er sich in preußische Dienste pressen. In einem weiteren Scharmützel kann er Potzdorf das Leben retten, der ihn zum Dank zu seinem Schützling macht. Nach Kriegsende wird er in Berlin dem Polizeiminister unterstellt und als Spitzel in die Dienste des irischen Glücksspielers Chevalier de Balibari entsandt. Barry gibt sich Balibari als Landsmann zu erkennen und wird sein Helfershelfer im Falschspiel. Nachdem die beiden einen preußischen Prinzen ausgenommen haben, werden sie des Landes verwiesen. Als Berufsspieler bereisen sie die europäischen Adelssitze, bis Barry in Spa, Belgien, die altadelige englische Familie Lyndon kennenlernt. Es gelingt ihm, Lady Lyndons Herz zu erobern; ihr greiser Mann erleidet einen Schlaganfall und stirbt.
England, 1773: Hochzeit Barrys mit Lady Lyndon, gegen den Willen ihres halbwüchsigen Sohnes aus erster Ehe, Lord Bullingdon, und des Hausgeistlichen Runt. Auf dem prachtvollen Familiensitz, Schloß Hackton, verläuft die Ehe unglücklich: Seitensprünge Barrys, nach der Geburt seines Sohnes Bryan wachsende Spannungen mit dem Stiefsohn Bullingdon. Im Versuch, die Pairswürde zu erwerben, stürzt sich Barry in horrende Schulden. Nachdem er seinen Stiefsohn öffentlich verprügelt hat, verfällt er gesellschaftlicher Ächtung. Als der geliebte Sohn Bryan nach einem Sturz vom Pferd stirbt, ergibt sich Barry dem Alkohol, seine Frau der Depression. Bullingdon, der Hackton verlassen hatte, kehrt zurück, fordert Barry zum Duell und schießt ihn zum Krüppel. Barry wird gezwungen, England zu verlassen. Lady Lyndon bleibt allein zurück, jährliche Bankanweisungen für seinen Unterhalt ausstellend: »1789«...

1980   The Shining (Shining)

Produktionsgesellschaft: Warner Brothers/Hawk Films
Beteiligte Produktionsgesellschaft: The Producer Circle Company: Robert Fryer, Martin Richards, Mary Lea Johnson
Produktion und Regie: Stanley Kubrick
Executive Producer: Jan Harlan
Drehbuch: Stanley Kubrick, Diane Johnson, nach dem Roman von Stephen King
Kamera: John Alcott
Schnitt: Ray Lovejoy
Production Design: Roy Walker
Musik: Béla Bartók, Wendy (= Walter) Carlos, Rachel Elkind, György Ligeti, Krzysztof Penderecki
Kostüme: Milena Canonero
Kamera (Zweites Team): Douglas Milsome, Gregg Macgillivray
Steadicam-Kameramann: Garrett Brown
Art Director: Les Tomkins
Regieassistenz: Brian Cook
Produktionsassistenz: Andros Epaminondas
Persönlicher Assistent des Regisseurs: Leon Vitali
Darsteller: Jack Nickolson (Jack Torrance), Shelley Duvall (Wendy Torrance), Danny Lloyd (Danny Torrance), Scatman Crothers (Hallorann), Barry Nelson (Stuart Ullman), Philip Stone (Delbert Grady), Joe Turkel (Lloyd), Anne Jackson (Ärztin*), Tony Burton (Larry Durkin*), Lia Beldam (junge Frau im Badezimmer), Billie Gibson (alte Frau im Badezimmer), Barry Dennen (Watson), David Baxt, Manning Redwood (Forstaufsichtsbeamte), Lisa Burns, Louise Burns (Töchter von Grady), Alison Coleridge (Ullmans Sekretärin), Jana Sheldon (Stewardess*), Kate Phelps (Empfangsdame im Overlook), Norman Gay (Hotelgast mit gespaltenem Schädel)
Format: 35 mm (Breitwand 1:1,66), Farbe
Dauer: 144 Minuten (USA), 119 Minuten (gekürzte Fassung)
Originalverleih: Warner Brothers
Deutscher Verleih: Warner-Columbia
(Dialogregie der deutschen Synchronfassung: Wolfgang Staudte)
(Erhältlich auf Videokassette von Warner Home Video; Filmmusik erschienen auf Schallplatte Warner HS 3449)

Jack Torrance, ehemaliger Lehrer und erfolgloser Schriftsteller, bewirbt sich für die winterliche Schließungsperiode als Hausmeister im abgelegenen Overlook-Hotel in den Rocky Mountains. Er will die völlige Isolation zur Arbeit an einem Roman nutzen. Der Hotelmanager Ullman erzählt von dem Hausmeister Charles Grady, der im Winter 1970 auf die Abgeschlossenheit klaustrophobisch reagiert und seine Frau, seine beiden Töchter und sich selbst umgebracht habe. Jack bleibt unbeeindruckt und

---

* in der 119-Minuten-Fassung gestrichene Rolle

erhält den Posten. In der Wohnung der Torrances in Boulder weiß es sein Sohn Danny im selben Augenblick. Er hat Angst, sieht einen Blutschwall und zwei kleine Mädchen. Am Saisonschlußtag fahren Jack, seine Frau Wendy und Danny ins Overlook. Ullman zeigt Jack die Gebäude, der Hotelkoch Hallorann Wendy und Danny die Küche. Hallorann verfügt wie Danny über das Zweite Gesicht *(Shining)*. Er warnt Danny vor Zimmer 237 des Hotels. Danny sieht abermals die beiden Mädchen und das Blut. »Ein Monat später«: Alltag im menschenleeren Hotel. Jack hat noch keinen Einfall für sein Buch; Wendy und Danny inspizieren ein Heckenlabyrinth hinter dem Hotel; Jack betrachtet ein Modell des Labyrinths in der Hotelhalle und sieht Wendy und Danny darin. »Dienstag«: Danny fährt mit seinem Dreirad durch die Flure, an Zimmer 237 vorbei. Er sieht die beiden Mädchen. Jack hat zu schreiben begonnen, möchte unter keinen Umständen gestört werden, beschimpft seine Frau. Es beginnt zu schneien. »Samstag«: Das Hotel ist eingeschneit, die Telefonleitungen sind unterbrochen, Wendy hält über Funk Kontakt zur Forstaufsicht. Danny sieht die beiden Mädchen, die ihn auffordern, mit ihnen »für immer und immer« zu spielen; er sieht die Leichen der beiden Mädchen. In der Hausmeisterwohnung findet er Jack apathisch auf dem Bett sitzen. Jack sagt, er wolle »für immer und immer« im Hotel bleiben. Danny fragt ihn, ob er ihm etwas tun würde. Jack verneint emphatisch. »Mittwoch«: Danny spielt auf dem Flur, sieht die Tür von Zimmer 237 offen, geht hinein. Jack, in Trance, stöhnt hinter der Schreibmaschine. Wendy weckt ihn. Er erzählt, daß er sie und Danny im Traum ermordet habe. Danny kommt mit Würgemalen am Hals in die Hotelhalle. Wendy beschuldigt Jack, der sich beleidigt an die leere Hotelbar im Goldenen Salon zurückzieht. Plötzlich ist ein Barkeeper anwesend, dem Jack sein Leid klagt. Wendy kommt – die Bar ist wieder leer. Eine Frau in Zimmer 237 habe Danny gewürgt. Jack inspiziert Zimmer 237, findet eine nackte Schönheit in der Badewanne, umarmt sie – in diesem Augenblick verwandelt sie sich in eine schwärenübersäte Alte. In seiner Winterwohnung in Miami spürt Hallorann, daß im Overlook etwas nicht in Ordnung ist. Er versucht, über Funk Kontakt aufzunehmen. Inzwischen bittet Wendy ihren Mann, Danny mit der Pistenraupe aus dem Overlook wegzubringen. Jack tobt, zieht sich in den Goldenen Salon zurück, findet eine Party im Stil der 20er Jahre im Gange. Ein Kellner kollidiert mit ihm, stellt sich als Delbert Grady vor, fordert Jack auf, seiner Familie eine Lektion zu erteilen, wie er es auch getan habe. Jack macht das Funkgerät und die Pistenraupe unbrauchbar. In Miami macht sich Hallorann auf die Reise zum Overlook. Wendy sieht zum erstenmal, was ihr Mann geschrieben hat: Auf Hunderten von Seiten nur den Satz: »Was du heute kannst besorgen, das verschiebe nicht auf morgen.« Jack überrascht und bedroht sie, doch sie kann ihn bewußtlos schlagen und in der Speisekammer einsperren. »4 Uhr nachmittags«: Von außen meldet sich Delbert Grady, erinnert Jack daran, gegenüber seiner Familie »durchzugreifen«, und befreit ihn aus seinem Gefängnis. Inzwischen ist Hallorann mit einer Pistenraupe auf der Anfahrt zum Overlook. In der Hausmeisterwohnung schreibt Danny in Spiegelschrift *murder* (»Mord«) an die Tür. In dem Augenblick, in dem Wendy es sieht, beginnt von außen Jack, mit einer Axt die Tür aufzubrechen. Danny kann durchs Badezimmerfenster ins Freie entkommen, doch für Wendy ist es zu eng. Sie fügt Jack eine Schnittwunde zu, er läßt von ihr ab. Inzwischen ist Hallorann angekommen. Jack lauert ihm in der Lobby auf, erschlägt ihn mit der Axt. Dann verfolgt er Danny ins Heckenlabyrinth hinaus, wo es Danny gelingt, ihn abzuhängen. Wendy irrt durch das Hotel, sieht gespenstische Erscheinungen, trifft vor dem Haus auf Danny, flieht mit ihm in Halloranns Pistenraupe. Jack findet keinen Ausweg mehr aus dem Labyrinth und erfriert. Eine Schlußeinstellung zeigt ihn auf einem alten Foto als Teilnehmer einer Party am 4. Juli 1921 im Overlook-Hotel ... (Handlungsabriß nach der 119-Minuten-Fassung des Films)

Bibliographie

Weiterführende Literaturangaben finden sich in den Fußnoten.

1. Monographien, allgemeine Literatur, Essays, Interviews

Andrew, Dudley, *André Bazin,* New York: Oxford University Press, 1978

Andrew, J. Dudley, *The Major Film Theories: An Introduction,* New York: Oxford University Press, 1976

Bernstein, Jeremy, »Profiles: How About a Little Game?« *The New Yorker,* 12. November 1966, S. 70–110

Braudy, Leo, *The World in a Frame,* Garden City: Anchor Books, 1977

Cavell, Stanley, *The World Viewed: Reflections on the Ontology of Film* (erweiterte Ausgabe), Cambridge: Harvard University Press, 1979

Ciment, Michel, »Entretien avec Stanley Kubrick«, *Positif,* Juni 1972, S. 22–33

Ciment, Michel, *Kubrick,* Paris: Callman-Lévy, 1980 (deutsche Ausgabe: *Kubrick,* Übers. Johann P. Brunold, München: Bahia, 1982)

Coyle, Wallace, *Stanley Kubrick: A Guide to References and Resources,* Boston: G. K. Hall, 1980

DeVries, Daniel, *The Films of Stanley Kubrick,* Grand Rapids: Eerdmans, 1973

Feldmann, Hans, »Kubrick and His Discontents«, *Film Quarterly,* Herbst 1976, S. 12–19

Gelmis, Joseph, *The Film Director as Superstar,* Garden City: Doubleday, 1970, S. 293–315

Ghezzi, Enrico, *Stanley Kubrick,* Florenz: Nuova Italia, 1977

Gianetti, Louis, *Understanding Movies,* Englewood Cliffs: Prentice-Hall, 1976[2]

Gorchakov, Nikolai, M., *Stanislavsky Directs,* Übers. Miriam Goldina, New York: Funk and Wagnalls, 1954

Henderson, Brian, *A Critique of Film Theory,* New York: E. P. Dutton, 1980

Houston, Penelope, »Kubrick Country«, *The Saturday Review,* 25. Dezember 1971, S. 42-44

Jansen, Peter W., und Wolfram Schütte, Hrsg., *Stanley Kubrick,* München: Hanser (Reihe Film 18), 1984

Kagan, Norman, *The Cinema of Stanley Kubrick,* New York: Holt, Rinehart, and Winston, 1972

Kawin, Bruce F., *Mindscreen,* Princeton: Princeton University Press, 1978

Kohler, Charles, »Stanley Kubrick Raps«, *Eye,* August 1968, S. 84–86

Kolker, Robert Philipp, *A Cinema of Loneliness,* New York: Oxford University Press, 1980, S. 69–138

Kubrick, Stanley, »Director's Notes: Stanley Kubrick, Movie-Maker«, *The Observer* (London), 4. Dezember 1960

Kubrick, Stanley, »Words and Movies«, *Sight and Sound,* Winter 1960/61, S. 14

Kubrick, Stanley, »Kubrick Dissects the Movies«, *Newsweek,* 2. Dezember 1957, S. 96–97

Lehmann, Hans-Thies, »Die Raumfabrik: Mythos im Kino und Kinomythos«, in Bohrer, Karl Heinz, Hrsg., *Mythos und Moderne,* Frankfurt: Suhrkamp, 1983, S. 572–609

Mast, Gerald, *A Short History of the Movies,* Indianapolis: Bobbs-Merrill, 1976[2]

Monaco, James, *The Films of Stanley Kubrick,* New York: The New School Department of Film, 1974

Nelson, Thomas Allen, »Through a Shifting Lens: Realist Film Aesthetics«, *Film Criticism,* Herbst 1977, S. 15-23

Nelson, Thomas Allen, »Film Styles and Film Meanings«, *Film Criticism,* Frühjahr 1979, S. 2-17

Norden, Eric, »Interview with Stanley Kubrick«, *Playboy Magazine,* September 1968, S. 85 ff.

Phillips, Gene D., »Interview with Stanley Kubrick«, *Film Comment,* Winter 1971/72, S. 30–35

Phillips, Gene D., *Stanley Kubrick: A Film Odyssey* (erweiterte Ausgabe), New York: Popular Library, 1977

Pudowkin, Wladimir I., *Über die Filmtechnik,* Übers. Leonore Kündig, Zürich: Arche, 1961

Rapf, Maurice, »A Talk with Stanley Kubrick«, *Action,* Januar/Februar 1969, S. 15–18

Rhode, Eric, *A History of the Cinema from the Origins to 1970,* London: Allen Lane, 1976, S. 610–614

Stang, Jonathan, »Film Fan to Film-Maker«, *New York Times Magazine,* 12. Oktober 1958

Stanislavsky, Konstantin, *Stanislavsky, on the Art of the Stage,* New York: Hill and Wang, 1961

Strick, Philip und Penelope Houston, »Interview with Stanley Kubrick«, *Sight and Sound,* Frühjahr 1972, S. 62–66

Taylor, John Russell, *Directors and Directions: Cinema for the Seventies,* New York: Hill and Wang, 1975, S. 101–135

Toffetti, Sergio, *Stanley Kubrick,* Mailand: Moizzi, 1978 (deutsche Ausgabe: *Stanley Kubrick,* Übers. Angela Weicharz-Lindner, Berlin: Guhl, 1979)

Walker, Alexander, *Stanley Kubrick Directs* (erweiterte Ausgabe), New York: Harcourt Brace Jovanovich, 1972

Walter, Renaud, »Entretien avec Stanley Kubrick«, *Positif,* Winter 1968/69, S. 19–39

2. Die frühen Filme

Alpert, Hollis, »The Day of the Gladiators«, *The Saturday Review,* 12. Oktober 1960

Cobb, Humphrey, *Paths of Glory,* New York: Viking Press, 1935

Crowther, Bosley, »Shameful Incident of War«, *The New York Times,* 27. Dezember 1957

Gurnseley, Otis L., »Review of *Fear and Desire*«, *The New York Herald-Tribune,* 1. April 1953

Lambert, Gavin, »Killer's Kiss«, *Sight and Sound,* Frühjahr 1956, S. 198

Lambert, Gavin, »The Killing«, *Sight and Sound,* Herbst 1956, S. 95–96

Lambert, Gavin, »Paths of Glory«, *Sight and Sound,* Winter 1957/58, S. 144–45

(Rezension von *Fear and Desire*), *Time,* 3. April 1953

(Rezension von *The Killing*), *Time,* 4. Juni 1956, S. 106

White, Lionel, *Clean Break,* New York: E. P. Dutton, 1955

3. Lolita

Appel, Alfred, *The Annotated Lolita,* New York: McGraw-Hill, 1970

Appel, Alfred, *Nabokov's Dark Cinema,* New York: Oxford University Press, 1974

French, Brandon, »The Celluloid *Lolita:* A Not-So-Crazy Quilt«, in Peary, Gerald und Roger Shatzkin, Hrsg., *The Modern American Novel and the Movies,* New York: Frederick Ungar, 1978, S. 224–35

Nabokov, Vladimir, *Lolita,* Übers. Helen Hessel u. a., Hamburg: Rowohlt, 1959 u. ö.

Nabokov, Vladimir, *Lolita: A Screenplay,* New York: McGraw-Hill, 1974

Nabokov, Vladimir, *Strong Opinions,* New York: McGraw-Hill, 1973

Toffler, Alvin, »Interview with Vladimir Nabokov«, *Playboy Magazine,* Januar 1964, S. 35–45

4. Dr. Strangelove

Bryant, Peter (= Peter George), *Red Alert,* New York: Ace Books, 1958

George, Peter, *Dr. Strangelove,* New York: Bantam, 1963

Linden, George W., »*Dr. Strangelove*«, in Jack G. Shaheen, Hrsg., *Nuclear War Films,* Carbondale: Southern Illinois University Press, 1978, S. 59–67

Macklin, Anthony, »Sex and *Dr. Strangelove*«, *Film Comment,* Sommer 1965, S. 55–57

Maland, Charles, »*Dr. Strangelove:* Nightmare Comedy and the Ideology of Liberal Consensus«, *American Quarterly,* Winter 1979, S. 697–717

Milne, Tom, »How I Learned to Stop Worrying and Love Stanley Kubrick«, *Sight and Sound,* Frühjahr 1964, S. 68–72

5. 2001: A Space Odyssey

Agel, Jerome, Hrsg., *The Making of »2001«,* New York: New American Library, 1970

Clarke, Arthur C., *The Lost Worlds of 2001,* New York: New American Library, 1972 (deutsche Ausgabe: *»2001«: Aufbruch zu verlorenen Welten,* Übers. Tony Westermayr, München: Goldmann, 1983)

Clarke, Arthur C., *2001: A Space Odyssey,* New York: New American Library, 1968 (deutsche Ausgabe: *2001: Odyssee im Weltraum,* Übers. Egon Eis, Düsseldorf: Econ, 1969)

Daniels, Don, »A Skeleton Key to *2001*«, *Sight and Sound,* Winter 1970/71, S. 28–33

Daniels, Don, »*2001:* A New Myth«, *Film Heritage,* Sommer 1968

Dumont, J.-P., und J. Monod, *Le fœtus astral: Essay d'analyse structurale d'un mythe cinématographique,* Paris: Christian Bourgois, 1970

Geduld, Carolyn, *Filmguide to »2001: A Space Odyssey«,* Bloomington: Indiana University Press, 1973

Hoch, David G., »Mythic Patterns in *2001: A Space Odyssey*«, *Journal of Popular Culture,* Sommer 1970, S. 961–65

Lightman, Herb, »Kubrick's *2001*«, *American Cinematographer,* Juni 1968

Macklin, F. A., »The Comic Sense of *2001*«, *Film Comment,* Winter 1969, S. 10–15

McKee, M., »*2001:* Out of the Silent Planet«, *Sight and Sound,* Herbst 1969, S. 204–07

Michelson, Annette, »Bodies in Space: Film as ›Carnal Knowledge‹«, *Artforum,* Februar 1969, S. 54–63

Prettyplace, Mitchell, »›… so space-Viennese, so jaded with Tomorrow‹: *2001* vs. the Empty Ones«, *Paranoid Systems of History* (Carbon City), März 1973, S. 296

Robinson, W. R., und Mary McDermott, »*2001* and the Literary Sensibility«, *The Georgia Review,* Frühjahr 1972, S. 21–37

Trumbull, Douglas, »Creating Special Effects for *2001*«, *American Cinematographer,* Juni 1968

6. A Clockwork Orange

Alpert, Hollis, »Milk-Plus and Ultra-Violence«, *The Saturday Review,* 25. Dezember 1971, S. 40

Bailey, Andrew, »A Clockwork Utopia«, *Rolling Stone,* 20. Januar 1972, S. 20–22

Boyers, P., »Kubrick's *A Clockwork Orange:* Some Observations«, *Film Heritage,* Sommer 1972, S.1–6

Burgess, Anthony, »Author Has His Say on ›Clockwork‹ Film«, *Los Angeles Times, Calendar Section,* 13. Februar 1972

Burgess, Anthony, *A Clockwork Orange,* London: Heinemann, 1962 (deutsche Ausgabe: *Uhrwerk Orange,* Übers. Walter Brumm, München: Heyne, 1972)

Burgess, Anthony, »Juice from a Clockwork Orange«, *Rolling Stone,* 8. Juni 1972, S. 52–53

Burgess, Anthony, *1985,* Boston: Little, Brown and Co., 1978

Gilbert, Basil, »Kubrick's Marmalade: The Art of Violence«, *Meanjin Quarterly,* Winter 1974, S. 157–62

Gumenik, A., »*A Clockwork Orange:* Novel Into Film«, *Film Heritage,* Sommer 1972, S. 7–18

»Interview with Anthony Burgess«, *Playboy Magazine,* September 1974, S. 68–86

Kubrick, Stanley, *A Clockwork Orange: A Screenplay,* New York: Ballantine Books, 1972

McCracken, Samuel, »Novel Into Film; Novelist Into Critic: *A Clockwork Orange* ... Again«, *The Antioch Review,* Vol. 32, Nr. 3 (1978), S. 427–36

7. Barry Lyndon

Alcott, John, »Photographing Stanley Kubrick's *Barry Lyndon«, American Cinematographer,* März 1976, S. 268

Dempsey, Michael, »*Barry Lyndon«, Film Quarterly,* Herbst 1976, S. 49–54

DiGiulio, Ed, »Two Special Lenses for *Barry Lyndon«, American Cinematographer,* März 1976, S. 276–77

Houston, Penelope, »*Barry Lyndon«, Sight and Sound,* Frühjahr 1976, S. 77–80

Kael, Pauline, »Kubrick's Gilded Age«, *The New Yorker,* 29. Dezember 1975, S. 49–52

Nelson, Thomas Allen, »*Barry Lyndon:* Kubrick's Cinema of Disparity«, *Rocky Mountain Review,* Winter 1978/79, S. 39–51

Sarris, Andrew, »What Makes Barry Run?« *Village Voice,* 29. Dezember 1975, S. 111–12

Schickel, Richard, »Kubrick's Grandest Gamble«, *Time,* 15. Dezember 1975, S. 72–78

Spiegel, Alan, »Kubrick's *Barry Lyndon«, Salmagundi,* Herbst 1977, S. 194–208

Thackeray, William Makepeace, *Barry Lyndon,* Übers. Otto Schmidt, Berlin und Weimar: Aufbau, 1961

Thackeray, William Makepeace, *The Luck of Barry Lyndon,* Hrsg. Martin L. Anisman, New York: New York University Press, 1970

Westerbeck, Colin L., »*Barry Lyndon«, Commonweal,* März/April 1976, S. 208

8. The Shining

Alberton, Jim, und Peter S. Perakos, »*The Shining«, Cinefantastique,* Herbst 1978, S. 74

Brown, Garrett, »The Steadicam and *The Shining«, American Cinematographer,* August 1980, S. 786

Hofsess, Jim, »The Shining Example of Kubrick«, *Los Angeles Times, Calendar Section,* 1. Juni 1980, S. 1

Huss, Roy, und T. J. Ross, Hrsg., *Focus on the Horror Film,* Englewood Cliffs: Prentice-Hall, 1972

Jameson, Richard T., »Kubrick's *Shining*«, *Film Comment,* Juli/August 1980, S. 28–32

Kael, Pauline, »Devolution«, *The New Yorker,* 1. Juni 1980, S. 130–147

Kennedy, Harlan, »Kubrick Goes Gothic«, *American Film,* Juni 1980, S. 49–52

King, Stephen, *The Shining,* New York: Doubleday, 1977 (deutsche Ausgabe: *Shining,* Übers. Harro Christensen, Bergisch Gladbach: Lübbe, 1982)

Kroll, Jack, »Stanley Kubrick's Horror Show«, *Newsweek,* 26. Mai 1980, S. 96–99

Leibowitz, Flo, und Lynn Jeffress, *»The Shining«, Film Quarterly,* Frühjahr 1981, S. 45–51

Lightman, Herb, »Photographing Stanley Kubrick's *The Shining:* An Interview with John Alcott«, *American Cinematographer,* August 1980, S. 760

Mayersberg, Paul, »The Overlook Hotel«, *Sight and Sound,* Winter 1980/81, S. 54–57

Perakos, Peter S., »Interview with Stephen King«, *Cinefantastique,* Winter 1978, S. 12–15

Titterington, P.L., »Kubrick and *The Shining*«, *Sight and Sound,* Frühjahr 1981, S. 117–21

Wood, Robin, »Return of the Repressed«, *Film Comment,* Juli/August 1978, S. 25–32

Anmerkungen

1. Reputation und Rhetorik

1. Zum Begriff »innere Leinwand« vgl. Bruce F. Kawin, *Mindscreen* (Princeton: Princeton University Press, 1978): eine Pionierarbeit über ein Thema – Erzählperspektive –, das von der Filmkritik bisher etwas stiefmütterlich behandelt wurde. Näheres siehe unter meinen Ausführungen zu *A Clockwork Orange* (Kapitel 6), dort insbesondere Fußnote 13.

2. Ausführlichere Informationen über den Menschen hinter den Filmen finden sich in (oder können zumindest erschlossen werden aus):
Jeremy Bernstein, »Profiles: How About a Little Game?« *The New Yorker,* 12. November 1966, S. 70–110; immer noch einer der besten biographischen Abrisse über Kubrick.
Alexander Walker, *Stanley Kubrick Directs,* erweiterte Ausgabe (New York: Harcourt Brace Jovanovich, 1972); natürlich nicht mehr auf dem neuesten Stand, aber immer noch die mit Abstand beste Arbeit über Kubrick; teils ausgezeichnete Illustrationen und Analysen.
Gene D. Phillips, *Stanley Kubrick: A Film Odyssey* (New York: Popular Library, 1977; ergänzt Walker mit weiterem nützlichem Fakten- und Interviewmaterial und erwähnt als erster Kubricks dritten Dokumentarfilm, *The Seafarers;* wenig kritische Analyse, aber sehr eingehende Inhaltsangaben.
Joseph Gelmis, »Interview with Stanley Kubrick«, in: *The Film Director as Superstar* (Garden City, N.Y.: Doubleday, 1970), S. 293–315; ein ergiebiges Interview, in dem Kubrick u. a. mit einer Lieblingsidee seiner Kritiker aufräumt, daß er nämlich von einer panischen Angst vor dem Tod besessen sei. Daß er es heute, wenn irgend möglich, vermeidet, zu fliegen, begründet er mit der zunehmenden Aufweichung der Sicherheitsrichtlinien in der kommerziellen Luftfahrt – ein Urteil, das etwa im Hinblick auf die nachgewiesenen Konstruktions- und Wartungsmängel, die zur Kette der DC-10-Desaster führten, mehr von rationalem Weitblick als von irrationaler Angst zeugt.

3. Gerald Mast, *A Short History of the Movies,* 2. Ausgabe, (Indianapolis: Bobbs-Merrill, 1976), S. 492–95; sieht Kubricks Grundthema in der »Liebesaffäre des Menschen mit dem Tod«; ähnlich, dabei aber den gefährlichen Schluß vom Werk auf seinen Urheber vollziehend, argumentiert Eric Rhode, *A History of the Cinema from the Origins to 1970* (London: Allen Lane, 1976), S. 610–14; für ihn wird Kubrick von einer obsessiven Beschäftigung mit seiner eigenen Sterblichkeit »heimgesucht«.

4. »Director's Notes: Stanley Kubrick, Movie-Maker«, *The Observer* (London), 4. Dezember 1960.

5. Carolyn Geduld, *Filmguide to »2001: A Space Odyssey«* (Bloomington: Indiana University Press, 1973), S. 9–20; enthält einen recht allgemein gehaltenen Überblick über Kubricks Werk, in dem dem *cinema noir* eine zentrale Bedeutung für Kubricks Vision zugeschrieben wird; aber nach wie vor ein hilfreiches Buch über *2001.*

6. Hans Feldmann, »Kubrick and His Discontents«, *Film Quarterly* (Herbst 1976), 12–19; sieht *2001, A Clockwork Orange* und *Barry Lyndon* als Kubricks Trilogie über die westliche Zivilisation. Eine gute Arbeit.

7. Pauline Kael, »Kubrick's Gilded Age«, *The New Yorker,* 29. Dezember 1975, S. 49–52; eine Rezension von *Barry Lyndon,* jedoch weitgehend eine der Tiraden gegen Kubricks »entmenschlichte Kunst«.

8. Norman Kagan, *The Cinema of Stanley Kubrick* (New York: Holt, Rinehart, and Winston, 1972); vom wissenschaftlichen Standpunkt aus oberflächlich, aber mit wichtigem Material über Kubricks frühe Filme (u. a. Inhaltsangabe von *Fear and Desire,* den Kubrick nicht mehr zur Vorführung freigibt). Auf S. 45 räumt Kagan die Begrenztheit seiner thematischen Auflistung ein, da die meisten dieser Themen schließlich auch in völlig uninteressanten Filmen anderer Regisseure anzutreffen wären. Dennoch hält er an seiner themenorientierten Betrachtungsweise fest. Trotz dieser Einschränkung ein wertvolles Buch für Kubrick-Exegeten.
Vgl. hierzu auch das Kapitel über Kubrick (»Tectonics and the Mechanical Man«) in Robert Phillip Kolker, *A Cinema of Loneliness* (New York: Oxford University Press, 1980), S. 69–138. Leider wurde mir dieser Text erst kurz vor Abschluß meiner Arbeit zugänglich und konnte deshalb nur noch an

wenigen Stellen in die Diskussion einbezogen werden. Es handelt sich in erster Linie um eine ideologiekritische Studie (»kein filmisches Werk und auch kein anderes Produkt schöpferischer Phantasie ist ideologisch unschuldig«) und um einen Versuch, Kubricks Werk mit dem einiger anderer amerikanischer Filmemacher – hauptsächlich Welles und Ford – zu vergleichen. Kolkers Buch scheint mehr zu versprechen als es hält. Seine scharfsinnigsten Kommentare gelten *Paths of Glory, Dr. Strangelove* und *Barry Lyndon.* Seine Analyse von *2001* ist – zumal in Relation zu den Titeln des Buches und des Kubrick-Kapitels – einigermaßen enttäuschend, und seine kurze Kritik von *A Clockwork Orange* läßt auf eine absolute Fehlinterpretation des Films schließen.

9. Stanley Kubrick, »Words and Movies«, *Sight and Sound* (Winter 1960/61), 14; kurz, aber informativ.
Siehe auch »Kubrick Dissects the Movies«, *Newsweek,* 2. Dezember 1957, S. 96f. Kubrick wird dort, nach der Uraufführung von *Paths of Glory,* als der »Wunderknabe« bezeichnet, der »Hollywood bei den Hörnern packt«. Interessanterweise hatte Kubrick daraufhin Schwierigkeiten, von den großen Studios beschäftigt oder finanziert zu werden, bis ihm Kirk Douglas 1960 als Einspringer für Anthony Mann die *Spartacus*-Regie übertrug. Dieses kurze Interview beweist, daß Kubrick einen großen Teil seiner Filmtheorie schon sehr früh formuliert hat.

10. Philip Strick und Penelope Houston, »Interview with Stanley Kubrick«, *Sight and Sound* (Frühjahr 1972), S. 62–66; ein gutes Interview, in dem es hauptsächlich um *A Clockwork Orange* geht.

11. Wsewolod Illarionowitsch Pudowkin, *Über die Filmtechnik,* Übers. Leonore Kündig (Zürich: Arche, 1961) (übersetzt nach der erweiterten englischen Ausgabe, *Film Technique,* trans. Ivor Montagu (London: George Newness, 1933)). Seit den frühen 60er Jahren hat Kubrick in verschiedenen Interviews immer wieder seine Bewunderung für dieses Buch zum Ausdruck gebracht. Auf S. 26 von *Über die Filmtechnik* schreibt Pudowkin: »Der Film ist jung, seine Methoden sind noch im Wachsen, und es sind ihm heute deshalb noch gewisse technische Grenzen gesetzt ...« (»Technisch« meint, ebenso wie die »Filmtechnik« des Titels, nicht nur die technologischen Voraussetzungen, sondern die Filmsprache selbst.) Als Beispiel führt er Griffiths *Intolerance* an, wo die »übermäßige Ausdehnung des Stoffes« zu einer »Diskrepanz zwischen Tiefe der Idee und Oberflächlichkeit der Gestaltung« geführt habe. Auch Kubrick hat häufig auf die komplementären Anforderungen von Form und Gehalt hingewiesen und sich, wie Griffith, mit epischen Stoffen auseinandergesetzt. Wenn Pudowkin heute noch lebte, würde er m. E. in *2001* und *Barry Lyndon* Anzeichen für jene Entwicklung der Filmsprache erkennen, die er für notwendig und unumgänglich gehalten hat.

12. André Bazin, »Die Entwicklung der kinematografischen Sprache«, in: *Was ist Kino,* Übers. Barbara Peymann (Köln: DuMont, 1975), S. 28–44.

13. »Words and Movies«, S. 14.

14. »Director's Notes«, *The Observer* (London).

15. »Kubrick Dissects the Movies«, S. 97.

16. Walker, *Stanley Kubrick Directs,* S. 45.

17. Näheres zu diesen Themen findet sich bei Martin Gardner, The Ambidextrous Universe (New York: Basic Books, 1959); Erving Goffman, *The Presentation of Self in Everyday Life* (New York: Doubleday, 1959); Werner Heisenberg, »Das Naturbild der heutigen Physik«, *Die Künste im technischen Zeitalter,* hg. Bayer. Akademie der schönen Künste (München, 1954), S. 43–69; R. D. Laing, *The Politics of Experience* (New York: Pantheon Books, 1967); Richard Poirier, *The Performing Self* (New York: Oxford University Press, 1971) S. 86–111; Mas'ud Zavarzadeh, *The Mythopoeic Reality* (Urbana: University of Illinois Press, 1976).

18. Vgl. dazu folgende Studien:
Thomas Allen Nelson, »Through a Shifting Lens: Realist Film Aesthetics«, *Film Criticism* (Herbst 1977), 15–23; vergleicht die »humanistische« mit der »modernistischen« Filmtheorie, auch unter dem Aspekt der Erweiterung der technischen Möglichkeiten des Films seit Bazins Tod.
Thomas Allen Nelson, »Film Styles and Film Meanings«, *Film Criticism* (Frühjahr 1979), 2–17; eine Fortführung des vorgenannten Essays, in der Mitrys Theorien auf die Filme von Antonioni und Kubrick angewandt werden.
Brian Henderson, »Two Types of Film Theory«, *Film Quarterly,* (Frühjahr 1971), 33–42; dieser Aufsatz bringt einen interessanten Vergleich zwischen den Theorien Bazins (»Verhältnis zur Wirk-

lichkeit«) und Eisenstein (»Verhältnis vom Teil zum Ganzen«); Henderson meint, daß die Weiterentwicklung der Filmsprache seit den späten 50ern weit über das hinausgeht, was sich mit den klassischen Filmtheorien beschreiben/erklären läßt.
J. Dudley Andrew, *The Major Film Theories: An Introduction* (London: Oxford University Press, 1976).

19. J. Dudley Andrew, *André Bazin* (New York: Oxford University Press, 1978), S. 121.

20. Penelope Houston, »Kubrick Country«, *Saturday Review*, 25. Dezember 1971, S. 42-44; ein Interview mit Kubrick nach der Uraufführung von *A Clockwork Orange*.

21. Seymour Krim, *Shake It for the World, Smartass* (New York: Dial Press, 1970), S. 349.

22. Andrew, *The Major Film Theories*, S. 185–211. Ich bin Andrew für seine vorzügliche Zusammenfassung und Analyse des Werks von Jean Mitry, das meines Wissens noch nicht ins Englische übersetzt worden ist, zu Dank verpflichtet.

23. Louis Giannetti, *Understanding Movies* (Englewood Cliffs: Prentice Hall, 1976[2]); Leo Braudy, *The World in a Frame* (Garden City: Anchor Books, 1977).

24. Isaac Asimov, *Today und Tomorrow and ...* (Garden City: Doubleday, 1973) und *The Collapsing Universe* (New York: Walker, 1977); beide Bücher liefern ausgezeichnete und leichtverständliche Zusammenfassungen der aktuellen Entwicklungen in Physik und Astronomie.

25. Eric Norden, »Interview with Stanley Kubrick«, *Playboy* (September 1968), S. 85ff. Eines der umfangreichsten Interviews, hauptsächlich über *2001*.

2. Die Anfänge

1. Produktionsberichte, Hintergrundinformationen, Inhaltsangaben zu Kubricks ersten vier Spielfilmen finden sich in Gene Phillips, *Stanley Kubrick: A Film Odyssey*, und in Norman Kagan, *The Cinema of Stanley Kubrick*. Ein Kritiker, der schon sehr früh auf Kubricks vielversprechende Anfänge reagiert hat, ist Gavin Lambert von *Sight and Sound;* siehe seine Rezensionen von *Killer's Kiss* (Frühjahr 1956, S. 198), *The Killing* (Herbst 1976, S. 95f.) und *Paths of Glory* (Winter 1957/58, S. 144f.).

2. Vgl. die lesenswerten Analysen, die James Naremore von *Touch of Evil* und *Psycho* vorgelegt hat (*The Magic of Orson Welles* [New York: Oxford University Press, 1978] und *A Filmguide to »Psycho«* [Bloomington: Indiana University Press, 1973]).

3. Jim Thompson, zusammen mit Kubrick und Calder Willingham auch Drehbuchautor von *Paths of Glory*, wurde vor allem durch Sam Peckinpahs Verfilmung seines Romans *The Getaway* bekannt, die 1972 in die Kinos kam.

4. Aus Gründen der Kostenersparnis wurde *Paths of Glory* in den Bavaria-Studios, München-Geiselgasteig, und im Neuen Schloß in Schleißheim bei München gedreht. Die kühl-symmetrische Pracht des Schloßparks von Schleißheim wurde drei Jahre nach Kubrick in Alain Resnais' *L'année dernière à Marienbad* (Letztes Jahr in Marienbad, 1961) zu ähnlichem Effekt genutzt.

5. Bei Cobb wird das Schloß auf Seite 135 des Romans zum erstenmal erwähnt, und eingehender beschrieben wird es erst auf S. 203f., unmittelbar vor der Kriegsgerichtsverhandlung. Assolants (Mireaus) Stabsquartier befindet sich nicht im Schloß, sondern im Rathaus eines nahegelegenen Städtchens.

6. Cobbs Schilderung der Angriffsvorbereitungen beginnt um »X-Zeit minus 30 Minuten« und füllt neun Seiten (121–29), wogegen die Darstellung des Angriffs selbst, der 35 Minuten dauert, weniger als zwei Seiten einnimmt (130–31).

7. Abermals ohne Vorbild bei Cobb: Der Roman mißt dem Ambiente der Verhandlung keinerlei Bedeutung bei und beschränkt sich darauf, ihren Verlauf in Form eines Frage-/Antwort-Protokolls wiederzugeben (S. 207–22).

8. Auch von den genannten Szenen zwischen Dax und Broulard findet sich keine einzige in der Romanvorlage. Cobb läßt die Handlung mit der Exekution und einer Schilderung von Sergeant Boulanger enden, der jedem der toten Soldaten zur Sicherheit noch einen Kopfschuß verpaßt. Alle folgenden Szenen sind eigens für den Film geschrieben.

3. Lolita

1. Eine konzise und inhaltsreiche Darstellung des Hollywood der 50er Jahre, in der der Einfluß des Fernsehens, der Aufstieg unabhängiger Produktionsgesellschaften und die Zeit der Schwarzen Liste resümiert werden, liefert Arthur Knight, *The Liveliest Art*, neu durchgesehene Ausgabe (New York: Macmillan, 1978), S. 241−54.

2. Kubrick äußert sich zu seinen *Spartacus*-Erfahrungen in den folgenden Quellen: Gelmis, *The Film Director as Superstar*, S. 314 (»Für mich war der Film eine Enttäuschung; er hatte alles, nur keine gute Story«); Renaud Walter, »Entretien avec Stanley Kubrick«, *Positif* (Winter 1968/69), 19−39; Phillips, *Stanley Kubrick: A Film Odyssey*, S. 77−78 (»der einzige Film, den ich nicht vollständig unter meiner Kontrolle hatte. Ich habe mich seitdem verstärkt der administrativen Seite der Filmproduktion zugewandt, weil dies das Feld ist, auf dem viele künstlerische Schlachten gewonnen oder verloren werden«).

3. Im Gespräch über sein aufgeschobenes Napoleon-Projekt äußert sich Kubrick folgendermaßen über sein Interesse an historischen Schlachten:

> Ich halte es für außerordentlich wichtig, dem Zuschauer die Essenz dieser Schlachten zu vermitteln, denn sie alle besitzen eine ästhetische Brillanz, die zu würdigen keinen militärischen Geist erfordert. Sie haben eine eigene Ästhetik, die man fast mit einem großen Musikstück oder mit der Reinheit einer mathematischen Formel vergleichen kann. Es ist diese Qualität, die ich ebenso vermitteln möchte wie die grausige Realität des Kampfes ... Es besteht eine gespenstische Unvereinbarkeit zwischen der visuellen und organisatorischen Schönheit historischer Schlachten, die nur weit genug in der Vergangenheit zurückliegen, und ihren menschlichen Konsequenzen. (Gelmis, S. 296ff.)

4. Die aufdringliche Christus-Symbolik des gekreuzigten Spartacus in der Schlußszene scheint umso weniger zu Kubrick zu passen, als er Cobbs ähnliche Geschmacksverirrung in *Paths of Glory* gemieden hat. Dort sagt Langlois im Roman: »Diese Pfähle lassen das Ganze wie die Kreuzigung aussehen, finden Sie nicht? Und wenn wir die Reihenfolge so beibehalten, wird es Ferol sein, der die Rolle von Christus spielt. Genau die Ironie, die noch gefehlt hat, muß ich schon sagen ...«

5. Alvin Toffler, »Interview with Vladimir Nabokov«, *Playboy* (Januar 1964), S. 35−45.

6. Vladimir Nabokov, *Lolita: A Screenplay* (New York: McGraw-Hill, 1974); vgl. auch Vladimir Nabokov, *Strong Opinions* (New York: McGraw-Hill, 1973), eine Sammlung seiner »englischen Gelegenheitsprosa« (Interviews, Essays usw.) mit verschiedenen Äußerungen zu Kubricks Film.

7. Alfred Appel jr., *Nabokov's Dark Cinema* (New York: Oxford University Press, 1974), darin vor allem der Abschnitt über die Entstehung von *Lolita* (»The Making of *Lolita*«), S. 228−45. Meines Erachtens überschätzt Appel Nabokovs Drehbuch und unterschätzt Kubricks Film; er ist enttäuscht darüber, daß Kubrick in seiner *Lolita* nicht den Stil der *road movies* aus der Schwarzen Serie imitiert oder zumindest für seine Zwecke adaptiert hat. Siehe auch Brandon French, »The Celluloid *Lolita*: A Not-So-Crazy Quilt«, in Gerald Peary und Roger Shatzkin, Hrsg., *The Modern American Novel and the Movies* (New York: Frederick Ungar, 1978), S. 224−35. Wie Appel beklagt auch French das Fehlen eines visuellen Stils, der Nabokovs Prosa entspräche: »Es gibt etliche Regisseure, deren prononcierter, visuell unverwechselbarer Stil ein solches Äquivalent geboten hätte: Orson Welles, Bernardo Bertolucci, Luchino Visconti, Roman Polanski ... doch die beste Entsprechung unter allen Regisseuren ... wäre Josef von Sternberg gewesen« (S. 233).

8. 1970 hat Kubrick abermals erläutert, warum *Lolita* in England und im Studio für MGM gedreht worden ist: »Ich hätte damals in Amerika gedreht, wenn das Geld dort aufzutreiben gewesen wäre. Aber es stellte sich heraus, daß die einzigen Gelder, die ich für den Film flüssig machen konnte, in England ausgegeben werden mußten. In den letzten Jahren hat sich in Hollywood im Umgang mit dem Thema Sex eine solche Revolution vollzogen, daß man leicht vergißt, daß damals, als mein Interesse an *Lolita* erwachte, viele Leute der Auffassung waren, ein solcher Film könnte nicht gedreht oder zumindest nicht öffentlich vorgeführt werden ... Und nachdem wir in England drehten, hatten

340

wir natürlich keine andere Wahl, als uns weitgehend auf Studioaufnahmen zu beschränken« (Gelmis, S. 299). Das Kubrick-Zitat über den Vorzug des Studios bei psychologischen Filmen findet sich in »Stanley Kubrick, Movie-Maker«, *The Observer* (London), 4. Dezember 1960.

9. Pudowkin erörtert auf S. 153–168 von *Über die Filmtechnik* seine Auffassung von der Rolle des Schauspielers; wie auch Griffith hat er sich auf die Montage und auf Großaufnahmen verlassen, um Gefühle filmisch darzustellen – eine Methode, die bei Kubrick nur gelegentlich vorkommt.

10. Konstantin Stanislawski, *Stanislawsky, on the Art of the Stage,* übersetzt und mit einer Einleitung versehen von David Magarshack (New York: Hill and Wang, 1961). Stanislawskis Unterscheidung dreier Schauspielertypen (der kreative, der nachahmende und der Rampentiger) läßt sich auf die Darstellung im Film übertragen und führt zu interessanten Ergebnissen. Man übersetze den »kreativen« als den methodischen Schauspieler, den »nachahmenden« als den konventionellen Studio-Darsteller und den »Rampentiger« als den Charakterdarsteller. – Nikolai M. Gorchakov, *Stanislawsky Directs,* Übers. Miriam Goldina (New York: Funk and Wagnalls, 1954); dieses Buch erschien bereits zwischen *Fear and Desire* und *Killer's Kiss,* aber wie im Text schon erwähnt, verfügte Kubrick damals nicht über die Mittel, sich Schauspieler zu engagieren, die gut genug ausgebildet waren, um die Ergebnisse seiner Lektüre in die Praxis umsetzen zu können.
Einen nützlichen und faktenreichen Überblick über die Geschichte und die stilistischen Wandlungen der Schauspielkunst im Film liefert James F. Scott, *Film: The Medium and the Maker* (New York: Holt, Rinehart, and Winston, 1975), S. 209–259.

11. Offensichtlich sehe ich immer wieder Parallelen zwischen den Filmen Kubricks und Buñuels, die meines Wissens noch keine größere Beachtung gefunden haben. Buñuel selbst hat sich folgendermaßen zu Kubrick geäußert:»Ich bin ein Kubrick-Fan, schon immer, seit *Paths of Glory.* Ein phantastischer Film; darum dreht sich doch schließlich alles: Verhaltensregeln, und wie die Menschen sich benehmen, wenn die Regeln zusammenbrechen. Mein Lieblingsfilm ist *A Clockwork Orange.* Ich war in hohem Maß gegen diesen Film voreingenommen, aber nachdem ich ihn gesehen hatte, wurde mir klar, daß es sich um den einzigen Film handelt, der zeigt, was die moderne Welt wirklich bedeutet.« Vgl. Carlos Fuentes, »The Discreet Charm of Luis Buñuel«, in Joan Mellen, Hrsg., *The World of Luis Buñuel: Essays in Criticism* (New York: Oxford University Press, 1978), S. 65. Auf S. 5 ihrer Einleitung gibt Joan Mellen eine Beschreibung von Buñuels Stil, die man in mancher Hinsicht auch auf Kubricks *Lolita* anwenden könnte: »Buñuel gibt sich nicht damit zufrieden, mit der Oberfläche der Wirklichkeit zu spielen, sondern er zeigt das Unbewußte und macht es sichtbar, indem er es so in das Alltagsleben integriert, daß es im Film selbst eine empirische Realität bekommt.«

12. Jonathan Stang, »Film Fan to Film Maker«, *New York Times Magazine,* 12. Oktober 1958.

13. Kubricks Aussagen über die Änderungen, mit denen er den Forderungen des *Production Code* und der *Legion of Decency* entsprechen wollte, und über den Grund, aus dem er den Film mit dem Mord an Quilty beginnen ließ, finden sich bei Gelmis, S. 300f.

4. Dr. Strangelove

1. Biographische Informationen und Produktionsberichte zu *Dr. Strangelove* finden sich bei Kagan, *The Cinema of Stanley Kubrick,* S. 111–113; Phillips, *Stanley Kubrick: A Film Odyssey,* S. 135–137; Gelmis, *The Film Director as Superstar,* S. 301f., 309–311; das Zitat von Kubrick kann man bei Walker, *Stanley Kubrick Directs,* S. 158, nachschlagen.

2. Peter Bryant, *Red Alert* (New York: Ace Books, 1958). Georges »Vorwort« versucht, den Leser mit der Aktualität des Romans zu beeindrucken: »Es ist eine Geschichte, die sich tatsächlich ereignen könnte. Sie könnte sich sogar ereignen, während Sie diese Worte lesen. Und dann bleiben tatsächlich nur noch zwei Stunden bis zum Weltuntergang.« Jedes Kapitel trägt eine Überschrift, die sich auf einen der drei Schauplätze und auf die Uhrzeit innerhalb der jeweiligen Zeitzone (Greenwich, Moskau, Washington) bezieht. Der Roman endet folgendermaßen: »Der Präsident ließ sich in dem Sessel zurücksinken, auf dem er während der vergangenen Ereignisse gesessen hatte. Er war sehr müde, aber er spürte, daß ihm die größte Anstrengung noch bevorstand. Dennoch sah er ihr erleichtert entgegen. Er spürte, ebenso wie Zorrubin [der sowjetische Botschafter], daß niemand, der diese Augenblicke durchlebt hatte, jemals wieder Schritte unternehmen würde, die zu einem Krieg führen könnten.« (S. 191)
Vgl. auch Peter George, *Dr. Strangelove* (New York: Bantam, 1963). Georges nachträgliche Romanfassung des Drehbuchs; hilfreich, weil sie so viel Material aus dem Film enthält (in erster Linie Dia-

loge), doch ansonsten nicht allzu aufschlußreich und dürftig geschrieben.
In der Bundesrepublik Deutschland erschien ein von Hans-Dieter Roos übersetztes Protokoll des Films in der Zeitschrift *Film*, Nr. 8, 1964.

3. Gelmis, S. 309.

4. Zu jener Zeit gründete sich Terry Southerns Ruhm auf einen satirischen Roman über den spezifischen Wahnsinn Süd-Kaliforniens mit dem Titel *Flash and Filigree*.

5. Die thematische (Nekrophilie) und stilistische (Farce, »schwarzer« Humor) Nähe zur zeitgenössischen amerikanischen Erzählliteratur, die an *Dr. Strangelove* besticht, hat Kubrick in seinen späteren Filmen nicht wieder erreicht (und wohl auch nicht gesucht). Dennoch lassen sich für alle Filme seit *Dr. Strangelove* einige literaturwissenschaftliche Kategorien nutzbar machen, die am Beispiel der sogenannten »postmodernen« Literatur entwickelt worden sind. Zwei Texte, denen ich sehr verpflichtet bin, sind Mas'ud Zavarzadeh, *The Mythopoeic Reality* (Urbana: Univ. of Illinois Press, 1976) und John W. Tilton, *Cosmic Satire in the Contemporary Novel* (Lewisburg, Pa.: Bucknell Univ. Press, 1977). Der Zufall will, daß in dem letztgenannten Buch Burgess' *A Clockwork Orange* mit Kubricks 1971 fertiggestelltem Film verglichen wird.

6. Vor allem Alexander Walker hat Interessantes über die Schauspieler und die Darstellungsstile in *Dr. Strangelove* zu sagen: *Stanley Kubrick Directs*, S. 158−217. Für die Rolle des Major Kong war ursprünglich ebenfalls Peter Sellers vorgesehen, der bereits Probeaufnahmen in Kongs Kostüm gemacht hatte, zum Zeitpunkt der Dreharbeiten im Cockpit der B 52 jedoch aus gesundheitlichen Gründen verhindert war. Kubrick geht auf diesen Sachverhalt in seinen Interviews über *Dr. Strangelove* mit keinem Wort ein, sondern erweckt stets den Eindruck (den der Film auch nahelegt), daß Slim Pickens seine erste Wahl war.
George C. Scott hat seine Verkörperung des Buck Turgidson erst kürzlich als seine beste Filmrolle bezeichnet. Eine weitere erwähnenswerte schauspielerische Leistung dieses Darstellers – als Patton – hat ebenfalls einen General zum Thema und bedient sich, in bescheidenerem Maß, ebenfalls der Mittel der Karikatur.

7. Zitiert bei Kagan, S. 111.

8. Vgl. Gelmis, S. 309.

9. Zitiert bei Walker, S. 176−77.

10. F. Anthony Macklin, »Sex and *Dr. Strangelove*«, *Film Comment* (Sommer 1965), 55−57; George W. Linden, »*Dr. Strangelove*«, in: *Nuclear War Films*, Hg. Jack G. Shaheen (Carbondale: Southern Illinois Univ. Press, 1978), 59−67. Siehe auch Kagan, S. 136 f., der eine weitere Liste von sexuellen Anspielungen aufstellt.

5. 2001: A Space Odyssey

1. *The Making of »2001«*, Hrsg. Jerome Agel (New York: New American Library, 1970) zeichnet die Entstehungsgeschichte des Films nach; enthält Nachdrucke von Interviews und Kritiken, Hintergrundinformationen über die Dreharbeiten und die Spezialeffekte, Standfotos, Statements und Materialien aller Sorten, außerdem Arthur C. Clarkes »The Sentinel« (S. 15−23). Eine unentbehrliche Wundertüte für *2001*-Kultisten.
Unter den film- und produktionstechnischen Errungenschaften von *2001* sind erwähnenswert: (1) Perfektionierung der Frontprojektion, die erstmals auch für großräumige Totalen eingesetzt wurde; die Frontpro-Spezialleinwand für den »Aufbruch der Menschheit« war 12 x 32 Meter groß. (2) Für die Ausgrabungsstelle auf dem Mond ließ Kubrick im Shepperton-Studio eine Grube von fast 20 Meter Tiefe und ca. 20 x 40 Meter Größe errichten; der Sand für den Boden wurde spezialbehandelt, um die authentische Mondfarbe zu bekommen. (3) Die fiktive Länge der *Discovery* betrug 225 Meter, ihre reale Länge als Modell immer noch 16 Meter: daher die außerordentliche Feinheit der Details, die man mit den üblicherweise verwendeten, sehr viel kleineren Modellen nicht erreicht (vgl. *Star Wars*). (4) Die Zentrifuge der *Discovery* wurde für 300.000 Dollar in Originalgröße aufgebaut; der Durchmesser betrug 12 Meter, die Rotationsgeschwindigkeit ca. 6 km/h. (5) Das von Douglas Trumbull entwickelte *Slit-scan*-Verfahren, mit dem die rasenden Lichtkorridore des »Sternentors« aufgenommen wurden, war 1967 eine maßgebliche Innovation und gehört seither zum Standardrepertoire des SF-Films.

Detaillierte technische Information über die Tricks von *2001* findet sich im *American Cinematographer* (Juni 1968), vor allem in den Aufsätzen von Trumbull und Herb A. Lightman; Auszüge und Zusammenfassungen daraus auch bei Agel und bei Carolyn Geduld, *Filmguide to »2001: A Space Odyssey«* (Bloomington: Indiana Univ. Press, 1973).

2. Zitat bei Phillips, *Stanley Kubrick: A Film Odyssey*, S. 197. Im *Playboy*-Interview, das immer noch zu den besten Hintergrundmaterialien zu *2001* zählt, spricht Kubrick über seine philosophische und naturwissenschaftliche Lektüre, die in den Film eingegangen ist.

3. Arthur C. Clarke, *The Lost Worlds of 2001* (New York: New American Library, 1972); deutsche Ausgabe: *»2001«: Aufbruch zu verlorenen Welten*, Übers. Tony Westermayr (München: Goldmann, 1983). Enthält Clarkes Schilderung der gemeinsamen Arbeit am Skript, einen Nachdruck von »The Sentinel«/»Der Wachtposten« und, überwiegend, nicht für den Film oder den Roman verwendetes Textmaterial; eine Art Resteverwertung und weniger aufschlußreich als zu hoffen war. Clarke selbst teilt die »Urheberschaft« an *2001* folgendermaßen auf: 90 Prozent Kubrick, 5 Prozent die Tricktechniker, 5 Prozent Clarke.

4. Arthur C. Clarke, *2001: A Space Odyssey* (New York: New American Library, 1968); deutsche Ausgabe: *2001: Odyssee im Weltraum*, Übers. Egon Eis (Düsseldorf: Econ, 1969; Taschenbuchausgabe: München: Heyne, 1983[13]). Laut Clarke lehnte es Kubrick ab, sich als Ko-Autor des Romans nennen zu lassen.

5. Kubrick entschied sich für Jupiter, nachdem es seinen Tricktechnikern nicht gelungen war, ein Saturn-Modell mit überzeugenden Ringen zu entwickeln.
Im Roman wird Floyd als Vorsitzender des National Council of Astronautics und als Witwer eingeführt. Clarke läßt ihn weder an Bord der *Orion* noch auf der *Aries* schlafen, und statt mit seiner Tochter telefoniert er im Roman mit seiner Haushälterin.

6. Im Gelmis-Interview erläutert Kubrick seine Intention bei der Charakterisierung von HAL und den Astronauten so: »Eine unserer Absichten in diesem Teil des Films war, eine Welt glaubhaft zu machen, in der die Maschinen – wie es schon bald der Fall sein wird – an Intelligenz den Menschen gleich oder überlegen sind und auch über das gleiche Gefühlspotential verfügen wie der Mensch« (S. 307).

7. Die Szene mit Mond-Schauer und dem Knochen ist die einzige Außenaufnahme von *2001*. Sie wurde direkt neben einer vielbefahrenen Autostraße am Rand des Studiogeländes von Boreham Wood gedreht. Clarke schildert in *Lost Worlds*, daß Kubrick auf dem Rückweg zum Studio plötzlich begonnen habe, Knochen in die Luft zu werfen und mit seiner Handkamera zu filmen …

8. Nach einer Voraufführung in New York kürzte Kubrick *2001* von ursprünglich 161 auf 141 Minuten. Schon vorher hatte er den (bei Agel abgedruckten) »Prolog« gestrichen, der aus Statements prominenter Wissenschaftler über die Wahrscheinlichkeit außerirdischen intelligenten Lebens bestand.

9. Bei Clarke fehlt diese plötzliche Erscheinung Floyds auf dem Bildschirm in HALs »Gehirn«; im Roman nimmt Bowman nach der Abschaltung des Computers Kontakt mit der Bodenstation auf und erfährt den Zweck der Mission (den der Leser schon längst vom Erzähler erfahren hat) von Floyd direkt. Anschließend dauert die Weiterflug zum Saturn noch drei Monate. Kubricks Zusammenziehung der Ereignisse ist nicht nur dramaturgisch sinnvoll, sondern stellt Assoziationen her, die im Roman völlig fehlen.

10. Hierzu eine ebenfalls sehr ambivalente Äußerung Kubricks über die Sprache: »… vielleicht hängt es mit der Magie der Worte zusammen. Wenn man brillant über irgendein Problem redet, so kann das die beruhigende Illusion erzeugen, das Problem wäre gemeistert« (bei Walker, *Stanley Kubrick Directs*, S. 251).

11. Ein Beispiel aus dem Roman für das »Technisch« der Bodenkontrolle, das auch im Film für das Gefühl der Authentizität sorgt: »X-Delta-Eins an Bodenkontrolle. Um Zwei-Null-Vier-Fünf signalisierte Bordvorwarnzentrum in unserem Neun-dreimal-Null-Computer, daß Aggregat Alpha-Echo-Drei-Fünf innerhalb von 72 Stunden ausfallen wird. Erbitten telemetrische Kontrolle und Prüfung am Schiffssystemsimulator«, usw. (S. 110 der deutschen Taschenbuchausgabe).

12. Während der Dreharbeiten unterlegte Kubrick den Rohschnitt der abgedrehten Szenen mit einem »vorläufigen« Soundtrack aus klassischer und moderner E-Musik. Die endgültige Filmmusik

sollte von dem Hollywood-Veteranen Alex North geschrieben werden, der bereits *Spartacus* komponiert hatte. Erst zu einem relativ späten Zeitpunkt (Norths Partitur lag bereits vor) entschloß sich Kubrick, bei seinem Provisorium zu bleiben. Über die Auswahl der »Schönen blauen Donau« sagt er bei Agel, S. 88: »Man wird schwer etwas Geeigneteres finden, um Schönheit und Anmut in drehender Bewegung darzustellen. Außerdem ist sie so weit vom Klischee der Weltraummusik entfernt, wie irgend möglich.«

13. Die Wiederkehr von Motiven aus dem »Aufbruch der Menschheit« (Wasserstelle, Knochen usw.) in späteren Teilen des Films wird ausführlich diskutiert bei Don Daniels, »A Skeleton Key to *2001*«, *Sight and Sound* (Winter 1970/71), S. 28–33.

14. Zwei interessante visuelle Parallelen fallen an der Monolithen-Szene auf dem Mond auf: die rechteckige Form der Grabungsstelle entspricht dem u-förmigen Tisch im Konferenzraum, wo Floyd ebenfalls von einem Mann fotografiert wird; und als sich die fünf Figuren, mit Floyd in der Mitte, vor der Kamera aufgereiht haben, erinnern sie an die fünf Richter in *Paths of Glory*.

15. Zum Thema »Maschinen als Kinder des Menschen« eine Äußerung Kubricks: »Alle Technologie des Menschen begann mit der Entdeckung von Werkzeug und Waffe. Es besteht gar kein Zweifel, daß es eine tiefreichende emotionale Beziehung zwischen dem Menschen und seinen Werkzeugen und Waffen gibt, die seine Kinder sind. Heute beginnt sich die Maschine ihre eigene Geltung zu verschaffen und zum Gegenstand von Gefühlen und sogar Suchtgefühlen zu werden. Der Mensch hat von jeher die Schönheit verehrt, und mit den Maschinen ist eine neue Form von Schönheit in die Welt gekommen« (bei Phillips, S. 179).

In »*2001*«: *Aufbruch zu verlorenen Welten*, S. 134, berichtet Clarke, daß über die Form der *Discovery* von ihm und Kubrick »nicht auf technischer, sondern auf ästhetischer Grundlage« entschieden wurde. Im Roman hat das Raumschiff eine pfeilähnliche Form, was die Symbolik des Namens »Bowman« (Bogenschütze) unterstreicht. Die anspielungsreiche Spermatozoon/Knochen/Saurier-Form der Film-*Discovery* wurde offensichtlich erst endgültig festgelegt, als Clarke seine Arbeit schon beendet hatte.

16. Bei Clarke entdeckt HAL den Fehler in der AE-35-Einheit unmittelbar nach Pooles Geburtstagsfeier; im Film während eines Gesprächs mit Bowman über dessen Zeichnungen und über die Geheimnistuerei bei der Vorbereitung des Unternehmens (eine Szene, die im Roman völlig fehlt).

17. Carolyn Geduld geht in ihrem *Filmguide* zu *2001* sehr ausführlich auf die »uterine« Symbolik des Films ein. Obwohl ihre Interpretation großenteils schlüssig sind, läßt sie stellenweise eine unerklärte Feindseligkeit gegenüber dem Film durchblicken.

18. Einmal mehr in einem Kubrick-Film wird in dieser Szene das Thema der Normalität angesprochen. Während Bowman die Tür zum Zentralspeicher entriegelt, versucht ihn HAL (mit grandiosem Understatement) von seiner wiederhergestellten geistigen »Gesundheit« zu überzeugen: »Ich weiß, ich habe in letzter Zeit ein paar grobe Fehler gemacht. Aber ich kann dir die feste Zusicherung geben, daß dich bald wieder ganz normal funktionieren werde.« Es folgt die wohl emotionalste Szene des Films, als Bowman die einzelnen Speicherelemente desaktiviert und HAL den wachsenden Gedächtnis- und Bewußtseinsverlust mit einem immer schwächer werdenden »Ich spüre es, ich spüre es …« kontrapunktiert.

19. In Clarkes Roman hat Bowman, bevor er endgültig in das Sternentor hineingesaugt wird, noch Zeit für folgenden dramatischen Funkspruch: »Das *Ding* ist hohl – es nimmt kein Ende – und – oh – mein Gott! – *Es ist voller Sterne*« … (deutsche Taschenbuchausgabe, S. 177)

20. Hier Kubricks eigene Aussage zum Problem des Schlusses: »Der Schluß wurde kurz vor dem Drehtermin geändert. In der ursprünglichen Fassung gab es keine Verwandlung Bowmans. Er lief nur im Zimmer herum und sah schließlich das Artefakt. Niemand hielt das für wirklich befriedigend, und wir suchten ständig nach anderen Möglichkeiten, bis wir endlich auf die Lösung kamen, die man heute sehen kann.« (Agel, S. 157)

21. Der Titel des Romans von Walter Tevis spielt auf den Sturz des Ikarus an und kehrt die mythische Odyssee von *2001* gewissermaßen um: Hier steigt ein Außerirdischer zur Erde herab und geht auf ihr zugrunde. 1976 mit David Bowie verfilmt von Nicholas Roeg.

22. Zitat bei Gelmis, S. 304.

344

23. Es *könnte* in diesem Zusammenhang von Bedeutung sein, daß Bowman bei der Abschaltung HALs einen *grünen* Raumhelm trägt.

24. Bei Clarke (S. 203f. der deutschen Taschenbuchausgabe) erreicht das heimkehrende Sternenkind die Erde im Augenblick eines drohenden Atomkriegs und räumt erstmal gründlich auf:

> Tausende Kilometer unter ihm ballte sich eine todbringende Ladung zusammen und begann träge, ihre Bahn zu durchlaufen. Er nahm sie deutlich wahr und er wußte, daß ihre schwachen Energien ihm selbst nicht gefährlich waren. Doch er bevorzugte einen klaren Himmel. Durch die Kraft seines Willens entfesselte er eine lautlose Explosion der kreisenden Megatonnen, und eine kurze trügerische Dämmerung fiel über die schlafende Erdkugel.
>
> Dann hing er unschlüssig seinen Gedanken nach und grübelte über seine noch unerprobte Macht. Obwohl zum Herrn der Welt geworden, war er sich nicht im klaren darüber, was er jetzt unternehmen sollte.
>
> Doch eines stand fest: Er würde auch den nächsten Schritt tun.

6. A Clockwork Orange

1. Einzelheiten und Hintergrundinformationen über Produktion (Gesamtbudget unter zwei Millionen Dollar) und Technik von *A Clockwork Orange* finden sich bei: Norman Kagan, *The Cinema of Stanley Kubrick*, S. 167–69; Gene Phillips, *Stanley Kubrick: A Film Odyssey*, S. 209–36; Philip Strick und Penelope Houston, »An Interview with Stanley Kubrick«, *Sight and Sound* (Winter 1971/72), S. 62–66; Michel Ciment, »Entretien avec Stanley Kubrick«, *Positif* (Juni 72), S. 23–33 (deutsch, rev., in Ciment, *Kubrick*, S. 149–63); Penelope Houston, »Kubrick Country«, *Saturday Review*, 25. Dezember 1971, S. 42–44; Andrew Bailey, »A Clockwork Utopia«, *Rolling Stone*, 20. Januar 1972, S. 20–22.

Ein unschätzbares Hilfsmittel für jede Beschäftigung mit dem Film ist Stanley Kubricks publiziertes Drehbuch (New York: Ballantine Books, 1972), das über 700 direkt aus der Kopie vergrößerte Fotos enthält (das klassische Vorbild für alle in den letzten Jahren veröffentlichten »Filmbücher«).

2. Houston, »Kubrick Country«, S. 42.

3. Bailey, »A Clockwork Utopia«, S. 22.

Im Roman gibt Dr. Branom eine Definition von Alex' Nadsat: »Ein Mischmasch von Straßenjargon und aufgeschnappten Wörtern ... Wahrscheinlich auch ein paar Zigeunerausdrücke. Aber die meisten Wurzeln scheinen slawisch zu sein. Unterschwellige Durchdringung, würde ich sagen« (Anthony Burgess, *Uhrwerk Orange*, Übers. Walter Brumm, München: Heyne, 1972, S. 123; alle folgenden Romanzitate nach dieser Ausgabe).

4. Aus »Interview with Anthony Burgess«, *Playboy* (September 1974), S. 68–86. In diesem Interview und in »Juice from a Clockwork Orange«, *Rolling Stone*, 8. Juni 1972, S. 52f. kommentiert Burgess seinen Roman; obwohl kurz, ist vor allem der *Rolling Stone*-Artikel empfehlenswert.

5. Im Strick/Houston-Interview, S. 63, erläutert Kubrick, warum er darauf verzichtete, Burgess bei der Abfassung des Drehbuchs zu Rate zu ziehen:

> Es kam mir ziemlich überflüssig vor, da man bei einem so gut geschriebenen Buch wie *A Clockwork Orange* ausgesprochen unaufmerksam sein müßte, um die Antwort auf eventuelle Fragen nicht im Text selbst zu finden. Man kann, glaube ich, sagen, daß Burgess alles, was zu seiner Geschichte gehört, auch im Buch untergebracht hat.

Anthony Burgess revanchierte sich mit folgendem Lob für Kubrick (in: »Author Has His Say on ›Clockwork‹ Film«, *Los Angeles Times*, 13. Februar 1972):

> ... ein typischer Kubrick-Film, technisch brillant, durchdacht, ergiebig, poetisch, voll neuer Perspektiven. Ich konnte den Film als radikale Neuschöpfung meines Romans sehen, nicht nur als eine Interpretation, und dieses Gefühl, daß es keine Unverschämtheit ist, wenn man den Film als »Stanley Kubricks *A Clockwork Orange*« anpreist, ist der größte Tribut, den ich Kubricks Meisterschaft zollen kann.

Kubricks Verdikt über das unangemessen versöhnliche Schlußkapitel des Romans findet sich in seinem Gespräch mit Michel Ciment (in Ciment, *Kubrick*, S. 160). Eine Kostprobe aus diesem Kapitel, das heute nur noch in der deutschen Übersetzung des Romans überlebt: »Jugend muß gehen, ah ja. Aber Jugend ist nur, in einer Weise, wie ein Tier zu sein. Nein, Jugend ist nicht so sehr, wie ein Tier zu sein, sondern eher wie eine von diesen malenki Spielzeugfiguren, wie sie manchmal auf den Straßen verkauft werden, wie kleine Tschellovecks aus Blech und mit einer Aufziehfeder im Inneren und einem malenki Drehgriff am Rücken ... Jung sein ist wie eine von diesen malenki Maschinen sein.« (S. 204)

6. Ein nützlicher Quellentext für Burgess' philosophische und theologische Überzeugungen ist sein Essay/Roman *1985* (Boston: Little, Brown and Co., 1978; deutsche Ausgabe: München: Heyne, 1982). In dem Abschnitt »Kakotopia« geht Burgess ausführlich auf die Polarität von »pelagianischem« und »augustinischem« Denken ein.

7. Über die Gewalttätigkeit in *A Clockwork Orange,* den möglichen negativen Einfluß auf das Publikum und die Verantwortung des Künstlers haben sich Burgess und Kubrick wie folgt geäußert:

> Die Kunst imitiert nicht. Sie übernimmt, was sie in der Realität vorfindet, und formt es zu einer ästhetischen Struktur um oder versucht, es zu erklären oder zu einen Aspekt des Lebens in Beziehung zu setzen. (*Playboy*-Interview mit Burgess, S. 72)

> Kunst enthält von jeher Gewalt. Gewalt ist in der Bibel, bei Homer, bei Shakespeare anzutreffen ... Meiner Ansicht nach ist die Frage, ob Film und Fernsehen in letzter Zeit mehr Gewalt zeigen und, falls dies zutrifft, welche Auswirkungen dies hat, weitgehend ein von den Medien hochgespieltes Thema. (Gespräch mit Michel Ciment, in Ciment, *Kubrick,* S. 162)

8. Vgl. B. F. Skinner, *Beyond Freedom and Dignity* (New York: Alfred A. Knopf, 1971; deutsche Ausgabe: *Jenseits von Freiheit und Würde,* Übers. Edwin Ortmann, Reinbek: Rowohlt, 1973). Im Hinblick auf Alex' »innere Leinwand« von besonderem Interesse ist Skinners Ansicht, daß »die Umgebung das wahrnehmende Individuum beeinflußt, und nicht das Individuum die wahrgenommene Umgebung« (S. 188 der amerikanischen Ausgabe).

9. Bailey, »The Clockwork Utopia«, S. 22. Mehr zum gleichen Thema bei Ciment, »Entretien avec Stanley Kubrick«, S. 24f.

10. Houston, »Kubrick Country«, S. 42.

11. Die zynische Brillanz der »Singin' in the Rain«-Begleitung zu einer Vergewaltigungsszene verdankt ihr Zustandekommen einer Kubrickschen Überschneidung von Planung und Zufall: Kubrick kam erst während der Proben zu dieser Szene auf die Idee, Alex ein Lied singen zu lassen, und Malcolm MacDowell schlug »Singin' in the Rain« vor, weil das der einzige Song war, dessen Text er vollständig auswendig konnte ...

12. Kagan, *The Cinema of Stanley Kubrick,* S. 167.

13. Vgl. *Mindscreen,* Bruce F. Kawins Pionierarbeit über die Filmästhetik der ersten Person, insbesondere S. 3–22. Kawin unterscheidet folgende drei Möglichkeiten, in einer filmischen Ich-Erzählung Subjektivität herzustellen: (1) durch das, was die Figur *sagt* (Off-Erzählerstimme); (2) durch das, was die Figur *sieht* (subjektive Kamera); (3) durch das, was die Figur *denkt* (Erinnerungen, Phantasien, Gefühle usw.). Die dritte dieser Kategorien bezeichnet er als »innere Leinwand« *(mindscreen),* ein gerade bei *A Clockwork Orange* extrem nützlicher Terminus, um die Gesamtheit der Inszenierungselemente (Musik, Bewegungschoreographie usw.) zu bezeichnen, die den Zuschauer unmittelbar an Alex' Erfahrungswelt teilhaben lassen. Kawins Basisdefinition filmischer Subjektivität: »Das Bild *erscheint* nicht einfach auf der Leinwand, sondern wirkt [vom erzählenden Subjekt] *ausgewählt.«*

14. Stanley Kubrick über die Musik des Synthesizer-Pioniers Walter Carlos: »Ich glaube, daß Walter Carlos der einzige Komponist und Realisator elektronischer Musik ist, der eine Klangwelt geschaffen hat, die die Instrumente des Orchesters nicht imitiert und eine eigene Schönheit besitzt. Seine Version des vierten Satzes von Beethovens Neunter kann es mit dem Erlebnis einer Orchesteraufführung aufnehmen, und das bedeutet eine ganze Menge« (im Strick/Houston-Interview, S. 64).

15. Die lachenden Gipsmasken auf der Kasino-Bühne erinnern an die Masken-Motivik der früheren Filme: die Schaufensterpuppenfabrik in *Killer's Kiss* und Johnny Clays Maske beim Überfall in *The Killing.* Auch der Darstellungsstil von Aubrey Morris (Deltoid) und Patrick Magee (Mr. Alexander) läßt immer wieder die Assoziation von mechanisch gesteuerten Marionetten aufkommen (und erinnert speziell bei Magee an Peter Sellers' Interpretation des Dr. Strangelove). Im Gegensatz dazu stehen die entindividualisierenden »Maskies« der Droogs beim Überfall auf das HEIM offensichtlich in der Tradition der Commedia dell'arte, auf die auch der tänzerische Inszenierungsstil und Alex' improvisierte Gesangseinlage anspielen.

16. Die *Rocky Horror Picture Show* begann 1973 als Musical und wurde in Jim Sharmans Verfilmung von 1975 zu einem weltweiten Klassiker der Mitternachtsvorstellungen und Rätsel der Filmsoziologie; sie parodiert das Horror-Genre im allgemeinen, im besonderen aber die Produktionen der englischen Hammer-Studios, auf die es Kubrick schon in *Lolita* abgesehen hatte: dieselbe Szene aus *The Curse of Frankenstein*, die Lolita, Charlotte und Humbert im Autokino sehen, wird auch in der RHPS aufs Korn genommen; außerdem enthält sie eine Hommage an *Dr. Strangelove* in Gestalt des Dr. Scott, der ebenfalls an den Rollstuhl gefesselt ist und mit auffälligem Akzent spricht. Zwei jüngere Aufsätze über den Film und das besondere Publikum der Mitternachtsvorstellungen sind: Kenneth von Gunden, »The RH Factor«, *Film Comment* (September-Oktober 1979), S. 54–56; Jonathan Rosenbaum, »The Rocky Horror Picture Cult«, *Sight and Sound* (Frühjahr 1980), S. 78f.

17. Das einleitende Cello-Solo des Adagio-Teils von Gioacchino Rossinis Wilhelm-Tell-Ouvertüre erklingt zu Beginn des zweiten Teils (während die Kamera uns eine Luftaufnahme des Gefängnisses zeigt) und abermals im dritten Teil, nachdem Alex durch die Anwesenheit des Untermieters Joe (des neuen »Sohns« von Pe und Em) aus der elterlichen Wohnung vertrieben worden ist und mit Selbstmordgedanken am Themse-Ufer entlanggeht.

18. Im Strick/Houston-Interview, S. 66, läßt Kubrick mit einer Anspielung auf *Spartacus* durchblikken, was ihn zum parodistischen Inszenierungsstil der Alex'schen Bibelphantasien veranlaßt haben dürfte: »Zunächst gehe ich von der Voraussetzung aus, daß es noch niemals einen großen historischen Film gegeben hat – und das sage ich mit der Bitte um Nachsicht und allem Respekt vor jenen, die historische Filme gedreht haben, mich selbst eingeschlossen ...«

19. Während Alex' übriger Kommentartext zu dieser Szene unverändert aus dem Roman entnommen wurde, ist die Verdeutlichung »wie aus Hollywood« eine Hinzufügung Kubricks.

20. Die Ascot-Assoziation in dieser Szene bezieht sich natürlich auf Sir Cecil Beatons Kostüme für die Ascot-Nummer in George Cukors *My Fair Lady*-Verfilmung von 1964. Da Kubricks Anspielungen in aller Regel nicht nur phantasievoll, sondern auch präzise sind, ein Vergleich zwischen dem Pygmalion Stoff (der *My Fair Lady* zugrunde liegt) und *A Clockwork Orange*: Hier wie dort steht eine soziale Außenseiterfigur einer in Ordnung erstarrten Gesellschaft gegenüber; in beiden Fällen erweist sich die »Normalität« dieser Gesellschaft als das eigentlich Unnatürliche; in beiden Stoffen spielt eine Sonderspräche (Alex' Nadsat, Elizas Cockney) eine wichtige Rolle; und in beiden Fällen ist psychologische Konditionierung der Hauptfigur ein zentrales Handlungselement (denn nichts anderes als eine naive Form von Ludovico-Therapie versucht der misogyne Professor Higgins mit seinem Opfer Eliza zu betreiben). Als genrespezifische Anspielung wäre die Ascot-Kostümierung am Schluß von *A Clockwork Orange* auch im Zusammenhang mit »Singin' in the Rain« zu sehen, das übrigens im unmittelbaren Anschluß, während des Ablaufens der Schlußtitel, noch einmal erklingt (diesmal in der Originalfassung mit Gene Kelly).

7. Barry Lyndon

1. Folgende Lektüre über Entstehungsgeschichte, Ästhetik und technische Besonderheiten von *Barry Lyndon* kann empfohlen werden: John Alcott (der Kameramann des Films), »Photographing Stanley Kubrick's *Barry Lyndon*«, *American Cinematographer* (März 1976), S. 268; Ed DiGiulio, »Two Special Lenses for *Barry Lyndon*«, ebd., S. 276; Richard Schickel, »Kubrick's Grandest Gamble«, *Time*, 15. Dezember 1975, S. 72–78; Colin L. Westerbeck, Jr., »*Barry Lyndon*«, *Commonweal* (März-April 1976), S. 208. Unter den Rezensionen sind erwähnenswert: Penelope Houston, »*Barry Lyndon*«, *Sight and Sound* (Frühjahr 1976), S. 77–80; Michael Dempsey, »*Barry Lyndon*«, *Film Quarterly* (Herbst 1976), S. 49–54; Pauline Kael, »Kubrick's Gilded Age«, *The New Yorker*, 29. Dezember 1975, S. 49–52; Andrew Sarris, »What Makes Barry Run?«, *Village Voice*, 29. Dezember 1975, S. 111f. Einen amüsanten Überblick über die Argumente der ablehnenden Kritiker liefert die Persiflage »Borey Lyndon« (Der langweilige Lyndon) im *Mad Magazine* (September 1976), S. 4–10, unter der Rubrik »Kubrick-A-Brac« (*bric-a-brac* = altertümlicher Trödel; Übers.). Eine Auswahl ausführlicher Aufsätze: Hans Feldmann, »Kubrick and His Discontents«, *Film Quarterly* (Herbst 1976), S. 12–19; Alan Spiegel, »Kubrick's *Barry Lyndon*«, *Salmagundi* (Herbst 1977), S. 114–208; Thomas A. Nelson, *»Barry Lyndon:* Kubrick's Cinema of Disparity«, *Rocky Mountain Review* (Winter 1978/79), S. 39–51; Robert Phillip Kolker, *A Cinema of Loneliness*, S. 123–38.

2. Eine empfehlenswerte Studie über W. M. Thackeray, der auch ich verpflichtet bin, ist: Robert A. Colby, *Thackeray's Canvass of Humanity: An Author and His Public* (Columbus: Ohio State Univer-

sity Press, 1979); der Roman *The Luck of Barry Lyndon* liegt in einer von Martin *J*. Anisman herausgegebenen kritischen Ausgabe vor (New York: New York University Press, 1970), die den ursprünglichen Text von 1844 und die Varianten der Ausgabe von 1856 enthält. Der deutschen Übersetzung: *Barry Lyndon*, Übers. Otto Schmidt, Berlin und Weimar: Aufbau-Verlag, 1961 (Taschenbuchausgabe: München, Heyne, 1976) liegt die Fassung von 1856 zugrunde; zitiert wird nach der deutschen Taschenbuchausgabe, soweit es sich nicht um Textstellen handelt, die nur in der Fassung von 1844 enthalten sind.

3. *Barry Lyndon*, S. 7

4. *Ibid.*, S. 253

5. *The Luck of Barry Lyndon*, S. 351

6. *Barry Lyndon*, S. 115 (meine Hervorhebung)

7. Auch dieser »Epilog« des Films ist wörtlich dem Roman entnommen, wo er aber nicht als niederdrückendes Fazit am Ende auftaucht, sondern völlig beiläufig in Barrys Schwadronieren eingebettet ist. Um den fundamentalen Unterschied zwischen Thackerays und Kubricks Perspektive zu verdeutlichen (der es bei *Barry Lyndon* wie bei den anderen Filmen Kubricks verbietet, von einer »Literaturverfilmung« zu sprechen), lohnt es sich, die betreffende Textstelle im Zusammenhang zu zitieren:

... Und über meine Mutter machte die Schloßherrin von Brady noch giftigere Bemerkungen. Doch wozu auf diese Bosheiten eingehen und uralte Skandalgeschichten aufwärmen? All diese Persönlichkeiten lebten und stritten sich unter der Regierung Georgs II. – aber ob gut oder schlecht, ob schön oder häßlich, ob reich oder arm, jetzt sind sie alle gleich – und heutzutage versorgen uns jede Woche die Sonntagsblätter und die Berichte über Gerichtsverhandlungen mit neuerem und interessanterem Klatsch. (*Barry Lyndon*, S. 13)

8. Bei Thackeray stirbt Barrys Vater an einer Herzattacke. Sowohl das Duell als auch sein Anlaß – der Pferdekauf – sind Erfindungen Kubricks, für die es keine andere Erklärung gibt als die offensichtlich höchst bewußt konstruierte Handlungssymmetrie des Films. Auch das abschließende Duell zwischen Barry und seinem Stiefsohn findet sich nicht in der Romanvorlage.

9. Die technischen Details: Zum Einsatz kam hauptsächlich ein Zeiss Planar 0,7/50, das ursprünglich für wissenschaftlich/technische Überwachungsaufgaben konzipiert wurde und nicht für die bildmäßige Fotografie angeboten wird. Da der Abstand zwischen Hinterlinse und Filmebene bei diesem Objektiv nur wenige Millimeter beträgt, konnte es nicht an der (ansonsten eingesetzten) Arriflex-Kamera mit ihrem Reflexsuchersystem montiert werden. Auch bei der Mitchel BNC mit optischem Sucher, an die es schließlich angepaßt wurde, mußte erst die Umlaufblende modifiziert werden. Ed DiGiulio, der diese Arbeiten ausführte, berichtet in seinem oben bereits nachgewiesenen Aufsatz im *American Cinematographer*, daß Kubrick »die natürliche Patina und die Stimmung der alten Schlösser bei Nacht, so wie sie wirklich waren«, wiedergeben wollte und daß die Kerzenlicht-Aufnahmen »keineswegs nur ein Gag« sein sollten (S. 318). Ebenfalls zum technischen Aspekt der Kameraarbeit bei *Barry Lyndon:* Michel Ciment, »Gespräch mit John Alcott«, *Kubrick*, S. 213ff.

10. In seinem Beitrag für den *American Cinematographer*, März 1976, vergleicht der Kameramann John Alcott den visuellen Stil von *Barry Lyndon* selbst mit der zeitgenössischen Malerei: »Jede einzelne Bildkomposition ist wie ein Gemälde eines alten Meisters, und sie fließen zusammen wie die Teile eines merkwürdigen Mosaiks« (S. 270) Kubricks Ausstattungschef, Ken Adam, führt in einem Gespräch mit Michel Ciment folgende Maler an, deren Bilder als Anregungen für die Kameraarbeit und für Ausstattungsdetails herangezogen wurden: »Gainsborough, Hogarth, Reynolds, Chardin, Watteau, Zoffany, Stubbs (für die Jagdkleidung) und insbesondere Chodowiecki« (Ciment, *Kubrick*, S. 205).

11. Das Kubrick-Zitat findet sich bei Strick/Houston, »Interview with Stanley Kubrick«, S. 65; im selben Interview aus dem Jahr 1972 auch Kubricks oben (Anm. 18 zu Kap. 6) schon zitierte Bemerkung, es habe »noch niemals einen großen historischen Film gegeben« ...

12. Kubricks Besetzung für *Barry Lyndon* verdient im Hinblick auf die verständnislosen bis mokanten Reaktionen mancher Kritiker einen Kommentar. Ihrem Image nach Trotz ist Marisa Berenson eine durchaus unveröchtliche Schauspielerin. Daß ihr als Lady Lyndon das ehemalige Mannequin anzumerken ist, gehört zur Definition der Rolle und berechtigt nicht zur Kritik an der Darstellerin, sondern an den dargestellten Verhältnissen. Darüber hinaus strahlt Berensons Physiognomie eine

natürliche Melancholie aus, die einer auf Repräsentation in Schönheit reduzierte Frau wie Lady Lyndon gut zu Gesicht steht. Über den dank *Love Story* ähnlichen Vorurteilen ausgesetzten Ryan O'Neal sagt Kubrick im Gespräch mit Ciment: »Er war der beste Schauspieler für diese Rolle. Sein Aussehen stimmte, und ich war überzeugt, daß seine schauspielerischen Fähigkeiten sehr viel höher lagen als das, was er in vielen seiner früheren Filme zeigen durfte« (Ciment, *Kubrick*, S. 176). Für die übrigen Rollen griff Kubrick auf ein bewährtes Ensemble englischer Charakterdarsteller zurück, das großenteils bereits in *Clockwork* (Philip Stone, Patrick Magee, Anthony Sharp) und *2001* (Leonard Rossiter) mitgewirkt hatte.

13. Es ist fast überflüssig zu erwähnen, daß sich auch Barrys decouvrierende und bei der Wiederholung in der exponierten Situation der Sterbeszene geradezu niederschmetternde Lügengeschichte nicht in der Romanvorlage findet. Thackeray begnügt sich mit einem viktorianisch-sentimentalen Drücker, den auch Kubrick nicht verschmäht: Er läßt das sterbende Kind seine Eltern bitten, sich in Zukunft nicht mehr andauernd zu streiten, damit man sich im Himmel wiedersehen könne …

14. Im Gegensatz zur abschließenden 1789-Anspielung, in der die zeitlich-historische Struktur des Films kulminiert, scheint das Hochzeitsdatum zu Beginn des zweiten Teils keine historische Bedeutung zu haben. Allerdings unterscheidet es sich von Thackerays Roman (15. *Juni* 1773 im Film, 15. *Mai* 1773 im Buch), was entweder bedeuten könnte, daß Kubrick die Anfangsszenen des zweiten Teils im Sommer gedreht hat, oder (wahrscheinlicher!), daß er eine jahreszeitliche Entsprechung zu Barrys Schicksalskurve suchte: So wie sich der zweite Teil vom Gipfel des Glücks bis zum endgültigen Niedergang erstreckt, beginnt er auf der mythischen Höhe des Sommers (Juni) und endet im tiefen Winter (11. Dezember 1789). Diese Theorie ließe sich auch mit der Beobachtung stützen, daß zu Beginn des ersten Teils (wo jedoch keinerlei exakte Daten gegeben werden) eine durchaus frühlingshafte Naturstimmung vorherrscht: Barrys Leben, soweit der Film es schildert, entspricht dem Jahreskreis. Oder aber – eine beunruhigende Vorstellung – das Ganze ist nur Zufall …

8. The Shining

1. Stephen King, *The Shining* (New York/ Doubledey, 1977); deutsche Ausgabe: *Shining*, Übers. Harro Christensen (Bergisch Gladbach: Bastei-Lübbe, 1982).

2. Zitat bei Jack Kroll, »Stanley Kubrick's Horror Show«, *Newsweek*, 26. Mai 1980, S. 99. Eine Auswahl weiterer Rezensionen und Reaktionen: Richard Schickel, »Red Herrings and Refusals«, *Time*, 2. Juni 1980, S. 69; Richart T. Jameson, »Kubrick's Shining«, *Film Comment* (Juli-August 1980). S. 28–32; Pauline Kael, »Devolution«, *The New Yorker*, 1. Juni 1980, S. 130–47; John Hofsess, »The Shining Example of Kubrick«, *Los Angeles Times, Calendar Section*, 1. Juni 1980, S. 1, 25; Paul Mayersberg, »The Overlook Hotel«, *Sight and Sound* (Winter 1980/81), S. 54–57.

3. Robin Wood, »Return of the Repressed«, *Film Comment* (Juli-August 1978). S. 25–32.

4. Diane Johnson, Autorin und Literaturwissenschaftlerin an einer kalifornischen Universität, hat bereits fünf Romane und eine Biographie *(Lesser Lives)* von Mary Ellen Peacock, der ersten Frau des viktorianischen Romanciers und Lyrikers George Meredith, veröffentlicht. Möglicherweise hat Kubrick die Zusammenarbeit mit dieser versierten Autorin nicht nur wegen der zahlreichen Änderungen gesucht, die das Drehbuch an der Handlung und der Figurenzeichnung von Kings Roman vornimmt, sondern auch, um den Dialogen einen authentisch amerikanischen Klang zu geben. Immerhin lebt Kubrick nun schon zwei Jahrzehnte in England.

5. Produktionsberichte über die Entstehung von *The Shining* (mit einem Budget von 18 Millionen Dollar) und Kommentare von Stephen King (der den Film für »grandios gescheitert« hält) finden sich in Jim Alberton und Peter S. Perakos, »*The Shining*«, *Cinefantastique* (Herbst 1978), S. 74;, Peter S. Perakos, »Interview with Stephen King«, *Cinefantastique* (Winter 1978), S. 12–15; David Chute, »King of the Night: An Interview with Stephen King«, *Take One* (Januar 1979), S. 33–38; Harlan Kennedy, »Kubrick Goes Gothic«, *American Film* (Juni 1980), S. 49–52. Besonders aufschlußreich sind die Anmerkungen zur bemerkenswerten Beleuchtungstechnik (fast ausschließlich natürliche Lichtquellen, obwohl der Film zur Gänze im Studio entstand) und zur Verwendung des Steadicam-Tragstativs (dem die schwerelosen Kamerafahrten zu verdanken sind), die der Kameramann John Alcott und der Steadicam-Kameramann Garrett Brown im Gespräch mit Herbert Lightman im *American Cinematographer* (August 1980), S. 780 ff., machen. Garret Brown ist übrigens auch der Erfinder der Steadicam und wurde für diese in ihrer praktischen Bedeutung kaum zu überschätzende Entwicklung 1978 mit einem »Oscar« der amerikanischen Filmakademie ausgezeichnet.

6. Einen immer noch nützlichen Überblick über die Geschichte der Labyrinthe gibt W. H. Matthews, *Mazes and Labyrinths: Their History and Development* (London: Longmans, Green and Co., 1922). Es mag nur ein Zufall sein, doch in zahlreichen alten Labyrinth-Grundrissen spielt die Form einer zweischneidigen *Axt* eine wichtige Rolle. Vgl. hierzu auch die Erzählungen in Jorge Luis Borges, »Fiktionen«, Übers. K. A. Horst und G. Haefs, in: *Gesammelte Werke III, 1: Erzählungen 1935–1944* (München: Hanser, 1981)

7. Über die Mythologie und Symbolik der Navajo-Sandbilder informiert ausführlich Leland C. Wyman, *The Windways of the Navaho* (Colorado Springs: The Taylor Museum, 1962). Jacks Sehnsucht nach der abgeschlossenen Ordnung des Labyrinths entspricht dem Kreis der Navajo, der vor bösen Einflüssen von außerhalb schützen soll. Die latente Ambivalenz dieser Vorstellung (was schützt, isoliert auch) wird in fast allen Filmen Kubricks ausgespielt, wenn die schützenden Innenräume (der Kriegsbunker, die *Discovery*, Barrys Paläste, Jacks Hotel/Labyrinth) zu Gefängnissen werden, während die Außenwelt sowohl Ungewißheit als auch Hoffnung verspricht. Wie das Labyrinth hat allerdings auch der Kreis der Navajo eine Öffnung (nach Osten), die als Zugang und Fluchtweg dient. Danny, der im ganzen Film mit Kreisen assoziiert wird, findet zusammen mit Wendy diesen Ausweg und entkommt dem geschlossenen Zirkel von Jacks Wahnsinn. Hallorann findet den Tod in einem Kreisornament auf dem Fußboden, das diese Öffnung nicht aufweist.

Bildnachweis

Die Standfotos bzw. direkt aus den Kopien vergrößerten Aufnahmen in diesem Band wurden zur Verfügung gestellt von:

Fear and Desire, S.33: Joseph Burstyn

Killer's Kiss, S. 39 und 41: United Artists; mit freundlicher Genehmigung von United Artists

The Killing, S. 49 und 55: United Artists/Harris-Kubrick; mit freundlicher Genehmigung von United Artists

Paths of Glory, S. 59, 65, 67, 71 und 73: United Artists/Harris-Kubrick; mit freundlicher Genehmigung von United Artists

Lolita, S. 93, 95, 99, 101, 104, 105 und 107: Metro-Goldwyn-Mayer/Harris-Kubrick

Dr. Strangelove, S. 115, 125, 127, 131 und 135: Columbia Pictures/Hawk Films; mit freundlicher Genehmigung von Columbia Pictures

2001: A Space Odyssey, S. 19, 29, 151, 155, 169, 171, 175, und 177: Metro-Goldwyn-Mayer/Stanley Kubrick

A Clockwork Orange, S. 197, 207, 209, 211, 215, und 221: Warner Brothers/Hawk Films; Copyright Warner Brothers, Inc.

Barry Lyndon, S. 13, 231, 245, 247, 251, 253, 257, 261 und 265: Warner Brothers/Hawk Films; Copyright Warner Brothers, Inc.

The Shining, S. 279, 285, 289, 299, 303 und 311: Warner Brothers/Hawk Films; Copyright Warner Brothers, Inc.

Die Aufnahmen auf S. 6/7 und das Umschlagfoto werden mit Genehmigung von Warner Brothers, Inc., veröffentlicht; Copyright Warner Brothers, Inc.

Register